国家出版基金项目
"十三五"国家重点出版物出版规划项目
"海上丝绸之路"可再生能源研究及大数据建设

海上能源通道风险分析与突发事件应急响应

张　韧　郝志男　葛珊珊　刘科峰
洪　梅　黎　鑫　杨理智　钱龙霞　著
王辉赞　王爱娟　汪杨骏　周　华

电子工业出版社
Publishing House of Electronics Industry
北京·BEIJING

内 容 简 介

本书针对海上能源通道和"21世纪海上丝绸之路"沿线海域日益凸显的战略地位和经济价值，以及地区冲突、恐怖活动等安全隐患和潜在威胁，开展了海上能源通道海域地理环境、地缘安全的特征分析与风险评估，探索了海上突发事件应急响应机制等风险情景和应对策略，分析了北极新航道的开通预期、经济价值、重要机遇、风险挑战，探讨了海上航行的国际法运用、风险规避及防范的对策建议，基于定性分析与定量评估的结合、人文学科与理工学科交叉的思想，通过引入贝叶斯网络、云模型和多备选决策场理论，阐述了海上能源通道风险量化评估、情景推演及海上突发事件应急决策与航道规划的仿真实验。

本书可供大气、海洋、交通、自然资源、防灾减灾、应急管理、海洋安全战略等科研人员及相关院校的师生参考。

未经许可，不得以任何方式复制或抄袭本书之部分或全部内容。
版权所有，侵权必究。

图书在版编目（CIP）数据

海上能源通道风险分析与突发事件应急响应/张韧等著 . —北京：电子工业出版社，2023.9
（"海上丝绸之路"可再生能源研究及大数据建设）
ISBN 978-7-121-45286-4

Ⅰ. ①海… Ⅱ. ①张… Ⅲ. ①能源-海上运输-风险管理-中国 Ⅳ. ①F552.4
中国国家版本馆 CIP 数据核字（2023）第 049920 号

审图号：GS 京（2023）0868 号

责任编辑：张　楠　　　　特约编辑：刘汉斌
印　　刷：天津千鹤文化传播有限公司
装　　订：天津千鹤文化传播有限公司
出版发行：电子工业出版社
　　　　　北京市海淀区万寿路 173 信箱　邮编 100036
开　　本：720×1 000　1/16　印张：24　字数：460.8 千字
版　　次：2023 年 9 月第 1 版
印　　次：2023 年 9 月第 1 次印刷
定　　价：198.00 元

凡所购买电子工业出版社图书有缺损问题，请向购买书店调换。若书店售缺，请与本社发行部联系，联系及邮购电话：(010)88254888，88258888。
质量投诉请发邮件至 zlts@phei.com.cn，盗版侵权举报请发邮件至 dbqq@phei.com.cn。
本书咨询联系方式：(010)88254579。

丛书编委会

丛 书 主 编：宋君强

丛书副主编：笪良龙　张　韧　刘永前　褚景春

丛 书 编 委：杨理智　钱龙霞　白成祖　黎　鑫

　　　　　　洪　梅　李　明　刘科峰　葛珊珊

　　　　　　郝志男　胡志强　韩　爽　阎　洁

　　　　　　葛铭纬　李　莉　孟　航　汪杨骏

推荐序

2013年9月和10月，习近平总书记先后提出建设"丝绸之路经济带"和"21世纪海上丝绸之路"的合作倡议。2015年3月，国家发展改革委员会、外交部和商务部联合发布了"推动共建丝绸之路经济带和21世纪海上丝绸之路的愿景与行动"（简称"一带一路"）。至此，中国正式推动以"丝绸之路"为标识的"一带一路"建设。

为何把"丝绸之路"作为倡议的标识？因为"丝绸之路"留下的宝贵遗产不是路，而是历史情结，也是精神遗产。古丝绸之路曾是中国和外部连接与交往的重要陆海通道，是一条和平之路，因为它的开拓不用战争、不用征服；是一条互利之路，因为互通有无带来的是共同受益；是一条互鉴之路，因为内外思想的文化交流带来的是文明的互学互鉴。事实上，我们重提和重建"丝绸之路"，就是要弘扬这种精神，以这种精神创新未来。可以说，用"丝绸之路精神"创新未来，是中国提出"一带一路"的初心。

中国是一个海陆型国家，东边是浩瀚的太平洋，西接印度洋，海洋提供了最方便的对外交往通道。改革开放以后，中国利用海洋优势，大力发展"两头在外"的加工贸易，通过出口拉动，推动了经济的快速增长，海洋重新成为中国连接外部世界的大通道。与西方大国利用海洋扩张、争霸、建立殖民地不同，中国作为文明古国，有着"天下大同"和"命运共同体"的情怀，随着自身的发展和综合实力增强，把推动构建开放合作、共同发展的新海洋作为己任，通过推动"21世纪海上丝绸之路"的建设，让海洋成为友好交往与共同发展的和平之海。

中国与亚欧大陆山水相连。改革开放后，随着中国经济的发展，中国与陆连国家的经贸和其他关系得到显著提升。中国通过建立沿边经济开发区，推动与相邻国家经贸关系的发展，但遇到的制约是，对外连接基础设施差。其实，制约中国与陆连国家关系发展的，不仅是落后的交通设施，还有欠发展的经济。"丝绸之路经济带"的建设旨在改善内外连通的基础设施，优化当地发展环境，让亚欧大陆更紧密地连接起来，构建中国与亚欧大陆发展的新格局。

"一带一路"的两个框架（"丝绸之路经济带"和"21世纪海上丝绸之路"）相辅相成，相互连接，是一个整体谋划。回顾世界经济发展的历史，在西方崛起以后，海上通道得以快速拓展，但陆地连接滞后，内陆国家的发展受到很大制约。"一带一路"把海洋与陆地的通道建设和经济发展统合起来，把海上通道与陆地交通网络连接起来，构成世界新的全方位连接与发展格局。通过"一带一路"的建设，形成海陆相连、内外相通的全方位连接，构建起四通八达的海陆交通网络。在"一带一路"的共商、共建和共享原则的指导下，通过构建政策沟通、设施联通、贸易畅通、资金融通、民心相通的互联互通网络，通过优势互补的产能合作和互利的供应链网络，带动当地经济的发展，创建新的发展动能。"一带一路"倡议着眼于推动新型发展合作，不同于传统的发展援助，为世界提供一种创新型发展合作方式。当今，世界经济的发展正处于大的结构变化和发展方式的调整期。发展中国家的发展，一批新兴经济体的崛起，更多的发展中国家步入起飞门槛，"一带一路"建设为这种新格局构建提供了有力的支持。

"一带一路"基于合作共赢的思维，旨在把中国的发展与其他国家的发展联系起来，通过中国的投入和带动，动员各方参与的积极性，打造新的发展空间，创建新的发展引擎。"一带一路"是开放的，在这个平台上，大家都可以参与，共商规划、共建项目、共享成果、共同受益。"一带一路"的合作项目不同于一般的商业性投资，不是通过谈判进行的，而是通过协商进行的，是共同规划和建设。长期以来，对于发展中国家来说，发展融资，特别是基础设施融资、大项目工程建设融资，存在很多困难和制约。现行的国际金融机构提供资金的能力有限，私人金融机构的投资意愿不强，因此，对于大多数发展中国家来说，基础设施发展滞后，发展的综合环境改善缓慢。通过"一带一路"倡议，可以推动创建合作性融资机构和其他多种形式的金融机制，以此破解融资瓶颈，中国可以在这个平台上发挥更大的作用。中国倡导成立了亚洲基础设施投资银行（亚投行）、金砖国家银行（新发展银行），筹备成立上合组织开发银行，中国自己出资成立了丝路基金等，旨在破解发展中国家发展中的融资难题。"一带一路"倡议不同于自贸区构建和多边贸易体制，旨在推进发展中国家综合发展环境的改善，创新发展动能，实现可持续发展。"一带一路"倡议以亚、欧、非海陆连接与发展为重点，但作为一种新型发展合作方式，是面向世界的。从亚洲到欧洲，再到非洲，可以延伸到更广泛的区域。从这个意义上说，"一带一路"是着眼于世界创新发展的倡议。

"一带一路"倡议旨在建立一个广泛且具有包容性的合作框架和更好的发展环境。考虑到沿线国家经济的多样性，"一带一路"通过项目建设需要对接东道国的发展规划，以实现共同参与、共同建设和共享成果的目标。"一带一路"建设是一项系统且复杂的长期工程，面临着多重风险和挑战。沿线国家的政治制度和经济制度差异较大，由于历史、宗教、边界的划定和自然资源等因素，沿线国家之间的关系也复杂多样，有时会因社会和文化差异而导致分歧，一些国家的民族主义者、保守势力等可能会以各种借口反对立项建设。

与此同时，"一带一路"建设远不止经济发展，也包括政治、社会、文化、教育和安全关系发展，是新型国家间关系的构建。"一带一路"体现的是新的发展观（改善发展中国家的综合发展环境）、新的合作观（开放型，共商、共建和共享）和新的秩序观（海上的开放合作与合作安全，以及海上航行开放、安全合作与发展合作）。中国提出这个倡议以后，尽管国际上，包括一些沿线国家存有怀疑，有的在观望，有的不予以支持，有的则提出相对应的计划。但总体来看，"一带一路"得到了世界上大多数国家和国际组织的支持，截至2023年6月，中国与152个国家和32个国际组织签署了200多份合作文件。

"21世纪海上丝绸之路"的建设有着深刻的含义：一则，之所以冠以"21世纪"，是要区别于以往的西方大国以追求霸权为宗旨的海洋观，构建开放、合作与共享的海洋新关系和新秩序；二则，强调共同发展、合作共赢，把海上通道建设与共同发展紧密结合起来。因此，"21世纪海上丝绸之路"倡议是面向未来的新思维、新方略。当然，"21世纪海上丝绸之路"的建设存在诸多困难，面临复杂的地缘、政治环境，受到海域争端、海洋权益、战略竞争的影响。因此，需要对建设中的综合环境、机会、安全与风险，以及其他相关问题进行深入研究和判断。

张韧教授及其团队对"21世纪海上丝绸之路"的建设进行了全面、深刻的研究，完成了多卷巨著。他们从"21世纪海上丝绸之路"的历史沿革、自然地理环境，到综合安全环境、能源通道建设等进行了详尽梳理和分析，并在此基础之上提出了风险评估方法、评价指标体系，既具有理论研究的深度，也具有现实的应用价值,特别是他们基于数据模型提出的评价方法和指标,对于加强有关"一带一路"建设环境评估与项目评价具有很强的应用价值。此书的出版正值"一带一路"倡议提出十周年,具有特别的意义,为"一带一路"建设在下一个十年取得更大进步提供了有益的智力贡献。

中国社会科学院学部委员,

山东大学讲席教授,山东大学国际问题研究院院长

前 言

　　人类对海洋的认知、探索和开发都是为了服务于人类单个或多个群体的海洋权益（简称海权）与经济利益。美国海军战略家阿尔弗雷德·赛耶·马汉在其《海权论》中言道，虽然海洋的主要航道能带来大量的商业利益，但必须要有强大的舰队来确保制海权，有足够多的商船与港口来得到该利益。海洋权益和海洋安全事关国家富强和民族尊严。

　　两千多年前，古罗马哲学家西塞罗曾言："谁控制了海洋，谁就控制了世界"。明代航海家郑和也说过："欲国家富强，不可置海洋于不顾。财富取之于海，危险亦来自海上……"

　　海洋作为巨大的天然通道在全球化中起着各国经济联系的纽带和运输大动脉的作用，对现代国际社会和各国的政治、经济、安全都有不可替代的重要影响。在政治方面，全球100多个临海国家之间的地缘政治是以海洋、海权为代表的，掌握重要深水良港、核心海上航线、关键海峡通道的实际控制权至关重要。在经济方面，世界上大部分物资的输送，特别是重要物资，都是通过海上通道运输的。因此，海权的确立和争夺是临海国家甚至非临海国家经济发展的必然要求。国家经济要想长期、稳定、高速地发展，必须确保对海权的掌握。在安全方面，制空权是制海权的前提，制海权是陆地安全的保障，陆地安全是国家安全的基石，深刻反映了海洋对一个国家安全体系的构建是多么重要。可以说，制海权的保障水平是国家安全保障能力的重要体现形式。

　　能源是一个国家赖以生存和发展的重要资源。我国油气资源不足，需要进口石油、天然气和煤炭等资源。国际上，石油、天然气和煤炭进出口贸易的主要运输方式是海上运输。据统计，我国90%以上的石油和92%的煤炭进口均是通过海上运输的。其中，途经"21世纪海上丝绸之路"沿线海域的石油运输占据我国进口石油总量的一半以上。如何防范海上能源通道的安全风险，如何应对海上能源通道的突发事件，已成为我国经济发展和社会稳定必须面对和需要解决的重要问题。

　　我国通过"21世纪海上丝绸之路"与亚洲、欧洲及非洲连接起来。其中，北线经日韩穿越白令海峡，沿俄罗斯远东地区的北方航道、东北航道，经北冰洋到达北欧，即冰上丝绸之路；南线经南海，穿越大巽他群岛到达澳大利亚，形成中国-西太平洋-南太平洋的蓝色经济通道；西线覆盖传统古海上丝绸之路，由南海向西进入印度洋，连接中国-中南半岛经济走廊、中巴及孟中印缅经济走廊，经波斯湾到达中东地区，经阿拉伯海到达索马里及东非沿岸国家，经亚丁湾、红海、苏伊士运河进入地中海，到达北非和地中海沿岸国家，串联起东南亚、南亚、中东、非洲、欧洲，形成蓝色经济通道。

　　综上所述，海上能源通道是"21世纪海上丝绸之路"的生命线之一。2021年3月23日，巴拿马籍货轮"长赐号"在苏伊士运河搁浅。该船长约400米，宽近60米，排水量达22万吨。"长赐号"搁浅导致欧亚之间最重要的航道之一——苏伊士运河中断。3月29日，"长赐号"上浮脱困，苏伊士运河通道恢复正常航行，"货轮搁浅危机"被解除。据德国安联保险公司研究显示，"长赐号"搁浅6天所导致的全球贸易损失每天达60亿～100亿美元。"长赐号"搁浅事件显示了海上能源通道安全不堪一击的脆弱性。位于马来半岛和苏门答腊岛之间的马六甲海峡是世界上最繁忙的海上能源通道之一，也是我国海上石油运输的关键节点。近年来，每天通过马六甲海峡的船舶，有近60%来往于我国，且大部分是油轮，大量石油靠这条通道运输。

前言

保障能源安全、应对突发事件是海洋安全与国防安全的重要课题，其核心环节和重要前提是，厘清海上能源通道及沿线国家的海洋环境特征和地缘安全状况，并在此基础之上，开展风险分析和突发事件应急响应对策研究。鉴于种种原因，我国对海上能源通道、"21世纪海上丝绸之路"沿线海域的自然环境和地缘环境的认知、了解有限，围绕海上能源通道、重要海峡、水道的风险分析与应急响应研究不足，主要的研究工作侧重于宏观层面的形势分析、政策解读和策略论述。针对海上能源通道的环境状况（如地形、地貌、海峡、通道、岛屿、气象、水文等）和地缘人文因素（如政治、经济、军事、外交、法律、宗教等），开展海上能源通道管控争端、灾害防御和恐怖袭击等非传统安全威胁的客观、定量的风险分析及应急响应研究，是当前海洋战略研究迫切需要开展的工作。

当前，人类生存环境和社会发展面临着多种风险威胁，包括自然风险、社会风险和政治风险。风险意识和风险防范得到了社会的广泛关注和普遍重视。风险分析与评估成为政府行政管理、科学决策的重要依据。在战略层面上，风险评估是国家安全政策制定和应对突发事件响应措施的重要依据。针对重大灾害和公共安全等突发事件，欧美等发达国家有较完善的灾害评估体系、风险分析体系、应急救助体系及相应的技术手段，并重点资助、开展了对致险机理不确定、险情信息不完备情况下灾害评估与风险防范方面的研究，形成了灾害预警、灾害评估、风险识别、减灾对策等联动机制，组建了应急机构，国民的风险防范意识较好，突发事件防范设施较为完善。

我国的风险研究起步较晚，研究水平及成果也落后于欧美等发达国家。风险研究主要涉及地震、山体滑坡、泥石流等地质灾害，台风、暴雨、干旱等气象灾害，财政、金融、股市等社会领域，以及火灾、瓦斯爆炸、矿难等安全生产方面，对国家海洋权益和能源安全等的风险分析和应急响应研究尚处于探索阶段。近年来，在世界经济下行压力增大的背景下，石油、天然气等能源安全问题被推上了风口浪尖。保持高度的敏感性，关注国家能源安全、防范能源风险刻不容缓，必须未雨绸缪、超前布局、精准应对，遏制能源安全危机。

近年来，笔者在国防科技大学自主科研专项及"双重建设"等课题的资助下，围绕海上能源通道的风险分析与突发事件应急响应开展研究，构建了海上能源通道风险分析的概念模型与评估体系，探索了海上突发事件情景分析、响应机制和应急预案等技术途径，特别是通过引入贝叶斯网络、云模型、模糊推理和决策场理论等开展了量化分析和评估实验。本书即是对上述工作的总结。

本书的编写得到了国防科技大学气象海洋学院领导、同事的关心与支持，参考引用了许多国内外相关论著、资料等文献，在此向相关人员及文献作者表示感谢。

感谢中国社会科学院学部委员、山东大学讲席教授、山东大学国际问题研究院院长张蕴岭为本书作序和深入点评，以及对作者予以的鼓励和支持。

感谢国家出版基金管理委员会、电子工业出版社和相关领域专家对本书出版的支持和帮助。

鉴于笔者知识水平有限，写作经验尚不丰富，要完成如此艰巨的出版任务，确感压力颇大，书中定有不当和谬误之处，恳请读者批评指正。

本书第 1 章由张韧、王爱娟、周华、洪梅撰写，第 2 章由黎鑫、葛珊珊、郝志男撰写，第 3 章由葛珊珊、刘科峰、洪梅撰写，第 4 章由葛珊珊、汪杨骏、张韧撰写，第 5 章由张韧、王辉赞、刘科峰撰写，第 6 章由钱龙霞、张韧、郝志男撰写，第 7 章由张韧、杨理智、郝志男撰写，第 8 章由郝志男、张韧撰写。全书由张韧统一校对和定稿。

张韧

2023 年 2 月

目 录

第 1 章 海上战略通道概述 ·· 1

1.1 海上战略通道的类型、特征、功能 ·· 1

    1.1.1 类型 ·· 3

    1.1.2 特征 ·· 6

    1.1.3 功能 ·· 8

1.2 全球重要的战略通道、海域及海峡 ·· 10

    1.2.1 全球重要的战略通道 ·· 10

    1.2.2 全球重要的海域及海峡 ·· 12

1.3 全球海上运河和航道 ·· 28

    1.3.1 苏伊士运河 ·· 28

    1.3.2 巴拿马运河 ·· 30

    1.3.3 红海 ·· 31

1.4 中国海上能源通道 ·· 33

    1.4.1 航线 ·· 33

    1.4.2 特点 ·· 35

    1.4.3 依存度 ·· 37

参考文献 ………………………………………………………… 41

第 2 章 南海–印度洋通道的风险与防范 ………………………… 42

2.1 概述 …………………………………………………………… 42
2.2 自然环境 ……………………………………………………… 43
  2.2.1 海峡 …………………………………………………… 43
  2.2.2 岛屿 …………………………………………………… 55
  2.2.3 海湾 …………………………………………………… 60
2.3 地缘环境 ……………………………………………………… 67
  2.3.1 南海的地缘环境 ……………………………………… 67
  2.3.2 印度洋的地缘环境 …………………………………… 67
2.4 管控与争端 …………………………………………………… 69
  2.4.1 控制状况 ……………………………………………… 69
  2.4.2 军事基地 ……………………………………………… 70
  2.4.3 管控诉求 ……………………………………………… 74
2.5 防范对策建议 ………………………………………………… 76
2.6 风险隐患与应对策略 ………………………………………… 79
  2.6.1 风险隐患 ……………………………………………… 79
  2.6.2 应对策略 ……………………………………………… 80

第 3 章 东北亚航道的风险与防范 ………………………………… 92

3.1 概述 …………………………………………………………… 92
3.2 东北亚航道的地理特征 ……………………………………… 93
  3.2.1 东海至日本海航段 …………………………………… 93
  3.2.2 日本海至太平洋航段 ………………………………… 94

3.2.3　白令海至楚科奇海航段 …………………………………… 95

3.3　东北亚航道的重要岛屿 …………………………………………… 96

　　　3.3.1　千岛群岛 …………………………………………………… 96

　　　3.3.2　堪察加半岛 ………………………………………………… 98

　　　3.3.3　阿留申群岛 ………………………………………………… 99

3.4　东北亚航道的重要海峡 …………………………………………… 100

　　　3.4.1　朝鲜海峡 …………………………………………………… 101

　　　3.4.2　津轻海峡 …………………………………………………… 103

　　　3.4.3　宗谷海峡 …………………………………………………… 105

　　　3.4.4　白令海峡 …………………………………………………… 107

　　　3.4.5　鞑靼海峡 …………………………………………………… 109

3.5　风险与防范对策 …………………………………………………… 110

　　　3.5.1　潜在风险因素 ……………………………………………… 110

　　　3.5.2　风险防范对策 ……………………………………………… 113

参考文献 ………………………………………………………………… 116

第4章　北极西北航道的开通机遇与风险 …………………………… 117

4.1　概述 ………………………………………………………………… 117

4.2　西北航道的历史渊源 ……………………………………………… 119

4.3　西北航道的重要海峡与海湾 ……………………………………… 120

4.4　西北航道的气候变化与开通预期 ………………………………… 125

4.5　西北航道的开通机遇 ……………………………………………… 128

4.6　西北航道的潜在风险 ……………………………………………… 130

4.7　西北航道的风险防范对策 ………………………………………… 132

4.8　西北航道的自然环境与地缘风险 ………………………………… 135

- 4.8.1 自然环境与航行安全风险 ... 135
- 4.8.2 认知能力与保障技术风险 ... 136
- 4.8.3 北极圈国家的主权诉求与地缘风险 ... 137
- 4.8.4 资源过度开采与环境破坏风险 ... 139

4.9 西北航道的自然环境风险评估 ... 144
- 4.9.1 实验数据 ... 144
- 4.9.2 危险性指标与指标权重 ... 145
- 4.9.3 评估结果分析 ... 146

参考文献 ... 150

第5章 海上航行国际法的运用与风险规避 ... 151

5.1 《联合国海洋法公约》的基本原则 ... 151
- 5.1.1 陆地决定海洋原则 ... 152
- 5.1.2 公平利用海洋及其资源原则 ... 152
- 5.1.3 各国互相尊重对方的海洋主权原则 ... 153
- 5.1.4 和平利用海洋和解决争端原则 ... 153

5.2 领海、毗连区、专属经济区及大陆架的划定 ... 154
- 5.2.1 领海基线 ... 154
- 5.2.2 领海 ... 156
- 5.2.3 毗连区 ... 159
- 5.2.4 专属经济区 ... 160
- 5.2.5 大陆架 ... 161

5.3 海峡、水道及航道的通行原则 ... 163
- 5.3.1 海峡的通行原则 ... 164
- 5.3.2 水道的通行原则 ... 166

目录

  5.3.3 航道的通行原则 ·················· 166
 5.4 领海与专属经济区的航行申报和无害通过原则 ············ 170
 5.5 航道海域国家对航道的管理 ······················ 172
  5.5.1 依照国际专门条约管理 ··············· 173
  5.5.2 群岛国按照国内立法管理 ············· 174
  5.5.3 对海峡排他性的管理 ················ 174
 5.6 船舶通行的行为规范与风险规避 ·············· 177

第 6 章 风险分析与应急响应 ························ 185

 6.1 风险 ······································ 185
  6.1.1 风险的定义 ······················ 185
  6.1.2 风险的分类 ······················ 190
  6.1.3 风险的分析方法 ·················· 194
 6.2 突发事件 ·································· 199
  6.2.1 突发事件的定义 ·················· 199
  6.2.2 突发事件的特点 ·················· 200
  6.2.3 突发事件的分类 ·················· 201
  6.2.4 突发事件的应急响应 ················ 203
  6.2.5 突发事件的应急预案 ················ 214
 6.3 风险分析与风险评估 ························· 224
  6.3.1 风险分析应用研究 ················· 224
  6.3.2 风险评估模型 ···················· 225
 参考文献 ·· 229

第 7 章 海上能源通道的情景分析与风险评估 ············· 233

 7.1 情景分析 ·································· 233

XIX

     7.1.1 情景分析的定义 ·· 233
     7.1.2 情景分析的特征 ·· 234
     7.1.3 情景分析的作用 ·· 235
     7.1.4 情景分析的相关操作 ·· 236
     7.1.5 情景分析的分类 ·· 243
     7.1.6 情景分析的适用对象 ·· 246
     7.1.7 情景分析的关键技术 ·· 247
  7.2 海上能源通道综合灾害风险评估 ·· 248
     7.2.1 综合灾害风险要素 ·· 248
     7.2.2 综合灾害风险评估流程与数据来源 ·································· 249
     7.2.3 综合灾害风险评估模型 ·· 251
  7.3 海上能源通道自然灾害风险评估 ·· 261
     7.3.1 模糊集合与模糊推理 ·· 261
     7.3.2 模糊逻辑控制器 ·· 262
     7.3.3 模糊推理模型的建立与推理实验 ···································· 264
     7.3.4 自然灾害风险评估的基本步骤与技术途径 ···························· 266
  7.4 海上能源通道海盗袭击风险评估 ·· 274
     7.4.1 评估方法与技术途径 ·· 275
     7.4.2 海盗袭击风险概念模型 ·· 277
     7.4.3 海盗袭击风险评估与情景模拟 ······································ 279
  7.5 海上能源通道地缘风险评估 ·· 286
     7.5.1 地缘风险量化评估 ·· 287
     7.5.2 云模型理论及其适用性 ·· 287
     7.5.3 指标体系构建 ·· 289
     7.5.4 评估建模与实验仿真 ·· 290

参考文献 ··· 297

第8章 海上能源通道的突发事件应急决策与航道规划 ············ 299

8.1 突发事件应急决策 ··· 300
8.1.1 突发事件的情景构建 ·· 300
8.1.2 突发事件的情景推演 ·· 310

8.2 航道规划：基于多备选决策场理论 ································· 312
8.2.1 多备选决策场理论的参数与决策规划 ····················· 313
8.2.2 航道规划决策模型 ·· 320
8.2.3 决策时效约束情况下的航道规划 ····························· 322
8.2.4 决策信息不确定情况下的航道规划 ························· 325
8.2.5 多航道、多威胁情况下的航道规划 ························· 327

8.3 航道规划：基于直觉模糊集的多属性决策方法 ·············· 329
8.3.1 基于直觉模糊集的距离测度 ···································· 330
8.3.2 基于直觉模糊集的心理距离测度 ···························· 332
8.3.3 基于直觉模糊集的相似性测度 ································ 346
8.3.4 基于直觉模糊集的TOPSIS ····································· 349
8.3.5 基于心理距离测度的航道规划仿真实验 ················· 352
8.3.6 基于TOPSIS的航道规划仿真实验 ·························· 356
8.3.7 分析讨论 ·· 358

参考文献 ··· 360

XXI

第 1 章
海上战略通道概述

1.1 海上战略通道的类型、特征、功能

战略通道是涉及国家经济安全、军事安全和能源安全的重大战略要素，在国家发展战略中占据极为重要的位置。能源安全是国家战略安全的重要组成部分。海上能源通道是海上战略通道的核心内涵和重要方向。为此，本章先从广义层面阐述包括海上能源通道在内的海上战略通道的基本要义。

海上战略通道是对国家安全与经济发展具有重要战略影响的海上要道、海上航线和重要海域的总称。历史经验证明，海上战略通道对海上航行和海上补给至关重要。若失去对海上战略通道的控制权，就会导致战略物资补给困难，航运贸易萎缩，甚至使国家经济发展受到限制。正确认识海上战略通道的地位与作用，对于确保我国的安全利益、更好地维护世界和平、推动世界各国共同发展具有重要意义。

海上战略通道主要包含三部分：

- 第一部分特指一些重要的海峡、水道、运河。
- 第二部分是指海峡及海上运输线的重要交通枢纽，如岛国、岛屿与港口。
- 第三部分是指海上运输线所经过的有特定空间限制的重要海域。

海上战略通道是海上运输线中具有特殊价值的地段，表现如下。

海上能源通道风险分析与突发事件应急响应

- 海上战略通道是海上运输的必经之地。众所周知，地球上的海洋面积约占地球总面积的71%，约为陆地面积的2.5倍。海洋不仅包围陆地，还把陆地隔成若干块，使许多国家之间远隔重洋。这种自然条件决定了海上航行和海上运输的重要地位。海上战略通道是沟通和串联不同大洋、不同海域的渠道，如直布罗陀海峡连接大西洋与地中海、巴拿马运河连接太平洋与大西洋、马六甲海峡连接南海和印度洋等。

- 海上战略通道是攻防转换的天堑。从地理角度看，海峡是两块陆地或两片海之间的狭窄水道。从军事角度看，海峡既可以作为天堑，也可以作为防守的屏障。海峡的宽度不一。世界上最宽的海峡是位于南美洲火地岛和南极半岛之间，用于连接南太平洋和南大西洋的德雷克海峡，即使在最狭窄处，宽度也有900千米。海峡又是连接海或洋之间的通道，有的地方极为狭窄，如马六甲海峡的最狭窄处仅有2千米。

- 海上战略通道在一定程度上牵动着国家的前途和命运。由于海上战略通道具有独特的地理位置和重要的战略意义，常常牵涉一国的根本利益，关系一国的兴衰成败，因而在这个问题上，很少有讨价还价、妥协或交易的余地。

- 海上战略通道蕴含着民族的尊严与情感。海上战略通道在历史上一般都历经许多沧桑与磨难。部分国家与海峡所在国家、海峡周边国家，为了争夺海峡控制权、海峡当中或附近海域具有战略意义的岛屿，可能发生过战争。在这当中，除了掺杂着各种利益矛盾与纠纷，在相当程度上，还有民族的尊严与情感。

- 海上战略通道是推动世界格局演变的重要动因。作为重要的战略要地，海上战略通道可能牵涉相关国家，特别是世界强国的军事利益和经济利益。

1.1.1 类型

1. 按地理特征划分

- 自然形成的海峡水道：一些海上战略通道的重要性得益于天然的地理优势，独特的地理位置，如英吉利海峡、黑海海峡、曼德海峡、马六甲海峡、霍尔木兹海峡都是天然形成的海峡，它们在人类发展进程中发挥了重要作用。
- 人工开凿的海上通道：人们为了改善水中交通环境而在一些地峡上开凿运河，连接地峡两岸水域，如苏伊士运河、巴拿马运河、北海-波罗的海运河（基尔运河）、科林斯运河等。

2. 按航运价值划分

海峡因诸多原因，航运价值各不相同，大致可分为两个级别：一个是航运价值很高的海峡；另一个是虽数量众多，但航运价值不高的海峡。总体来说，最繁忙的海峡包括：

- 英吉利海峡：位于经济发达地区，有多条重要航线，所通过的船舶数量每年多达20万艘以上。
- 直布罗陀海峡：地中海沿岸国家出入的交通要道，是大西洋-地中海-印度洋重要航线的枢纽，每年约有15万艘船舶通过，其中仅大型油轮每天就通过200多艘。西欧各国的石油、工业原料及工业品绝大多数经此运往世界各地，约占国际航运总量的35%。
- 霍尔木兹海峡：石油宝库波斯湾的航运枢纽，每年通过的油轮数量多达11万艘，运出石油约14亿吨。

- 波罗的海诸海峡：波罗的海沿岸各国通往大西洋的交通要道，每年通过的船舶数量达10万多艘。
- 马六甲海峡：西太平洋通往印度洋的纽带，东亚通往南亚、非洲、欧洲的国际航运枢纽，每年通过的船舶数量达10万多艘。
- 曼德海峡：大西洋–地中海–红海–印度洋航运的枢纽，每年约有2万艘船舶通过。
- 苏伊士运河：北大西洋和印度洋、西太平洋之间的海上航运捷径，比绕道好望角南航线缩短航程8000～10000千米。每年有100多个国家的船舶过往，仅石油运输就占世界油运吨数的四分之一。
- 巴拿马运河：北太平洋和北大西洋之间的海上航运捷径，比绕道麦哲伦海峡缩短航程5000～13700千米。每年的货运量约占世界总货运量的5%。

除上述海峡以外，重要的航运枢纽还有佛罗里达海峡、黑海海峡、望加锡海峡、巽他海峡、朝鲜海峡、莫桑比克海峡、麦哲伦海峡、基尔运河等。

3. 按法律地位划分

海上战略通道在国际海洋法规范中，依据法律地位的不同可划分为内海海峡（或群岛水域海峡）、领海海峡、非领海海峡和国际航行海峡等。

- 内海海峡是指在领海基线以内的海峡，即内海水域海峡，如我国的渤海海峡、琼州海峡等。《联合国海洋法公约》规定，内海具有国家陆地的法律地位，国家享有排他性主权，完全有权拒绝外国船舶通过。

- 领海海峡是指海峡宽度不超过领海宽度 1 倍（不超过24海里）的海峡，且两岸都属于同一国家。若海峡两岸分属于两个国家，则在无特别条约另作规定的情况下，其疆界线是通过海峡中心航道线划分的，海峡的航行制度由《联合国海洋法公约》的相关规定和沿岸国协议决定。

- 非领海海峡是指依据有关法律划分、宽度超过沿海国领海宽度 1 倍（24海里）的海峡。在非领海海峡中，不同宽度的水域分别具有不同的法律地位。位于领海部分的水域具有与领海同等的法律地位。超出领海以外的水域，根据宽度不同，分别为毗连区、专属经济区和公海。因此，广义上将此类海峡视为国际海峡或用于国际航行的海峡。

- 国际航行海峡的概念最先在国际法院审理"科孚海峡案"时被提出，一般是指在公海或专属经济区的一部分和公海或专属经济区的另一部分之间用于国际航行的海峡。还有一些海峡处于国际航行的要道，关系到许多国家的利益，虽然海峡宽度不超过领海宽度的 1 倍，但由于历史原因或国际公约规定，被用于国际航行的海峡，如位于土耳其境内的黑海海峡，是黑海通往地中海的唯一通道，就属于此类海峡，此外还有直布罗陀海峡、马六甲海峡、对马海峡等，均属于此类海峡。《联合国海洋法公约》规定，国际航行海峡不得阻止外国船舶的无害通过，就是为了限制海峡沿岸国行使阻止无害通过的权利，保证各国船舶能畅通无阻地通过。

4. 按功能作用划分

- 唯一型：从一个海域通往其他海域唯一的、不可替代的海峡。不可替代性主要由地理因素、海洋运输的优越性等因素决定。这类海峡一旦被非法或恶意控制，通常难以找到新的替代通道，如直布罗陀海峡、马六甲海峡都是重要的海上航运枢纽。

- 替代型：随着经济的发展及一些海上战略通道的变迁，出现了可替代的海峡。最典型的就是巴拿马运河和苏伊士运河。两者都是人工开凿的运河，被称作"世界上最重要的捷径"：巴拿马运河的通航，使麦哲伦海峡和德雷克海峡的地位相对降低；苏伊士运河的开通，使莫桑比克海峡和好望角南水道的地位相对降低。苏伊士运河一旦关闭，曼德海峡的地位就会跟着降低，莫桑比克海峡和好望角南水道的地位则会相对提高。同样，在马来半岛克拉地峡上拟建的克拉运河一旦开通，马六甲海峡的重要性和繁忙程度就会随之降低。

1.1.2 特征

1. 地理位置的稳定性

海上战略通道的稳定性源于地理和地缘的稳定性。海上战略通道是天然客观存在的，是非人为设定的，不是靠人的意志随意造就的。因此，就天然禀赋而言，海上战略通道具有一定的不可更改和不可选择性，在社会历史变动中具有相对的自然稳定性，对地区或国家之间的经济活动和安全活动的影响与作用具有恒定和较为确定的特性。

海权论的提出者马汉认为，海洋就像是一个通向四面八方的广阔公用地，在公用地内，一些经常被使用的航线表明，人们往往会选择某些特定的航线而不是选择其他航线。马汉界定的广义上的海权主要是指那些对维持国家经济繁荣至关重要的海权要素。对于海权要素，马汉认为，利益交汇地，无论面积大小，无论是海港还是海峡，战略价值都取决于位置、力量和资源等要素。其中，位置要素应当成为优先关注的要素。正是由于海上战略通道是自然赋予的，不是人为设定的，所以国家所从事的与海洋有关的内外活动，始终都要受到先天或固有的海上战略通道的位置和条件的制约。

2. 地缘因素的不可替代性

世界上有三大交通体系，即陆上、海上和空中。在贸易运输中，三大交通体系的排序是，海上运输为第一位，陆上运输为第二位，空中运输为第三位。海上运输在三大交通体系中居于遥遥领先的地位。它的地位是其他任何类型的交通方式所不可替代的。这主要是由三个方面的因素决定的：

- 地理因素。地球表面约71%是海洋，陆地被海洋隔成若干块。
- 社会因素。社会生产力超出自然经济阶段后，越来越多的原材料和最终产品需要洲际运输。
- 海上运输具有极大的优越性。海洋相互连为一体，成为全球的海上运输通道。据专家测算，陆上运输成本是海上运输成本的5倍，空中运输成本是海上运输成本的50倍。海上能够承担大宗、笨重、远距离货物的运输。

3. 战略地位的重要性

海上运输的首要地位已经保持了几百年。18世纪以来，海上战略通道代表了海洋国家至关重要的利益，不仅是维持经济繁荣和施加全球影响力的手段，还是国家的生存手段。

海上战略通道涉及国家经济命脉，涉及相关海域和领域的主导权，甚至是国家主权的核心利益，直接关乎国家安全和经济发展大局。从经济上看，海上战略通道是海上交通的走廊和枢纽，是国际海上运输的捷径，是海上运输的生命线，是货物贸易的大动脉。

4. 国际法的约束性

目前，国际海上战略通道的使用处在特定国际法体系的覆盖之中，受该体系的保护和约束。随着经济全球化的深入发展，世界一体化的发展趋势明显，国家之间的联系越来越紧密、依赖性越来越强、影响越来越大，国家利益相互交融的情况日趋明显，一国利益与他国利益、国家利益与全球利益越来越密不可分。世界各国都必须在国际法的约束下，合理、有序、公平、和平地使用海上战略通道。

当今世界，虽然传统意义上对海上战略通道的控制与反控制之争依然存在，但是在更多情况下，国际社会需要通过合作来共同维护海上战略通道的安全。在经济全球化时代，非传统安全威胁日益加剧，恐怖主义、海盗等已经成为世界各国的共同敌人和威胁海上战略通道安全的最重要因素。面对这些威胁，世界各国需要通力合作。任何企图通过单一国家或区域联盟控制海上战略通道来谋取单方面安全，甚至通过控制海上战略通道来谋取私利的图谋和方式都是与时代潮流相悖的。唯有在遵守国际法的基本原则之上，各国通力合作，才能在和平与发展的时代背景之下，实现各自的利益。

1.1.3 功能

1. 海上战略通道是海上运输的必经要地

随着科学技术的发展，尽管目前交通运输方式多种多样，但从运输成本和经济效益来看，海上运输（尤其是石油、液化气和集装箱等大宗商品的海上运输）仍然是当前主要的运输方式。鉴于世界上主要的海上运输基本上都要经过重要的海峡，因此古罗马哲学家西塞罗曾说，谁控制了海洋，谁就控制了世界贸易；谁控制了世界贸易，谁就控制了世界财富，从而控制世界本身。

今天的世界经济是一个全球化的经济，90%的世界贸易运输是通过海上运输实现的，海上运输的安全直接关乎一个国家、一个地区乃至整个世界的经济安全，因为一国经济的发展，与世界市场和世界资源相互依存，融为一体。国家经济竞争力更多地表现为对世界市场和世界资源的拥有及控制能力。世界贸易最方便的运输载体就是海洋，最简捷的途径就是海上战略通道。随着海上贸易量的不断增长，海上战略通道的作用更加强大，已成为经济外向型国家的生命线。世界上任何一条主要海上战略通道遭到破坏，都会使许多国家受到影响，甚至影响全球的政治和经济。

2. 海上战略通道是安全战略的重要课题

如果海上战略通道所在的区域发生战争，那么海上战略通道常常是交战的战场和争夺的焦点。例如，一旦重要海峡遭到封锁，就会切断战略物资的补给和经济命脉。在现代海战中，海上战略通道的畅通与否关系到战争的胜负，控制海上战略通道比以往任何时候都更具战略意义。

例如，英吉利海峡是分隔欧洲大陆和大不列颠群岛的狭窄航道。历史上，凭借这个海峡，英国曾挫败法国和德国从海上入侵。1803年，拿破仑为了赶在新的反法同盟形成之前战胜英国，进行了紧张的、大规模的战争准备。英国则通过英吉利海峡加强了对欧洲大陆的封锁，使法国、荷兰和西班牙舰队分别困守在各自港口。为了扭转这一不利的战略态势，拿破仑虽然命令法国、西班牙联合舰队主动出击，但联合舰队却在特拉法尔加海战中被英国海军舰队击溃，拿破仑征服英国的梦想彻底破碎。二战期间，希特勒曾批准了代号为"海狮计划"的行动指令。该计划的总体设想是在宽广的英吉利海峡上发动奇袭，并实施登陆作战。但这个计划需要大量的海上突击力量，若想在短期内完成，几乎是不可能的。于是，德国企图凭借空军优势，先摧毁英国的空军力量，再夺取英吉利海峡的制空权和制海权，为横渡英吉利海峡、入侵英国本土创造条件。但英国空军挫败了德国的计划，在空战中屡获胜利，德国只能以空军轰炸为主，轰炸持续了几个星期，由于德国空中力量优势有限，因此收效并不明显，不但损失了 1732 架飞机，还错过了最佳的登陆时间，最后不得不放弃。

3. 海上战略通道是国家利益博弈的关键领域

不论从哪个角度看，海上战略通道畅通与否，对国家是否能够高效运转都会起到巨大的作用。历史经验教训证明，海上战略通道对国家，特别是对海洋强国具有重要意义，要保护国家利益、促进国家发展，就必须有效地运用海上战略通道。

1.2 全球重要的战略通道、海域及海峡

1.2.1 全球重要的战略通道

全球重要的海上战略通道空间分布如图 1.1 所示。美国海军之所以要坚持控制马六甲海峡、望加锡海峡、巽他海峡、朝鲜海峡、苏伊士运河、曼德海峡、波斯湾、霍尔木兹海峡、直布罗陀海峡、斯卡格拉克海峡、卡特加特海峡、格陵兰-冰岛-联合王国海峡、巴拿马运河、佛罗里达海峡、阿拉斯加湾、非洲以南和北美航道等，是因为这些海上交通要道或为经济发达地区的洲际海峡，或为沟通大洋的海峡，或为唯一通道的海峡，或为主要航线上的

第 1 章　海上战略通道概述

海峡……对舰船航行、缩短海上航行时间具有十分重要的政治、经济和军事意义。

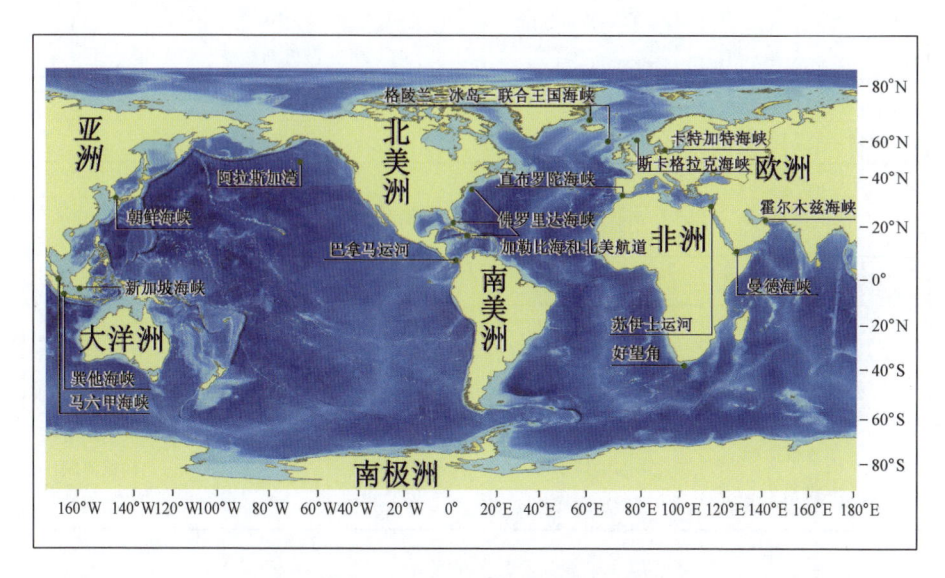

图 1.1　全球重要的海上战略通道空间分布

表 1.1 是自 15 世纪至 18 世纪在地理大发现时期探明的海上交通要道。表 1.2 是由美国萨姆·坦格里迪[1]教授提出的世界主要海峡枢纽。

表 1.1　自 15 世纪至 18 世纪在地理大发现时期探明的海上交通要道

序　号	要　道
1	白令海峡
2	麦哲伦海峡
3	德雷克海峡
4	宗谷海峡
5	托雷斯海峡
6	库克海峡
7	胡安·德富卡海峡
8	佛罗里达海峡
9	尤卡坦海峡

11

续表

序　号	要　道
10	向风海峡
11	戴维斯海峡
12	哈得孙海峡
13	南极航线

表1.2　由美国萨姆·坦格里迪教授提出的世界主要海峡枢纽

东地中海和波斯湾	西太平洋	欧洲	非洲	美洲
博斯普鲁斯海峡 达达尼尔海峡 苏伊士运河 霍尔木兹海峡 曼德海峡	马六甲海峡 巽他海峡 龙目海峡 吕宋海峡 新加坡海峡 望加锡海峡	大贝尔特海峡 基尔运河 多佛尔海峡 直布罗陀海峡	莫桑比克海峡	巴拿马运河 麦哲伦海峡 卡伯特海峡 佛罗里达海峡 向风海峡 莫纳海峡

表1.2中罗列的海峡枢纽均是重要的海上战略通道，无论在历史上还是现在，都具有极其重要的战略地位。

1.2.2　全球重要的海域及海峡

1. 太平洋海域

太平洋沿岸国家众多，海上交通发达，有多条海上通道连接着亚洲、美洲和大洋洲。我国濒临太平洋西岸。太平洋海域与我国的政治稳定、国家安全、经济发展息息相关。目前，我国经太平洋海域的主要海上通道有以下几条。

- 我国至日本、韩国等国的海上通道，是距离较近、方便快捷、各经济体之间互补性非常强的贸易航线，对外贸易大约占我国对外贸易的四分之一。

- 北太平洋海上通道，是我国经日本、阿留申群岛附近海域，到达美国、加拿大及中美洲西海岸的海上贸易航线，是横渡太平洋航线中最短的一条航线，对外贸易大约占我国对外贸易的四分之一，既是我国主要的贸易航线，也是日本的一条重要工业和粮食运输航线。
- 中南太平洋海上通道，是从我国沿海港口经关岛、夏威夷群岛到达美国西海岸和巴拿马运河的海上贸易航线，是我国从巴西等南美国家进口石油和铁矿石等物资的一条比较重要的航线。近年来，随着我国与南美国家经贸关系的密切发展，利用该航线进行经贸往来的船舶越来越多。
- 南海海上通道，既是我国重要物资（天然气、石油、橡胶、木材等）的海上贸易航线，也是我国与东南亚诸国的重要经贸航线，是我国海上船舶前往印度洋的必经之路。
- 我国至澳大利亚、新西兰的航线，近年来已演变成我国最重要的有色金属（铁、锰、铀等）资源进口航线之一。

太平洋上的海上枢纽要道有 20 多条，大多分布在西太平洋地区，其中对我国海上运输影响较大的海峡有马六甲海峡、朝鲜海峡、大隅海峡、巴士海峡、宫古海峡、巽他海峡、龙目海峡、望加锡海峡等。

2. 印度洋海域

印度洋位于亚洲、大洋洲、非洲和南极洲之间，周边国家资源丰富，如波斯湾是世界上最大的石油产区。印度洋海域是我国通往中东、非洲和欧洲的必经之地。目前，我国经印度洋海域的海上通道主要有以下几条。

- 北印度洋海上通道，是我国西出马六甲海峡及巽他海峡、龙目海峡、望加锡海峡，前往南亚诸国各港口、苏伊士运河、波斯湾的航线。我国在进口石油、与欧洲进行贸易、进口铁矿石时均经过此航线。
- 中印度洋海上通道，是我国前往中非各国东海岸的主要航线。
- 南印度洋海上通道，是我国前往南非各国及西非各国的主要航线，目前已成为我国运输非洲石油等能源，以及与非洲进行贸易的主要航线，也是我国大型船舶经过好望角前往欧洲进行贸易的主要航线。

对于印度洋海域的诸多海上通道，马六甲海峡、霍尔木兹海峡、曼德海峡等是很多船舶，特别是油轮必经的海峡，在国际贸易中起着非常重要的作用。此外，与我国海上航运关联度较高的还有著名的苏伊士运河。目前，该运河是世界上最繁忙的运河之一，欧亚之间的货物，80%都通过苏伊士运河运输。它既是西方国家的进出口贸易通道，也是亚洲国家，尤其是我国与欧洲进行贸易的主要航线。

3. 大西洋与地中海海域

大西洋的矿产和渔业资源丰富，沿岸的发达国家拥有雄厚的资金和技术，对外贸易发达，在世界上占有重要地位；沿岸的发展中国家拥有丰富的自然资源，为发达国家提供了众多原材料。大西洋的海运业很发达，海上通道众多，其海域中的地中海和加勒比海地理位置优越，海上运输十分繁忙。

由于大西洋的年平均气温较地中海的年平均气温要低，海水蒸发量小，因此大西洋的平均盐度比地中海的平均盐度低，只有约35‰，即使是与地中海相同纬度的邻近大西洋海域的盐度稍高一些，也只有36‰，于是形成了地中海和大西洋两个以直布罗陀海峡沟通的海域，海水平均盐度高低不平衡的局面。海水密度虽取决于海水的温度和盐度，但主要取决于盐度，盐度越大，密度越高。因此，地中海的海水密度大于大西洋的海水密度。

地中海的地理位置特殊，海水含盐量高、密度大，年平均气温较高：夏季、秋季，地中海处于副热带高压控制之下，日照强烈，干热少雨；冬季、春季，地中海海面上刮的是来自大西洋的温暖西风，气温都在0℃以上。另外，地中海四周，除了埃及的尼罗河，没有什么水流量大的淡水河流入。因此，地中海的含盐量稳定，表层海水的平均盐度约为38‰，东部海域海水的平均盐度更是高达39.58‰，比全球海水的平均盐度高出3‰~4‰。地中海的水压一般要大于大西洋的水压，深度越深，压力差越大。有了压力差，海水便产生了运动；压力差越大，运动越剧烈。直布罗陀海峡的洋流分为上下两层：上层水（200米以上）由大西洋流向地中海；下层水（200米以下）由地中海流向大西洋，也就是说，地中海底部的海水经直布罗陀海峡进入大西洋底部，使大西洋的海水被抬高；在大西洋表层，被抬高的海水因压力作用通过直布罗陀海峡流向地中海，由于该海峡的西端水浅、海底有横槛，减少了由地中海流入大西洋的水量，因此，从大西洋通过直布罗陀海峡流入地中海的水量大于从地中海流入大西洋的水量。

地中海沿岸海岸线曲折，岛屿众多，有塞浦路斯岛、科西嘉岛、马耳他岛、西西里岛等。其中，西西里岛是地中海上面积最大的岛屿。

(1) 塞浦路斯岛

塞浦路斯岛是地中海东部的一个岛屿，位于土耳其以南。至少在公元前800年，腓尼基人就在此定居，后来相继被亚述人、埃及人、波斯人、希腊人、罗马人等统治。直至1960年塞浦路斯独立，成立塞浦路斯共和国。尼科西亚是其首都和最大的城市。塞浦路斯岛主要居住两大人群：土耳其人和希腊人。

(2) 科西嘉岛

科西嘉岛是法国最大的岛屿，也是地中海中的第4大岛屿，位于法国东南部，面积约为8680平方千米。科西嘉岛的自然风光优美，是绝佳的度假胜地。不过，在历史上，科西嘉岛与地中海中的其他岛屿一样充满了动荡：先是相继被腓尼基人、罗马人等占据，之后又被比萨共和国、热那亚共和国占领，直至1768年，成为法国领土，这一现状一直延续到今天。虽然科西嘉岛的面积不大，但却诞生过两位著名人物：一个是发现美洲新大陆的航海家——哥伦布；另一个是法兰西帝国的缔造者——拿破仑。

(3) 马耳他岛

马耳他岛位于地中海中部，处在地中海东西方的交界处，素有"地中海心脏"之称。马耳他岛的海岸线长约180千米，属亚热带地中海式气候，年平均气温为19.7℃，最高气温为40℃，最低气温为5℃，年平均降水量为560毫米。马耳他岛的气候温和，四季常青，西海岸峻峭平直，东海岸多深水海湾。历史上，马耳他岛曾相继被腓尼基人、希腊人、迦太基人、罗马人、阿拉伯人、诺曼底人、土耳其人、法国人、英国人统治。1869年，苏伊士运河的开通提升了马耳他岛的地位，使其成为蒸汽轮船到达印度与东亚的煤炭集运站。经过一个多世纪的斗争，马耳他于1964年宣布独立，1974年成立马耳他共和国。马耳他共和国主要由5个岛屿组成，马耳他岛是其最大的岛屿。

(4) 西西里岛

西西里岛是地中海中面积最大和人口最稠密的岛屿，属于意大利，位于意大利南部、地中海中部，形状类似一个三角形，在东北端隔着3千米宽的墨西拿海峡与亚平宁半岛相望。西西里岛在数个世纪中一直是地中海贸易和文化的中心，影响着欧洲、非洲和中东地区的经济和文化发展。希腊、罗马、拜占庭、阿拉伯和诺曼帝国等多个文明在西西里岛留下了宝贵的文化遗产，包括古罗马遗址、历史悠久的城市和美丽的文艺复兴艺术。

西西里岛多山地和丘陵，沿海有平原，多地震，属地中海式气候，北部、西部较湿润，南部较干燥。西西里岛最高的山是埃特纳火山（海拔为3323米）。埃特纳火山是一座大型玄武岩层火山，也是欧洲最高、最活跃的火山。西西里岛的农业以小麦、蔬菜、葡萄、棉花的种植为主，并盛产柑橘、柠檬等亚热带果品。西西里岛的西海岸渔业发达，是沙丁鱼和金枪鱼的产地。虽然在20世纪50年代，西西里岛被发现蕴藏石油和天然气，但还是以旅游业为主。

西西里岛是一个多民族融合的地区，也是多种文明的交汇点，尽管属于意大利，但由于远离意大利半岛，所以西西里岛仍旧保留着许多农村地区的生活特点，大部分人说意大利语（也有方言，被认作是一种独具特色的语言），少部分人说阿尔巴尼亚语或希腊语。

4. 大西洋海域

中国经大西洋海域的重要海上通道如下。

- 经苏伊士运河至地中海、黑海沿岸国家的航线：中国向地中海、黑海沿岸国家出口商品，从欧洲地区进口商品的重要海上通道之一。
- 经苏伊士运河至北海、波罗的海的航线：中国向西欧和北欧相关国家出口商品，从北欧进口商品的重要海上通道之一。
- 经好望角至西非沿岸国家的航线：中国向西非沿岸国家出口商品，进口西非石油、有色金属等的重要海上通道之一。
- 经好望角至欧洲的航线：中国大型船舶来往欧洲进行贸易的重要海上通道之一。

经大西洋的主要海上通道大部分分布在欧洲附近海域，其中与中国海上航运安全有关的"要塞"主要有如下几个。

(1) 直布罗陀海峡

直布罗陀海峡是沟通地中海和大西洋的唯一通道，也是美国海军宣称要控制的全球16个海上航道枢纽之一。

直布罗陀海峡位于西班牙最南部和非洲西北部之间（西经5°36′，北纬35°57′），长约90千米，是一个在北非的阿特拉斯山与西班牙高原之间的弧状构造带缺口。

- 直布罗陀海峡东窄西宽：最窄处位于西班牙的马罗基角和摩洛哥的西雷斯角之间，仅有13千米；西面汇入大西洋处最宽，即在北部特拉法尔加角与南部斯帕特尔角之间，宽度为43千米。
- 直布罗陀海峡东深西浅：最浅处水深301米，最深处水深1181米，平均深度约为375米，如图1.2所示。

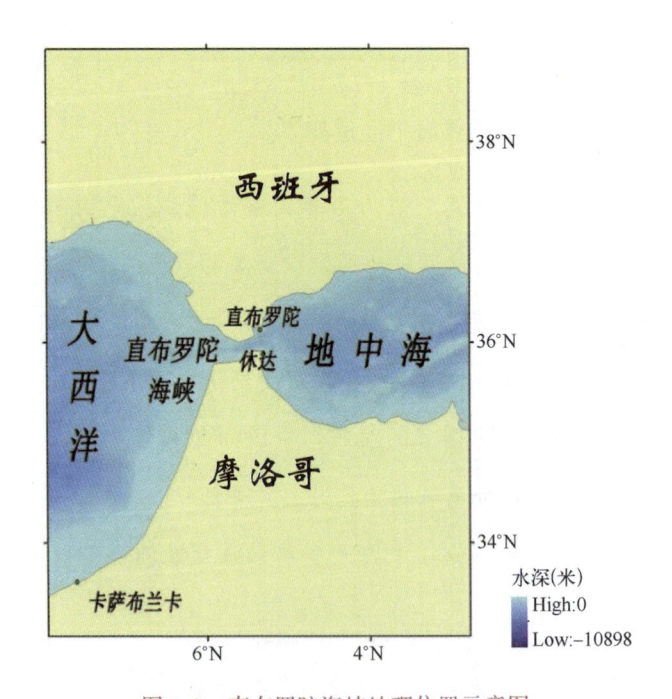

图1.2 直布罗陀海峡地理位置示意图

直布罗陀海峡除了连接地中海和大西洋，还是地中海的"生命线"。直布罗陀海峡的风向多为东风或西风，从北方进入西地中海的浅冷气团，往往成为低层高速东风，当地人称其为累凡特风。累凡特风带动大西洋表层洋流（含有盐度较低的海水）向东经过直布罗陀海峡进入地中海。这种洋流的流量大于地中海深处的西向洋流流量（含有盐度较高的海水将源源不断地流出地中海），保证了地中海水量的稳定性。正是因为直布罗陀海峡的存在，使得地中海不会成为一个萎缩的盐湖。这一自然现象也使直布罗陀海峡表层海水的流向永远是从西向东，在船舶从大西洋驶往地中海，经过直布罗陀海峡时，会因顺水航行而速度加快；在船舶从地中海驶往大西洋，经过直布罗陀海峡时，会因逆水航行而速度减慢。

21世纪初，直布罗陀海峡已成为世界上最繁忙的海上通道之一，从西欧和北欧各国到达印度洋、太平洋沿岸国家的船舶，一般均经由直布罗陀海峡-地中海-苏伊士运河-曼德海峡；从波斯湾运输石油的船舶也通过直布罗陀海峡运往西欧和北欧各国。时至今日，直布罗陀海峡仍是大西洋通往南欧、北非和西亚的重要航道。

（2）英吉利海峡

英吉利海峡（也称拉芒什海峡）（见图1.3）位于英国和法国之间，长度为560千米，平均宽度为180千米。英吉利海峡西通大西洋，东北经多佛尔海峡连通北海，不仅是大西洋的一部分，也是国际航运要道。英吉利海峡的潮汐落差较大，具有丰富的潮汐动力资源。

英吉利海峡的面积约为8.99万平方千米，呈东北（狭窄）-西南（宽阔）走向，形如喇叭。英吉利海峡大体上以从法国的塞纳河口到英国南岸的朴次茅斯为界，西南最宽处达240千米，东北最窄处33.8千米，即从英国的多佛尔到对面法国的加来。英吉利海峡的平均水温为13.6℃，属于温带海洋气候，冬暖夏凉，常年温湿、多雨、多雾，降水量均匀，日照较少，气温年较差小：1月气温最低，平均为 4～6℃；7月最高，约为 17℃。在多佛尔海峡的法国海岸一侧，全年有 200 多个雨日，年降水量约为 800 毫米；英国海岸一侧的年降水量要少些，全年有 150 多个雨日。英吉利海峡终年多雾，再加上白浪滔滔，严重影响船舶的航行。

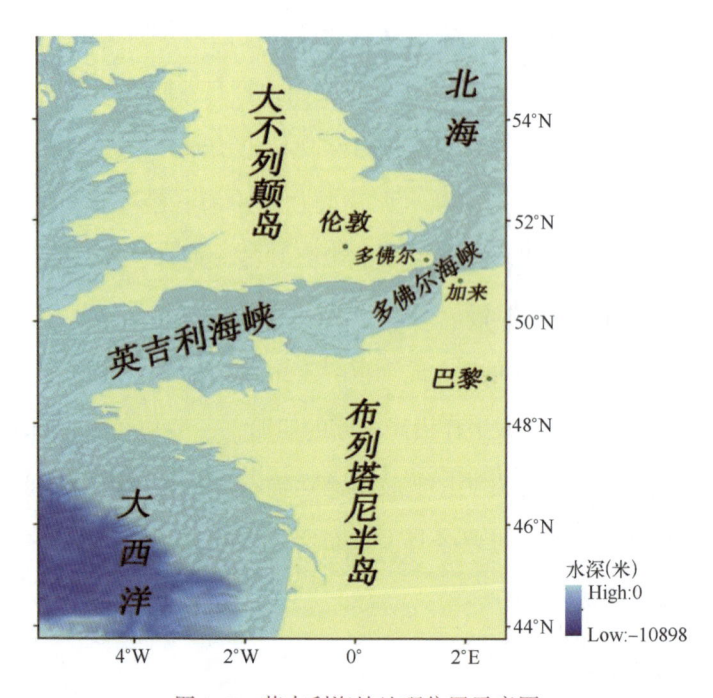

图 1.3　英吉利海峡地理位置示意图

由于英吉利海峡地处西风带，又是大西洋与北海进行海水交换的主要通道，因此主要的洋流为北大西洋暖流的支流。该支流使大西洋海水自西南通过英吉利海峡流入北海，因东北风会引起西南向洋流，故北海的部分海水经英吉利海峡流入大西洋。

随着季节的变化，英吉利海峡的水温、盐度也呈现明显的变化。

● 冬末（2月），海峡表层的盐度最高，水温最低。海峡西侧的盐度为 35.3‰，温度为 9～10℃；海峡东侧的盐度为 35.0‰，温度为 6～

6.5℃。

- 夏季（8月），海峡表层的盐度降低0.1‰~0.3‰，水温升至15~17℃。

英吉利海峡地处国际海上航运枢纽，是世界上最繁忙的海上通道之一，每年平均有20万艘船舶通过，居世界各海峡之冠。历史上，由于英吉利海峡对西欧和北欧各国的经济发展起过巨大作用，因此人们将其水道称为"银色的航道"。

(3) 丹麦海峡

丹麦海峡是指格陵兰岛与冰岛之间的海峡，部分延伸至北极圈，是欧洲和北美洲的分界线，北通北冰洋，南连大西洋，长约483千米，最窄处宽为290千米。

冰岛东南部航道（见图1.4）包括丹麦海峡、冰岛及英伦三岛之间的北

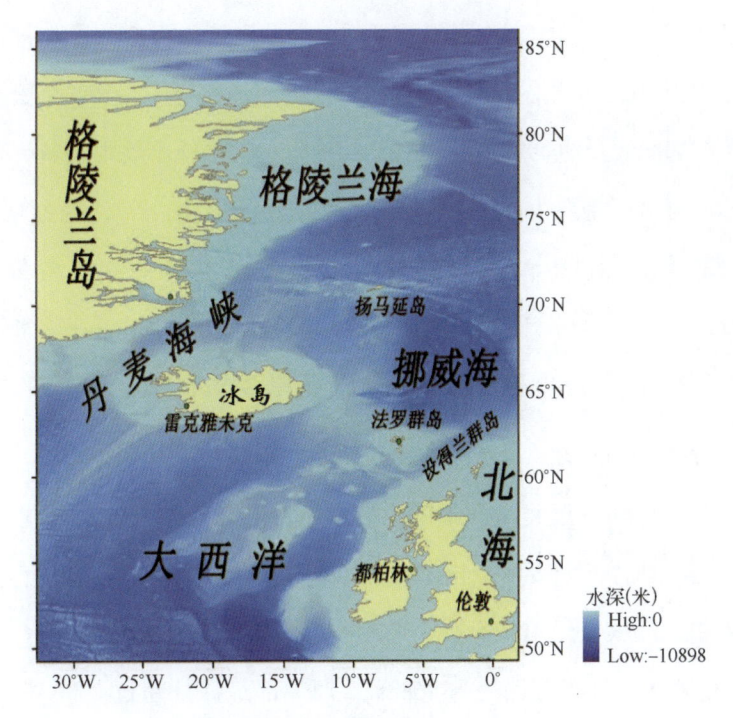

图1.4 冰岛东南部航道地理位置示意图

大西洋海域，是通往北冰洋的重要通道，也是我国对波罗的海沿岸国家开展进出口贸易的重要通道。

(4) 格陵兰岛-冰岛-联合王国海峡

格陵兰岛-冰岛-联合王国海峡是指介于格陵兰岛和冰岛之间的丹麦海峡，以及冰岛与大不列颠岛之间的广阔海域。

格陵兰岛是世界上的第一大岛屿，面积约为216万平方千米，在地理位置上属于北美洲，位于北冰洋与大西洋之间格陵兰岛的冰盖面积达到了全岛面积的80%，放眼望去，俨然是一个冰雪王国。相传，格陵兰岛由一名挪威海盗发现，曾是丹麦的海外属地，目前已改制成为一个内政独立，外交、国防与财政相关事务仍委托丹麦代管的过渡政体。格陵兰全境大部分处在北极圈内，气候寒冷，与加拿大和冰岛两国隔海峡相望。

冰岛位于北大西洋中部，紧邻北极圈，为欧洲第二大岛，是欧洲最西部的国家，面积为10.3万平方千米。冰岛属寒温带海洋性气候，全岛面积的1/8被冰川覆盖，海岸线长约4970千米，无冰川流过的海岸线不规则，多峡湾、小海湾，其他沿海地区主要为沙滩，岸外的沙洲形成了潟湖。冰岛为盆地形高原，四周为海岸山脉，中间为一高原，大部分是台地，台地高度大多为400～800米。冰岛的最高峰是华纳达尔斯赫努克火山（2119米）。冰岛的西部和西南部分布有海成平原和冰水冲积平原，平原面积占全岛面积的7%左右。

(5) 佛罗里达海峡

佛罗里达海峡位于美国佛罗里达半岛、古巴及巴哈马群岛之间，是连接墨西哥湾与大西洋的重要海上枢纽，如图1.5所示。

佛罗里达海峡长约480千米，宽为80～240千米，南深北浅（一般深度为500～800米，北部最深处为868米，西南部最深处超过2000米，中部有一群珊瑚礁，周围水深不足200米）。佛罗里达暖流从墨西哥湾经佛罗里达海峡流入大西洋，与安的列斯暖流汇合成强大的墨西哥湾暖流。佛罗里达海峡的海水流速约为5千米/小时，接近迈阿密（距西岸30千米的海域）的海水流速，在夏季时约为7千米/小时，在冬季时约为4.4千米/小时；表层平均水温，在夏季时为28~29℃，在冬季时为24~25℃；表层盐度为36‰~36.5‰。

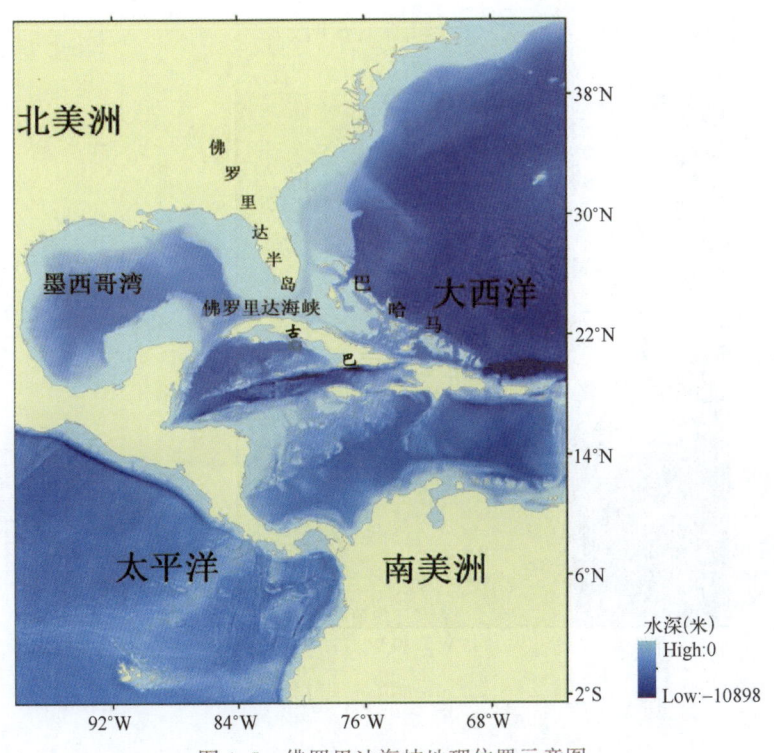

图1.5 佛罗里达海峡地理位置示意图

西班牙探险家彭赛·德·雷翁发现佛罗里达半岛时，看到半岛鲜花盛开，绚丽多彩，便称其为佛罗里达（Florida），在西班牙语中是"鲜花"的意思。这片区域是美国最温暖的地方之一，即便在最冷的冬季，温度也能达到15℃，是避寒和游览的胜地。

海峡北侧有美国的海军基地，南侧有古巴的哈瓦那，沿岸主要港口有迈阿密、卡德纳斯、马坦萨斯等。

(6) 阿拉斯加湾

阿拉斯加湾是世界9大著名海湾之一，位于北太平洋的东北角，北美大陆的西北侧，美国阿拉斯加州的南端，介于阿拉斯加半岛与亚历山大群岛之间，为一宽阔海湾，是北太平洋自然条件较好的海湾之一。在阿拉斯加湾的沿岸，分布着安克雷奇、西厄德、瓦尔迪兹和科尔多瓦等港口，是美国宣称的"必须控制"的海上枢纽之一，如图1.6所示。

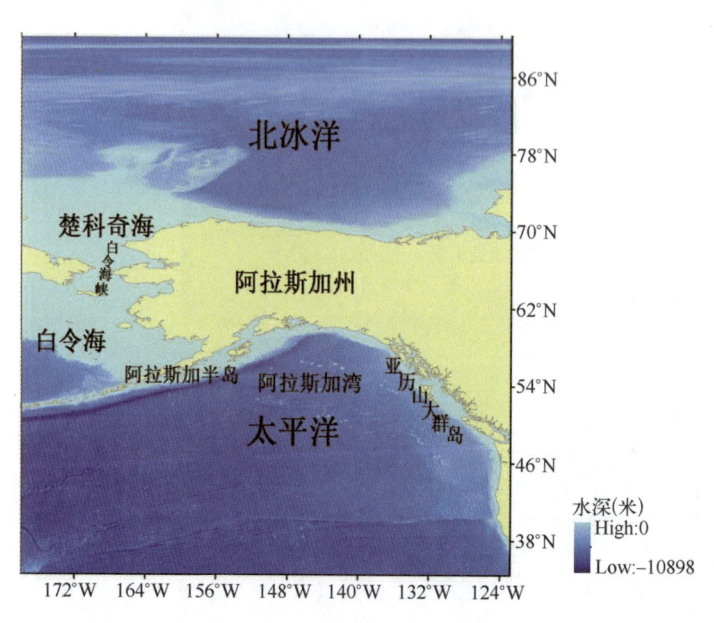

图1.6 阿拉斯加湾地理位置示意图

阿拉斯加湾及其南部海域是连接阿拉斯加州与美国东南部的海上走廊，为海上枢纽之一。阿拉斯加湾的面积约为153.3万平方千米，平均水深为2431米，最深处为5659米。阿拉斯加湾的海域表层水温，最高达12℃，最低低于0℃，表层盐度为32‰～33‰。环绕阿拉斯加湾的是一条弓形山带，包括科迪亚克岛、基奈山、楚加奇山等，是太平洋东北角的天然屏障。阿拉斯加湾的沿岸多峡湾和小海湾，从西向东主要有库克湾、威廉王子湾和亚库塔特湾等。注入阿拉斯加湾的主要河流有苏西特纳河和科珀河。河流不断地把断裂下来的冰块和河谷中的泥沙、碎石带入阿拉斯加湾，阿拉斯加洋流又将其带入海洋。阿拉斯加洋流在阿拉斯加湾内呈逆时针方向旋转，因受加拿大西北岸和阿拉斯加温和气候的影响，呈现暖流特征，海水温度超过4℃。

阿拉斯加州拥有丰富的石油和天然气资源，纵贯该州的阿拉斯加输油管直通阿拉斯加湾内的北美洲最北部的不冻港——瓦尔迪兹。在阿拉斯加湾的沿岸港口——安克雷奇设有石油管理中心，库克湾等地所产原油多由此转运。

目前，阿拉斯加湾已成为北美地区海上石油运输通道，地理位置非常重要。

(7) 黑海海峡

黑海海峡又称土耳其海峡，是连接黑海与地中海的唯一通道，包括博斯普鲁斯海峡（又叫伊斯坦布尔海峡）、马尔马拉海和达达尼尔海峡（又叫恰纳卡莱海峡）三部分，如图1.7所示。

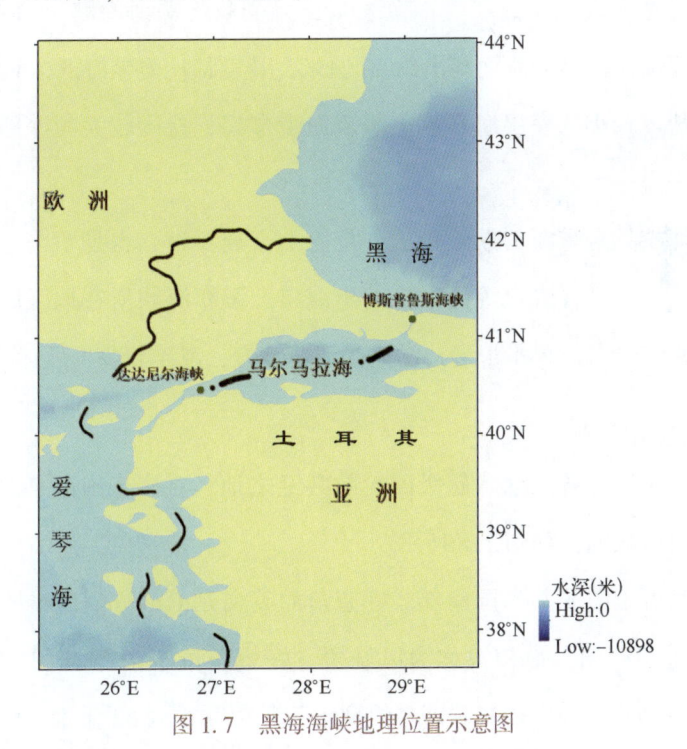

图1.7　黑海海峡地理位置示意图

黑海海峡全长约361千米，呈东北-西南走向，是亚洲和欧洲的分界线。其东北端为博斯普鲁斯海峡，西南端为达达尼尔海峡，在两个海峡之间是土耳其内海——马尔马拉海。

- 博斯普鲁斯海峡长约31.5千米，东北部最宽处为3.7千米，中部最窄处仅为747米，水深为27.5～124米。
- 达达尼尔海峡长约64千米，宽为1.7～7.5千米，水深为57～70米。
- 马尔马拉海属于土耳其内海，南北宽约70千米，东西长约266千米，面积约1.18万平方千米，平均水深为357米，最深处为1355米。

黑海海峡所在地区的年降水量为600～900毫米，冬季多西风，气温低，1月平均气温在2℃以下，经常有气旋通过，会形成较多降水；夏季多北风，气温较高，7月平均气温为25℃，干燥少雨。由于黑海的年降水量和多条大河径流量的总和大大超过了海面蒸发量，且受狭窄黑海海峡出口处的约束，造成黑海海面比爱琴海海面高出约50厘米，盐度却比爱琴海低，只有12‰左右，因此盐度较小的表层海水从黑海流向爱琴海，盐度较大的深层海水从爱琴海流向黑海。

黑海海峡具有重要的航运价值，是海上交通要道，也是罗马尼亚、保加利亚、乌克兰、格鲁吉亚等国唯一的出海口。黑海海峡所在地区属地中海气候，全年大部分时间风平浪静，洋流的流速缓慢，滩礁较少，航运条件优越。

（8）好望角

好望角是世界各国众多超级巨轮的必经之地，对许多国家来说，好望角航线是不可或缺的，如图1.8所示。

好望角位于南非共和国南部。好望角的英文是Cape of Good Hope，意思是美好希望的海角，最初被称为风暴角。好望角位于南纬34°21′25″、东经18°29′51″，是非洲西南端非常著名的岬角，北距开普敦52千米，因希望成为安全、稳定地通往富庶东方的航道，故改名为好望角。在苏伊士运河通航前，来往于亚欧大陆的船舶都经过好望角。现在，特大油轮无法穿行苏伊士运河，仍需取此道航行。

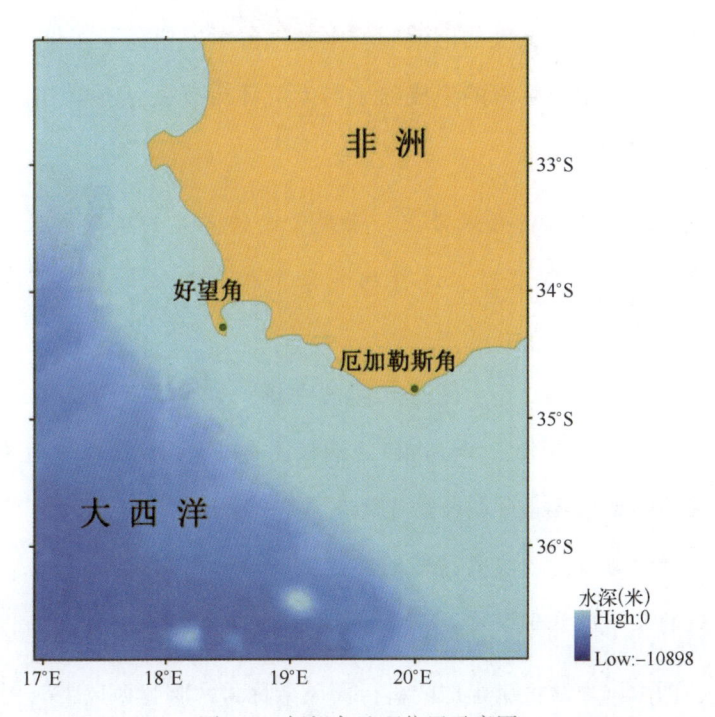

图1.8　好望角地理位置示意图

好望角多暴风雨，海浪汹涌，是来自印度洋的厄加勒斯暖流和南极洲的本格拉寒流的汇合处。由强劲的西风急流掀起的惊涛骇浪长年不断，除此之外，还常有"杀人浪"出现。这种海浪的前部犹如悬崖峭壁，后部则像缓缓的山坡，浪高一般为15～20米，在冬季频繁出现，还不时叠加由极地风引起的旋转浪，此时海况会变得更加恶劣。这里还有很强的沿岸流，当巨浪与沿岸流相遇时，整个海面如同开锅一样翻滚，航行到这里的船舶易出海难。因此，这里成为世界上最危险的航海地段之一。

经常在好望角航行的一位海员对海况进行了这样的描述："乌云密布，连绵不断,很少见到蓝天和星月,终日西风劲吹,一个个涡旋状的云系向东飞驰,海面上奔腾咆哮的巨浪不时与船舷碰撞,发出的阵阵吼声,震撼着心灵。"

好望角为什么有那么大的巨浪呢?水文气象学家研究了多年,终于揭开了其中的奥秘。好望角巨浪的生成除了与大气环流有关,还与当地的海况和地理环境有着密切关系。

- 好望角正处在盛行西风带上。西风带的特点是西风风力很强,11级大风可谓是家常便饭。这样的气象条件是形成好望角巨浪的一个原因。
- 南半球是一个陆地小、水域辽阔的半球,自古就有"水半球"之称。好望角接近南纬40°。南纬40°至南极圈是一个围绕地球一周的大水圈,广阔的海域无疑是形成好望角巨浪的另一个原因。
- 在辽阔的海域,洋流突然遇到好望角陆地的侧向阻挡作用,也是巨浪形成的又一个重要原因。

因此,西方国家常把南半球的盛行西风带称为"咆哮西风带",把好望角的航线比作"鬼门关"。

1.3　全球海上运河和航道

1.3.1　苏伊士运河

苏伊士运河(见图1.9)既是亚洲与非洲的分界线,也是亚洲、非洲、欧洲通往印度洋的捷径。苏伊士运河位于红海北端、埃及东北部,是世界上最繁忙的运河航线之一,在国际航运中具有非常重要的意义和重大的经济价值。苏伊士运河横跨苏伊士地峡，北起地中海侧的塞得港，南至苏伊士湾侧的苏伊士城，可实现南北双向航运。欧洲与亚洲之间的航运不必绕过非洲南端的风暴角——好望角，大大节省了航程：从欧洲大西洋沿岸各国到印度洋沿岸各国，航程可缩短 5500～8000 千米；从地中海沿岸各国到印度洋沿岸各国，航程可缩短 8000～10000 千米；从黑海沿岸各国到印度洋沿岸各国，航程可缩短 12000 千米。例如，从英国的伦敦港或法国的马赛港航行到印度的孟买港，若经苏伊士运河，则比绕过好望角分别缩短全航程的 43% 和 56%。

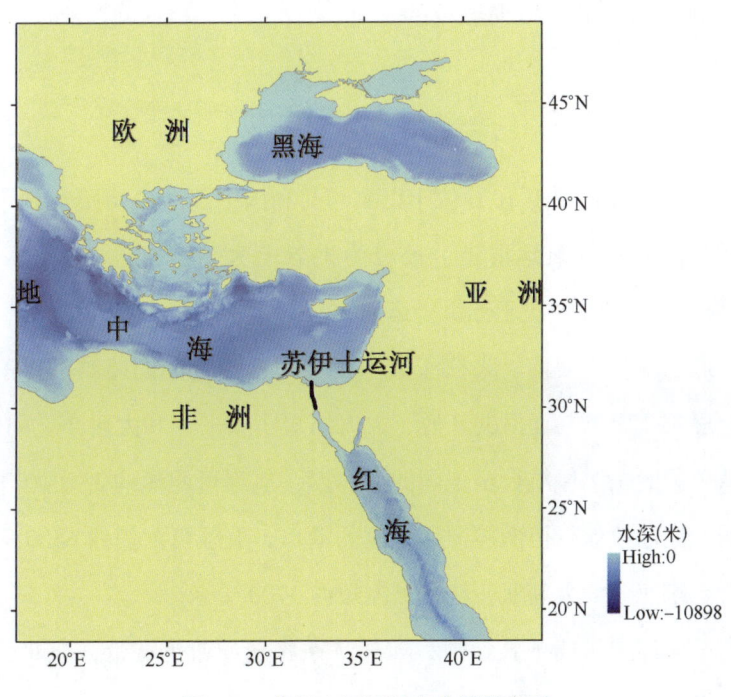

图 1.9　苏伊士运河地理位置示意图

在苏伊士运河开通之前，人们通常通过从船上卸下货物，再通过陆运的方法在地中海和红海之间实现运输。苏伊士运河并非以最短的路线穿过只有 120 千米长的苏伊士地峡，而是自北至南利用几个湖泊贯通。苏伊士运河是一条明渠，无闸，有 8 个主要弯道，西面是低洼的尼罗河三角洲，东面是高低不平且干旱的西奈半岛。苏伊士运河在1869年刚开始通航时，河面宽为160～200米，河底宽为60～100米，可通行吃水为11.6米、满载为6.5万吨或空载为15万吨的船舶，通过时间平均为15小时，通过的船舶数及货运量在诸多运河中均居首位。苏伊士运河曾先后由法国、英国管理。1956年，埃及宣布将苏伊士运河收归国有。1967年6月，中东战争爆发，埃及关闭苏伊士运河，1975年6月重开后，开展了大规模的拓宽浚深工程。至此，苏伊士运河全长约195千米，河面展宽至365米，使得吃水为16米、满载为15万吨或空载为35万吨的船舶得以双向通行。

1.3.2 巴拿马运河

巴拿马运河（见图1.10）位于巴拿马共和国中部的"蜂腰"地带，是连接太平洋和大西洋的航运要道，被誉为世界七大工程奇迹之一，又被称为"世界桥梁"，重要性仅次于苏伊士运河。

在开通巴拿马运河前，来往于太平洋和大西洋之间的船舶不得不绕道南美洲的合恩角。巴拿马运河的开通，大大缩短了太平洋和大西洋之间的航程。例如，从美国的东海岸航行至美国的西海岸，航程可缩短约150000千米；由北美洲的一侧港口航行至南美洲另一侧的港口，航程可缩短约6500千米；由欧洲航行至东亚或澳大利亚，航程可缩短约3700千米。

巴拿马运河属于船闸式运河，宛如一条飘逸的蓝色绸带，把北美洲与南美洲连接在一起。巴拿马运河全长约81.3千米，水深为13～15米，河宽为150～304米。该运河并不是如一般人想象的由东向西横穿巴拿马地峡，而是以大西洋一侧的科隆港作为起点，向南通过加装船闸的方式开凿至加通湖的最宽处，之后急转向东，沿一条东南向的航道到达太平洋一侧的巴拿马湾。巴拿马运河的水位高出太平洋和大西洋约26米，设有6座船闸。一般情况下，船舶通过全部船闸需要9个小时，可航行7.6万吨级的船舶。

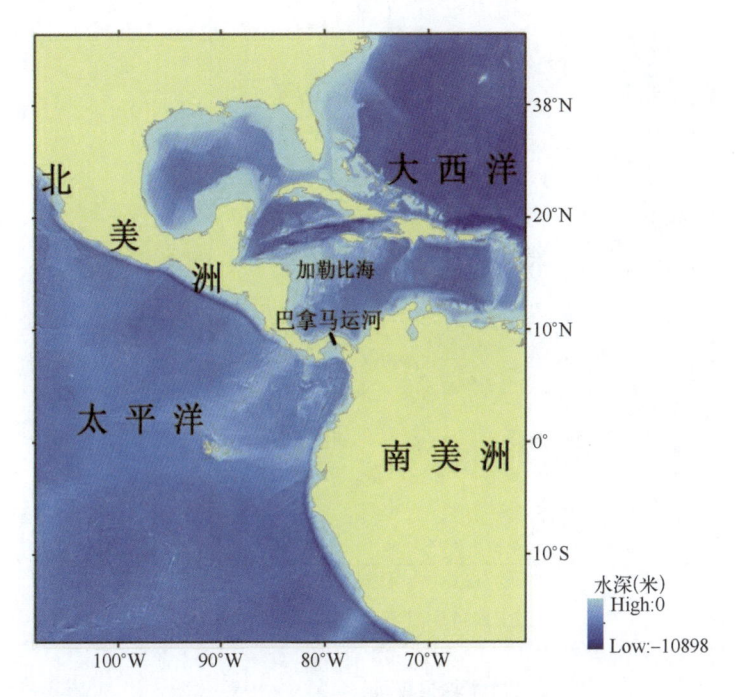

图 1.10 巴拿马运河地理位置示意图

1.3.3 红海

红海（见图 1.11）是非洲东北部和阿拉伯半岛之间的狭长海域，面积约 45 万平方千米，最宽处为 306 千米，平均水深为 490 米，最深处为 2211 米。红海的西北面通过苏伊士运河与地中海相连，东南面通过曼德海峡与亚丁湾相连。红海西岸的埃及、苏丹、埃塞俄比亚与东岸的沙特阿拉伯、也门隔海相望。在北端，红海分成两部分：西北部为水浅的苏伊士湾；东北部为水深的亚喀巴湾。

红海是印度洋的陆间海，实际上是东非大裂谷向北部的延伸。其名称是从古希腊名称演化而来的，即红色的海洋。

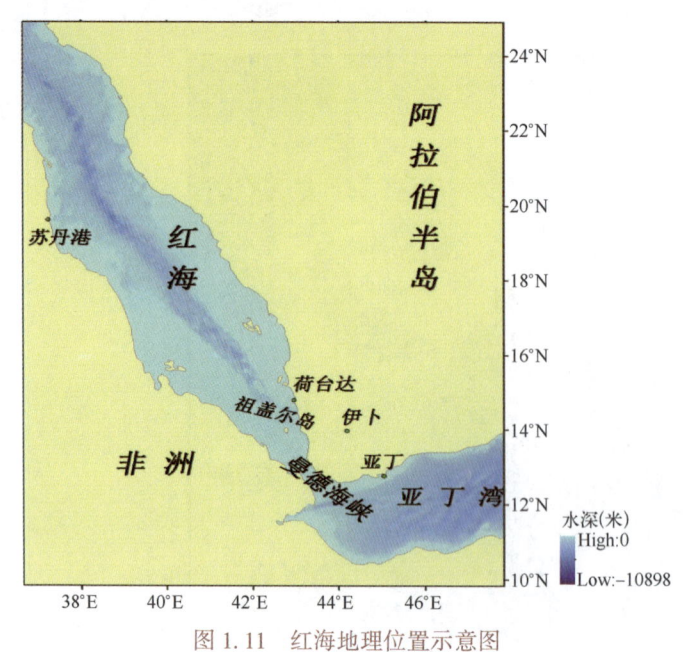

海上能源通道风险分析与突发事件应急响应

图 1.11 红海地理位置示意图

关于"红海"这一名称的来源解释甚多。

- 其一是用海水的颜色来解释。这种解释又分为三种观点：红海里有许多色泽鲜艳的贝壳，使海水呈深红色；在红海的浅海地带有大量黄中带红的珊瑚砂，使海水变红；红海是世界上温度最高的海，适宜生物繁衍，在表层海水中大量繁殖着一种红色的海藻，使海水呈红色。

- 其二用红海两岸岩石的色泽来解释。远古时代，由于交通工具和技术条件的制约，人们只能驾船在浅海航行。当时人们发现红海两岸，特别是非洲沿岸，有一片绵延不断的红黄色岩壁。这些红黄色岩壁将太阳光反射到海上后，使海面呈现红色。

- 其三是将红海的得名与气候联系在一起。红海海面上常有来自撒哈拉沙漠的风，随风而来的还有一股股炎热的气流和红黄色尘雾，使得天色变暗，海面呈暗红色。

- 其四是用古代的民族传统来解释。古代西亚的许多民族用颜色表示方位，如用黑色表示北方，用红色表示南方（红海就代表位于西亚南方的海）。

红海自古就是海上交通要道，因其沿岸多岩岛和珊瑚礁，曼德海峡狭窄且多风暴，故航行不便（在北纬16°以南，因珊瑚礁大面积增加，使可以通行的航道变得十分狭窄，某些港口的设施在使用时受到阻碍。曼德海峡需靠爆破和挖掘两种方式来拓展航道）。截至目前，红海仍是连接地中海和阿拉伯海的重要通道，也是一条重要的石油运输通道。红海沿岸的重要港口有苏伊士港、亚喀巴港、苏丹港、吉达港、马萨瓦港、荷台达港和阿萨布港。

1.4 中国海上能源通道

1.4.1 航线

1. 泛太平洋航线

中国沿海港口–日本/韩国；中国沿海港口–日本–阿留申群岛–北美洲/中美洲西海岸；中国沿海港口–关岛–夏威夷群岛–美国西海岸；中国沿海港口–南海–澳大利亚/新西兰。

2. 中国–欧洲航线

中国沿海港口–台湾海峡–南海–马六甲海峡/望加锡海峡/巽他海峡–印度洋–曼德海峡–红海–苏伊士运河–地中海（抵达地中海沿岸国家）–直布罗陀海峡–欧洲。

3. 中国-北美洲航线

中国沿海港口-东海（经对马海峡-日本海-津轻海峡）-太平洋-北美洲西海岸；中国沿海港口-太平洋-巴拿马运河-北美洲东海岸；中国沿海港口-台湾海峡-南海-印度洋-曼德海峡-红海-苏伊士运河-地中海-直布罗陀海峡-北大西洋-北美洲东海岸。

4. 中国-南美洲航线

中国沿海港口-太平洋-南美洲西海岸；中国沿海港口-台湾海峡-南海-龙目海峡（或巽他海峡、望加锡海峡）-印度洋-好望角-大西洋-南美洲东海岸。

5. 中国-东北亚航线

中国沿海港口-黄海（抵达韩国西岸）-朝鲜海峡（抵达韩国东岸及日本西岸各港口）-日本海-宗谷海峡-俄罗斯鄂霍次克海沿岸港口。

6. 远洋运输航线

图 1.12 是中国远洋运输的主要航线示意图。

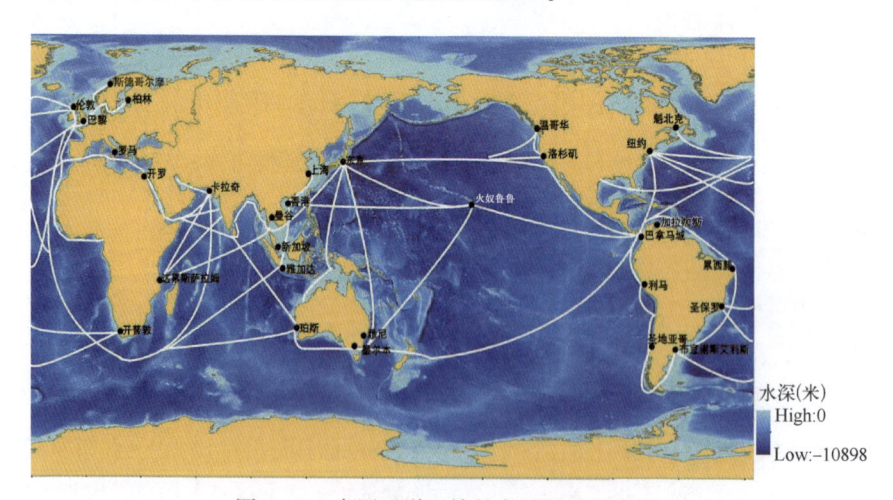

图 1.12 中国远洋运输的主要航线示意图

与我国开展进出口贸易的主要国家数据见表 1.3。

表 1.3 与我国开展进出口贸易的主要国家数据

国　　家	贸易总额（亿美元）	增　长　率
美国	6335.8	8.6%
日本	3277.1	8.1%
韩国	3134.1	11.8%
德国	1838.7	9.4%
澳大利亚	1530.8	12.2%
越南	1478.4	21.1%
巴西	1112.7	26.7%
马来西亚	1085.9	12.9%
俄罗斯	1071.1	27.2%

数据来源：2018 年中国海关统计数据。

总之，国际航运作为国际贸易的衍生品，与世界经济和国际贸易有着不可分割的紧密联系，也是国际市场的重要组成部分。站在全球视角，约 90% 的国际贸易是通过海上运输的。对我国而言，海上运输是我国能源进口和开展对外贸易的主要渠道，海上能源通道在海上运输的过程中扮演了极其重要的角色。

1.4.2　特点

1. 分布不均，地位差异大

由于全球自然资源分布不均衡，世界各国经济发展不平衡，导致世界海上贸易在一定时间内具有相对比较稳定的运输路线、运输物资数量和种类。

目前，中国在资源进口以及对外贸易进出口方面相对稳定，从海上能源通道的分布来看，南部和北部的海上能源通道分布与地位差异很大。

- 北部较少，南部较多，分布不均。台湾海峡以北的能源通道较少，大多集中在中国南海及以南海域，如马六甲海峡、巴士海峡、巽他海峡、望加锡海峡、龙目海峡等，使得海上能源通道的分布明显呈现北少南多的局面。南部的这些能源通道是中国海上能源贸易和能源运输的必经之路，对中国的经济发展有着巨大的影响。
- 北轻南重，作用各异。北轻是指，北部海上能源通道的运输量仅占中国总运输量的20%左右，经济比较低。南重是指，南部海上能源通道的使用率很高，运输繁忙且十分重要。

2. 海上能源通道易受当地政局变化影响，形势复杂

中国的海上能源通道在途经东北亚、东南亚、南亚、中东、西非、东非等地时，遇到的敏感海域多，易受当地政局变化影响，形势复杂。

3. 海上能源通道所经海域广阔、漫长

中国的海上能源通道既包括密如蛛网的沿海各港口间的海上通道，也包括从中国沿海港口延伸到世界各地的远洋海上通道，可以用两个字来概括中国的海上能源通道：

- 一个是"广"，范围之广已经跨越地球所有的经度和纬度，可以说，凡是有海上通道的地方就有中国的船队，所经海域遍布全球各大洋。
- 另一个是"长"，中国大部分海上能源通道的航线都非常长，除了通往亚洲各国港口的航线稍短，其余通往非洲、欧洲、南美洲和北美洲的航线均十分漫长。例如，中国通往非洲几内亚湾的航线长达8000余海

里，即便是先进的大型油船，往返一次也需要50～80天；广州通往英国伦敦的航线长达9760海里；广州通往布宜诺斯艾利斯的航线长达10920海里；上海通往巴拿马的航线长达8560海里。粗略估算，中国通往亚洲各地的航线平均为3000海里，通往非洲的航线平均为6000海里，通往欧洲的航线平均为9000海里，通往北美洲的航线平均为8000海里，通往南美洲的航线最长，平均为10000海里。

海上能源通道所经海域越广、往返时间越长，发生安全问题的概率就越大，维护安全就越困难。

4. 通道安全易受制于人

对中国而言，重要的海上能源通道需要跨越多个海峡和水道。这些海峡和水道大多由其他国家控制。例如，马六甲海峡、巽他海峡、龙目海峡、望加锡海峡是中国海上能源通道，尤其是石油贸易通道的枢纽。其中，马六甲海峡的畅通无阻对中国的海上运输尤为关键。目前，马六甲海峡由马来西亚、新加坡、印度尼西亚三国共同控制和管理，由于过往船舶众多，三国协调困难，因此曾一度造成在马六甲海峡附近海域海盗事件频发的局面，给马六甲海峡的航行安全带来很大威胁。

1.4.3 依存度

在经济全球化的历史进程中，随着中国对外开放程度的逐渐深入、社会经济的不断发展，中国的对外贸易总额急剧增加，海上能源通道的重要性越发凸显。

1. 我国进出口产品的运输方式

从我国进出口产品（用HS编码表示，即海关编码，由2位码、4位码、

6位码的数字组成）的运输方式来看，除HS97（杂项制品）、HS98（艺术品、收藏品及古物）和HS99（其他产品）很少通过海上能源通道运输外，其他96类产品主要通过海上能源通道运输。

2. 我国重要物资进口通道

我国通过海上能源通道运输的主要进口物资包括HS27（矿物燃料、矿物油及其蒸馏产品、沥青物质、矿物蜡）、HS26（矿砂、矿渣及矿灰）和HS84（贱金属杂项制品）等。例如，石油、铁矿石、铜矿石、煤炭等。

（1）石油进口通道

随着中国经济的高速发展，社会消费能力的不断提高，对进口能源需求的持续加大，海上能源通道的安全性已成为中国经济与社会健康发展的重要因素。

我国石油进口的海上能源通道主要有三条：

- 波斯湾–霍尔木兹海峡–马六甲海峡/望加锡海峡–台湾海峡–中国沿海港口。
- 北非–地中海–直布罗陀海峡–好望角–马六甲海峡–台湾海峡–中国沿海港口。
- 西非–好望角–马六甲海峡–台湾海峡–中国沿海港口。

由通道的分布可以看出，三条通道均位于海上丝绸之路海域，进而折射出海上丝绸之路的重要性。

我国石油资源的进口需要经过漫长的海上运输。在这一过程中，需要经过太平洋、印度洋、大西洋等要地，以及马六甲海峡、直布罗陀海峡、好望角等重要的海洋枢纽。海上能源通道的安全与否与中国能源供应、经济发展和人民生活密切相关，任何地区的不稳定、国家战乱、领土争端、海盗及恐怖主义活动都可能对海上能源通道造成威胁。

(2) 铁矿石进口通道

中国是世界钢铁生产大国，由于国内铁矿石产量不足，不能满足钢铁的生产需求，因此需要大量进口铁矿石。

中国进口铁矿石的主要来源国为澳大利亚、巴西、南非、印度等。中国与这些铁矿石进口来源国的贸易，大部分是通过海上运输方式实现的。

中国进口铁矿石的海上能源通道主要包括五条：

- 澳大利亚–太平洋–中国沿海港口。
- 巴西–麦哲伦海峡/巴拿马运河–太平洋–中国沿海港口。
- 巴西–好望角–印度洋–马六甲海峡/巽他海峡/望加锡海峡–南海–台湾海峡–中国沿海港口。
- 南非–印度洋–马六甲海峡–南海–台湾海峡–中国沿海港口。
- 印度–印度洋–马六甲海峡–南海–台湾海峡–中国沿海港口。

在以上五条海上能源通道中，有两条被海上丝绸之路航道完全覆盖，一条被部分覆盖。

(3) 铜矿石进口通道

近年来，中国的铜矿石进口数量也呈明显的上升趋势。中国进口铜矿石的主要来源国有智利、秘鲁、澳大利亚、墨西哥、美国、蒙古国等。在这些铜矿石进口来源国中，除接壤国家蒙古国不需要海运外，其他几乎都是通过海上运输方式实现的。

中国进口铜矿石的海上能源通道主要包括五条：

- 智利–太平洋–中国。

- 秘鲁–太平洋–中国。

- 澳大利亚–太平洋–中国。

- 墨西哥–太平洋–中国。

- 美国–太平洋–中国。

(4) 煤炭进口通道

近几年，随着中国对能源的需求量逐年上升，煤炭的进口量保持小幅增长趋势。印度尼西亚、澳大利亚、蒙古国、俄罗斯、美国、加拿大、南非等国是我国煤炭进口的主要来源国。其中，通过海上运输的煤炭主要来源于澳大利亚、印度尼西亚、南非、美国、加拿大。我国煤炭进口的海上能源通道主要包括四条：

- 澳大利亚–太平洋–南海–台湾海峡–中国沿海港口。

- 印度尼西亚–马六甲海峡–南海–台湾海峡–中国沿海港口。

- 南非–好望角–马六甲海峡/巽他海峡/望加锡海峡–南海–台湾海峡–中国沿海港口。

- 美国/加拿大–太平洋–中国。

在以上四条通道中，有两条被海上丝绸之路航道完全覆盖。

总之，海上运输最适合用来长途运输廉价且沉重的大宗货物。在所有的运输货物中：首先远洋运输最多的是石油，占世界出口货运总量的60%；其次是铁矿石、煤炭、谷物、铝土和磷灰石；最后是其他各类矿产品、各种日用工业品、机械产品、原料和燃料等。

目前，在中国的进出口货物中，90%是通过海上运输的。因此，海上能源通道的安全将关系到中国的经济、能源安全。

参考文献

[1] TANGREDI S J. Globalization and maritime power [M]. Washington, D.C: National Defense University Press, 2002: 146.

第 2 章 南海-印度洋通道的风险与防范

2.1 概述

我国传统的海上运输航道相对比较固定,其中中东航线和西非航线非常重要。

- 中东航线从波斯湾出发,经阿拉伯海、印度洋、马六甲海峡,进入南海,抵达我国沿海港口。中东航线长 5500～6500 海里,经此航线运输的石油约占我国进口石油的 50%。
- 西非航线从西非、西南非出发,绕好望角,经印度洋、马六甲海峡,进入南海,抵达我国沿海港口。西非航线长约 8000 海里,经此航线运输的石油约占我国进口石油的 30%。

显然,中东航线和西非航线承载了我国绝大部分(80%以上)的进口石油运输,且都通过南海-印度洋海域。由此可见,南海-印度洋的海上能源通道非常重要。

在战略位置上,南沙群岛是我国西出马六甲海峡,进入印度洋的重要中转基地。在军事上,西沙群岛、中沙群岛和南沙群岛等岛屿及岛礁构成了重要的海防前哨。就资源而言,南海的自然资源丰富,其价值不言而喻。

随着中国经济的快速发展,印度洋对中国未来发展的影响日益凸显。位于马来半岛和苏门答腊岛之间的马六甲海峡是世界上最繁忙的海峡之一，也是中国海上石油运输的生命线。在每天通过马六甲海峡的船舶中，近60%都是来往于中国的，且大部分是油轮。中国80%左右的进口石油依靠这条航道运输。

近年来，印度洋的安全形势不容乐观，海盗袭击事件频繁发生，且盘踞在印度洋周边国家的恐怖组织有发展壮大的趋势。这些恐怖组织一旦发动袭击，必将对航运安全造成极大影响。

针对潜在的军事冲突、海盗活动和可能的恐怖袭击等现实风险，围绕海上突发事件的应急响应、危机处置，以及海洋权益维护、海洋资源开发和海洋灾害救援等行动，开展海上能源通道的风险评估、海上突发事件的应急响应和决策支持方面的研究，具有重要的战略意义和应用价值。

2.2　自然环境

2.2.1　海峡

南海-印度洋海域包括的重要海峡有马六甲海峡、新加坡海峡、霍尔木兹海峡、望加锡海峡、巽他海峡、卡里马塔海峡、龙目海峡、曼德海峡等。

1. 马六甲海峡

马六甲海峡因马来半岛南岸的古代名城——马六甲而得名，是亚洲东南部最重要的海峡之一（见图2.1）。马六甲海峡是沟通太平洋和印度洋的天然水道和重要航道，战略价值巨大。我国进口石油的80%、其他物资的50%要经过马六甲海峡。

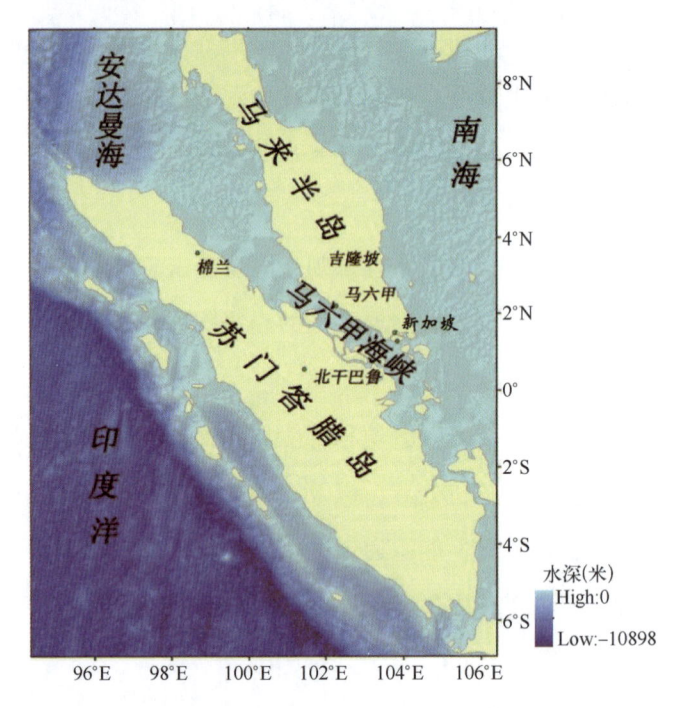

图 2.1　马六甲海峡地理位置示意图

马六甲海峡西连安达曼海，东通南海，呈西北-东南走向，长约1080千米，连同出口处的新加坡海峡共1185千米，西北宽370千米，东南宽37千米，海峡呈喇叭形，面积约为6.4万平方千米。马六甲海峡的海底比较平坦，多泥沙质堆积物。水深由北向南、由东向西递减，一般为20～115米。在马六甲海峡的东南峡口有许多小岛，一些小岛边缘有岩礁和沙脊，妨碍航行。深水航道主要位于马六甲海峡东侧，宽度为2～3.6千米，可通航吃水为20米的巨轮。海峡西侧地势低平，有大片沼泽、泥质岛屿和红树林海滩，大船不易靠岸。

马六甲海峡处于赤道无风带，终年高温多雨，年平均气温在25℃以上，年平均降水量为1940～2575毫米，一年中绝大部分时间风力很小，平均风力为1～3级。正因如此，马六甲海峡被人们称为风平浪静的易航行海峡。

截至目前，马六甲海峡已通航 2000 多年，是环球航线的重要节点。目前，每年约有 10 万多艘船舶通过，通过量仅次于英吉利海峡，成为世界上最繁忙的海峡之一。马六甲海峡较浅，其中还有很多沙滩和沙洲（浅于 23 米的地方就有 37 处），再加上过去的沉船等有碍巨轮通行，导致巨轮搁浅事件时有发生，载重 20 万吨以上的油轮只得绕道龙目海峡（至少要多航行 2000 千米）。与此同时，马六甲海峡两岸的泥沙不断向海峡内淤积，海岸线每年向海中伸展 60～500 米。如按此淤积速度计算，马六甲海峡将在 1000 年内消失。因而，加强航道疏浚和综合治理任务艰巨。

马六甲海峡素有"东方直布罗陀"之称，现由新加坡、马来西亚和印度尼西亚三国共管。其中，印度尼西亚、马来西亚两国一直反对外部力量介入马六甲海峡，认为这是对其主权的侵犯。一直以来，三国在处理马六甲海峡事务时遵循三个原则：

- 一是沿岸国家对附属海域拥有主权和维护安全的义务。
- 二是承认相关大国在该区域有利益。
- 三是一切行动必须尊重国家主权和依据国际法。

三国于 1971 年 11 月签订了关于马六甲海峡的公约，反对海峡"国际化"，宣布三国共管海峡事务。马六甲海峡不论在经济上还是在军事上，都是很重要的国际水道。其重要性足可与苏伊士运河或巴拿马运河相比。马六甲海峡连接世界上人口甚多的三个大国：中国、印度、印度尼西亚。该海峡的海上贸易通过量占世界总份额的 1/5～1/4，并且世界上 1/4 以上的运油船都要经过马六甲海峡，是石油运输的重要通道。

2. 新加坡海峡

新加坡海峡（见图 2.2）位于马来半岛南部的新加坡与廖内群岛之间，

海上能源通道风险分析与突发事件应急响应

东连南海，西经马六甲海峡至安达曼海，是国际海上航运系统中的重要枢纽。新加坡海峡是马六甲海峡的一部分，东西长约105千米，南北宽度不均：东端窄，为18千米；西端宽，为37千米；中间最窄处仅为4.6千米，水深为22～157米。海峡内有柔佛海峡、吉宝港、新加坡港及许多岛屿和浅滩，通航水道一般为13.5千米，可容四五艘船舶对开。

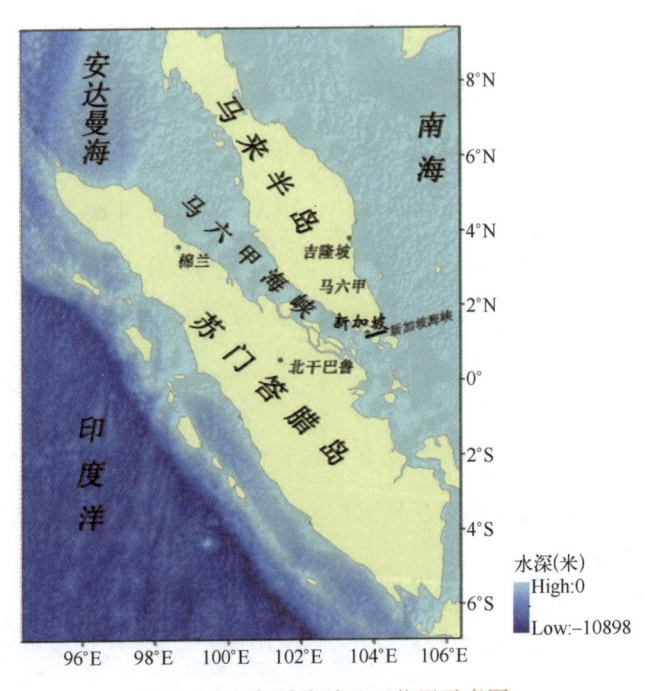

图 2.2 新加坡海峡地理位置示意图

- 新加坡港连接世界各主要港口的海上航线共有250多条，约有80个国家与地区的130多家公司的各种船舶经常进出。该港口拥有40万吨级的巨型船坞，可以修理世界上最大的超级油轮，是亚洲最大的修船基地。
- 吉宝港南临新加坡海峡的北侧，是亚太地区最大的转口港，也是世界上最大的集装箱港口之一。截至2011年，吉宝港停靠的船舶总吨位就突破了20亿吨。

新加坡海峡是世界船舶往来最繁忙、航运量最大的商业航线之一。有研究指出，新加坡海峡在不影响通航效率和航行安全的前提下，目前仍具备充分的通航余力，以应对预期的船舶交通流量增长。

新加坡海峡靠近赤道，为热带雨林气候，常年气温变化不大，雨量充足，空气湿度高，年平均温度为 23～34℃，年平均降水量为 2400 毫米，湿度介于 65%～90% 之间，风力微弱，两岸郁郁葱葱，一派秀丽的热带景色，是国际旅游胜地。

3. 霍尔木兹海峡

霍尔木兹海峡位于亚洲西南部，介于伊朗与阿拉伯半岛之间，东接阿曼湾，西连波斯湾，是波斯湾通往印度洋的唯一出口，如图 2.3 所示。

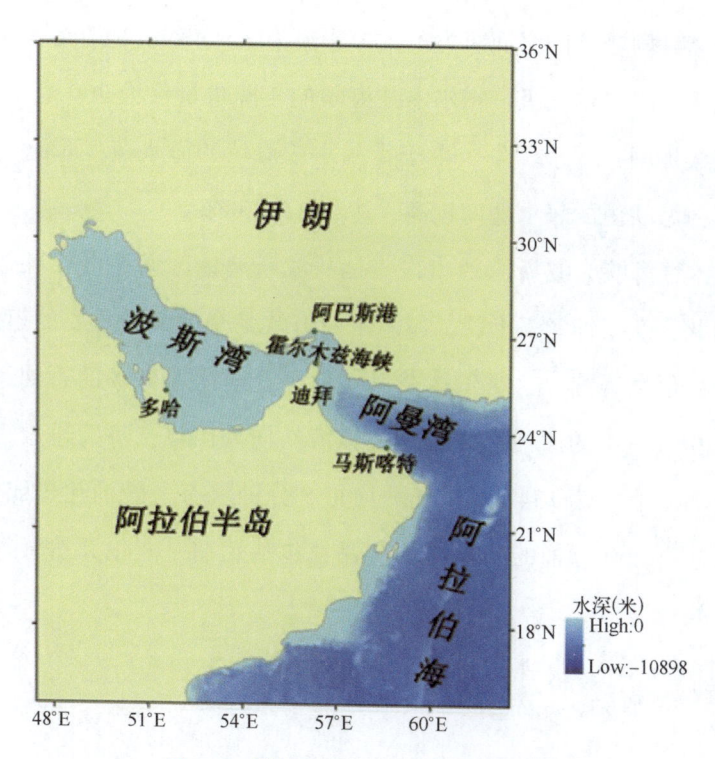

图 2.3 霍尔木兹海峡地理位置示意图

霍尔木兹海峡自古以来，就是东西方国家之间海上交通、文化交流、贸易运输的重要通道，具有十分重要的作用。从16世纪初开始，该海峡就成为西方国家争夺的重要目标，被西方国家视为"海上生命线""世界油阀""石油海峡"。

霍尔木兹海峡因阿曼的穆桑达姆半岛突出海峡水域，所以呈弯弓形状。霍尔木兹海峡东西长约150千米，最宽处达97千米，最窄处只有38.9千米，南北宽为56～125千米，平均水深为70米，最浅处为10.5米，最深处为219米。霍尔木兹海峡中多岛屿、礁石和浅滩。

霍尔木兹海峡地处副热带，属热带沙漠气候，终年炎热干燥，表层水温年平均为26.6℃，8月达31.6℃，2月为21.8℃。通常情况下，海上的能见度良好，很少出雾，但有时有沙尘暴，使得海上的能见度小于0.5海里。波斯湾和阿曼湾的海面风力不大，一般为2～4级，但春冬季节的风力有所增大，有时可达6级。霍尔木兹海峡的年降水量仅为300毫米。高温、干燥的气候加剧了海水蒸发，由于霍尔木兹海峡的海水蒸发量远远大于降水量，因而海峡内的海水盐度较高，达37‰～38‰。

霍尔木兹海峡为波斯湾的出口，是从波斯湾地区通往世界各地的石油门户。因此，从某种意义上说，霍尔木兹海峡是全球最为重要的枢纽之一。据美国能源信息署统计，霍尔木兹海峡承担着全球近40%的石油运输，波斯湾地区90%以上的原油都需要通过该海峡向外出口，每天通过霍尔木兹海峡运出的原油可达1340万桶，平均每5分钟就有一艘油轮进出。此外，大约每天还有200万桶的其他石油产品，包括燃油、液化天然气等，需要通过该海峡运输。

4. 望加锡海峡

望加锡海峡（见图2.4）位于苏拉威西岛和加里曼丹岛之间，北通苏拉威西海,与太平洋相连,南接爪哇海和弗洛勒斯海,与印度洋相连,长为798千米,宽为120～407千米,大部分水深为50～2458米,平均深度为967米。

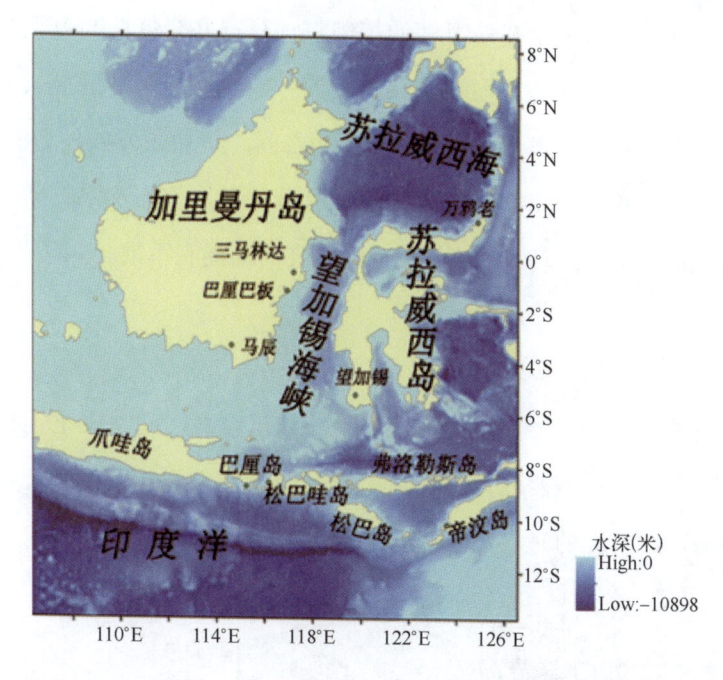

图2.4 望加锡海峡地理位置示意图

望加锡海峡因苏拉威西岛中最大的城市——望加锡而得名。望加锡海峡与龙目海峡相连,不仅是太平洋西部和印度洋东北部之间的重要通道,也是中国、菲律宾等国抵达澳大利亚的重要枢纽。从一定意义上说,该海峡既是亚洲和欧洲之间重要的洲际海上通道,也是世界上具有重要军事和经济意义的八大海峡之一。特别是在因故不能通过马六甲海峡时,该海峡是理想的替代航道。

望加锡海峡属于热带雨林气候,具有温度高、降水多、风力小、湿度大的特征,南纬5°以南的海域多偏西风和偏东风,南纬3°以北的海域多偏北风和偏南风,年平均气温为25～27℃,年平均降水量在2000毫米以上,雨季多。望加锡海峡自11月至翌年3月均为雨季。海上很少出雾,但大雨会使海面的能见度降低。

望加锡海峡不仅对海上交通运输具有重要作用，还对海军进行机动作战或互相支援具有重要价值，始终是多国激烈争夺的海上要道。例如，在第二次世界大战期间，为了争夺该海峡的控制权，日本联合舰队与其盟军曾进行过闻名于世的望加锡海战。时至今日，美国、俄罗斯等国的舰艇常常经由望加锡海峡和龙目海峡往来于太平洋和印度洋之间。望加锡海峡虽为深水航道，但峡中多珊瑚礁和岛屿，其中较大的岛屿有劳特岛和塞布库岛。望加锡海峡沿岸渔业发达，东岸的乌戎潘当港是条件优良的商港和军港。

5. 巽他海峡

巽他海峡（见图 2.5）位于苏门答腊岛和爪哇岛之间，既是连接爪哇海与印度洋的通道，也是西北太平洋沿岸国家至非洲东海岸，以及绕道好望角至非洲西海岸和欧洲的海上交通枢纽。

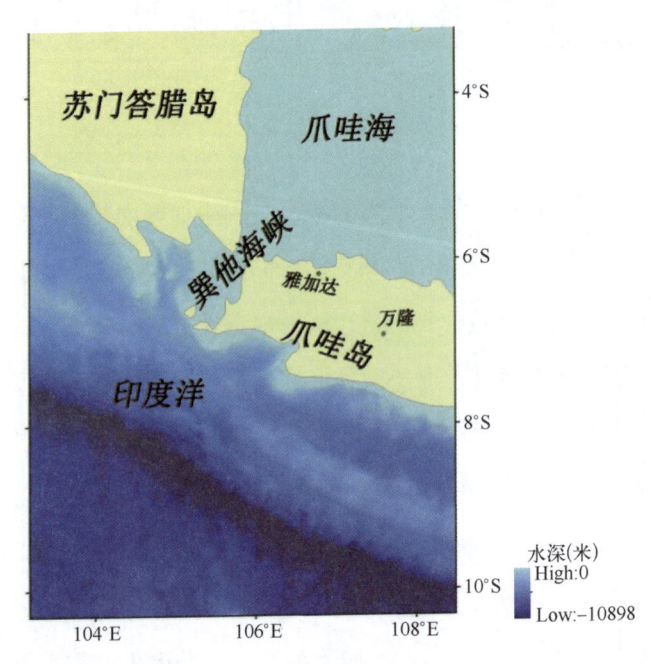

图 2.5　巽他海峡地理位置示意图

巽他海峡长约120千米，宽为22～110千米，平均水深远远超过马六甲海峡，便于大型船舶航行。此外，由于巽他海峡较深，峡底多为泥、沙、石、贝类，因此适合潜艇在水下航行。

巽他海峡及邻近海域为近赤道地区，属于热带季风气候，温度高，湿度大，雨量充沛，各月的降水量差异大：11月至翌年3月是雨季，6月至9月是旱季，雨季的降水量是旱季降水量的3倍。巽他海峡的风力不大，很少有雾，但在接近海岸的平坦地面上，清晨会出现范围不大的辐射雾，日出后便会很快消散。

巽他海峡的助航设备完善，可通航20万吨以下的船舶，是美军军舰穿梭于太平洋与印度洋之间的通道。早在明代时期，我国著名的航海家、外交家郑和就曾率领远洋船队穿过此海峡。

6. 卡里马塔海峡

卡里马塔海峡（见图2.6）位于印度尼西亚的加里曼丹岛和邦加岛、勿里洞岛之间，南连爪哇海，北接南海，宽为210～250千米，水深为18～37米。卡里马塔海峡是南海通往爪哇海和印度洋的重要通道，也是越南、泰国、缅甸、老挝等前往澳大利亚的常用通道，具有重要的经济价值。

在夏季的西南季风期间，爪哇海中的海水经卡里马塔海峡流入南海，但大部分海水又经巴士海峡及巴林塘海峡流出南海，汇入日本暖流主干，少部分海水继续北上进入台湾海峡。在冬季，卡里马塔海峡的东北季风漂流于10月中旬开始形成，至翌年4月衰退。这一时期的洋流路径与夏季正好相反。也就是说，卡里马塔海峡是南海主要的出入通道之一。南海的海水表面有巨大的热通量和淡水通量输入，作为一个热盐守恒的系统，将高温低盐的海水从宽阔的卡里马塔海峡排出是维持整个海域热盐平衡最快速、最有效的途径。

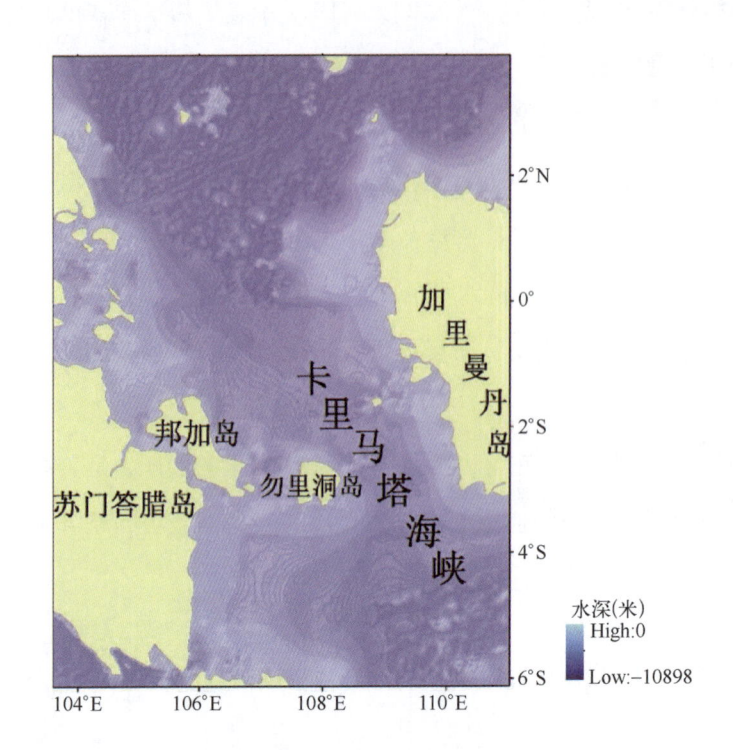

图 2.6　卡里马塔海峡地理位置示意图

7. 龙目海峡

龙目海峡（见图 2.7）位于巴厘岛和龙目岛之间，北接巴厘海，南通印度洋，为世界性的海运走廊。龙目海峡是因地壳断裂并下沉形成的，故水道幽深、峡壁陡峭，南北长为 80.5 千米，水深为 1200～1306 米，无暗礁。在洋流的强烈侵蚀和不断冲刷下，至今龙目海峡仍在继续加深、加宽。上述自然条件使得龙目海峡成为马来群岛中最安全的航道，可通行载重 20 万吨左右的大型船舶。

龙目海峡所在区域属热带季风气候，年平均气温为 26～29℃，年降水量为1000～2000毫米，水温为26～29℃，盐度为33.5‰～34.5‰，透明度为30～50米。

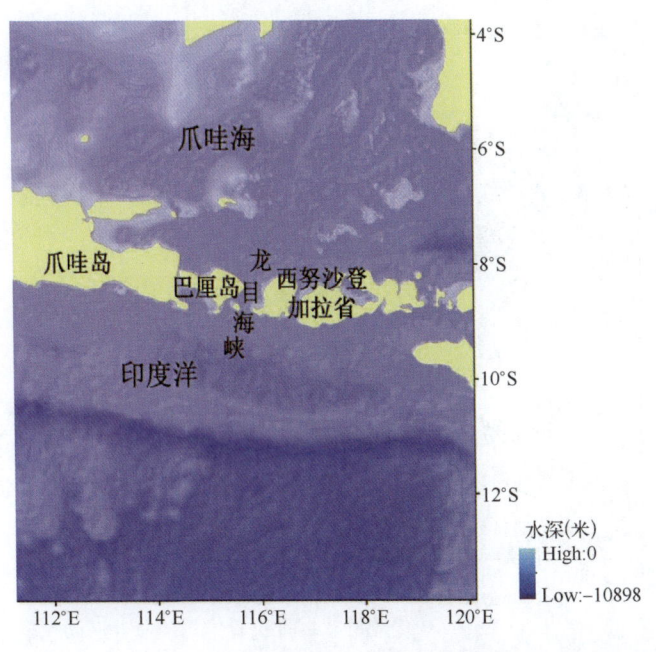

图2.7 龙目海峡地理位置示意图

龙目海峡既是马来群岛之间的纽带，也是沟通太平洋与印度洋的重要海上通道。特别是近年来，通过马六甲海峡的大型油轮和船舶越来越多，马六甲海峡变得越来越拥挤，加之沉船、流沙、淤泥等经常使许多大型船舶难以顺利通过，日益猖獗的海盗活动也给通过马六甲海峡的船舶带来了很大的安全风险，因此，许多船舶，特别是超级巨型油船更愿改道龙目海峡。龙目海峡由此逐渐成为世界性的海运门户，重要性越发凸显。

8. 曼德海峡

曼德海峡（见图2.8）位于阿拉伯半岛和非洲之间，北通红海，南接亚丁湾、印度洋。曼德海峡水深适宜，自古以来就是红海的南大门，也是一条用于沟通印度洋、亚丁湾和红海的繁忙商路。

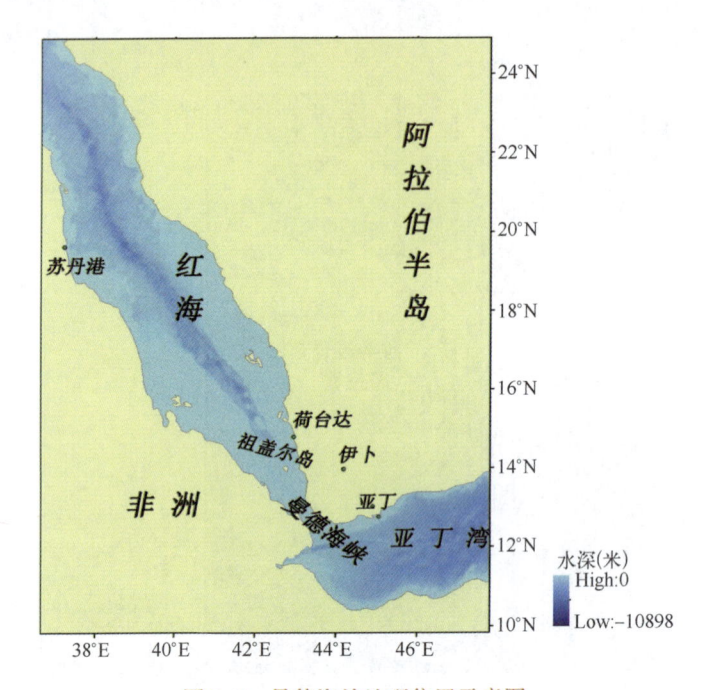

图 2.8 曼德海峡地理位置示意图

自 1869 年苏伊士运河通航后,曼德海峡便成为了大西洋通往印度洋最短航线上的必经之地:航行在大西洋的船舶由苏伊士运河、红海,经曼德海峡进入印度洋,通过马六甲海峡进入太平洋。因此,曼德海峡成为太平洋、印度洋和大西洋的海上交通要道,战略地位重要,被西方称为世界战略心脏。

曼德海峡宽为 26～32 千米,平均水深为 150 米,其间分散着一些火山岛。丕林岛将曼德海峡分成小峡和大峡,形成东西两条水道。

- 小峡位于亚洲一侧,宽约为 3.2 千米,水深约为 30 米,是曼德海峡中的主要航道。
- 大峡位于非洲一侧,宽约为 25.8 千米,水深约为 323 米。

- 西水道虽宽且深，但航道内滩多礁险，不便船舶航行，加之早期航道测量和航标设置落后，不少船舶在此触礁沉没。
- 东水道虽然航道通畅，但因峡窄流急，也有不少航经这里的船舶出事。

曼德海峡所在区域属热带沙漠气候，干燥、炎热，雨量稀少，尤以6月至9月最甚。曼德海峡的年平均降水量不足100毫米，年平均气温较高，其中红海南部的年平均气温可达30℃。由于高温，增大了海水的蒸发量，又因降水稀少，周围河水补给也少，且曼德海峡窄浅的海域阻隔了其自身与亚丁湾、阿拉伯海间的海水交换，致使曼德海峡的海水平均盐度在38‰以上，成为世界上盐度最高的海峡之一。曼德海峡所在区域的风力不强，一般为2～4级，虽然雾不常见，但在每年5～6月的西南季风期，薄雾和霾可使海面的能见度小于5海里。

2.2.2　岛屿

1. 西沙群岛

中国的西沙群岛（见图2.9）位于南海中部，海南岛东南310千米处，是一个水深为1500～2000米的高出南海中央深海平原的海底高原。西沙群岛分布在50多万平方千米的海域，由40多个岛、洲、礁、沙、滩组成。在西沙群岛内，珊瑚礁林立，有8个环礁、1个台礁、1个暗礁海滩。

西沙群岛的气候特征是高温高湿，对流旺盛，降水较多，干湿季分明，风能资源丰富，热带气旋、暴风雨、干旱等灾害性天气频发。

2. 南沙群岛

中国的南沙群岛（见图2.10）位于南海南部，是南海四大群岛中分布海

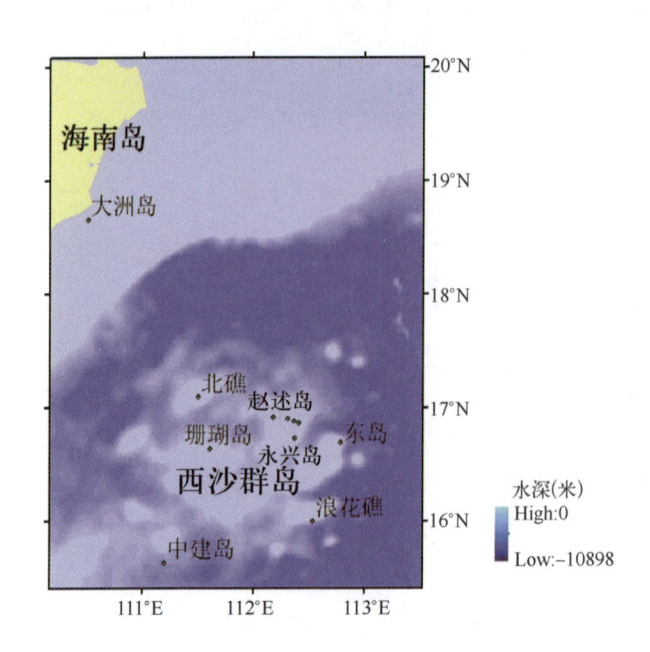

图 2.9 西沙群岛地理位置示意图

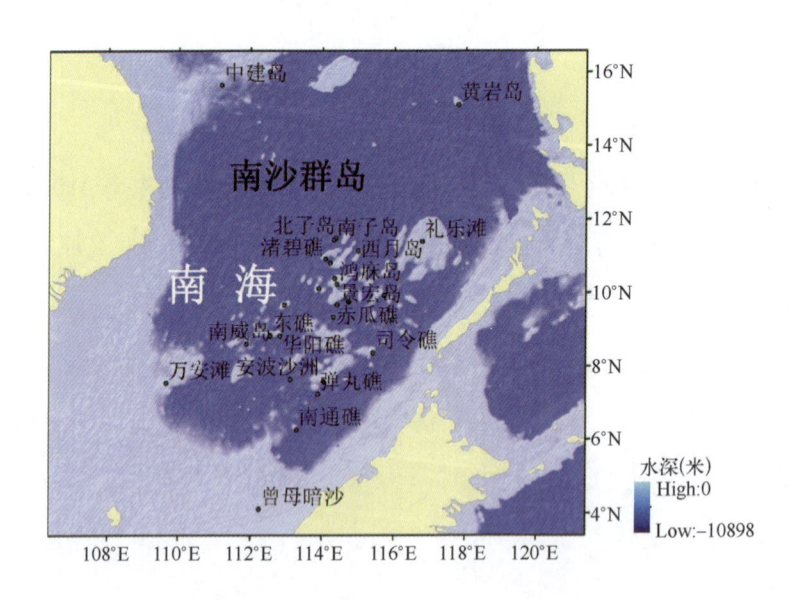

图 2.10 南沙群岛地理位置示意图

域最广、岛礁最多、位置最南的群岛。南沙群岛由200多个岛、礁、洲、沙、滩组成，属热带海洋性季风气候，是中国最大的热带渔场。

南沙群岛西邻越南，东邻菲律宾，北续中沙群岛、西沙群岛，与海南岛相望，南临马来西亚、文莱，海域面积达80多万平方千米。南沙群岛海域的自然资源丰富，例如曾母盆地、礼乐滩盆地等都蕴藏着相当可观的油气资源，具有相当大的商业开采价值。

南沙群岛地处太平洋和印度洋之间，既是国际航道枢纽，也是出入马六甲海峡、巴士海峡、巴林塘海峡、巴拉巴克海峡的关键海域。

3. 安达曼群岛和尼科巴群岛

安达曼群岛（见图2.11）位于安达曼海与孟加拉湾之间，距印度东海岸的重镇——金奈1190千米，北临普雷帕里斯海峡，南隔十度海峡遥接尼科巴群岛。

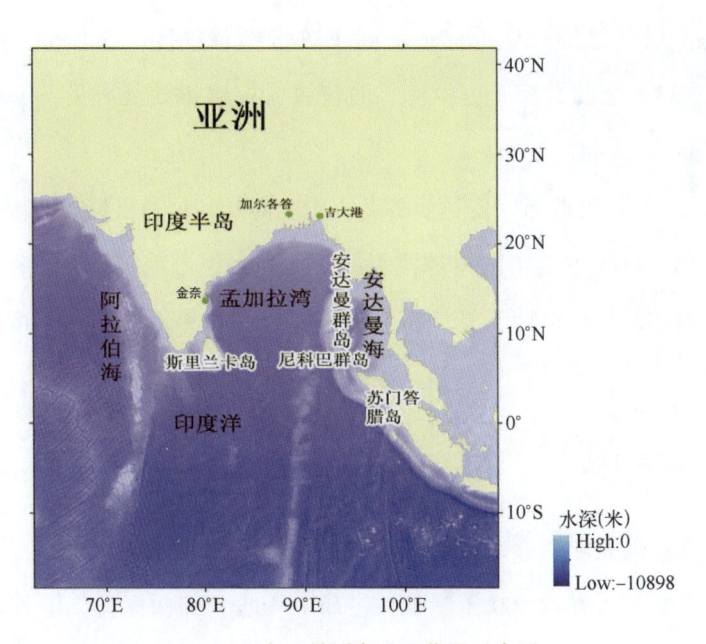

图2.11 安达曼群岛地理位置示意图

很早的时候，人们就知道安达曼群岛的存在，其位于印度和缅甸之间的古代贸易线路上。安达曼群岛共有204个岛屿，有些岛屿无常住人口，以北、中、南、小安达曼岛为主，面积约为6461平方千米，多火山与丘陵。安达曼群岛中最大的岛屿为中安达曼岛，最高的山峰为北安达曼岛上的萨德尔峰，海拔为750米。

安达曼群岛呈长串形，自北向南排列，是一系列窟窿形的丘陵地带，长为467千米。群岛内的港湾曲折，水道纵横，主要海港是布莱尔港，全年湿热，年降水量在2000毫米以上，森林面积占总面积的86%，盛产红木。

尼科巴群岛是印度在孟加拉湾与安达曼海之间的岛群，与北边的安达曼群岛（相距约120千米）合为印度的直辖区，南距印度尼西亚的苏门答腊岛167千米，有大尼科巴岛、小尼科巴岛、卡尔尼科巴岛等18个大小岛屿，其中11个岛有人居住，总面积为1831平方千米。尼科巴群岛内各岛屿的自然状况相差较大，有的地势平坦，有的山峦起伏、崎岖难行，有的属于珊瑚岛。尼科巴群岛靠近赤道，属于热带雨林气候，终年湿热，气温一般在18～33℃之间，椰子、槟榔、面包树、棕榈树随处可见，一派绮丽的热带风光。

安达曼-尼科巴群岛（安达曼群岛、十度海峡和尼科巴群岛的统称）呈半月形，大部分地表被茂密的树林覆盖，处在马六甲海峡出口，北临缅甸，东邻泰国，南接印度尼西亚，是从东亚地区经过马六甲海峡到达印度洋的必经之地。

4. 查戈斯群岛

查戈斯群岛是印度洋中部的一个群岛，由7个环礁和60余个岛屿组成，位于马尔代夫正南方约500千米处，主岛——迪戈加西亚岛的陆地面积约为27.20平方千米，如图2.12所示。

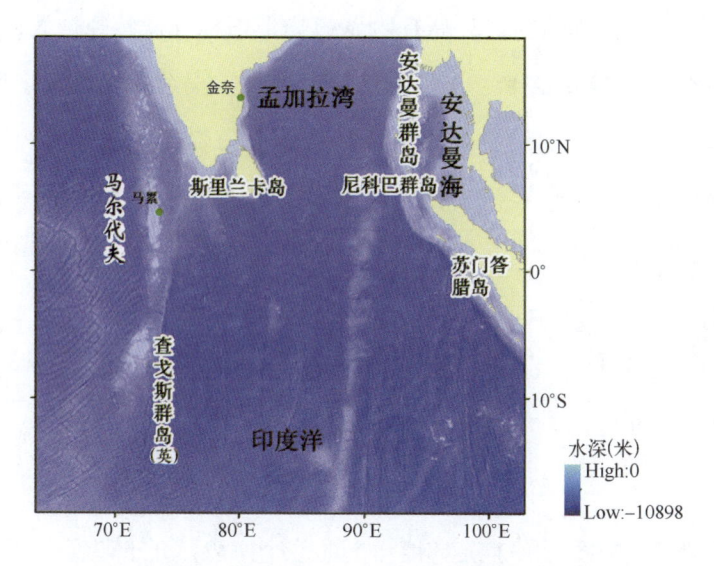

图 2.12　查戈斯群岛与马尔代夫地理位置示意图

查戈斯群岛最早被葡萄牙航海家瓦斯科·达·伽马发现，18 世纪初作为毛里求斯的一部分被法国占据。1814 年，根据维也纳和约，法国将查戈斯群岛割让给英国。1903 年 8 月 31 日，英国将查戈斯群岛交由毛里求斯管理。1965 年，英国以 300 万英镑的价格从毛里求斯处购买查戈斯群岛，作为英属印度洋领地。

5. 马尔代夫

马尔代夫共和国位于南亚，是印度洋上的一个群岛型国家，南北长约 820 千米，东西宽约 130 千米，距离印度南部约 600 千米，距离斯里兰卡西南部约 750 千米。马尔代夫由 26 组自然环礁、1192 个珊瑚岛组成。其中，约 200 个岛屿有人居住，其余为荒岛，岛屿地势低平，平均面积为 1～2 平方千米，平均海拔为 1.2 米，总面积为 9 万平方千米（含领海面积），陆地面积为 298 平方千米。

马尔代夫位于赤道附近，具有明显的热带雨林气候特征，无四季之分，年平均降水量为2143毫米，年平均气温为28℃。马尔代夫因环境因素，境内无法建设铁路，但建设有维拉纳国际机场。马尔代夫国土面积偏小，旅游业、船运业是其主要经济支柱。马尔代夫南部的赤道海峡和一度半海峡为海上交通要道。

2.2.3 海湾

1. 孟加拉湾

孟加拉湾（见图2.13）是印度洋上的一个海湾，介于印度半岛、安达曼群岛和尼科巴群岛之间，西接斯里兰卡，北临印度，东以缅甸和安达曼-尼科巴海脊为界，南以斯里兰卡南端的栋德拉高角与苏门答腊西北端的乌累卢埃角的连线为界。孟加拉湾长约1609千米，宽约1600千米，面积约为217万平方千米。

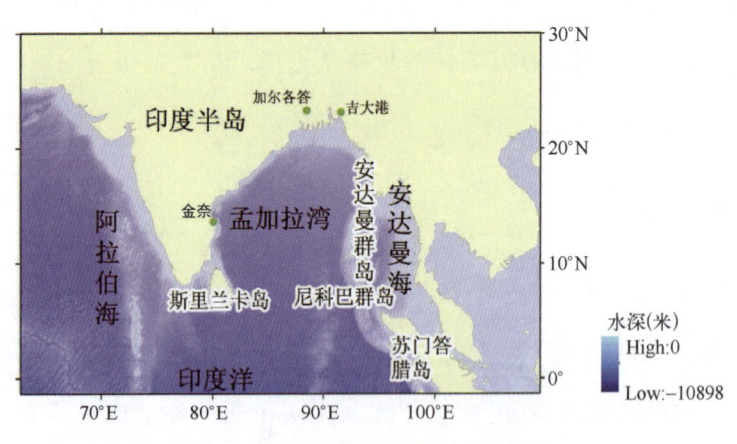

图2.13 孟加拉湾地理位置示意图

孟加拉湾的平均水深为2586米，最深处为5258米，总容积为561.6万立方千米，是世界上第一大海湾，近海中有大量浮游生物。流入孟加拉湾的河流有恒河、布拉马普特拉河、伊洛瓦底江、萨尔温江、克里希纳河等。湾中的著名岛屿包括斯里兰卡岛、安达曼群岛、尼科巴群岛、普吉岛等。孟加拉湾的沿岸国家包括印度、孟加拉国、缅甸、泰国、斯里兰卡、马来西亚和印度尼西亚，主要港口有印度的加尔各答港、金奈港、本地治里港，孟加拉国的吉大港，缅甸的仰光港、毛淡棉港，泰国的普吉港，马来西亚的槟榔屿港，印度尼西亚的班达亚齐港和斯里兰卡的贾夫纳港等。

孟加拉湾的水温为 25～27℃，盐度为 30‰～34‰，具有明显的热带海洋性和季风性气候特征：春夏季节，潮湿的西南风常引起顺时针方向的洋流；秋冬季节，受东北风的作用，洋流转为逆时针方向。由于孟加拉湾的地形效应，导致各种作用力聚焦，因而孟加拉湾的潮差、静振和内波等现象显著，沿岸有多种喜温生物，如恒河口红树林、斯里兰卡沿海浅滩的珍珠贝等。

孟加拉湾是一个孕育热带风暴的地方，每年的 4～10 月，猛烈的热带风暴常常掀起滔天巨浪，呼啸着向恒河、布拉马普特拉河口冲去，有时会造成巨大灾害。

2. 阿拉伯海

阿拉伯海（见图 2.14）为印度洋的一部分，位于亚洲南部的阿拉伯半岛与印度半岛之间，北接巴基斯坦和伊朗（可经霍尔木兹海峡连接波斯湾），西靠阿拉伯半岛（可经亚丁湾、曼德海峡连接红海），是连接亚洲、欧洲、非洲的重要海上航线。阿拉伯海含亚丁湾和阿曼湾在内，总面积为 386 万平方千米，最深处为 5203 米，平均深度为 2734 米。

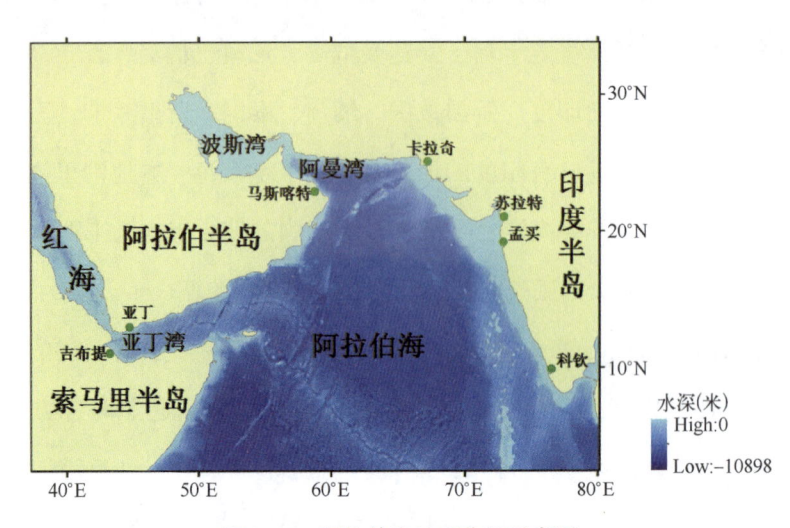

图 2.14 阿拉伯海地理位置示意图

　　阿拉伯海的沿海国家除印度、伊朗和巴基斯坦外，还有阿曼、也门和索马里等，沿岸重要港口有孟买港、卡拉奇港、亚丁港、吉布提港等。印度河是流入该海域的最大河流。

　　阿拉伯海中的印度半岛沿岸海域较为宽阔，在孟买以北沿岸宽度达 352 千米，主要岛屿有索科特拉岛、哈拉尼亚特群岛、马西拉岛和拉克沙群岛等。阿拉伯海西部的亚丁湾是一个东西走向的狭长海湾，系由地层断裂形成，属东非大裂谷的一部分。阿拉伯海地处热带季风气候区，终年气温较高，在中部海域：6 月和 11 月的表层水温经常在 28℃ 以上，1 月和 2 月的表层水温转低，为 24～25℃；在临近阿拉伯半岛的海域，由于陆地干热气流的"烘烤"，表层水温可达 30℃ 以上。11 月至翌年 3 月，阿拉伯海常吹东北季风，降水稀少，为旱季；4～5 月、7～10 月，阿拉伯海盛吹西南季风，降水丰沛，为雨季；在夏秋之交，阿拉伯海多发生热带气旋，并伴有飓风、恶浪和暴雨。此海域的洋流随季风风向而变化：夏季受西南季风影响呈顺时针方向，冬季受东北季风作用呈逆时针方向。阿拉伯海的海水平均盐度一般在雨季时小于35‰，旱季时大于36‰。阿拉伯海的沿岸大陆架蕴藏丰富的石油与天然气，有大量的砂、砾石和牡蛎壳可用作建筑材料。海中生物资源非常丰富，主要有鲭鱼、沙丁鱼、比目鱼、金枪鱼和鲨鱼等。

3. 波斯湾

波斯湾（见图2.15）也称海湾，位于印度洋西北部边缘海，在阿拉伯半岛以东，西北起阿拉伯河口，往东南通过霍尔木兹海峡与阿曼湾连接，出阿曼湾南口，通过阿拉伯海进入印度洋。波斯湾长约1040千米，宽为56～338千米，面积约为24万平方千米。

- 靠伊朗一侧海水较深，一般为80米，湾口处最深，可达110米。
- 沿阿拉伯半岛一侧海水较浅，一般为35米。

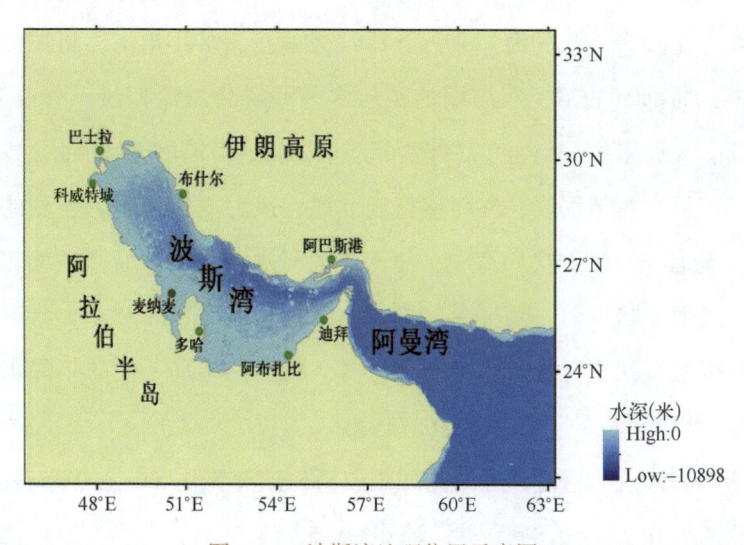

图 2.15 波斯湾地理位置示意图

东北岸是伊朗，西南岸为伊拉克、科威特、沙特阿拉伯、阿曼、阿拉伯联合酋长国、卡塔尔和巴林等。

波斯湾地区是世界上最大的石油产地和供应地，石油资源蕴藏量占全世界石油总储量的一半以上，年产量占全世界总产量的1/3，素有"石油宝库""世界油阀"之称，所产石油经霍尔木兹海峡运往世界各地。美国有相当一部分石油来自这一石油产地。

波斯湾内有众多岛屿，大多为珊瑚岛，湾底与沿岸为世界上石油蕴藏量最多的地区之一。淡水绝大部分来自西北部的阿拉伯河和卡仑河。因波斯湾的海水蒸发量超过降水量和河流注入量，故波斯湾西北部海水盐度（>38‰～41‰）要比东南部海水盐度（37‰～38‰）高，西南局部海域海水盐度可达50‰～70‰。

波斯湾呈狭长形，为西北-东南走向。波斯湾地区降水稀少、日照强烈，东西两岸又多为荒漠，导致湾内表层水温较高：东南部的表层水温为24℃～32℃，西北部的表层水温为16℃～32℃，浅海区在夏季时的表层水温可高达35.6℃，是世界上最炎热的海域之一。伊朗沿岸的南段为山地，岸线平直，海岸陡峭，北段为狭长的海岸平原，岸线较曲折，多小港湾。阿拉伯半岛沿岸为沙漠，局部有盐沼，东南端的霍尔木兹海峡为海湾枢纽，湾口多岛屿，格什姆岛、大通布岛、小通布岛等紧邻湾口，构成海湾的天然屏障。

波斯湾属亚热带气候，终年盛行西北风，风力变化无常。强烈的西北风经常将沙漠地区的沙土吹入湾中，使湾中的海水浑浊。波斯湾地处北回归线高压带，气温炎热少雨，常年在20℃左右；夏季可达32℃以上，常有风沙尘霾，能见度低；秋季有暴风；冬季多云雾。阿拉伯半岛一侧的年降水量不到125毫米，伊朗一侧的年降水量为275毫米。

波斯湾的洋流为逆时针方向的环流，湾口流速为1.5～2.0米/秒，其他海域的流速为0.25～0.8米/秒，潮差为1.5～3.5米。

4. 亚丁湾

亚丁湾（见图2.16）位于印度洋的西北部，是印度洋在也门和索马里之间的一片海域，东连阿拉伯海，西经曼德海峡到达红海，是将波斯湾地区的石油输往欧洲和北美洲的重要通道，也是全球海盗活动的主要区域之一。亚丁湾北部是阿拉伯半岛，南部是非洲之角，西部渐狭并形成塔朱拉湾，东部以瓜达富伊角的子午线，即东经 51°16′ 为界，东西长约 1480 千米，平均宽度为 482 千米，面积约为 53 万平方千米。

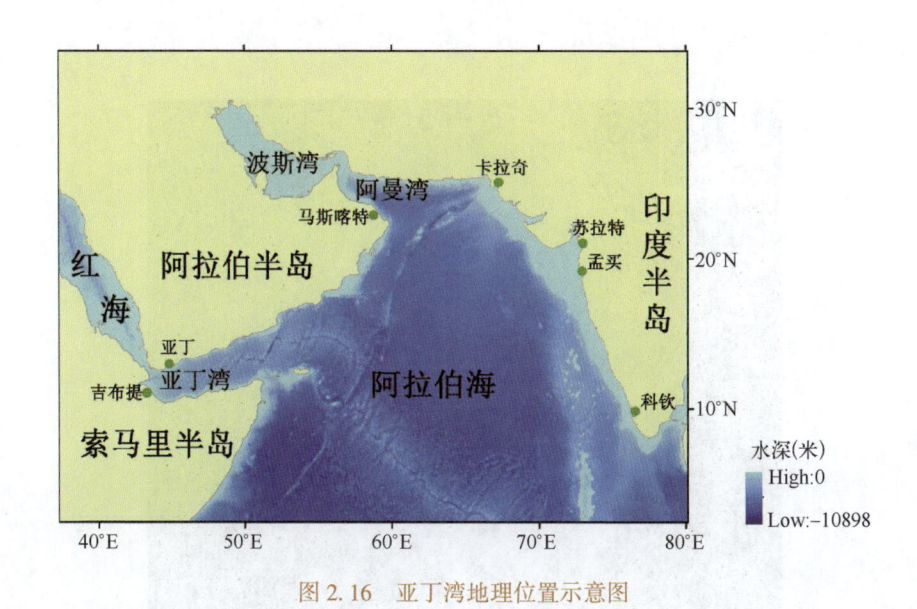

图 2.16　亚丁湾地理位置示意图

亚丁湾沿岸有两个世界著名的海港，即北岸的亚丁港和南岸的吉布提港，既是印度洋通向地中海、大西洋的重要燃料港和贸易中转港，也是地中海东南和整个中东地区的出口，更是出入苏伊士运河的枢纽。

亚丁湾地区的气候干燥、炎热。受红海和阿拉伯海之间海水对流、强烈蒸发及季风的影响，亚丁湾的水体结构十分复杂。湾内的表层海水盐度高，水温为 25～31℃，是世界上最温暖的热带海域之一。亚丁湾表层海水的流向随着季风风向的变化而变化，盐度较高；距离海面 100～600 米深的海水从阿拉伯海流向红海，盐度较低；距离海面 600～760 米深的海水从红海流向阿拉伯海，盐度较高；距离海面1000米以下又是一层较淡的海水。

5. 金兰湾

金兰湾（见图2.17）位于越南庆和省的南部海岸，是越南东南部的重要军港和海军基地。金兰湾深入内陆17千米，群山环抱，东临深海，是不可多得的天然良港。

图2.17　金兰湾地理位置示意图

金兰湾是由冲空山和凤凰山两个半岛合抱成葫芦形的内外两个海湾组成的：

- 外港平巴湾，水深在30米以下，湾口宽为3～4千米，口外水深在30米以上。
- 内港金兰湾，面积约为60平方千米，水深约16米，湾口宽约1300米，湾长约20千米。

2.3 地缘环境

南海-印度洋航道的周边国家众多，地缘环境十分复杂，概括起来有以下几个特点：

- 一是国家之间存在分歧。
- 二是其他国家插手该地区事务，加剧了地区地缘环境的不稳定性。
- 三是部分周边国家欠发达。

2.3.1 南海的地缘环境

南海是连接太平洋与印度洋，以及东亚、非洲和欧洲的海上交通枢纽，具有重要的地位，几乎所有经过南海的空中和海上航线都要经过南沙群岛。因地理位置优越，南海被地缘战略学家称为"亚洲的地中海"。有学者研究认为，仅中国、日本、韩国对南海地区航线的依存度就分别高达85.7%、90.6%、87.3%。其中，通行最多的是运输石油和战略物资的船舶。

南海运输线的通畅与否，事关亚太地区乃至世界经济的安全与繁荣。出于经济利益的诱惑，南海周边国家在南沙海域开采石油的油井数目已达到惊人的程度，对南海资源造成了巨大影响。

2.3.2 印度洋的地缘环境

1. 战略地位不断提升

当今世界，石油是关系到一个国家经济发展和能源安全的重要战略物资。在世界 8 大油气储量区域，印度洋地区有 3 个，分别是波斯湾及其沿岸、印度尼西亚沿海和大陆架、澳大利亚西北大陆架，占世界总储量的 70%以上。特别是位于印度洋西北岸的波斯湾，为世界上最大的石油产地和供应地。这里已探明的石油储量占全世界总储量的一半以上，年产量约占全世界总产量的 1/3，所产石油经霍尔木兹海峡进入印度洋后，再运往世界各地，素有石油宝库之称。2019 年全球石油储量前 10 名的国家见表 2.1。

表 2.1　2019 年全球石油储量前 10 名的国家

排　名	国　家	石油储量（亿桶）	占比（%）
1	委内瑞拉	3038	17.5
2	沙特阿拉伯	2976	17.1
3	加拿大	1697	9.7
4	伊朗	1556	8.9
5	伊拉克	1450	8.3
6	俄罗斯	1072	6.2
7	科威特	1015	5.9
8	阿拉伯联合酋长国	987	5.7
9	美国	689	3.9
10	利比亚	484	2.8

数据来源：世界能源统计年鉴第 69 版。

印度洋是世界上最为繁忙的海上能源通道之一，拥有 1/9 的世界海港，1/5 的货物吞吐量。更为重要的是，印度洋的石油航线是许多发达国家和发展中国家的能源生命线。

印度洋石油航线的重要作用异常突出，是印度洋有别于大西洋和太平洋的主要特征。在地理位置上，印度洋的主要海域和海湾有红海、阿拉伯海、亚丁湾、波斯湾、阿曼湾、孟加拉湾、安达曼海、阿拉弗拉海、帝汶海、卡奔塔利亚湾和大澳大利亚湾等。在这些海域和海湾中：

- 阿拉伯海和孟加拉湾是通向亚洲的大门。
- 红海和波斯湾是插入中东的小道。
- 阿曼湾把阿拉伯海和波斯湾锁住。
- 亚丁湾是红海的枢纽。
- 霍尔木兹海峡是波斯湾的枢纽。

随着未来海洋战略地位与经济价值的日益凸显，各国经济社会发展的进一步加快，印度洋将日益成为各国关注的焦点，特别是由于航道狭窄，因此海上航线的脆弱性就成为全球关注的焦点。

2. 地区冲突不断加剧

印度洋地区的中东、南亚和非洲东北部是全球武装冲突集中的地区。由于中东和南亚地区政局动荡、恐怖主义活动时有发生，使得印度洋地区的整体安全在一定程度上有赖于整个中东和南亚的区域安全。

2.4 管控与争端

2.4.1 控制状况

能源通道，即石油、天然气的运输通道，是许多国家经济社会发展所依靠的生命线。如果控制了能源通道，不仅能确保自身的石油供应，还能在国际战略竞争层面获得优势。

美国是当今世界唯一的超级大国，拥有强大的军事力量，也基本控制了全球重要的能源通道。

- 早在1999年8月，美国能源部就列出了6大世界石油运输枢纽，即霍尔木兹海峡、马六甲海峡、曼德海峡、苏伊士运河、博斯普鲁斯海峡和巴拿马运河。这6大枢纽的运输通过量超过世界总运输通过量的40%。

- 除此之外，美国军方还提出了必须控制的全球16条海上能源通道。其中，位于大西洋海域的通道有7条，位于地中海海域的通道有2条，位于印度洋海域的通道有2条，位于南海–印度洋海域的通道有5条。

由此可见，美国对南海–印度洋海域海上能源通道的控制是长期的系统性战略。

2.4.2　军事基地

南海–印度洋海域周边的军事基地主要包括美国、印度、巴基斯坦等国的军事基地，以及新加坡、也门等国的外军租借基地，如图2.18所示。

1. 迪戈加西亚岛基地

美国在印度洋的中心地带建有迪戈加西亚岛大型综合军事基地（简称迪戈加西亚岛基地），由海军港口、海军航空站、海军通信站及其后勤设施组成，是美国海军和空军重要的集结、中转、后勤支援和空军行动基地，被美国称为印度洋上固定的航空母舰。

迪戈加西亚岛基地位于印度洋中部由英国管辖的查戈斯群岛中的一个大岛上，在斯里兰卡西南1965千米处，距波斯湾约为3200千米，面积约为78平方千米（包括礁湖水域）。全岛为向北开阔的V字形珊瑚环礁，是一个天然

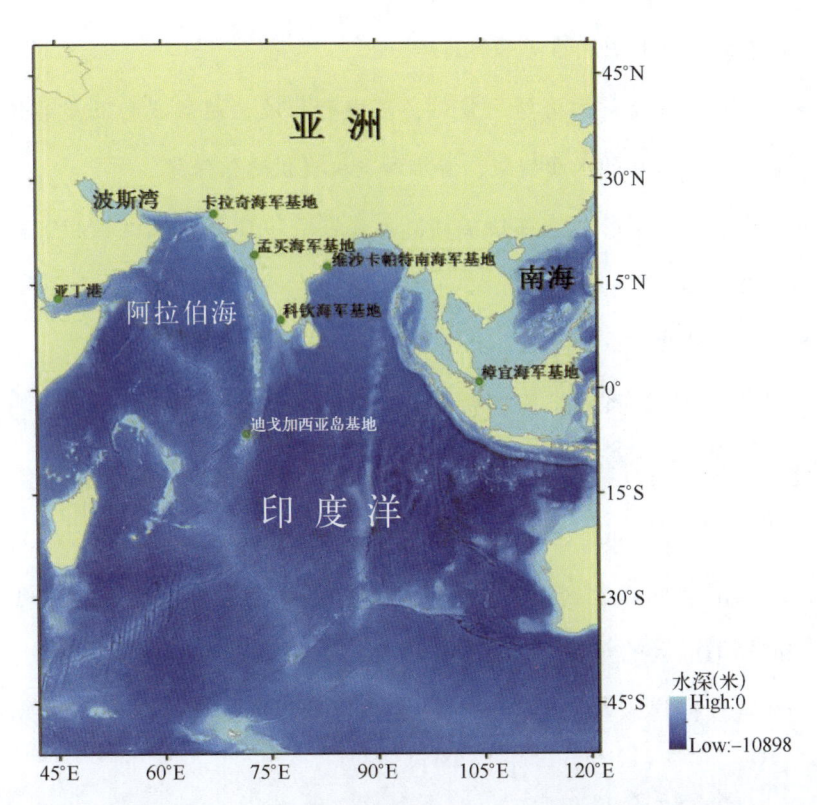

第 2 章 南海-印度洋通道的风险与防范

图 2.18 南海-印度洋周边国家重要军事基地地理位置示意图

港湾，北部有两条出入通道，港湾经彻底疏浚，可通行大吨位舰船，港内舰船的回旋余地很大。目前，该基地的主要设施有：

- 位于环礁北部的锚地，可停泊由 6 艘舰艇组成的航母战斗群。
- 位于环礁西北部的机场，混凝土跑道长约 3660 米，可供 B-52 轰炸机、C-141 运输机、KC-135 加油机和 P-3C 反潜巡逻机等各型飞机起降，平时机场常驻 1 支 P-3C 分遣分队（4 架），配有 2~4 架运输机。
- 1 个燃料码头，由钢筋混凝土构筑的突堤码头长约 335 米、宽约 70 米，可供大型舰船系泊，海军和空军油库可储 10 万吨燃油、润滑油。
- 2 个由混凝土构筑的海军弹药库。

- 8个由混凝土构筑的空军弹药库。
- 位于环礁西北端的海军通信站，可进行短波、超短波和卫星通信，为在印度洋活动的水面舰艇、潜艇和飞机提供通信保障。
- 位于环礁南部的无线电侦察站，负责监听印度洋水域舰艇和飞机的无线电通信。
- 完善的供电、供水系统，有主发电站和备用发电站各1个，用水主要靠储存的雨水，可满足日常需要。

此外，岛上还有物资供应仓库、气象站，部署在该岛的美海军预警机中队，可为一个海军陆战旅的战斗行动提供30昼夜的后勤保障。迪戈加西亚岛基地的战略地位十分重要，是控制印度洋海空航线的枢纽，既可支援中东和波斯湾地区的作战，又可对印度洋广大海域进行监视和控制。目前，美国仍在陆续扩建该基地的港口、机场和后勤设施，使港口能停泊战略核潜艇。

2. 樟宜海军基地

该基地是美国海军在东南亚的重要后勤补给基地，位于新加坡国际机场的东南面，南濒新加坡海峡，西临马六甲海峡，地处太平洋与印度洋的海上交汇处，战略地位十分重要。

该基地占地约0.86平方千米，有完整的码头、仓库和维修设施，包括总长为6.2千米的深水码头，可停泊包括航空母舰、巡洋舰在内的大型舰艇编队。根据美国与新加坡1998年11月达成的协议，从2000年起，包括航空母舰在内的各种海军舰船可以停靠在该基地并使用其设施。

美国在印度洋可使用的港口还有塞舌尔群岛的维多利亚港、印度的维沙卡帕特港、阿曼的马斯喀特港等。

3. 孟买海军基地

孟买海军基地是印度西部地区海军司令部、西部舰队司令部的驻地，是印度的主要海军基地，位于印度半岛西岸，濒临阿拉伯海，为印度西部的门户。海军基地位于东海岬，水深为 10～12 米，为天然良港，港阔水深，地形隐蔽，有 4 个码头区（码头总长为 8 千米），约 50 个泊位，可同时停泊 50 艘舰船，能靠泊 7 万吨级船舶，有油库和弹药库等。

4. 维沙卡帕特南海军基地

维沙卡帕特南海军基地是印度东部地区海军司令部、东部舰队司令部、潜艇部队司令部的驻地，位于印度东岸中部，东北距加尔各答、西南距马德拉斯均为 600 千米，是天然深水良港，紧邻孟加拉湾，地形隐蔽，战略地位重要。基地内的港口被陆地环抱，分内港和外港。

- 内港水深为 6～11.6 米，有 15 个码头。
- 外港有防波堤，水深为 15～18 米，可停靠 10 万吨级船舶。

基地建有海军军舰修造厂，能维修各种水面舰艇和潜艇，有两个军用机场，供海军航空兵使用。

5. 科钦海军基地

科钦海军基地是印度南部地区海军司令部和海军训练中心的驻地，位于印度半岛南部西岸，距印度南端约 260 千米，北距孟买约 1000 千米，紧邻阿拉伯海，可控制印度洋北部的海上交通线，战略地位十分重要。基地内的港口位于科钦河口附近，被陆地环抱，地形隐蔽，为天然深水良港，吃水9米以内的舰船可进港，码头总长约2千米，水深约9.14米。海军基地设有燃油库、弹药库及一个修船厂和两个干船坞，可维修10万吨级舰船。

6. 卡拉奇海军基地

卡拉奇海军基地为巴基斯坦海军舰队和海军基地司令部的驻地，是巴基斯坦重要的海军基地，位于巴基斯坦南部，东南距印度河河口约100千米，南临阿拉伯海。基地内的港口为世界天然深水良港之一，港外的岛屿和礁石带长约16千米，形成了天然屏障。港口设有东码头、西码头和油码头，水深为9.1～11.6米，可同时停泊34艘舰船。基地内设有干船坞、浮船坞，可维修巡洋舰以下级别的各种舰船。

7. 亚丁港

亚丁港是也门的港口和海军基地，位于阿拉伯半岛南端。港口分为内港和外港。

- 内港总长约4.6千米，水深为5.5～12.8米，泊位有两条输油管道与附近的炼油厂相连，可同时直接为10余艘舰船加油。
- 外港位于内港西侧，可供万吨级油轮靠泊。

2.4.3 管控诉求

本节以马六甲海峡为例进行说明。

1. 主权诉求与争端

马六甲海峡沿岸国家——印度尼西亚、马来西亚和新加坡都声称对海峡的绝大部分区域拥有主权，甚至印度也声称其拥有海上主权，原因是此海峡靠近尼科巴群岛。根据1982年《联合国海洋法公约》规定，他们虽然有权把领海与领土等同对待，行使管辖权，但是也必须对其领海的安全负责，保障航道的通行安全。

2. 控制与执法情况

早在1992年，印度尼西亚和新加坡就同意在马六甲海峡实行共同巡逻，并建立了一个联合雷达监视系统，被称为SURPIC工程，通过图像可监视马六甲海峡的交通状况。印度尼西亚和马来西亚也决定建立一支海上行动队，以便在马六甲海峡合作巡逻。在此之前确定的马来西亚-印度尼西亚合作巡逻是一年4次，而此次建立的马来西亚-印度尼西亚海上行动队的合作巡逻次数也保持不变，并与其他海上机构，如海关、搜救和两国警察部队一起行动。海峡沿岸三国除了自身的合作，还分别与其他地区和国家合作，共同维护马六甲海峡安全，例如：

- 自2004年9月起，印度尼西亚与印度海军已开始执行六度海峡的联合巡逻（六度海峡在马六甲海峡西部，位于印度尼西亚的沙璜岛与印度的尼科巴群岛之间。所有国际船舶进出马六甲海峡通常都要经过六度海峡）。
- 从2003年9月开始，马来西亚和泰国也增强了在海峡北部的海上合作巡逻力度，原因是担心该地区的武器走私、海盗或恐怖主义活动。
- 印度尼西亚还与美国进行过反海盗演习，包括攻击敌船和检查船舶。

- 2005年4月，印度尼西亚与我国签署了一项战略伙伴协议，协议内容包括双方尽可能增加海上合作，共同努力打击走私与海盗活动。

3. 航道管理状况

在是否让其他地区和国家参与维护海峡安全的问题上，马六甲海峡沿岸三国仍存有分歧。

- 新加坡把海盗与恐怖主义看作是对国家安全的主要威胁，坚决支持美国在2004年4月提出的"东南亚地区海上安全方案"，呼吁地区外的国家协助巡逻马六甲海峡，但遭到印度尼西亚和马来西亚的强烈反对。新加坡已准许美国海军船舶使用其港口进行修理、加油和补给。美国的军用飞机也可在新加坡停留。此外，新加坡和美国还商讨签署一项有关安全防御的战略框架协议，引起印度尼西亚和马来西亚的关注。
- 对马来西亚来说，海峡大约有一半是在其领海之内，他们的主要诉求是维护海峡的绝对主权。
- 印度尼西亚在这方面与马来西亚是一致的，对海上主权问题极其敏感，不参加诸如联合演习等有损主权的合作行动。

2.5 防范对策建议

1. 国内层面

- 充分认识保障海上能源通道安全对于我国政治、经济和安全的重大意义。海洋方面的安全能否得到保障，对我国的和平发展具有极其重要的作用和影响。因此，要加强相关理论研究，积极寻求对策。

- 研究先进国家的经验，结合我国的国情，确定包括维护我国海上能源通道安全的基本战略和政策，制定相关法律和法规文件。近年来，我国面临的海上安全挑战加大，迫使我国必须加快考虑并制定自己的海上安全战略，重点是制定和完善国内相关海洋政策与法制。

- 抓住机遇，面向海洋调整国防布局，建立新的海上安全战略，基于我国的实际情况和实际需要，优先发展海上力量。

- 拓展思路，提高海洋经济和科技对我国综合国力的贡献率，进而为海上力量的发展提供持续的动力和资源。

- 研究并解决我国经济和资源等方面的问题，诸如拉动内需及建立资源进口的多通道和储备体系。

- 完善海上执法体系，整合现行海上执法力量，建立以维护我国海洋主权为最高利益，以确保海洋安全稳定为出发点的综合性海上执法队伍。

- 建立海上安全情报信息系统和情报交流合作关系，建立近海单独和合作巡逻制度，以应对非传统安全威胁。

- 增进与相关国家和地区在经济、政治和军事上的联系与合作，扩大共同利益，在保障海上通道安全等具有共同利益的领域开展合作。

2. 国际层面

- 2011年9月，由国务院新闻办公室发表的《中国的和平发展》白皮书指出，中国将坚定不移地沿着和平发展的道路走下去，争取在和平的国际环境下发展自己，并以自己的发展更好地维护世界和平，是出于自身需要和世界长远利益的战略选择。

- 积极解决相邻国家之间的海域争端，进一步推进全面合作关系。例如，2000年签署的《中华人民共和国和越南社会主义共和国关于两国在北部湾领海、专属经济区和大陆架的划界协定》、2005年发表的《中越联合声明》、2006年发表的《中越联合新闻公报》、2008年发表的《中越联合声明》，以及2008年发表的《中韩联合公报》等。

- 在达成海域划界协议前，致力于寻求临时安排，以维持争议海域的和平稳定。例如，2004年中菲两国达成在南海有关协议区联合进行海洋地震工作的协议后，2005年中菲越三国签署了《在南中国海协议区三方联合海洋地震工作协议》，2005年中朝签署了《中朝政府间关于海上共同开发石油的协定》，2008年中日就东海问题达成原则共识。

- 维护海上能源通道安全、保障各国之间贸易与物流畅通，是国际社会的共同职责，加强在联合国主导下的国际组织、区域性组织，以及各国之间的交流与合作是保障海上能源通道安全的必由之路。为了保障我国海上能源通道安全，需要在多边、双边基础上建立国际合作机制，如在传统安全领域加强与相关国家进行海上军事安全的磋商与对话，在非传统安全领域增进合作，防治危及海上能源通道安全的海盗、恐怖主义和其他隐患，建立相应的危机预警与处理机制、争端解决机制。

2.6　风险隐患与应对策略

2.6.1　风险隐患

1. 马六甲海峡海损事故频发

马六甲海峡海损事故是苏伊士运河的 3 倍之多、巴拿马运河的 5 倍之多。其原因主要有：

- 一是航道狭窄。
- 二是水流平缓，峡底平坦且多泥沙，容易因淤积形成岛礁和浅滩，导致船舶触礁或搁浅。
- 三是海峡内常有暴雨，特别是在季风转换期尤其频繁，来势骤急。
- 四是印度尼西亚所属的海峡经常发生森林火灾，当地人又有烧树木进行火耕的传统，使海峡常出现烟雾，能见度不足。
- 五是近年来通行海峡的船舶数量增多，加上船舶大型化，导致航道拥挤。
- 六是海峡交通管理混乱，尤其是当地小型渔船随意穿行，影响了商船的正常航行，船舶相撞、触礁、搁浅等事故极易使海峡堵塞，并造成严重污染。

2. 海盗对马六甲海峡安全的威胁

由于马六甲海峡的过往船舶众多，加上航道狭窄，海水深度不均，能通过大型船舶的海域有限，因此船舶只能按照规定的航道分道行驶，大型船舶的行驶速度较慢，很容易被海盗快艇追上。如果船舶行驶到浅滩时碰上海盗，连走Z字形加速摆脱的空间都没有，再加上周围的荒岛较多，海盗得手后容易逃匿。在这种情况下，马六甲海峡成为全球海盗袭击事件发生最频繁的区域之一，尤其是在2008年东南亚金融危机爆发后的一段时间内，海盗袭击事件增多，马六甲海峡成为海盗偏爱的"黄金地段"。目前，通过各方努力，海盗袭击事件虽有所下降，但仍难以完全消除。

2.6.2 应对策略

我国从西亚、中东以及北非进口的石油，大部分需要通过南太平洋的航道枢纽——马六甲海峡运输。有学者认为，对马六甲海峡的过度依赖会使我国能源的海上生命线存在风险，学术界也一直有马六甲海峡被切断的情景假设，以及在此情景下对能源安全风险的讨论，并将其称为"马六甲困局"。降低对单条航道的依赖度，实现航道的多元化，不失为应对枢纽阻塞的好方法。

为了应对马六甲海峡在短期内出现饱和或因安全问题而通行不畅甚至被关闭等风险，下面将探讨以下几种海路和陆路的能源运输备用方案。

1. 绕行龙目海峡和望加锡海峡

（1）地理条件

龙目海峡位于印度尼西亚的巴厘岛与龙目岛之间，南北长约80.5千米，南口宽约65千米，北口宽约35千米，大部分水深超过1200米，可通航20万吨左右的油轮，也便于潜艇活动。

望加锡海峡长约798千米，宽为120～407千米，大部分水深为50～

2458 米，平均深度为 967 米。这样的纵深通行，即使再大的油轮也都没有问题。

（2）方案规划

往返于印度洋方向的船舶可以绕行龙目海峡和望加锡海峡，以绕开马六甲海峡，如图 2.19 所示。

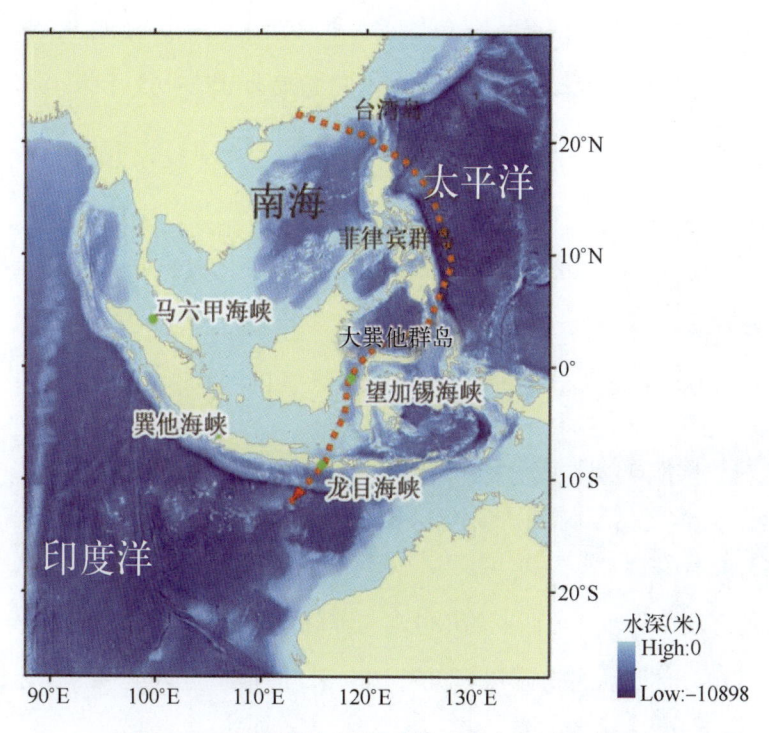

图 2.19　龙目海峡和望加锡海峡绕行航道示意图

（3）可行性

该航道虽然没有马六甲海峡繁忙，但也一直是超级油轮的常用航道之一，近年来，由于地理水文条件优良、绕行代价小，因此逐渐受到重视。

- 马六甲海峡沿岸的浅滩众多，水深不足23米的多达37处，不利于潜艇隐蔽和巨型油轮通行，超过28万吨级的油轮需要绕道印度尼西亚的龙目海峡和望加锡海峡。绕道龙目海峡和望加锡海峡需要多航行的距离为1600～2000千米，平均航速为15～16节的油轮只需多走三天，由此增加的成本对大型油轮来说是可以接受的。

- 龙目海峡最初是因地壳断裂下沉形成的。由于洋流的强烈侵蚀和冲刷，龙目海峡自形成以来，一直都处在自然加深、加宽的状态，目前大部分海域的水深能达到1200米以上，宽度为35～65千米，几乎没有暗礁。

（4）局限性

- 导航设施和航运管理机制不够完善，船舶一旦发生问题，很难得到及时援助。

- 我国与龙目海峡、望加锡海峡之间涉及多国，不稳定因素多。

2. 绕行巽他海峡

（1）地理条件

巽他海峡位于印度尼西亚的爪哇岛与苏门答腊岛之间，长约120千米，宽为22～110千米，大部分水深为70～180米，主航道宽为4～39千米，可通航20万吨级以下的船舶。

（2）方案规划

船舶向西驶出马六甲海峡时会发现，海峡西口有一些相当于门户的群岛：北部有安达曼群岛，南部有尼科巴群岛。为规避风险，船舶可以从巽他海峡绕行，如图2.20所示。

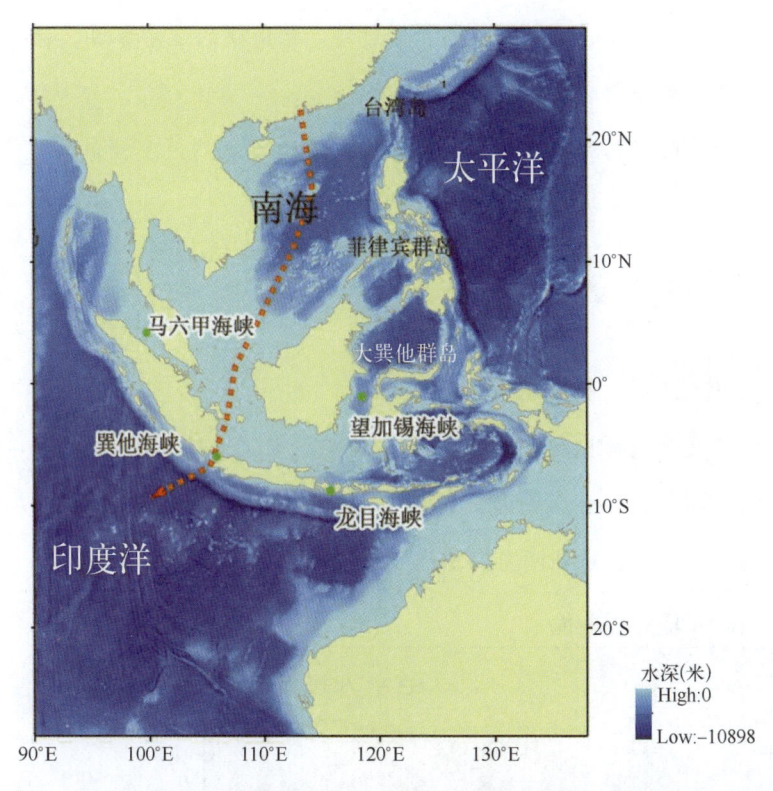

图 2.20 巽他海峡绕行航道示意图

(3) 可行性

- 绕行巽他海峡的航程少于绕行龙目海峡，增加的成本更少，更适合 20 万吨级以下的船舶在紧急情况下备用。
- 来往于欧洲、中国、日本之间的船舶常常经过此航线。

(4) 局限性

- 海峡最窄处仅为 22 千米，东部水深很浅，最浅处仅为 20 米，加上沙洲、大浪和人造障碍物，如爪哇岛近岸的石油钻塔，都使大型船舶难以航行。
- 缺乏必要的导航设施和航运管理机制。

- 通过巽他海峡的运输费用高于通过马六甲海峡的运输费用。
- 巽他海峡处于地震频发带。
- 由于苏门答腊岛和爪哇岛距离较近,靠近峡底的最窄处仅有3.3千米,因此非常容易被封锁。

3. 修建中缅油气管道

(1) 地理条件

中缅油气管道(见图2.21)是继中亚油气管道、中俄石油管道、海上航道之后的第四大能源进口通道,包括石油管道和天然气管道,可以使石油运输不经马六甲海峡,从西南方向输送到我国。

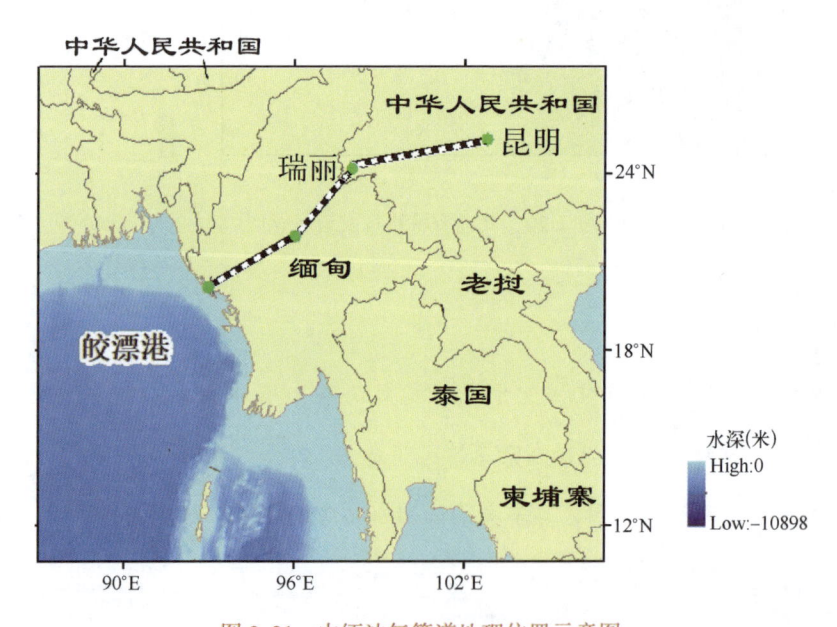

图2.21 中缅油气管道地理位置示意图

缅甸是世界上第十大天然气储藏国,中缅油气管道的起点为缅甸西部的皎漂港,经若开邦、马圭省、曼德勒和掸邦,从云南瑞丽进入我国,经保山、大理、楚雄、昆明、曲靖进入贵州,最后到达广西南宁。

(2) 方案规划

中缅两国于2009年3月正式签署修建油气管道的政府间协议，2010年开始建设，2021年7月8日，与中缅油气管道配套的千万吨级炼油厂累计加工石油突破4000万吨。

- 中缅石油管道的起点位于缅甸西海岸的皎漂港，走向为皎漂港-曼德勒-瑞丽-昆明，全长为1100千米，缅甸境内长为771千米。管道建成后，每年可以向我国输送2000万吨石油，相当于每日运输约40万桶。
- 中缅天然气管道全长为2806千米，缅甸境内为793千米，每年可输送120亿立方米的天然气。

(3) 可行性

- 至少能比按传统方式（通过马六甲海峡）将石油运抵湛江，经提炼后，再运往其他地区减少1200千米的距离。
- 能源保障更可靠、更灵活。
- 带动西南产业链发展，带动产业升级与转型，优化资源配置。
- 促进中缅双边关系与贸易的发展。
- 推动我国与南亚、泛亚，以及中亚、西欧、非洲各国的发展交流与贸易。

(4) 局限性

- 油气管道较为脆弱，易受攻击和破坏。
- 石油管道的运输量相对于能源需求来说比例较小，不能作为解决石油安全的根本途径。
- 云南地区缺少炼油工业基础，输送石油的基础设施有限，需要相应建设从云南向其他省市的输油线路和管道。这些附加基础设施的投资显然不是一笔小数目。

- 在投资方面有金融风险。

4. 修建中巴铁路和输油管道

(1) 方案规划

中巴铁路是连接我国与巴基斯坦的铁路,起点位于新疆的喀什,终点位于巴基斯坦西南部的瓜达尔。修建中巴铁路的设想最早于2008年4月提出,即修建一条连接喀什与瓜达尔的铁路,以及一条与之并行的输油管道。中巴铁路一旦落成,位于阿拉伯海沿岸的瓜达尔港就会成为中国运输中东地区石油的中转站。2013年6月,巴基斯坦同意修建瓜达尔至新疆喀什的铁路,并以铁路等运输形式,建立一条中巴经济走廊。中巴铁路概念图如图2.22所示。

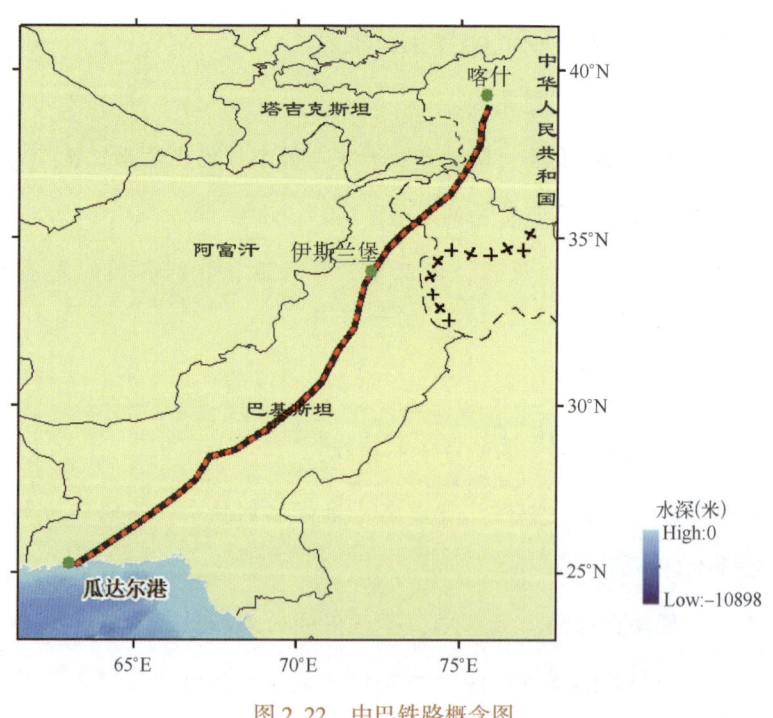

图 2.22 中巴铁路概念图

(2) 可行性

- 瓜达尔港濒临阿拉伯海，靠近霍尔木兹海峡，为天然深水良港。该港口于2002年3月开工建设，2015年基本竣工，2016年底投入运营。2013年，中国海外港口控股有限公司取得了瓜达尔港及自由区的运营权。瓜达尔港处于波斯湾海域，距离世界主要运油航道霍尔木兹海峡400千米，能使从中东和海湾地区运至我国的石油运输航程缩短85%。

- 从巴基斯坦的瓜达尔港通往新疆喀什的输油管道全部位于巴基斯坦和我国境内，不经过第三国。中国和巴基斯坦两国长期以来保持着友好的外交关系，为中巴间的这条能源通道提供了更为稳定的外交环境。

- 新疆是我国的能源基地，基础设施完善。

- 中巴建交70多年来，双边关系经受住了时间和国际风云变幻的考验，成为国家之间睦邻友好、互利合作的典范，在涉及彼此核心利益的重大问题上，能相互理解、相互支援，在国际和地区事务中保持着密切协调与配合。

(3) 局限性

- 从新疆进入巴基斯坦的通道受大山阻挡，交通不便，如要铺设铁路和输油管道，则工程量大，施工难度大。

- 铁路和输油管道的必经之路——喀喇昆仑公路的地质条件不稳定，在遇到地震、堰塞湖等自然灾害事件时，基础设施易被摧毁，维护成本较高。

- 铁路和输油管道途经克什米尔地区，不稳定因素多。

- 就此输油管道的输油量而言，难以完全弥补因马六甲海峡中断所带来的国内能源需求缺口。

5. 修建从西藏亚东到孟加拉国吉大港的输油管道

（1）方案规划

从我国西藏自治区的亚东到孟加拉国的吉大港是我国西南方向最近的出海通道，距离约为 660 千米。

（2）可行性

青藏铁路已经竣工，由拉萨延伸至亚东，经亚东进入孟加拉国、印度洋，是我国与印度洋之间的最短路径。

（3）局限性

- 西藏地区的工业基础薄弱，交通不便，大宗货物只能依赖铁路运输，对其他运输方式有限制。
- 通道涉及多国，多边关系复杂，不稳定因素多。

6. 其他方案

目前，国内探讨避开马六甲海峡的替代运输方案还有克拉地峡运河方案、海陆联运陆桥方案和泛亚石油大陆桥方案。

（1）克拉地峡运河方案

克拉地峡是泰国南部的一段狭长地峡，以南约 400 千米地段均为泰国领土。该方案即在克拉地峡开凿一条运河。在修建这条运河后，太平洋和印度洋之间不必穿过马六甲海峡，可直接从印度洋的安达曼海进入太平洋的泰国湾，如图 2.23 所示。克拉地峡运河一旦开通，太平洋与印度洋之间的航程至少可缩短 1200 千米，大型船舶航行可节省 2～5 天的时间，对航运严重依赖马六甲海峡的国家而言是大好事。但是，克拉地峡运河的开凿至少需要 5～10 年时间，耗资巨大。

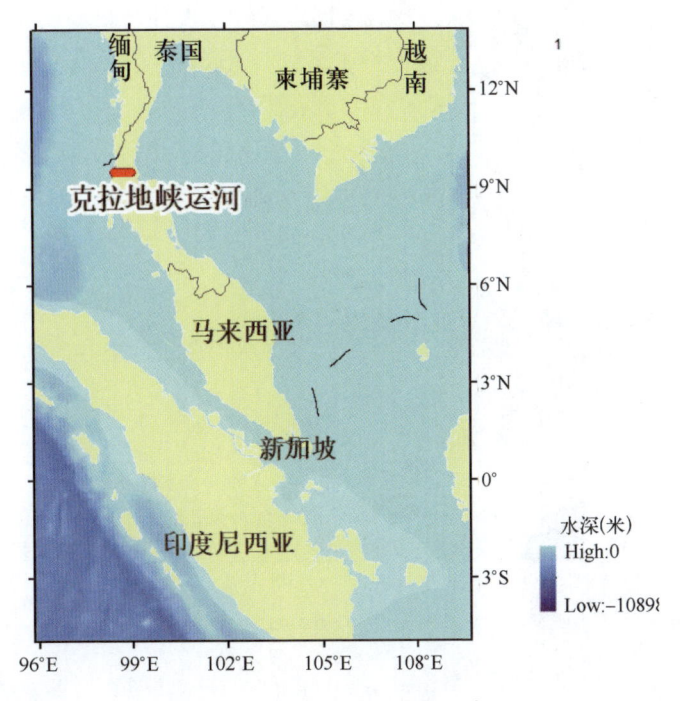

图 2.23　克拉地峡运河位置示意图

(2) 海陆联运陆桥方案

该方案是在克拉地峡修建公路、铁路和输油管道。由于该方案要求物资和石油可重复装卸，公用船舶数量要增加一倍，因此这一方案的成本大、效率低。

(3) 泛亚石油大陆桥方案

泛亚石油大陆桥方案是通过泛亚铁路运输石油，是一个前景比较好的替代运输方式，如图 2.24 所示。通过此方式，石油运输不仅能够完全避开马六甲海峡，而且便利、省时、经济。只要我国进口的石油在安达曼海寻找一个有铁路的港口卸载即可。毫无疑问，仰光港就是现成的和较为合适的港口。泛亚铁路分为东线、中线、西线，只有西线具备这个条件。

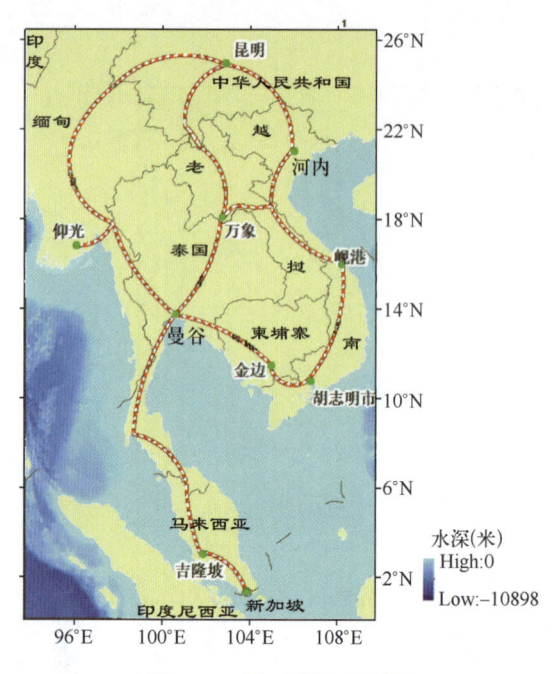

图 2.24 泛亚铁路示意图

泛亚铁路西线一旦建成，将形成与地缘经济关系紧密联系的国际区域经济大动脉，形成我国进入印度洋的最近通道，以及与西亚和欧洲经济交往的便捷交通运输线，构成沟通我国、东南亚、南亚三大市场，以及亚欧大陆的交通运输网络，降低我国在从中东和非洲进口石油时，单一依赖马六甲海峡的风险。

经比较，由昆明至瑞丽出境，经曼德勒至仰光的陆路航程为 2415 千米，比昆明经广州绕行马六甲海峡至仰光的航程（7066 千米）缩短了 4651 千米；从昆明经缅甸、泰国至新加坡的航程为 5500 多千米，比经广州、湛江出境至新加坡的航程缩短约 3000 千米；由上海经昆明、大理、瑞丽出境至仰光的大陆桥总长度为 4840 千米，比绕行马六甲海峡至仰光大陆桥的航程缩短约 3000 千米。

除上述西南方向的备选航道外，为减少对单一航道的依赖风险，还需要加强能源航道的多元化建设，减少对能源运输西线航道的依赖度。目前，我国在东北、西北、西南的陆上和海上的油气进口通道战略布局已初步形成。

例如，修建从俄罗斯的伊尔库茨克到我国满洲里的石油通道；从中亚的哈萨克斯坦到我国新疆阿拉山口的石油通道。两条通道的运输工具均为火车，运输量有限，还有一条是中缅油气管道，以管道输运为主。三条通道建成后，可承担我国40%的油气进口量，由传统的经马六甲海峡的海上运输航道所承担的油气进口量将下降。这不仅有利于破解"马六甲困局"，还能更好地维护我国的能源安全。

此外，多元化战略是化解石油安全风险的有效途径，我国应在稳定中东石油供应来源的前提下，寻找和形成多元化的石油供应市场。从全球资源分布和我国国情分析，我国石油多元化战略的瞄准点可放在俄罗斯等国，以及中亚、非洲和南美洲等区域。

第 3 章
东北亚航道的风险与防范

3.1 概述

船舶从中国东海岸港口启程，经由北极地区的西北航道去往北美东海岸港口，几乎完整穿越朝鲜海峡、日本海、津轻海峡、千岛群岛向北，经阿留申群岛，由白令海峡进入北极地区的西北航道，如图 3.1 所示。

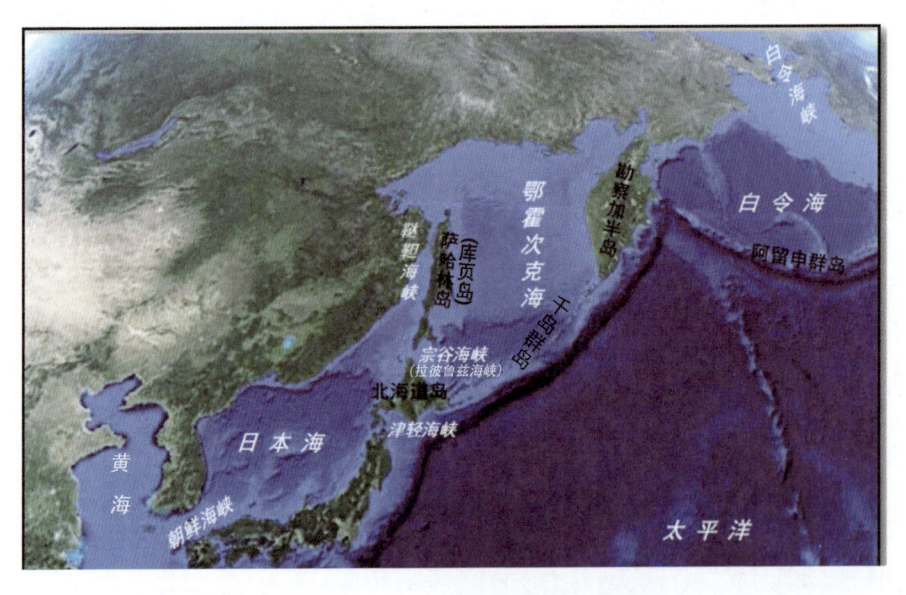

图 3.1 东北亚航道的地理分布

高纬度海域（如白令海）上空常有剧烈的大气运动，以致天空乌云密布；冬季，暴风雪频发；冬春季，海域多雾，能见度差，气候寒冷，海面多浮冰；夏季和秋季，有热带气旋活动；晚秋至来年春末是温带气旋活跃期。总体来看，东北亚航道部分海域的灾害性天气较多，航行条件较恶劣，比较适合船速快、干舷高、通信导航设备先进的大型船舶航行。

3.2 东北亚航道的地理特征

3.2.1 东海至日本海航段

从中国东部港口至日本海航段的航程约为1000海里。该航段是从东海海域出发经朝鲜海峡至日本海。

在该航段，朝鲜海峡能见度年变化规律明显，每年9～12月能见度良好，3～7月，尤其5～7月多雾，能见度差，具有南部比北部好、东部比西部好、中部比沿岸好的特征。济州海峡、济州岛南部海域和北纬35°以北海域的能见度比其他海域差。

- 在春季（4月、5月、6月），该航段以北向风浪为主。在朝鲜海峡内，以东北风浪最盛，春季的风浪级别大于夏季、小于秋季，大于等于5级的风浪约占20%。该航段的涌浪方向分布与风向相近，以北向涌浪为主。
- 该航段的夏季是全年风浪最小的季节，大于等于5级的风浪约占15%。该航段的6～10月为台风季节，尤以7～9月最多。
- 秋季，该航段的风力和风向开始向冬季过渡，风力逐渐增大，风向由西风转为北风或东北风。
- 该航段的冬季为风力最大的季节，1月最大风力达27米/秒，最长可持续3天。

朝鲜海峡海域两端开阔，水深适宜，航道通畅，长约 300 千米，宽约 180 千米，一般水深为 50～150 米[1]，平均水深约为 90 米，最深为 228 米，水道东部宽约 98 千米，平均水深为 50 米，最深为 131 米。

该航段常受气旋活动影响：夏秋季节，多热带气旋；冬季，温带气旋和寒潮常常引起风暴天气，造成恶劣海况。

朝鲜半岛西南岸的海岸线曲折，岛屿众多，潮汐混合作用强烈，易形成下层冷水上升的涌升现象。受岛屿和地形的影响，在对马岛北面及东面、济州岛东面及东水道出口，存在涡旋或逆流。由于该航段的洋流具有流速急、变化复杂等特点，尤其在朝鲜半岛南岸、济州海峡，常因浓雾使得能见度很差，因此易造成船舶触礁事件。

在航道规划过程中，若日本海出现风暴天气，则可视情况放弃从津轻海峡、宗谷海峡、鞑靼海峡北上，选择南下经大隅海峡、宫古海峡等，沿日本东岸的太平洋北上。

3.2.2　日本海至太平洋航段

日本海至太平洋航段的航程约为 1330 海里。其中，宗谷海峡、津轻海峡、鞑靼海峡将日本海与北太平洋、鄂霍次克海连接起来。鄂霍次克海与太平洋以千岛群岛为界。

1. 宗谷海峡

在该航段，宗谷海峡在夏季常有浓雾，在冬春季多大风，水道南侧水浅道窄，公海部分只有 6 千米左右，最窄处约为 43 千米，水深为 30～60 米，最深处为 118 米。宗谷海峡周围多暗礁。除此之外，无危及航行安全的岩礁和暗礁。宗谷海峡在冬季多海冰，除宗谷湾的稚内港为不冻港（可泊巨型船舶）外，其他港口长期冰封，北部封冻时间可达 8 个月之久。

2. 津轻海峡

津轻海峡中间开阔，两端狭窄，东端宽约 20 千米，西端宽约 18 千米。峡底地形复杂，多海盆和海谷。津轻海峡西部最浅处为 133 米，东部最深处为 449 米，中央水道一般水深为 200 米，最深处为 521 米。津轻海峡的纬度较低，是日本北部重要的全年不冻海域。

3. 鞑靼海峡

鞑靼海峡地处高纬度海域，冬季气候寒冷，存在两个半月左右的冰封期。在冰封前和冰消后的短暂时间内，鞑靼海峡中漂有浮冰，给航行安全带来不利影响。鞑靼海峡的峡底地形复杂，水深相差悬殊。鞑靼海峡沿岸有许多适合建港的海湾，水面宽阔，有抵挡风浪的天然屏障。

3.2.3 白令海至楚科奇海航段

白令海至楚科奇海航段的航程约为 1700 海里，穿越堪察加半岛东侧的阿留申群岛，经白令海峡进入北冰洋，为北极地区西北航道的起点。

1. 白令海峡

在该航段，白令海峡宽约 85 千米，大部分深度为 18～40 米，最深处为 59 米。由于太平洋的平均海面高度高于北冰洋，因此穿过白令海峡的海水流动主要是自南向北。白令海峡常年盛行偏北风，水深较浅（平均为 50 米），故局地风阻碍了北向的海水流动。白令海峡地处高纬度地区，是世界大气系统中的最大梯度区之一，对流活动剧烈，气候寒冷，多暴风雪和大雾天气，尤其冬季，气温骤降，最低气温可达-45℃，冰层厚度可达 2 米以上。每年 10 月到翌年 4 月是冰封期，严重影响航道通行和航行安全。

2. 阿留申群岛

阿留申群岛的气候受阿拉斯加暖流和极地海洋气团影响,气候复杂,特别是西部地区,恶劣天气多,雨雾和强风多,四季温差小,冬季气温高于同纬度的东部地区,1月会在北太平洋形成"阿留申低压"。

3.3 东北亚航道的重要岛屿

3.3.1 千岛群岛

千岛群岛(见图3.2)位于堪察加半岛与北海道岛之间,将西北太平洋

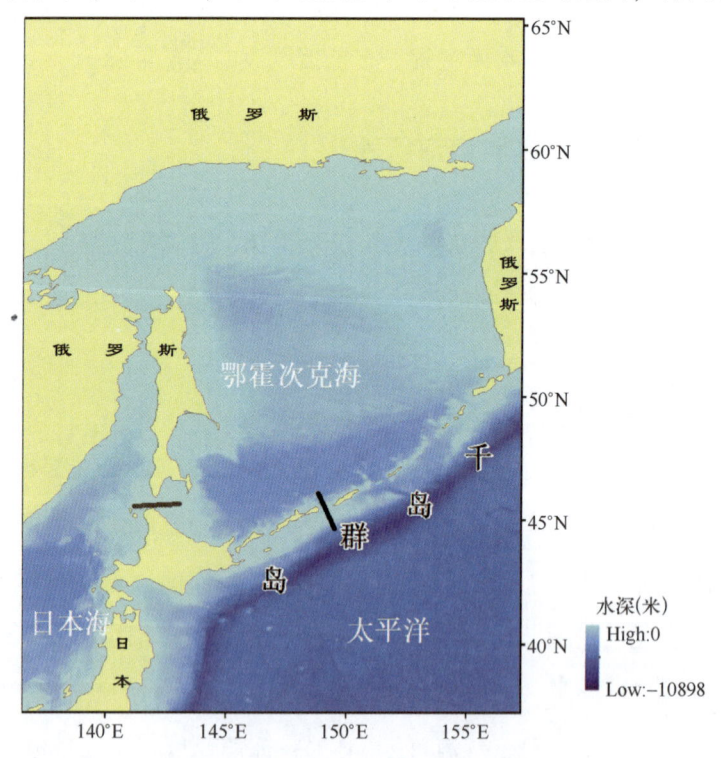

图 3.2 千岛群岛地理位置示意图

和鄂霍次克海分隔，全长约 1300 千米，由 56 个岛组成。群岛中的最大岛屿是择捉岛，面积为 3139 平方千米。择捉岛地形陡峻多山，渔业发达，有海湾 10 余处，均可停泊大型船舶，东岸的古釜布港为不冻港。

注意：择捉岛，俄罗斯称其为伊图鲁普岛；古釜布港，俄罗斯称其为库纳希尔岛。

千岛群岛属温凉湿润的海洋性季风气候，受季风影响较大，冬季漫长寒冷，夏季凉爽潮湿。最热的 8 月平均气温为 10～17℃，最冷的 2 月平均气温为-6～-7℃，最低气温为-25℃。千岛群岛火山纵横、地势崎岖，海岸线曲折、陡峭。千岛群岛的岛屿之间有多条海峡，岛弧一侧为千岛海沟，最深处达 10542 米。千岛群岛的地质一般多含火山碎屑物质，许多地方已形成各种粒度的凝灰岩。

千岛群岛周边海域的"千岛寒流"又称亲潮，源于白令海域，自堪察加半岛沿千岛群岛南下，在北纬 40°附近的日本本州岛东北海域与日本暖流相遇，并入北太平洋暖流。亲潮主干流速在每秒 1 米以下，表面水温低、水色浅、透明度差。亲潮的海水密度较大，一般潜入暖流的海水层之下。

千岛群岛附近海域为亲潮和日本暖流的交汇地。亲潮从白令海经千岛群岛东侧洋面南下。

- 春、秋季节，千岛群岛及附近海面盛行南风和西南风，日本暖流携带的大量暖湿气体，随风飘送到冷海面上空，形成大量雾气，形成太平洋上有名的"雾海"。
- 冬季，受阿留申低压的影响，气旋活动频繁，常有暴风雪天气，对能见度有一定影响，有时会出现 8～9 级西南风和 5～8 米涌浪的恶劣海况。

3.3.2 堪察加半岛

堪察加半岛（见图3.3）位于亚洲东北部，西临鄂霍次克海，东临太平洋和白令海，长约1250千米，面积约为37万平方千米。位于堪察加半岛东南海岸的彼得罗巴甫洛夫斯克港为天然良港。

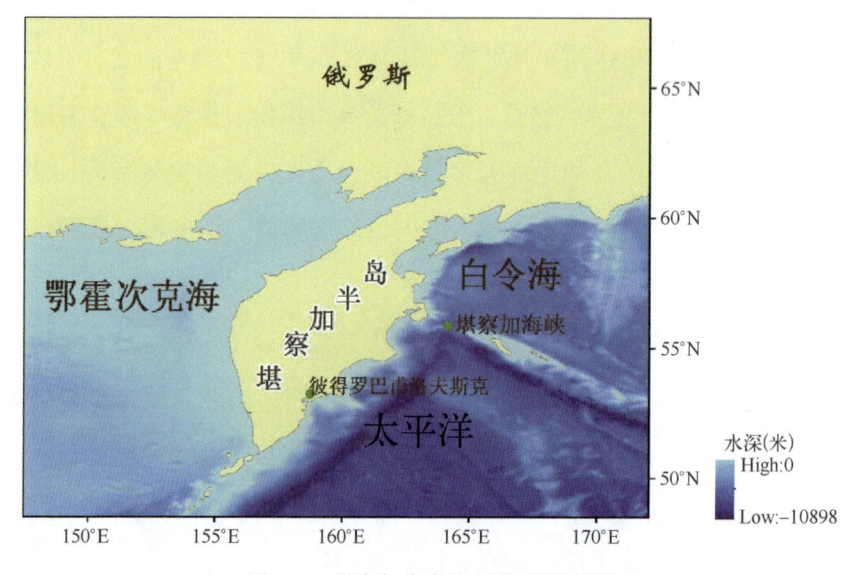

图3.3 堪察加半岛地理位置示意图

堪察加半岛的沿海地带以海洋性气候为主，内陆及北部地区属大陆性气候。气旋活动对该地区的天气影响很大，常导致降雪或风暴天气。该地区虽然降水量丰沛，但各季节的降水量分配不均衡。东南海岸的彼得罗巴甫洛夫斯克为堪察加州首府，也是堪察加半岛上的最大城市，年降水量可达1617毫米，受日本暖流的影响，港口可全年通航。

堪察加半岛的重要港口彼得罗巴甫洛夫斯克港对北冰洋和鄂霍次克海的航运具有十分重要的价值。海湾北面港堤总长约为2千米，码头护墙边最深处为9.5米，共有12个码头，如集装箱码头、煤炭码头、林木码头、矿石码头等。其中，集装箱转运基地每年可处理2万个40吨集装箱。码头上的进港船舶吃水深度可达12米，可同时停泊84艘船舶。

3.3.3 阿留申群岛

阿留申群岛（见图3.4）地处白令海与北太平洋之间，自阿拉斯加半岛向西伸延至堪察加半岛，由超过300个微型火山岛（其中有57个活火山）组成，长约1900千米，总面积约为17666平方千米。

图3.4 阿留申群岛地理位置示意图

阿留申群岛受阿拉斯加暖流、极地海洋气团和阿留申低压的共同影响，气候复杂，多强对流气流，以及大风、雨雾、大浪等。

阿留申群岛的小部分属于俄罗斯，绝大部分属于美国。该群岛的战略位置重要，是东北亚航道的屏障。

综上所述，东北亚航道主要的自然环境威胁有四个方面：

- 一是风浪、涌浪对船舶的影响。
- 二是水深和航道宽度对船舶通行能力的限制。
- 三是高纬度海域的海冰、冰山对船舶航行安全的威胁。
- 四是因海雾、暴风雪带来的低能见度天气对航行安全造成的不利影响。

99

地区安全影响因素有两个：

- 一是沿海国家出于本国安全和利益的考量，对东北亚航道的管控行为或控制意图。
- 二是相邻国家因海上岛屿争端和历史遗留等问题，给航道通行安全带来的不确定性风险。

3.4 东北亚航道的重要海峡

作为中国东出太平洋进入北极地区西北航道的重要航线，东北亚航道从我国东海、黄海的沿岸港口出发，有以下 4 条航道可供选择。

- 经朝鲜海峡、日本海，穿过宗谷海峡抵达鄂霍次克海，由千岛群岛东出北太平洋，经阿留申群岛和白令海，通过白令海峡进入北冰洋。
- 经朝鲜海峡、日本海，穿过津轻海峡东出北太平洋，经阿留申群岛和白令海，通过白令海峡进入北冰洋。
- 经大隅海峡、宫古海峡等向东进入北太平洋，沿日本东海岸北上，经阿留申群岛和白令海，通过白令海峡进入北冰洋。
- 经朝鲜海峡、日本海、鞑靼海峡抵达鄂霍次克海，由千岛群岛向东进入北太平洋，经阿留申群岛和白令海，通过白令海峡进入北冰洋。

前 3 条航道均为远东-北美西海岸传统航道的一部分。由于 4 条航道均穿越高纬度海域，在一些文献中也称其为"高纬度航道"，因此 4 条航道还具有寒区复杂的自然环境特征（如风浪、能见度、水深、海冰、洋流、港湾等）。4 条航道需要经过多个国家和地区，易受制于周边国家和地区，会对海上航运和军事活动产生重要影响和约束。

前 2 条航道的航程相对较短，水道较宽阔，不利因素相对较少。下面简

第 3 章 东北亚航道的风险与防范

要分析航道必经的朝鲜海峡、津轻海峡、宗谷海峡、白令海峡、鞑靼海峡等的气象水文特征、战略价值。

3.4.1 朝鲜海峡

1. 气象水文特征

朝鲜海峡（见图 3.5）位于北太平洋西缘，介于朝鲜半岛南部海岸与

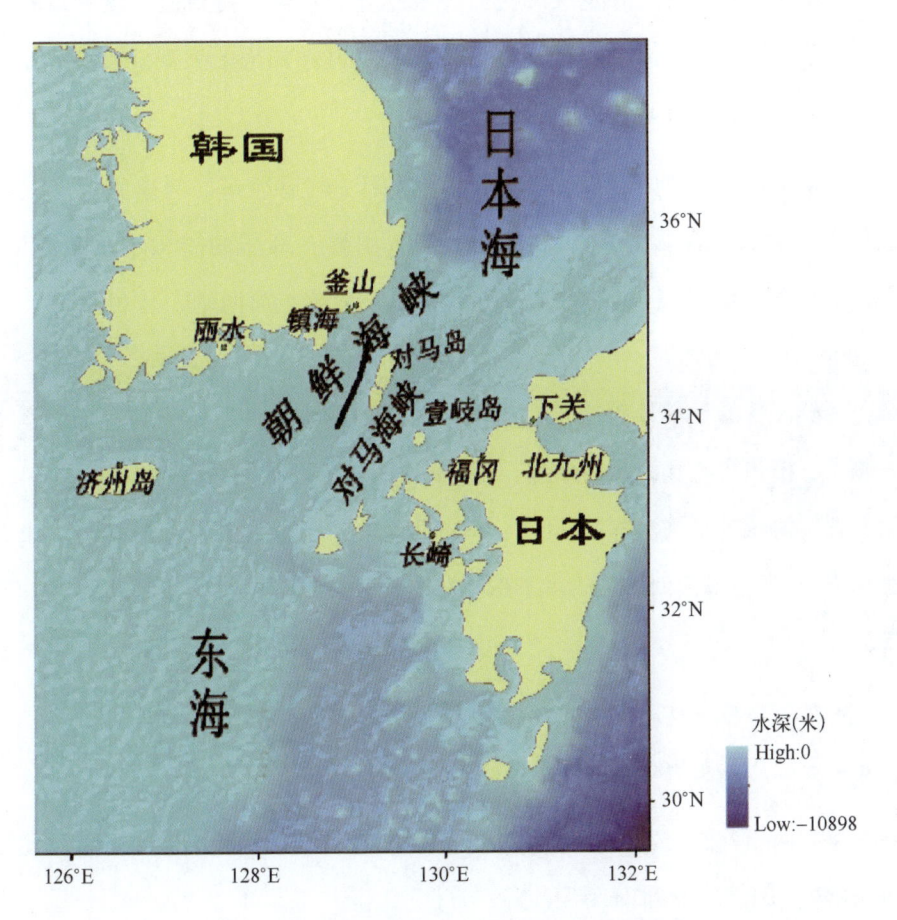

图 3.5 朝鲜海峡地理位置示意图

日本九州岛西北海岸、本州岛西南海岸之间，从东北向西南延伸，长约 300 千米，宽约 180 千米，大部分水深为 50～150 米，最深处为 228 米，是连接黄海、东海与日本海的要道。海峡中的对马岛将水域分为东西两大水道：

- 西水道为狭义的朝鲜海峡（宽约 67 千米，平均水深为 95 米）。
- 东水道也称对马海峡（宽 98 千米，平均水深为 50 米）。对马海峡是朝鲜海峡的一部分，位于日本对马岛和壹岐岛之间，东北接本州岛，南接九州岛。对马海峡从海峡向西南可直达东海，向西通过朝鲜海峡可与黄海相连，向东通过关门海峡、濑户内海可达太平洋，向北通过日本海出鞑靼海峡可达鄂霍次克海。

朝鲜海峡峡底地形缓倾，海域两端开阔，航道通畅，两岸为沉降式海岸，岸线曲折，岛屿林立，多良港海湾，主要有韩国的釜山港、镇海港、马山港、丽水港，以及日本的北九州港、下关港、福冈港、佐世保港、长崎港等港口。

朝鲜海峡的云量分布比较有规律，总趋势是朝鲜半岛一侧的云量比日本一侧少，济州海峡和济州岛西部、南部的云量较多。

朝鲜海峡的平均水深为 90 米，最深为 228 米，东水道宽约 98 千米，平均水深为 50 米，最深处为 131 米。位于东水道中部的壹岐岛又将该水道分为两部分：

- 对马岛与壹岐岛之间的水域被称为对马海峡，宽约 46 千米。
- 壹岐岛与九州岛之间的水域被称为壹岐水道。

海峡两岸岬湾交错，近岸多岛屿。海峡海底较为平坦，仅对马岛西北有舟状盆地和洼地，大部分为泥沙。

研究表明，与日本暖流类似，在对马海峡中有对马暖流通过，对马暖流冬季较多来自日本暖流侵入，夏季较多来自东海大陆架，流幅为 70～150 千米，夏宽冬窄。从济州岛东南起，对马暖流由南转向东北，流速为 25～50 厘米/秒，最大为 90 厘米/秒，流量为 $(3.3～4.9)\times10^6$ 米^3/秒。对马暖流抵达对马岛西南后，分别进入东、西水道。其中：

- 西支势力较强，流幅较窄、厚度深、流速大（夏季表层最大流速为 75～90 厘米/秒，冬季为 25～30 厘米/秒），流量占流入该海峡总流量的 52%～71%。

- 东支势力较弱，流幅较宽、厚度浅、流速小（夏季表层最大流速为 50～65 厘米/秒，冬季为 20～30 厘米/秒），流量占流入该海峡总流量的 29%～48%。

对马暖流靠韩国一侧，接纳了部分朝鲜半岛西岸和南岸的沿岸流，故在济州岛至对马岛一带易出现锋面。朝鲜半岛西南海岸线曲折、岛屿众多，潮汐混合作用强盛，易形成下层冷水上翻的涌升现象。受岛屿和地形影响，在对马岛北面、东面和济州岛东面以及东水道出口处，存在众多涡旋或逆流。

2. 战略价值

朝鲜海峡海域两端开阔、航路通畅。相对于南海-印度洋航道而言，东北亚航道的航运量不算太大，航道较为宽阔，船舶在航行和通过时比较方便和安全。

3.4.2 津轻海峡

1. 气象水文特征

津轻海峡（见图 3.6）在太平洋西北部，位于日本本州岛与北海道岛之间，是日本重要的海峡之一，长约 130 千米。

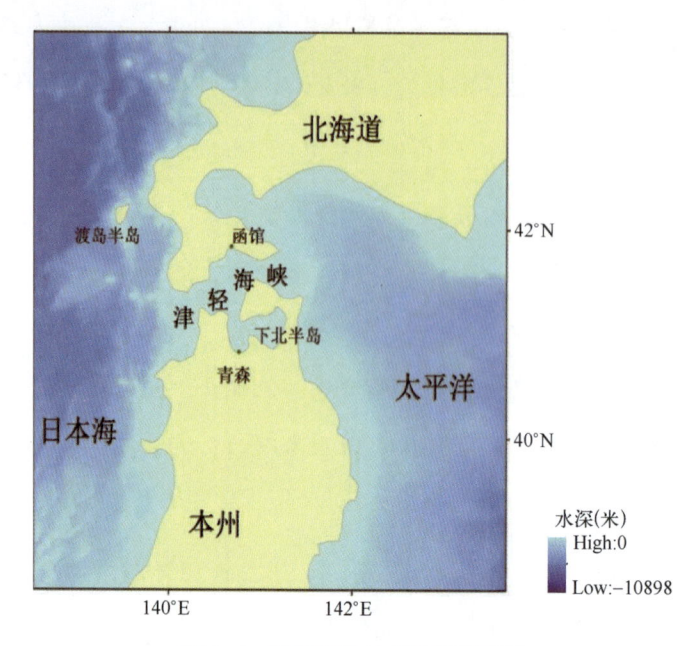

图 3.6 津轻海峡地理位置示意图

津轻海峡西连日本海，东通太平洋，北上直通鄂霍次克海和阿留申群岛，南下为夏威夷群岛和太平洋，交通地位十分重要。

此外，津轻海峡也是日本从东部沿海航行到西部的必经之地，对日本的近海航运有十分重要的意义。北海道岛的函馆港和本州岛的青森港是津轻海峡的主要港口，目前已修建了青森地区至函馆地区的海底铁路隧道。

津轻海峡的年平均气温约为 9℃，年降水量为 1200～1500 毫米，春夏多东南风，冬季多西风和风暴，全年不封冻。

对马暖流从日本海向东经津轻海峡流向太平洋，在尻屋崎以东海面与千岛寒流相汇产生浓雾，影响东部海上活动。津轻海峡表层水温，夏季时为 20℃，冬季时为 7℃，常年不冻。津轻海峡的日潮潮差较小，自西而东大潮升为 0.6～1.3 米，小潮升为 0.5～0.7 米。

津轻海峡沿岸大部分为丘陵地带，岸线曲折，多岬角和港湾，峡底地形复杂，多海盆和海谷。津轻海峡横向海底也是高低悬殊，如从龙飞崎到白神岬间，延伸出两个凸起，凸起之间是深度分别为 280 米、350 米、450 米的 3 个洼地。

日本海同太平洋之间的海水也是通过津轻海峡交换的，日本暖流汇集到津轻海峡后流出，因从津轻海峡流出的洋流同来自白令海的寒流在外海相遇，故在津轻海峡附近海域，不仅有从深海带至表层的营养盐物质，还有来自热带和寒带的浮游生物，从而成为重要的渔场。

2. 战略价值

从 1971 年起，日本在津轻海峡开始修筑青函海底铁路隧道，南起青森今别町，北至函馆知内町。该隧道全长为 53.85 千米，其中海底部分长为 23.3 千米，隧道高为 9 米、宽为 11 米，顶部至水面垂直距离为 240 米，是世界上最长的海底铁路隧道之一。该工程于 1982 年竣工。1988 年 3 月，青函海底铁路隧道通车运营，使本州岛与北海道岛连为一体。该隧道对提高日本的南北交通运输能力和增强日本北部防务水平具有重要意义。

3.4.3 宗谷海峡

1. 气象水文特征

宗谷海峡位于日本北海道岛和俄罗斯的萨哈林岛（库页岛）之间，是日本海通向太平洋的北方出口，如图 3.7 所示。南部的宗谷岬是日本北端的国境岬，岬上设有灯塔。宗谷湾内的稚内港为不冻港。北部的科尔萨科夫港位于萨哈林岛南端的阿尼瓦湾内，是俄罗斯的良港之一。宗谷海峡是日俄两国交通运输的最短航道。

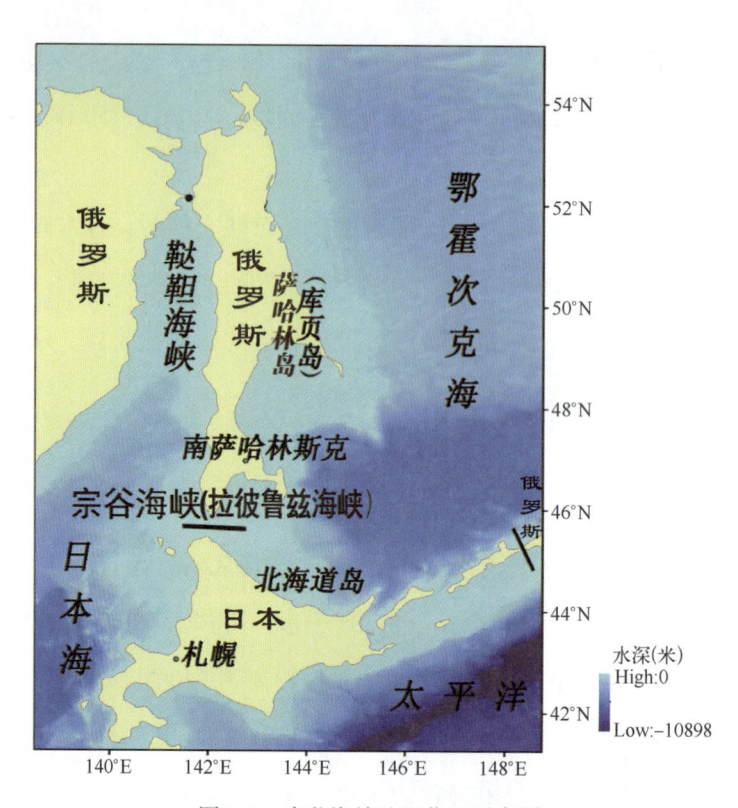

图 3.7　宗谷海峡地理位置示意图

宗谷海峡冬季多海冰，冬春季多大风，夏季常有浓雾，航行条件较差，北侧的库页岛属于大陆性气候，气候寒冷，夏季短暂，冬季长达 6 个月。除宗谷湾内的稚内港为不冻港外，其他若干港口有较长的冰封期，北部的冰封期更是长达 8 个月之久。

宗谷海峡是在第四纪冰期由岛架沉降而成的，长约 101 千米，除中间的二丈岩外，无危及航行的岩礁和暗礁。

宗谷海峡有两股洋流：

- 一股是来自日本海的对马暖流分支（宗谷暖流），从海峡南岸流出。

- 另一股是从鄂霍次克海南下的寒流沿海峡北岸流入日本海,在北海道的东北海域交汇。

宗谷海峡的寒流与暖流交汇,使北部海水的温度和盐度都低于南部。例如:

- 6月,北部海水平均水温为5.5℃,盐度为32.5‰;南部海水平均水温为10~11℃,盐度为34.1‰。
- 8月,北部海水平均水温为5~8℃,南部海水平均水温为15~20℃。
- 最冷月平均水温,北部的克里利昂角为-1.7℃,南部的宗谷岬为2.1℃。

2. 战略价值

宗谷海峡是日本海与鄂霍次克海的重要海域,是日本海通向太平洋的北方出口,也是俄罗斯出入太平洋的重要通道。宗谷海峡水浅、峡窄,每年12月和翌年4月还会封冻。相比朝鲜海峡而言,宗谷海峡对于俄罗斯出入太平洋的意义更为重大。

3.4.4 白令海峡

1. 气象水文特征

白令海峡(见图3.8)位于亚洲最东点的杰日尼奥夫角和美洲最西点的威尔士王子角之间,最窄处仅有35千米,乘坐雪橇不到4小时就可以到达对岸。白令海峡内岛屿罗列,包括代奥米德群岛和圣劳伦斯岛。白令海峡连接楚科奇海(北冰洋的一部分)和白令海(太平洋的一部分),名称源自丹麦探险家维他斯·白令。

- 代奥米德群岛又名格沃兹杰夫群岛,位于白令海峡中部,由大代奥米德岛、小代奥米德岛组成。大代奥米德岛又名拉特马诺夫岛,面积约为10平方千米,最高海拔为513米,岛上无常住居民,建有气象站。小代奥米德岛又名克鲁律什捷尔纳岛,位于大代奥米德岛以东7.5千米处,面积约为5.5平方千米,岛上有常住居民,为亚洲与北美洲的分界线。国际日期变更线通过两岛之间。
- 圣劳伦斯岛是美国的岛屿,由阿拉斯加州负责管辖,位于白令海峡南口,长约150千米,宽为15～55千米,气候严寒,岛上有常住居民。

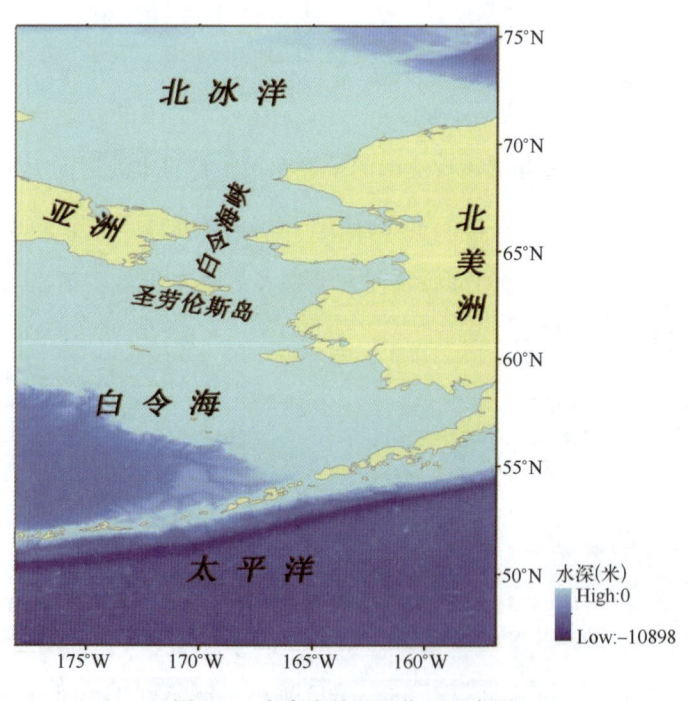

图3.8 白令海峡地理位置示意图

白令海峡的海底峡谷长约400千米、宽约32千米,由50多条小分支峡谷组成,被认为是世界上最长的海底峡谷。

通过实测流速和风速分析发现，白令海峡的海水体积通量和局地风具有良好的线性关系，即局地风越强，海水体积通量越小。

2. 战略价值

白令海峡是沟通北冰洋和太平洋的唯一通道，也是北美洲和亚洲大陆间最短的海上通道。水道中心线既是俄罗斯和美国的交界线，也是亚洲和北美洲的洲界线。

3.4.5 鞑靼海峡

1. 气象水文特征

位于太平洋西北的鞑靼海峡（见图 3.7），日本称其为间宫海峡，俄罗斯称其为涅维尔斯科依海峡。该海峡呈南北走向，长约 633 千米，南北宽度不等：北部较窄，仅为 7.3 千米，向南逐渐增宽，南部宽处约 340 千米。沿岸主要城市为俄罗斯的尼古拉耶夫斯克，重要港口有苏维埃港、瓦尼诺港、亚历山德罗夫斯克港、霍尔姆斯克港等。

鞑靼海峡地处高纬度地区，是寒流与暖流的天然通道。北部来自鄂霍次克海的寒流通过鞑靼海峡南下，南部的对马暖流越过日本海沿鞑靼海峡北上，两者在鞑靼海峡相遇，形成浓雾，尤其是在春夏之交，海峡内常常浓雾弥漫，严重影响船舶航行。

2. 战略价值

鞑靼海峡将位于其东的库页岛同位于其西的亚洲大陆分开，将位于其北的鄂霍次克海同位于其南的日本海连接起来，是世界上重要的海峡之一。

3.5 风险与防范对策

3.5.1 潜在风险因素

1. 地缘环境

（1）海洋立法因素

某些国家在国内立法中的有些权利主张超出了《联合国海洋法公约》的规定：

- 一方面，扩大了各自的海洋管辖范围，加强了对各自邻近海域的控制，影响了相关海峡的航行自由。
- 另一方面，所宣称的海洋管辖范围侵害了别国的海洋权益。

（2）多国争夺重点海峡

通航海峡都是重要的海上通道，不论是在军事上，还是在经济上，都具有重要的战略意义。世界上每一个重要的海峡都是争端之地，同时也饱受战争袭击。

例如，由于朝鲜海峡周边海域的水声环境复杂，传统的声呐侦测系统易受噪声干扰而难以发挥全部作用，而这恰恰是潜艇可以利用的"天然屏障"，因此，长期以来，美、日、韩长期保持并强化在朝鲜海峡附近海域的潜艇部署和军事活动。

（3）海域沿岸国局势不稳定

海域沿岸国的局势不稳定，会成为潜在的风险源。

例如，朝鲜海峡周边的岛屿争议较多。如果由这些争议可能引发的冲突不能得到及时有效的控制，将会严重危及朝鲜海峡的安全。

(4) 海峡交通秩序和管理因素

重要海峡的交通秩序混乱，管理不到位，也会成为潜在的风险源。

仍以朝鲜海峡为例，目前没有实行分道通航制度：

- 一方面，由于朝鲜海峡附近有对马渔场，常有大批渔船进行捕捞作业，过境的各类大型商船与沿岸航行、随意穿插的渔船构成了复杂的交汇态势，容易发生碰撞等海损事故。
- 另一方面，朝鲜海峡附近海域的军事演习较为频繁，船舶在相关海域航行时需要提前关注，倍加小心。

2. 自然环境

东北亚航道海域的简要海洋数据见表3.1。

表 3.1 东北亚航道海域的简要海洋数据[2]

海域名称	结冰期（受冰情影响）	能见度	风浪
朝鲜海峡	—	3～7月，尤其5～7月多雾，能见度差	6～10月为台风季节，尤以7～9月最多。春季的风浪级别大于夏季、小于秋季，冬季为风力最大的季节
日本海	—	夏季热带季风在日本海北部遇寒流时，常引起海上浓雾，能见度差	夏秋季节有台风
津轻海峡	—	对马暖流从日本海向东经津轻海峡流向太平洋，在尻屋崎以东海面与千岛寒流相汇产生浓雾，能见度差	津轻海峡的地形复杂，海峡内常常波涛汹涌，尤其在台风季节，海况极为恶劣

续表

海域名称	结冰期 （受冰情影响）	能见度	风浪
宗谷海峡	冬季多海冰	夏季有浓雾，能见度差	冬春季多大风
鞑靼海峡	冬季冰封期约为两个半月	春夏之交，浓雾弥漫，能见度差	冬季，风浪巨大
鄂霍次克海	11月至翌年2月	寒流和暖流交汇时，常有浓雾形成，冬季有暴风雪，能见度差	冬季，来自陆地的干冷西北风，不仅在海面可以激起大浪，还会引起大范围降温，使大部分海域结冰
白令海	11月至翌年6月	夏季，云雾和降水增多，能见度极差	风暴频发，气候严寒，海面多浮冰
白令海峡	10月至翌年4月	冬季常有暴风雪，能见度差	全年受极地东风影响，风浪大

3. 低纬度海域

低纬度海域的自然环境威胁因素较多：

- 海雾、烟雾。例如，每年3～7月是朝鲜海峡的多雾时期。其中，5～7月最多，同时受梅雨天气影响，最差时能见度仅有几米。
- 大风、巨浪。例如，每年7～9月，活跃在朝鲜海峡的热带气旋较多，同时伴有雷暴出现，形成狂风暴雨和大浪。每年11月至翌年3月，朝鲜海峡的冷空气频繁，常有寒潮、大风。伴随着偏北大风会形成暴风雪，影响能见度。在冬季，约每5天就有一个大风、大浪天气，大浪最高可达13米。
- 海况。朝鲜海峡沿岸多岛礁、泥滩，航区状况复杂。

上述这些因素都会给船舶航行带来安全隐患。

4. 高纬度海域

例如，白令海峡地处高纬度海域，是冷空气活动和强对流活动频繁的海域，气候寒冷，多暴风雪和雨雾天气，每年10月至翌年4月为冰封期，冰层厚度超过2米，航行时需要借助破冰船开道。

3.5.2 风险防范对策

1. 在话语权层面

大力倡导海上公共安全理念，积极争取参与有关朝鲜海峡安全保障的主动权议题，倡导新安全观，争取维护朝鲜海峡安全的话语主动权：

- 一是强调应以维护朝鲜海峡所有使用国安全为前提，反对美国和日本以自我安全为中心的单边主义倾向，特别是应对美国和日本的海洋扩张思想及无理行为进行谴责。
- 二是强调朝鲜海峡所有使用国和主权国均有维护安全的权利和义务，反对美国和日本把一些相关国家排斥在外。
- 三是强调以平等、互利、共赢的原则构筑朝鲜海峡的安全合作机制。
- 四是强调通过和平谈判解决朝鲜海峡周边国家有关海洋权益的争端。

2. 在法律层面

充分利用国际法中有关海峡通道航行的规定，以及对海峡共享性的保护规定来保障朝鲜海峡的安全畅通。朝鲜海峡是国际航行海峡，根据《联合国海洋法公约》中的规定，国际航行海峡适用过境通行制度和公海航行自由制度。

- 一方面，从过境通行制度来看，《联合国海洋法公约》承认所有国家的船舶享有用于国际航行海峡过境通行的权利。在过境通行时，船舶可按正常方式过境，即船舶可保持戒备状态，以及正常航行习惯、编队航行、潜艇潜航通过。船舶在过境通行时，不需要事先向沿海国通报，不需要征得其同意，海峡沿岸国不应妨碍，不应阻止，并应公布其所知的海峡内对过境通行有危险的情况。

- 另一方面，从航行自由制度来看，与朝鲜海峡连接的公海或专属经济区，也服从《联合国海洋法公约》中规定的航行自由制度。因此，我国首先应加强对有关海峡航行的现有国际法研究，按照国际通行规范来维护我国对朝鲜海峡通道的合法使用权。在此基础上，我国还应积极参与有关朝鲜海峡通道安全保障的法治建设，加强与国际海事组织（IMO）、国际海道测量组织（IHO）、国际航行学会联合会（IAIN）等国际组织的合作，推动有关朝鲜海峡安全通行规则的设计，为我国船舶在朝鲜海峡安全航行提供相关保障。

3. 在国际合作层面

我国应加强与朝鲜海峡沿岸国及美国等国的合作，积极参与有关朝鲜海峡通道安全合作机制的构建。

（1）从我国与朝鲜海峡沿岸的日、韩等国合作来看

- 一方面，对于岛屿主权归属争端和海域划界等问题的矛盾和纠纷，应在"和平共处五项原则"的基础上，遵照联合国等国际组织通过的宪章、公约、协定等原则平等协商，以合作的态度共同探讨和平解决海上争端的办法，避免因海洋权益的争端影响朝鲜海峡的安全，目前应首先作出实际性和过渡性的临时安排，在重叠区实施共同开发。

- 另一方面，由于中日、中韩在海上能源通道方面的利益空间有相当一部分重叠，因此应扩大中日、中韩在朝鲜海峡安全领域利益的共同点，在此基础上，建立东北亚海上安全共同体，共同构建东北亚海上新秩序。

(2) 从多边合作来看

我国应在拓展中日、中韩、中美双边合作的基础上，积极推动朝鲜海峡多边安全合作机制的建设。目前，朝鲜海峡尚缺乏有效的海上安全多边合作机制。我国应充分利用多边合作的机会，积极与朝鲜海峡的周边国家及美国进行沟通、协调，成立讨论朝鲜海峡安全问题的专家工作小组，在朝鲜海峡安全问题上通过主导或参与构建类似"朝核六方会谈"那样的安全合作机制，并通过签署系列协议对有关朝鲜海峡的安全合作问题作出安排：

- 一是建立朝鲜海峡安全信息数据库，实现情报共享与信息交流。
- 二是合作开展有关朝鲜海峡安全的科学研究，对海峡通道安全进行联合规划、建设与管理，共同制定维护朝鲜海峡沿岸港口的安全举措。
- 三是联合开展有关朝鲜海峡人道主义救灾和应急搜救等行动。
- 四是对朝鲜海峡的环境进行共同保护和监测，防止海洋污染。
- 五是共同预防和打击海上恐怖主义，以及走私、海盗等犯罪活动。

以此实现朝鲜海峡的安全，达到互利共赢的目的。

4. 在危机预警和管控层面

由于海上非传统安全不仅具有跨国性和蔓延性，还具有突发性和不确定性，因此朝鲜海峡附近一旦发生海上军事危机或恐怖事件，必然会对朝鲜海峡及周边地区的安全构成重大威胁。

因此，我国需要积极推动有关朝鲜海峡及周边地区的危机预警和处理机制建设，制定和完善有关朝鲜海峡安全的具体规则、操作程序及各种预案，推动中美、中日、中韩签署《防止海上事故协定》等，并及时进行信息沟通，增进彼此了解，增加信任，减少分歧和对立，消除因误解和误判而造成的对立和冲突。

参考文献

［1］ 中国军事百科全书编审委员会．中国军事百科全书：世界军事地理分册［M］．北京：军事科学出版社，1994：26．

［2］ 大百科全书编写组．大百科全书：世界地理［M］．北京：中国大百科全书出版社，1992．

第 4 章
北极西北航道的开通机遇与风险

4.1 概述

随着全球气候变化和北极冰层的消融,北极航道的开通或将成为现实,可为我国提供连接太平洋、北冰洋、大西洋,沟通北美、北欧、西欧各国以及俄罗斯的便捷通道,使我国摆脱对南海-印度洋航道的严重依赖,为我国经济、贸易及能源安全提供可选择的路径,具有重要的战略意义和可期的经济效益。对我国而言,北极航道的开通不仅意味着多了一条海运航道,更预示着北极航道的沿线港口和城市将拥有更高的航运地位和更大的发展空间。北极航道将成为我国与沿线国家紧密联系的重要纽带,所经区域的经济和贸易也将受到相应的辐射和拉动。

北极航道(见图 4.1)大体可分为三条,即西北航道、东北航道和主要用于开展科学考察的中央航道。这些航道均是连接大西洋和太平洋的快捷通道,可使欧洲、亚洲和北美洲更加紧密地联系在一起。

其中,西北航道是指东起加拿大东北部的戴维斯海峡和巴芬湾,向西经北极群岛海域至美国阿拉斯加州北面的波弗特海,由白令海峡进入太平洋,全程大约 1450 千米,由多条航道组成。西北航道的探索始于 15 世纪的"新航道开辟运动",当时欧洲各国纷纷探索通往东方的海上航道,英国人率先取道北冰洋,希望能穿越北极海域到达太平洋,恶劣的气候和地理环境条件,使探险家于 20 世纪初才得以实现。西北航道也因其安全系数过低而被历史尘封。

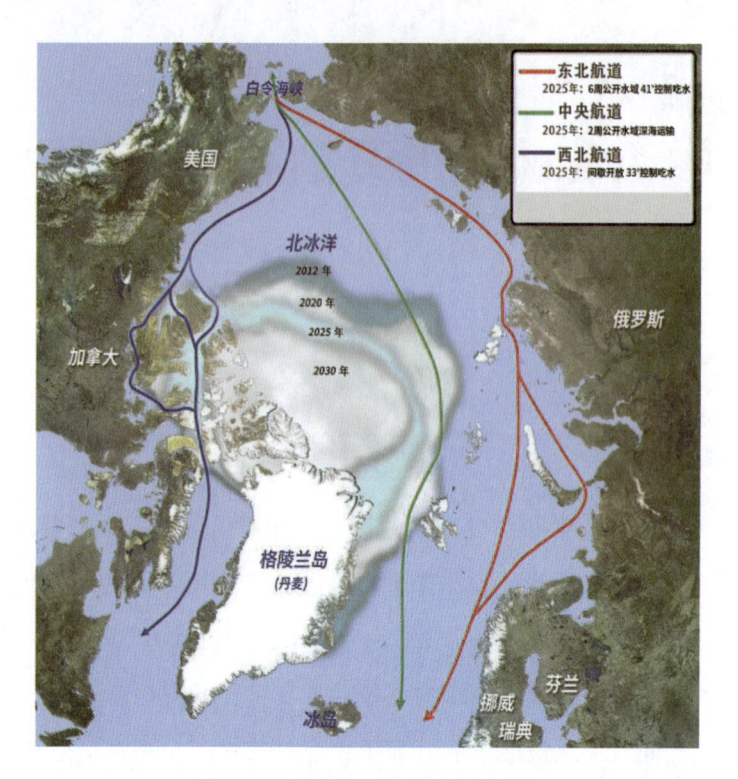

图 4.1　北极航道地理分布示意图

近年来，全球气候变化使得北极地区的海冰不断减少，无冰日增加，加之现有的传统航道非常拥挤，因而西北航道又成为世界各国，尤其是环北极国家关注的焦点和学术界研究的热点。

- 一方面，在传统海上航道安全受到威胁的情况下，新航道的开辟既可以为能源运输及其他进出口贸易的顺利进行提供较好的保证，也可以为沿海经济的发展提供一个新的选择机会。
- 另一方面，目前我国能源运输过度依赖南海-印度洋航道，且由于该航道的拥堵程度日趋严重，加之南海-印度洋海域的大气-海洋环境复杂，海盗袭击事件时有发生，航道安全系数不高，因此新航道的开辟不仅可以缓解现有航道的压力，还可以避开海盗袭击事件的高发海域。此

第4章 北极西北航道的开通机遇与风险

外,西北航道所处地理位置特殊,不仅能沟通欧亚大陆、太平洋与大西洋,更能打开通往北极地区的航运大门,是不可或缺的关键海上航道。

4.2 西北航道的历史渊源

欧洲航天局自1978年开始就用卫星监测北极地区的海冰状况。

- 2006年,豪华邮轮"不莱梅"号在卫星地图的帮助下成功穿越西北航道。

- 2007年5月19日,两名法国船员驾驶一艘7.5米的小艇(可在水上航行和冰上滑行),仅依靠帆动力就从西向东穿越了西北航道,航行7200千米后,于2007年9月9日到达格陵兰。

- 2007年8月31日,监测卫星发现西北航道的大部分海冰已经消融,仅在毛德皇后湾的小部分海域仍有少量浮冰,冰量低于1/10,对船舶航行不会造成太大障碍,时间持续了大约30天。按照世界气象组织定义的"打通"——冰量低于1/10完全可航的含义,表明在上述时段,西北航道已基本具备了航行条件。

- 2008年8月29日,最新的卫星图片显示,由于北极地区冰层加速融化,北冰洋西北航道和东北航道相继被"打通",代表人类可进行北极航行。美国国家冰雪数据中心的专家塞雷泽形容该事件是"历史性事件",因为这是两条航道自12.5万年前的冰河时期以来,首次同时被"打通"。

- 2008年,一艘名为MV Calnilia Desgagnes的商船从加拿大东部的蒙特利尔出发,分别抵达努奴瓦特西部的库格鲁克图克、剑桥湾镇、约阿港和塔拉约科等地。首艘商船成功穿越西北航道,标志着北冰洋船运新纪元的到来。

- 2009年，至少有9艘小型船舶和2艘游船穿越了西北航道。另据加拿大运输部统计，穿越西北航道的船舶数量，从20世纪80年代的每年4艘次，上升到了2009—2011年的每年20艘次。
- 仅在2012年夏天，就有21艘次船舶穿越西北航道。在21艘次船舶中，私人游艇18艘，大型游船2艘，油轮1艘，其中最大的游船长为196米。

4.3　西北航道的重要海峡与海湾

西北航道由环北极地区的一系列岛屿和海峡组成，东起巴芬湾，西至波弗特海，全长约为1450千米，主要的海峡水深为300多米，航道复杂，纵横交错，岛屿星罗棋布。北极群岛的面积约为210万平方千米，大约有36000个岛屿，是地球上地形最复杂的海域之一，也是西北航道中最困难的一段。通常情况下，若无良好的航海经验和先进的导航、助航设备，则很难找到正确的航道。

西北航道（见图4.2）经过不同国家、不同人员，历经400多年的探险和勘查，大致可以规划为如下7条航道。

- 一条北线：由兰开斯特海峡，经巴罗海峡、梅尔维尔子爵海峡、麦克卢尔海峡进入波弗特海。
- 一条南线：从哈得孙湾出发，经弗里-赫克拉海峡、贝洛特海峡、富兰克林海峡、毛德皇后湾、阿蒙森湾，进入波弗特海。
- 一条南线支线：航行至拉森海峡，沿威廉王岛东岸进入詹姆斯罗斯海峡，经辛普森海峡进入毛德皇后湾。
- 四条中线：由兰开斯特海峡，经摄政王湾，抵至贝洛特海峡东口；由巴罗海峡，经皮尔海峡，抵至贝洛特海峡西口；由梅尔维尔子爵海峡，经麦克卢尔海峡，抵至拉森海峡；由梅尔维尔子爵海峡，经威尔士王子海峡，抵至阿蒙森湾。

第4章 北极西北航道的开通机遇与风险

其中，兰开斯特海峡、巴罗海峡、梅尔维尔子爵海峡及麦克卢尔海峡等统称为帕里海峡。

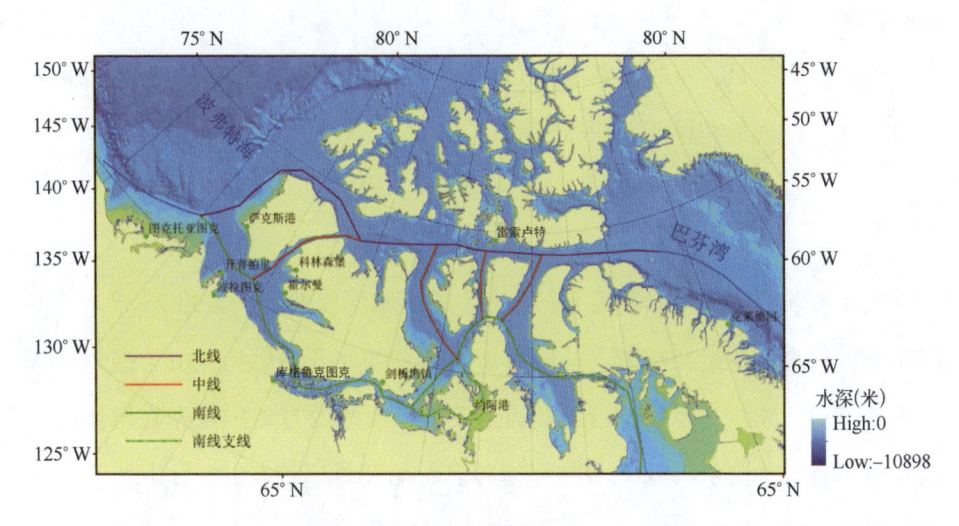

图 4.2　西北航道地理位置示意图

西北航道重要海峡的自然状况如下。

1. 兰开斯特海峡

兰开斯特海峡是位于加拿大的巴芬湾西面的海峡，长约 320 千米，宽约 64 千米，海水较深，危险物很少，船舶航行至此时基本上没有安全隐患。

该海峡的海冰一般在 7 月底或 8 月初开始融化，直到 9 月初才能基本上无冰，可持续到 10 月初。航行时，应注意加强瞭望，以便及早发现可能由巴芬湾漂来的冰块（特别是巨型冰块）。

2. 巴罗海峡

巴罗海峡长约 180 千米，宽约 50 千米，海水较深，海冰融化的时间要相对早一些：东部海冰在 7 月中旬开始融化；西部海冰的融化时间可能要滞后到8月中旬；整个海峡直到9月才能基本无冰。在此期间，海冰沿康沃利斯岛南岸向西移动，南部海冰向东移动。船舶可以根据航行的方向确定相应的航行区域。

值得注意的是，有时巴罗海峡会有从惠灵顿（75°N，93°W）漂移过来的大量浮冰，并聚集在康沃利斯岛南岸。

3. 皮尔海峡

皮尔海峡的水深可以满足大部分船舶的吃水深度要求，宽约25千米，南部出口处的水深超过400米。一般海冰在8月初才开始融化，由于皮尔海峡的海水流动性较差，因此航道的开通主要依赖海冰的自然融化和在风作用下的漂移。有时，皮尔海峡北端的海冰较多，船舶难以通行，9月中旬开始结冰。皮尔海峡的通航期为8～9月，需视具体情况确定。

4. 贝洛特海峡

贝洛特海峡又被译为拜洛特海峡，海水较深，一般为17～380米。在贝洛特海峡的北部出口，8月中旬到9月底，船舶可航行。贝洛特海峡比较狭窄，有较强的洋流。

需要注意的是，整个海峡完全开通的时间一般不会连续超过2～3天，因风的影响，导致浮冰随时可能堵塞峡口长达3～4天。若选用此航道，则需要准确掌握和监测海冰的漂移动态。鉴于该海峡不稳定的海冰状况，建议申请破冰船服务，以避免船舶被困在航道。此外，在贝洛特海峡北部，由于存在水深仅为4.3米的浅滩，因此会导致通航宽度极窄，给船舶的操纵、避让造成一定困难。

综上所述，贝洛特海峡复杂多变的冰情和部分航道较窄的限制，难以满足将来高密度的交通流量和大型船舶的通航需求。

5. 詹姆斯罗斯海峡

詹姆斯罗斯海峡宽约 50 千米，航行时会受到岛屿和大范围暗礁的制约。

6. 毛德皇后湾

毛德皇后湾在西部入口处宽约 14 千米，最宽处约 280 千米；东部出口处宽约 14 千米。毛德皇后湾有众多岛屿、礁石和暗礁，船舶应尽量沿较深的北侧航行。一般在 7 月底，毛德皇后湾的海冰开始融化，10 月初开始结冰，并迅速遍及整个海湾，到 10 月底，海面被海冰完全覆盖，通航期为 7 月底至 10 月初。

7. 拉森海峡

拉森海峡位于维多利亚海峡和富兰克林海峡之间，水深为 30～200 米。历史数据显示，南路的利金特王子湾和皮尔海峡之间的主要冰障流段出现在此处，是影响西北航道南路开通与否的一个至关重要的区域。

8. 麦克卢尔海峡

麦克卢尔海峡长约 275 千米，宽约 120 千米，水深超过 400 米，位于波弗特海的东北部和班克斯岛的北部，从北冰洋漂移过来的海冰常年堆积，冰情比较恶劣，即使是在最有利的情况下，也需要借助破冰船护航，严重时，整个夏季都会被海冰拥塞。相对而言，8 月底到 9 月前三周是通过麦克卢尔海峡的最佳时期，应尽量沿班克斯岛的北部和东北部海岸航行。

9. 梅尔维尔子爵海峡

梅尔维尔子爵海峡位于梅尔维尔岛南部，长约 350 千米，宽约 100 千米，水深超过 500 米，从麦克卢尔海峡漂移过来的海冰常年堆积。海冰一般从 8 月开始融化，8月底时融化速度进一步加快，并受洋流影响产生漂移，一直持续到9月中下旬，海水开始重新结冰。结冰的起始时间主要取决于气温及夏季海冰融化的程度。该海峡中部的冰情要比东西两端更加严重，北部海水的结冰时间稍晚一些，结冰时间约在10月中旬。在海峡西部航行时可能需要破冰船护航，每年的无冰平均天数不到20天。

10. 威尔士王子海峡

该海峡的海冰一般从7月底开始自南向北融化，8月中旬基本融化完毕，北部仍会有一些浮冰。此外，由于洋流的影响，或许会有海冰从梅尔维尔子爵海峡漂入。9月中旬，海水开始结冰，直到11月初，海面被较厚的冰层覆盖。据北冰洋通航可行性初步研究数据显示，该海峡长约230千米，海水很深，完全能够满足船舶的吃水要求，最窄处仅为海峡宽度的一半，接近10千米。该海峡的通航期为8～10月。

11. 阿蒙森湾

阿蒙森湾长约300千米。每年的5月、6月，阿蒙森湾的西部可能出现冰间湖（冰水相间或薄冰覆盖状态），并逐渐扩大。整个阿蒙森湾在8月、9月基本无冰，有时在较强西风或西北风的作用下，来自波弗特海的一些浮冰会积聚在海湾南部，10月初会在一些遮蔽水域开始结冰，11月中旬整个海湾会覆盖一层薄冰。整个水域的通航期为8月至11月中上旬。

上述分析表明，若选择阿蒙森湾和威尔士王子海峡的航道，则附近的冰情与海况要远好于麦克卢尔海峡航道，更利于船舶航行。

12. 波弗特海

波弗特海是北冰洋的边缘海，位于北极群岛的班克斯岛以西、加拿大西北及美国阿拉斯加州以北的海域，海域北部开阔，面积约为47.6万平方千米，平均深度为1004米，最大深度为4682米，岛屿稀少，有"无岛海"之称，沿岸大陆架宽为100～150千米，为北冰洋边缘海域大陆架最狭窄的地段。大陆架上有3条海底谷穿过。其中，最大的位于阿拉斯加州北端巴罗角附近的阿拉斯加海底谷，宽达45千米。在200米等深线以北，大陆坡坡度增至10°～20°，向加拿大海盆迅速过渡，地处高纬度地区（北纬70°以北），气候严寒，海域几乎终年封冻，仅8月、9月，沿岸会出现狭窄的无冰海面，可以通航。因马更些湾和阿蒙森湾有来自较低纬度的马更些河等大河的注入，所以波弗特海的无冰海面可宽达100千米。由于波弗特海的海域开阔，因此海水流速缓慢。1805年，英国海军水文地理学家弗朗西斯·蒲福在此估测船舶在海上航行时遇到的不同风速，并设计了著名的蒲福风级表。此后，各国探险家陆续来此考察。自20世纪50年代起，开始采用破冰船和原子动力潜水艇对海域进行广泛的勘探和研究。20世纪60年代，在近海大陆架区域发现了丰富的油气资源，集中分布在阿拉斯加州北岸的普拉德霍湾和马更些河三角洲附近海底。

13. 其他海峡和海湾

西北航道还有如下海峡和海湾：

- 雷伊海峡，宽约20千米，中部水深为5～18米。
- 利金特王子湾，宽约80千米，无岛屿，较深，通航期为8月至9月底或10月初。
- 弗里-赫克拉海峡，长约160千米，很窄，水流湍急。
- 福克斯湾，海湾很大，北部末端有诸多岛屿。
- 福克斯海峡，宽约130千米，较深，中段分布一些暗礁。

4.4 西北航道的气候变化与开通预期

联合国政府间气候变化专门委员会（IPCC）在第五次评估报告中指出，

与人类活动密切相关的全球气候变暖毋庸置疑，全球平均气温的升温幅度显著且有加剧趋势，气候变暖并不是全球均一的，其中北极地区已成为全球增温最显著的区域。观测数据表明，近30年来，北极地区出现了近400年来最快速的"增温效应"，接近全球平均增温速度的2倍。权威气候趋势预估结果表明，未来北极地区仍将是全球最严重的增温区域，预计2100年，北极地区升温幅度可达2~9℃。大幅度的持续增温将导致北极冰冻圈的自然环境发生显著变化，北极冰盖的大面积融化，使得西北航道这条尘封已久的可通航水道渐渐浮出水面。

欧洲航天局地球环境监测卫星发布的图片显示，2007年，北极地区海冰范围达到有记录以来的最小值，比2006年减少了约100万平方千米，变化情况如图4.3所示。IPCC评估报告结果显示，北极地区海冰在未来100年内将持续大幅度减少，使西北航道的通航期大大提前。西北航道的通航无疑会对世界贸易格局和能源运输带来新机遇，可有效缓解海上运输的拥堵状况。由于能源供给直接关系到国家的经济发展和政治稳定，因此关注气候变化背景下西北航道的通航，以及由此带来的机遇与风险不仅是重要的科学问题，更是重要的战略问题，与国家经济发展和能源安全密切相关。

对图4.3的说明如下（图片及数据来自美国冰雪数据中心）。

- 左上图、左下图分别为北极地区1月的海冰范围、2月的海冰范围；橙色线代表1981-2010年海冰范围的中值，黑色十字代表地理北极点。
- 右上图为2013年9月16日北极地区海冰范围与前两年的6~10月北极地区海冰范围的逐日时间序列。
- 右下图为2014年9月16日北极地区的海冰范围与前两年的11月至翌年3月北极地区海冰范围的逐日时间序列。

第4章 北极西北航道的开通机遇与风险

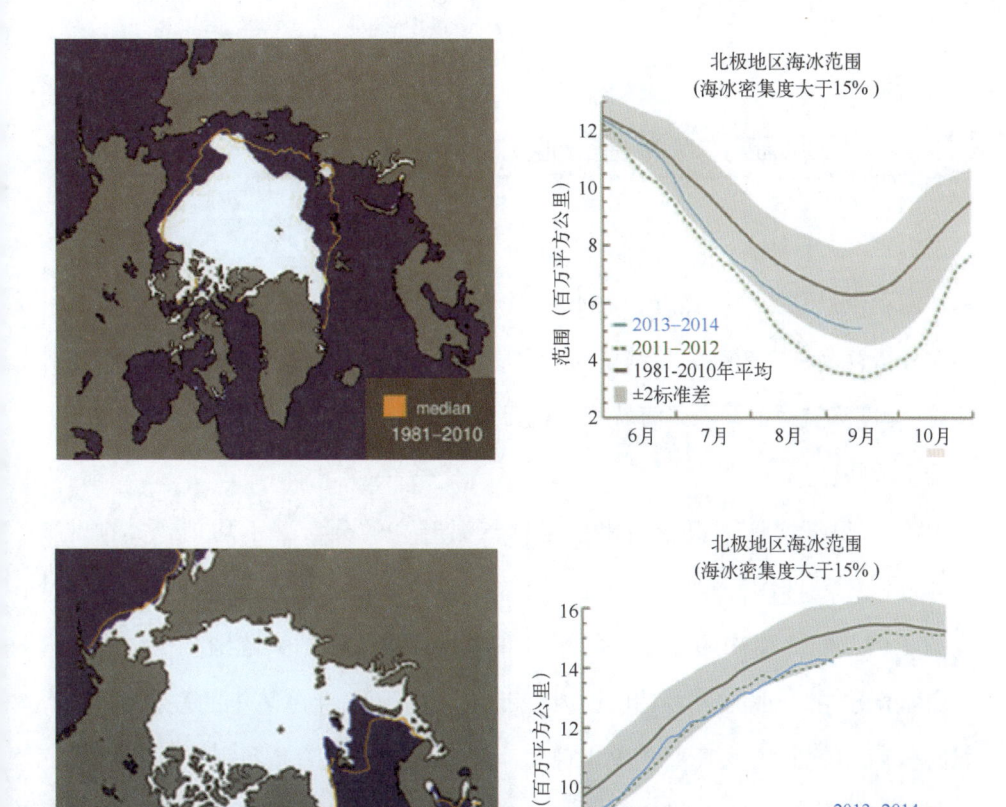

图 4.3 欧洲航天局地球环境监测卫星监测到的北极地区海冰范围变化情况

西北航道的通航主要受海冰的影响。研究发现，近年来，随着北极地区的升温趋势日趋明显，北冰洋和格陵兰岛的冰雪消融速度也在加快，西北航道开通的可能性日渐增加。然而，西北航道在为世界经济和交通运输带来机遇和福祉的同时，因气候变化影响的复杂性和不确定性也可能使航道所处环境更加复杂，同时孕育着潜在的利益争夺、领土纠纷，甚至政治、军事冲突等风险，即西北航道不仅是一个单纯的科学和经济问题，还涉及复杂的政治、外交、军事关联。因此，西北航道的开通，机遇与风险并存。

4.5 西北航道的开通机遇

随着世界经济全球化进程的不断深入和中国经济的快速发展，我国能源的对外依存度越来越高，目前的对外贸易绝大部分依靠海上运输。在传统的南海-印度洋航道，马六甲海峡等枢纽要道已超负荷运行，不堪重负，面临多种安全威胁。

IPCC第五次评估报告指出，全球气温升高的分布并不均匀，其中北半球高纬度地区的升幅最大。近百年来，北极升温幅度是全球平均升温幅度的2倍，随之而来的是冰川的消融和海冰覆盖面积的大范围减少。有科学家推测，在未来的25～30年内，北冰洋的海冰将在某年的夏天消失。届时，西北航道的开通将会成为现实。特殊的地理位置使得西北航道拥有巨大的经济效益、资源利益和军事价值。西北航道不仅受到了世界各国的广泛关注，也为我国的经济发展和利益拓展带来了发展契机，更为我国的能源安全提供了难得的发展机遇[1]。

1. 为我国贸易和能源安全提供了可靠保障

与传统的通过巴拿马运河和苏伊士运河的海上航道相比，目前亚洲至欧洲的远洋航道航程约为20900千米。如果北极航道全面开通，则亚洲至欧洲的海运航程至少可以缩短到12700千米，整整少走8200千米，所蕴藏的经济利益可想而知。从北美洲到亚洲，通过北极航道，比通过巴拿马运河缩短6500千米，运输成本比传统航道降低约四成，其中还不包括因燃油的节省、船舶对大气的污染物排放，以及船舶航次营运周期的缩短所带来的经济利益。

2. 为我国和平利用和开发北极提供了机遇

西北航道的开通意味着人类打开了北极的大门。随着气候的变化和海冰的消融，原来覆盖在厚厚的冰层之下，不为人知或原本难以开发的北极与北冰洋海域蕴藏的石油、天然气、矿物质等将呈现在人们的眼前。随着陆地资源逐渐耗尽，以及海洋资源开发成本、技术难度和国际风险的综合权衡，北极地区所蕴藏的巨大利益无疑是十分诱人的。鉴于北极地区特殊的地理环境和历史渊源，从法理上讲，北极地区与西北航道的部分区域并无明确的主权归属，尚属人类共有的财富与资源。因此，西北航道的开通也为我国和平利用和开发北极资源提供了机遇。

3. 利于我国沿海地区经济发展战略布局的调整

我国地处西北太平洋，北极地区的变化会对我国工业中心的重新布局产生影响。北极航道的开通对造船业、物流业、渔业、矿产业、旅游业等的影响也是明显的。例如，会使破冰船的需求量逐渐提高，给我国造船业带来发展机遇，对北半球高纬度地区的航运、港口和物流企业带来刺激作用。北极地区的渔业资源和矿产资源丰富。我国作为近北极国家，将会促进渔业和矿产业的发展。北极航道的开通还将促进我国经济布局的改变和国际贸易的发展，有利于我国区域经济的平衡发展。我国港口的发展也将迎来机遇，有利于我国沿海地区经济发展战略布局的调整。

4.6 西北航道的潜在风险

1. 主权争端风险初见端倪

随着西北航道的概念及其诱人前景的逐渐浮现,航道部分区域的主权问题也引来了越来越多国家的注目。由于法律的空白以及航道特殊的地理位置等因素,使得航道部分区域的主权一直未能达成共识,致使周边各国争执不断。例如,加拿大与美国、欧洲以及其他国家就西北航道的主权归属问题一直存在矛盾和争议,由于西北航道的大部分位于加拿大海域,因此未来西北航道的航行安全和航道管控将蕴含风险,甚至演变成剧烈冲突或军事对抗。

2. 资源争夺与航道安全风险

北冰洋以北极地区为中心,被亚洲、欧洲和北美洲环抱,海岸线约为45390千米,处于半封闭状态。沿岸国有俄罗斯、加拿大、美国、丹麦及挪威,国土进入北极圈内的国家还有瑞典、芬兰和冰岛。北冰洋的面积约为1405万平方千米,仅为太平洋面积的1/14,约占世界海洋总面积的4.1%,虽然是地球四大洋中面积最小、深度最浅的大洋,但蕴藏的资源丰富,如石油、天然气、渔业资源、藻类以及沿岸的煤、铁、磷酸盐、泥炭和有色金属等。由此可见,北冰洋是地球上的一个资源宝库。

北冰洋丰富的自然资源使得其主权问题一直是世界各国,尤其是沿岸各国的未解矛盾,近年来矛盾更有进一步加剧的趋势。在全球气候变化的背景下,北极航道的利用和管辖问题也成为各国争论的焦点。以加拿大、俄罗斯、美国为首的国家纷纷出台各种政策法律,宣称自己的主权,并且不断加强科考力度，自2000年以来甚至不惜巨资在北极地区实行军演。

上述情况表明，西北航道打开了北极航运的大门，同时也有可能将风险带到北极。

- 格陵兰大陆及北冰洋海底具有丰富的石油、天然气和稀有金属矿藏，借助西北航道通航的便利条件，世界各国将会在没有法律约束的情况下或利用法律空白区，竭力攫取免费的自然资源，争夺北极利益这块大蛋糕，由此带来的冲突不可避免。
- 对资源的掠夺性开发和无序的竞争，会破坏北极地区的生态环境，使得这块人类净土遭受破坏。
- 各种经济利益和政治势力的汇聚、交织，过多船舶的拥挤，不仅会造成航道拥堵，还会给航道安全带来潜在的不稳定因素，恐怖势力难免会趁火打劫，借机渗透，使局势更加复杂，航道安全受到威胁。

3. 地区政治格局发生变化

在积极争取西北航道利益的同时，环北极国家不断与其他国家磋商、联合。例如，美国和加拿大虽然在主权问题上意见不同，但为了实现利益的最大化，双方积极协调立场，美国甚至提出将航道控制权交与加拿大，双方共享北极利益；北约、欧盟等也已加入西北航道的利益争夺，进而使西北航道的开通派生出新的地缘性联盟，激化或诱生新的矛盾，致使北极地区的政治、军事格局发生变化。

可以预见，西北航道的开通不仅会使全球的航运格局发生改变，更重要的是，将会对世界经济和政治秩序产生重大影响，对我国摆脱能源运输过分依赖传统航道的局面具有重要意义。由于西北航道的主权至今尚无任何国际法律范畴的明确界定，因此一旦真正通航，巨大的利益可能导致各国间爆发矛盾与冲突，造成地区不稳定因素增加。可以说，西北航道的开通是一把双刃剑，在为各个国家提供难得机遇的同时，也是一次挑战，甚至会对世界和平发展产生不利影响。

4.7 西北航道的风险防范对策

西北航道开通的利好预期为我国能源通道的安全和经济利益的拓展提供了良好的机遇。伴随而生的利益博弈及相关国家之间关系的复杂性，又会进一步加剧北极地区的自然资源争夺和国际紧张局势，从而引发人为风险。

因此，对于西北航道所带来的战略机遇和挑战，我国在应对气候变化、保障能源安全、拓展国家利益、规划国防建设和制定战略决策时，应给予充分论证和科学决策[1]。

1. 关注气候变化与北极地区冰雪消融的变化趋势

由于西北航道的开通与气候变化、区域响应密切相关，因此应密切关注和跟踪全球气候变化的监测信息和最新研究动态，以及在气候变化背景下北极地区冰雪消融的响应特征和变化趋势，加强气候变化与北极地区冰雪消融的响应机理、变化趋势、预测技术等基础理论和重大科学问题研究，为机遇利用和风险防范的决策制定提供科学依据和事实基础。

2. 开展北极地区与西北航道的风险评估与保障研究

客观分析和科学评估因气候变化对北极地区与西北航道开通可能产生的影响、带来的机遇、潜在的风险，是国家战略发展科学决策的前提，也是当前的薄弱环节和研究盲区。由于气候变化及其影响存在较大的不确定性，加之机理复杂、数据信息和案例样本稀少，因此相关研究的工作难度很大，亟待开展、支持、资助有关气候变化与西北航道风险评估及对策研究方面的论证项目和保障课题。例如，应着重开展如下研究：

- 气候变化与西北航道的关联机理、特征检测与风险识别方面的研究。
- 气候变化与北极地区响应的孕灾环境敏感性、风险源危险性、承险体脆弱性和风险防范能力等指标体系的构建。
- 西北航道的自然环境风险建模，北极地区潜在主权纠纷、航道控制、利益冲突等地缘风险建模。
- 气候变化模型构建、风险区划、风险预警、防范对策和应急响应机制研究。
- 在气候变化的背景下，综合考虑冰层、航道、地形、岛礁和风浪等因素的西北航道最优路径规划方法，以及气象水文导航技术研究。

3. 开展北极地区和西北航道的科学考察和海洋调查

若要利用西北航道，就要弄清该航道所在地区的自然环境与气象、水文状况。然而，目前人们对北极地区和西北航道的环境认识还知之甚少，对某些海域的地形、地貌特征、水深分布，以及冰情、海况、气象、水文要素的信息获取、时空分布的了解很少，甚至可能还是空白，因此要充分利用科考船、商船、货船、渔船等多种途径和手段，开展北极地区和西北航道的科学考察和海洋调查，有效采集并获取海洋环境的数据资料，鼓励、支持开展相应的数据资料整编和分析应用研究，为我国参与北极开发、和平利用西北航道提供准确、可靠的海洋环境信息和决策支持。

4. 开展北极地区和西北航道的法理、法律与政策研究

围绕我国海上能源通道的开辟和北极资源利用的战略目标，开展对《联合国海洋法公约》等相关国际法律和《斯瓦尔巴德条约》等区域性法理条款的研究，在国际法准则和联合国宪章的框架范围内，提出积极的决策咨询和政策建议，为我国合理合法地参与北极开发、利用西北航道提供法律支持和法理依据。

5. 加强与航道周边国家的政治、经济、外交磋商和合作

通过各种外交渠道和政治途径，加强与北极地区及西北航道周边国家的政治交往与经贸合作，在互惠互利的前提下，积极参与该地区的政治、经济、外交事务，提高我国在该地区的话语权和影响力，为我国和平开发北极资源和分享西北航道权益奠定基础。

2008年5月，丹麦、俄罗斯、美国、加拿大和挪威的"北极五国"部长级会议在格陵兰岛的伊卢利萨特召开，会议通过了《伊卢利萨特宣言》。该宣言提及了"海洋法赋予了北冰洋各国重要的权利和义务，涉及大陆架边界划分、海洋（包括冰封海域）环境保护、航海自由、海洋科学研究及其他相关事务"，并且也认为海洋法框架是"五国和其他北冰洋国家有效管理的坚实基础"。

《伊卢利萨特宣言》包括了北极主权问题、北冰洋管理制度、环境监测与保护、航海安全、危机救援和科学合作等诸多内容，对北极事务处理及相关法律制定具有借鉴意义。《伊卢利萨特宣言》高度重视北极航运的价值，其中第五段阐明了北极航运与北极生态系统的关系，提出将采取有效措施增强海运安全，减少海洋污染，防止灾难性事故发生。北极五国表示，他们将恪守这些法律框架，有序解决因相关领土或海域

权力交叠而产生的纠纷。《伊卢利萨特宣言》的发布，体现了环北极沿岸国家试图用海洋法解析北极法律问题的思想。与此同时，国际海事组织正在起草《极地航行规则》（强制实施），相信该规则会对北极航行所涉及的相关法律问题、技术问题、防污染问题等相关问题的解决起到重要作用。除极地冰区航行的特殊要求外，国际海事组织所制定的相关公约均可适用。

作为连接亚欧大陆的海上新航道，西北航道的战略地位、航运潜力已经吸引了各国的重点关注。

4.8 西北航道的自然环境与地缘风险

4.8.1 自然环境与航行安全风险

北极航道，尤其西北航道，自然环境恶劣，航行时会遇到诸多困难。

- 一是海冰量大且分布广泛。西北航道地处高纬度海域，气温常年低，冬季大面积结冰，夏季温度大幅上升的时间短，部分海域因冰层消融而形成的浮冰会随洋流漂移，船舶航行时，必须要面对海冰威胁，甚至需要借助破冰船。除此之外，西北航道尚没有固定水道，船舶只能在海冰间隙曲折前行，航行难度大、风险高。
- 二是极地多发海雾，能见度很低。北冰洋盛夏的风力较弱，难以驱散航道的雾气，严重影响船舶的航行安全。目前，东北航道的适航时间短，仅夏季能通航，西北航道暂时还难以通航。
- 三是地理条件不利。东北航道靠近俄罗斯大陆架沿岸，浅水海域较多，除了管辖权和通航权的争议，船舶航行还受沿岸海域海水深度的影响，大型船舶只能绕道更高纬度的离岸海域，撞击冰山和发生海难的风险大大增加。西北航道所在海域几乎常年被冰雪覆盖，不仅地形复杂、航道曲折，也缺乏基本的破冰装置、导航设施和救援基地，除科研探险船舶或基于以航道开辟为目的的航行外，基于商业运营目标的航行很少，重要原因之一在于缺乏对西北航道所在海域的气象、水文和地理环境等要素的科学、系统地评估。

4.8.2　认知能力与保障技术风险

我国对北极地区的科学考察及对北冰洋的认知相对滞后，缺少开发利用北极航道的经验。

- 一是北极航海资料匮乏。在历史上，非环北极国家很少进入北冰洋海域，加之环北极国家对非环北极国家开展北冰洋和北极航道附近海域的科学考察比较敏感，致使多数非环北极国家鲜有北极航道的海图和气象水文等资料，只能通过间接途径获取或购买，购买的资料覆盖范围小、精度低，北纬75°以上海域基本上没有海图。
- 二是针对极地航行的船舶制造技术落后。北极航道所在海域的气候恶劣，冰情严重，多数国家的极地环境造船技术存在瓶颈，难以独立研发和制造适宜极地航行的抗冰船舶。
- 三是冰区航行经验和人才储备不足。船舶航行在北冰洋海域，穿行在冰山之间，船舶驾驶和航海人员必须能够灵活处理各种险情。由于冰区航行船舶和极地科学研究不足，导致合格的冰区航行人员和气象水文导航技术匮乏。

由于极地具有纬度高、温度低、强风暴、融冰时间短等问题，因此航行保障工作面临许多困难。

- 一是信息获取能力薄弱。由于北极航道的位置偏远，沿岸人烟稀少，气候寒冷，不利于建立和维护观测设施，船舶航行在融冰区，受到风、雾、海冰等自然条件的影响大，缺乏获取冰情和气象方面资料的能力，不利于航行人员进行分析和应对。
- 二是现有的导航设备很难适用于北极航道。常规的电磁罗经在北冰洋地区使用时误差很大。由于北极地区的电离层受太阳风、太阳黑子、磁暴等影响较大，因此对 GPS 和北斗导航系统信号的影响有待于大量的实际观察。鉴于北极地区天气恶劣、气候寒冷、交通不便，未设置具有类似罗兰导航系统功能的台站，因而无现成的导航系统可用。
- 三是北极地区的白昼现象可能长达半年，对天文观测产生较大影响，天文导航会面临诸多问题。
- 四是不易开展基础建设。航道航行所必备的陆基支援和破冰服务，难以通过沿岸落后、老化的货轮和破冰船来满足需要。
- 五是由于北极光对船舶电子系统的影响，加上缺少助航设施及相应的纸质和电子海图等，因此在航行保障方面尚需进一步完善。北极地区具有持续低温、风暴强度大且变化快、冰层厚度受温度和季节影响大、流冰/冰山的范围和密度预报难等特点，故北冰洋航行的气象预报和冰情预报的保障困难较大。在全球气候变化的背景下，北极地区的气象、海洋环境区域响应特征和变化规律目前尚无确切的定论与共识，不确切的气象海洋环境使得未来的航行安全也面临不确定性风险。

4.8.3　北极圈国家的主权诉求与地缘风险

北极地区因其独特的地理位置和地缘环境吸引了世界各国的目光，保护北极环境、开发北极资源是许多国家的愿望。北极五国——俄罗斯、挪威、美国、丹麦、加拿大，凭借地缘优势积极争取北极海域的权益，制定了于己有利的海洋管理规则，例如，主张"扇形原则"和"大陆架管辖权"等，试图扩大其在北极的管辖范围，获取更多的利益。

围绕北极地区的主权和利益问题，环北极国家纷纷提出各自的政策与主张。

- 美国早在1983年颁布的《美国北极政策议案》中强调，美国在北极地区有着特殊的关键利益；1984年，美国国会通过的《北极考察和政策法案》，把美国对北极地区的科学研究、经济利益和战略考量以美国国内法律的形式确定下来；2009年，美国颁布了《第66号国家安全总统令/第25号国土安全总统令》，宣称美国在北极地区具有广泛且重要的国家利益。

- 1985年，加拿大宣称西北航道属于其主权范围。2009年，加拿大在其发表的《加拿大北极外交政策声明》中称，在北极边界争端中取得进展是目前外交政策中最优先考虑的事项，愿在坚持《联合国海洋法公约》的基础上解决与有关国家的边界纷争。同年，加拿大成立了北部地区经济发展局。2010年，加拿大在西北航道所在海域设立了研究站，用来考察北极地区的环境问题。2014—2015年，加拿大发射了3颗遥感卫星，用于提供高精度的实时图像，意图加强对北极地区的监测和管控。

- 2000年，俄罗斯提出了拥有北冰洋大陆架主权的主张。2001年，俄罗斯向联合国大陆架界限委员会提交了"划界案"，要求划定俄罗斯在北冰洋中部巴伦支海和鄂霍次克海200海里以外的大陆架外部界限。2009年，俄罗斯发布北极地区的国家政策原则，制定了《2020年前俄罗斯联邦北极地区国家政策原则及远景规划》，提出了分阶段实施北极战略的规划，明确界定了俄罗斯在北极地区的利益，包括在

2020年前将北极地区建成俄罗斯的主要资源基地。2011—2015年，俄罗斯完成了在北极地区的边界确认，以确保俄罗斯在北极地区能源资源开发和运输领域的竞争优势。

- 挪威于2006年向联合国递交了延伸专属经济区的相关申请。
- 丹麦于2011年公布了《2011—2020年丹麦王国北极战略》，宣布于2014年12月之前向联合国递交延伸大陆架200海里的申请。
- 芬兰于2013年向联合国递交了延伸专属经济区的相关申请。

4.8.4 资源过度开采与环境破坏风险

1. 北极地区资源

北极地区长期被冰雪覆盖，大量自然资源保持原有状态，被称为地球最后的宝库。北极地区待发现油气资源潜力见表4.1。近年来，随着冰层的不断消融，勘探设备能够到达以往不能开展勘测和开发的地区，开辟了北极地区海上原油勘探、开采和运输的新途径。

表4.1 北极地区待发现油气资源潜力

地区名称	石油 ($\times 10^6$吨)	凝析油预估 ($\times 10^6$吨)	油气当量预估 ($\times 10^6$吨)	是否被商业发现
西西伯利亚盆地	49920.76	277283.33	1808277.44	是
阿拉斯加北部斜坡盆地	408667.22	80543.79	992521.69	是
东巴伦支海盆地	101017.84	19399.90	842339.56	是
东格陵兰断陷盆地	121425.05	110778.21	428119.23	否
叶尼赛-哈坦加盆地	76162.21	36489.05	339903.48	是
亚美盆地	132629.63	7388.65	269350.99	否
西格陵兰-东加拿大地区	99222.82	15721.33	232744.09	否

续表

地区名称	石油 ($\times 10^6$吨)	凝析油预估 ($\times 10^6$吨)	油气当量预估 ($\times 10^6$吨)	是否被商业发现
拉普杰夫海陆棚	42496.37	11828.06	128350.63	否
西巴伦支海盆地	28037.16	3801.60	91442.56	是
欧亚盆地	18306.93	7096.35	69677.35	否
北卡拉盆地和台地	24651.03	5322.60	64013.47	否
蒂曼-伯朝拉盆地	22740.74	2766.19	46109.20	是
北格陵兰剪切带	18411.27	3724.95	45340.59	否
马卡洛夫海盆	15096.48	2612.74	33977.79	否
斯沃德鲁普盆地	11609.14	2607.97	33759.55	是
勒拿-阿纳巴尔盆地	26091.82	769.43	31650.67	否
北楚科奇海盆地	1172.90	1453.61	16416.01	否
拉普捷夫海西北陆棚	2349.35	1631.75	14184.24	否
勒拿-维柳依盆地	5140.37	486.40	8662.22	是
东西伯利亚盆地	269.12	148.81	1824.08	否
霍普盆地	33.69	155.09	1662.31	否
加拿大西北内陆盆地	316.99	207.87	1220.37	否
梅津盆地	未定量评估	未定量评估	未定量评估	否
通古斯盆地	未定量评估	未定量评估	未定量评估	否
楚科奇边疆	未定量评估	未定量评估	未定量评估	否
育空地区	未定量评估	未定量评估	未定量评估	否
扬马延微陆块	未定量评估	未定量评估	未定量评估	否
富兰克林陆棚	未定量评估	未定量评估	未定量评估	否

由表4.1可知,84%的油气资源储存在海上,并且大多数油气资源都在距海岸370千米的界线以内。北极地区天然气、石油待发现储量级别和位置分别如图4.4和图4.5所示。

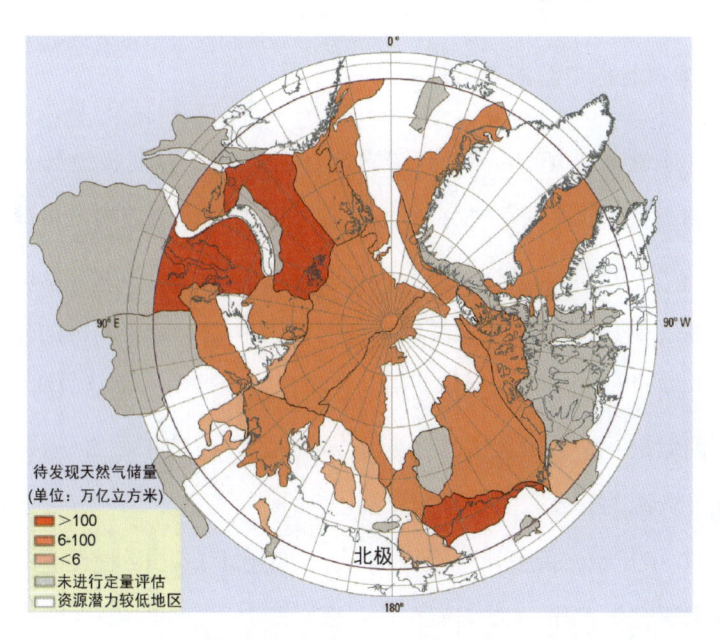

第4章 北极西北航道的开通机遇与风险

图4.4 北极地区天然气待发现储量级别和位置

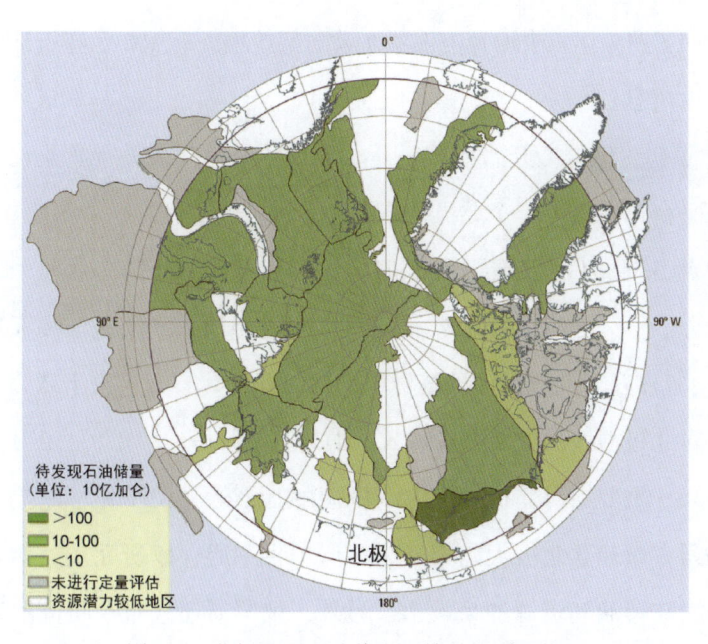

图4.5 北极地区石油待发现储量级别和位置

2. 各国对北极资源的竞相开采

美国地质调查局（USGS）于 2008 年 5 月完成了对北极地区石油和天然气资源的调查，同年 7 月公布了对北极地区资源的评估结果。在世界油气能源形势日益严峻的今天，北极地区丰富的油气和矿产资源吸引了世界各国对北极的关注（例如，1962 年，俄罗斯就探明了塔佐夫斯克油田的储量；1967 年，美国探明了位于阿拉斯加州北部的普拉德霍湾油田。该油田拥有 136×10^8 桶可采石油储量，是北极地区已经被开发的最主要石油项目之一），致使世界各国对北极资源的开发和争夺日趋激烈。

自 2010 年开始，俄罗斯就投入 20 亿卢布用于在北极地区进行科学考察与开发技术研究等工作。2007 年 6 月，俄罗斯地质学家小组借助核动力破冰船进行了为期 6 周、名为 Articka 2007 的科学考察。他们航行到了罗蒙诺索夫海脊，带回了罗蒙诺索夫海脊与俄罗斯大陆架接壤处有 100 亿吨石油和天然气储量的重大信息。

2012 年初，俄罗斯开始在 Prirazlomnaya 平台上首次进行商业化海上石油钻井。该平台是世界上首个北极抗冰钻井平台。

2012 年 3 月，俄罗斯石油巨头联合法国和挪威的石油企业开采北极地区的油气资源。不久之后，俄罗斯审议了《2030 年前大陆架石油和天然气开发计划》，内容涉及对北极地区油气资源勘探与开发。有分析人士认为，这标志着俄罗斯对北极地区的资源开发进入了加速实施阶段。

近年来，俄罗斯对北极地区油气资源的计划性开发工作不断提速。俄罗斯石油公司宣布建立北极大陆架开采科研项目中心，以研究在极地恶劣气候条件下的大陆架油气资源开采技术。另外，俄罗斯还宣布在距俄罗斯北部摩尔曼斯克不远的北极地区建设第一个石油加工厂，并在摩尔曼斯克新建一个大型港口。

第4章 北极西北航道的开通机遇与风险

目前，在北极圈，美国、加拿大、挪威等国已经发现了大约60个大型油气田，其中15个尚未开采；在加拿大、俄罗斯以及阿拉斯加州的陆上区域发现油气田400多个，油气当量为 $327.36×10^8$ 吨，占世界已发现常规油气储量（累计产量加剩余储量）的10%。

这些大型油气田主要分布在7个地区。

- 位于南喀拉海–亚马尔盆地的大型油气田有35个。
- 位于蒂曼–伯朝拉盆地的大型油气田有5个。
- 位于西巴伦支海盆地的大型油气田有2个。
- 位于东巴伦支海盆地的大型油气田有3个。
- 位于斯沃德鲁普盆地的大型油气田有5个。
- 位于马更些河三角洲的大型油气田有5个。
- 位于北坡盆地的大型油气田有5个。

除此之外，大型油气田数量占比和大型油气田油气可采储量的地区分布也有不同特征。

- 在大型油气田数量占比方面：南喀拉海–亚马尔盆地的大型油气田数量所占比例过半。这些大型油气田大多分布在俄罗斯国土范围内（有42个），其次分布在加拿大国土范围内（有10个），还有一些分布在美国阿拉斯加州（有5个）和挪威国土范围内（有3个）。
- 在大型油气田油气可采储量的地区分布上：南喀拉海–亚马尔盆地占据了大多数，约占北极地区油气可采储量的81.45%，其次是北坡盆地，约占北极地区油气可采储量的7.77%，最后是东巴伦支海盆地，约占北极地区油气可采储量的5.04%；俄罗斯大型油气田的油气可采储量占据了绝大多数，约占北极地区油气可采储量的88.17%，其次是美国的阿拉斯加州，约占北极地区油气可采储量的7.77%。

需要指出的是，北极地区和北冰洋海域生态环境的调节能力弱、自我恢复速度慢，一旦在油气开采时或航道海域周边出现环境污染和生态事件，都将影响全球气候系统，进而关乎人类的生存和发展。随着北极资源及战略地位的争端不断升级，环境保护成为一个敏感的政治问题，也成为各国用作缓解紧张局势的突破口。在该背景下，国际社会有可能达成保护北极环境的国际共识。

4.9　西北航道的自然环境风险评估

基于联合国政府间气候变化专门委员会在第五次评估报告中的历史数据，孙韶华[2]开展了西北航道所在海域自然环境的风险评估。

4.9.1　实验数据

实验区域选为西北航道主航段所在的北极群岛海域，以及航道入海处的巴芬湾、波弗特海等部分海域，经纬度范围分别为140°W～60°W、65°N～80°N。自然环境风险评估所用数据多为气象海洋资料和地理资料。由于研究范围较小，因此在评估时对数据精度的要求较高，对于无法获得足够精度的数据，可采用GIS重采样方法进行精度调整。

- 海冰数据来源于美国国家冰雪数据中心的日平均SIGRID-3资料，资料格式为GIS可识别的矢量、栅格数据。
- 气象要素数据采用由亚太数据研究中心（APDRC）和欧洲中期天气预报中心（ECMWF）提供的数据。亚太数据研究中心和欧洲中期天气预报中心可提供实测天气数据、模式预报产品及全球海气模式运算所需的部分数据。欧洲中期天气预报中心再分析资料（ERA-40）按00时、06时、12时、18时等四个时次统计，共62个变量，包括高空变量11个、地面变量51个，变量场格点化为2.5°×2.5°的网格资料场。

- 地面高程数据采用精度为90米×90米的SRTM3数据。

上述数据均为全球开源共享数据。其他的指标数据来源包括《BP世界能源统计年鉴2012年版》《中华人民共和国船舶最低安全配员规则》，以及德国航运经济与物流研究所、加拿大运输部、其他海事机构发布的数据等。

4.9.2 危险性指标与指标权重

自然环境风险的危险性层次结构模型如图4.6所示。在该模型中，从上至下依次为目标层、准则层、一级指标层、二级指标层，各层指标大小由下层指标大小决定。

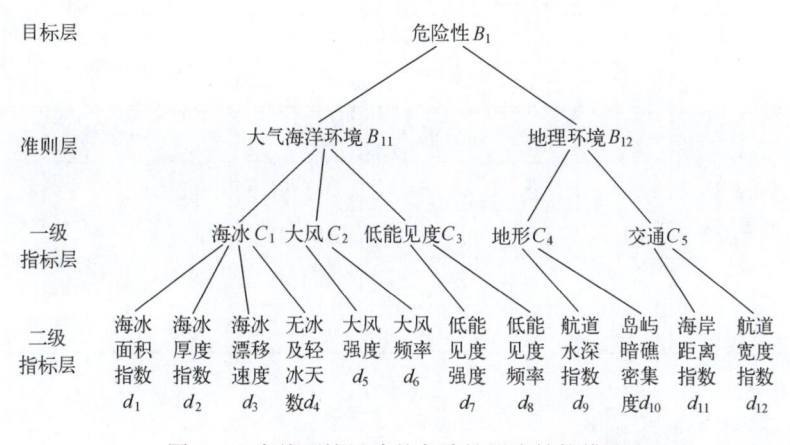

图4.6 自然环境风险的危险性层次结构模型

采用层次分析法确定各指标权重时，由于决定各层指标的次级指标数目不同，因此判断矩阵的大小也有所不同。当评价指标为1个或2个时，需要判断矩阵的一致性且进行一致性检验。表4.2为不需要进行一致性检验的各指标权重。表4.3为B_{11}-C和C_1-d的判断矩阵、一致性检验结果以及所求的各指标权重。一致性检验步骤包括求出判断矩阵的最大特征值 λ_{max} 和特征向量 W，进行归一化处理后的特征向量为判断矩阵的权重向量，对应各指标的权重。

表 4.2 不需要进行一致性检验的各指标权重

B_1	B_{11}	B_{12}	$W_{B_{1i}}$	B_{12}	C_4	C_5	W_{C_i}	C_2	d_5	d_6	W_{d_i}
B_{11}	1	1	0.5	C_4	1	1.5	0.6	d_5	1	1.5	0.6
B_{12}	1	1	0.5	C_5	1/1.5	1	0.4	d_6	1/1.5	1	0.4
C_3	d_7	d_8	W_{d_i}	C_4	d_9	d_{10}	W_{d_i}	C_5	d_{11}	d_{12}	W_{d_i}
d_7	1	1.5	0.6	d_9	1	1/1.5	0.4	d_{11}	1	1/1.5	0.4
d_8	1/1.5	1	0.4	d_{10}	1.5	1	0.6	d_{12}	1.5	1	0.6

表 4.3 B_{11}-C 和 C_1-d 的判断矩阵、一致性检验结果以及所求的各指标权重

B_{11}	C_1	C_2	C_3	W_{C_i}	一致性检验
C_1	1	3	2	0.0079	$\lambda_{max}=3.0092$
C_2	1/3	1	1/2	0.1634	$C_i=0.0046$，$R_i=0.58$
C_3	1/2	2	1	0.2970	$CR=0.0079<0.1$
C_1	d_1	d_2	d_3	d_4	W_{d_i}	一致性检验
d_1	1	2	3	4	0.4704	$\lambda_{max}=4.1532$
d_2	1/2	1	2	3	0.2797	$C_i=0.0511$，$R_i=0.9$
d_3	1/3	1/2	1	1/2	0.1142	$CR=0.0568<0.1$
d_4	1/4	1/3	2	1	0.1358	

4.9.3 评估结果分析

根据指标定义及量化方法，可分别计算单项评价指标，并能够按照指标的融合方法计算各层次风险因子的危险性等级（见表 4.4）和危险性空间区划（见图 4.7、图 4.8）。

第4章 北极西北航道的开通机遇与风险

表4.4 各层次风险因子的危险性等级

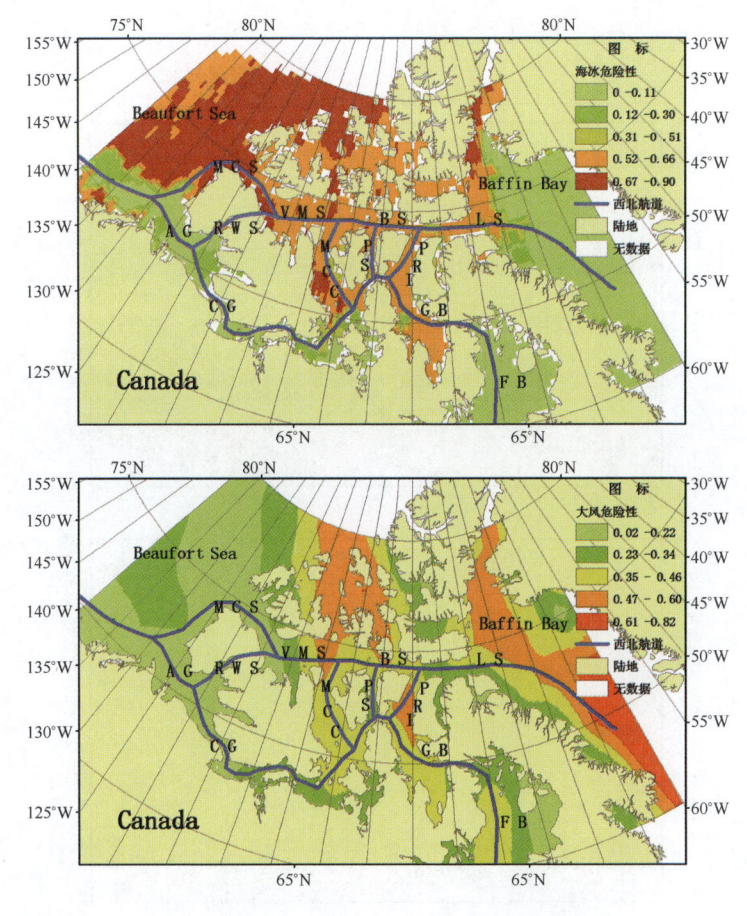

风险因子	危险性等级	描 述
<0.1	1	基本无风险
0.1～<0.3	2	较低风险
0.3～<0.5	3	中等风险
0.5～<0.7	4	较高风险
≥0.7	5	高风险

图4.7 大气海洋环境风险的危险性空间区划

147

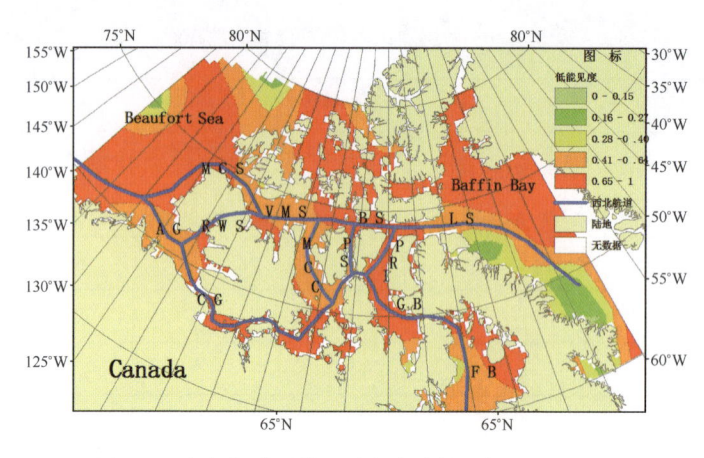

图 4.7 大气海洋环境风险的危险性空间区划（续）

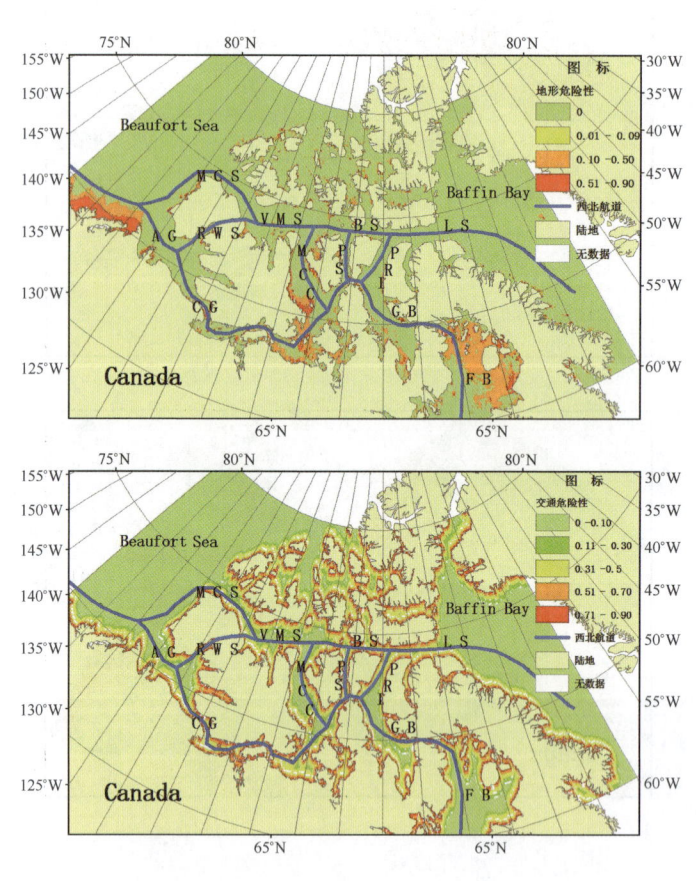

图 4.8 地理环境风险的危险性空间区划

第4章 北极西北航道的开通机遇与风险

分析结果表明,不同风险因子的危险性具有不同的空间分布特征:

- 海冰危险性分布由东至西、由南至北呈现减弱的趋势,南、北航段的危险性相差较大,有较明显的季节性差异。
- 大风危险性的空间分布较均匀。
- 相比较而言,南段低能见度的危险性较北段大,存在两个高值中心。
- 地形危险性的高值较少,虽然西北航道所在海域的岛屿众多,但通航区域具有较大水深,对船舶吨位的限制较少。
- 宽度较窄海峡与离岸较近航道的交通危险性较大,如帕利水道(MCS-VMS-BS-LS)东段和PRI航道(AG-CG-QMG-VS-FS-PRI)中段。

由次级风险因子的危险性可合成自然环境风险的危险性指数,最大值为0.863415,最小值为0.0546221,风险等级划分见表4.4,自然环境风险的危险性空间区划如图4.9所示。

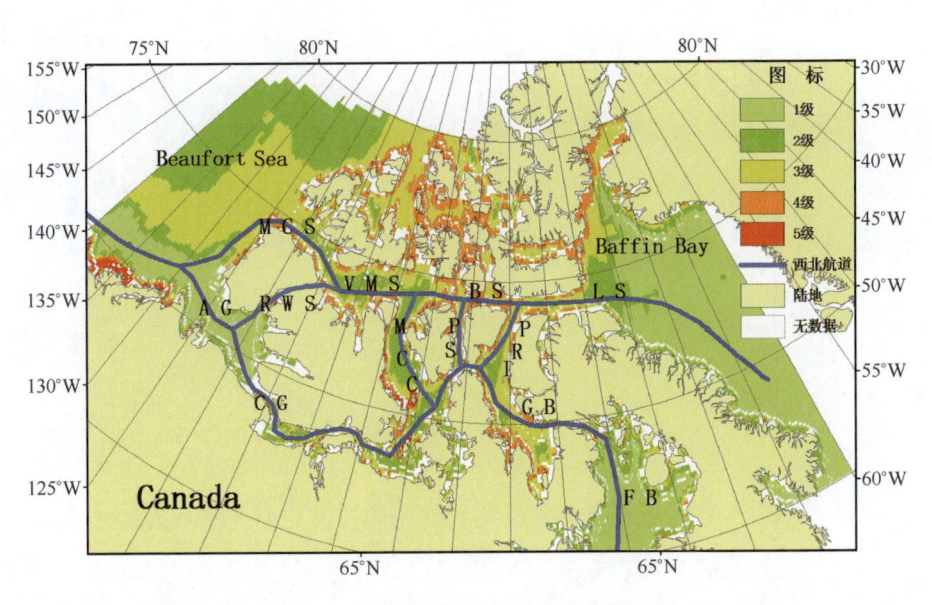

图4.9 自然环境风险的危险性空间区划

由图可知，西北航道所在海域自然环境风险的危险性具有一定差异，呈现的空间分布特征如下：

- 相比波弗特海，巴芬湾的危险性较小。
- 北段航道的危险性较南段大。
- 相对而言，在现有航道中，PRI航道的整体危险性较小，最具通航意义。

参考文献

[1] 张韧，孙韶华，葛珊珊. 西北航道开通的战略意义与相关准备 [J]. 军事学术，2013（3）：71-73.

[2] 孙韶华. 全球气候变化对北冰洋西北航道的影响与风险评估 [D]. 南京：解放军理工大学，2012.

第 5 章
海上航行国际法的运用与风险规避

虽然适用于海洋权益争端和海洋航行规范的国际法有多个，但是内容最丰富、条款最详细、影响最深远的当属在第三届联合国海洋法会议上诞生的《联合国海洋法公约》。在第三届联合国海洋法会议（1973—1982 年）上，117 个国家历经 9 年的讨论，最终于 1982 年签署了《联合国海洋法公约》。该公约于 1994 年正式生效，我国也于 1996 年加入了《联合国海洋法公约》。目前已有 160 多个国家签署并批准加入《联合国海洋法公约》，其中不包括美国。

5.1 《联合国海洋法公约》的基本原则

《联合国海洋法公约》共分 17 个部分，连同 9 个附件共计 446 条，主要包括领海、毗连区、专属经济区、大陆架、用于国际航行的海峡、群岛国、岛屿制度、闭海或半闭海、内陆国出入海洋的权益和过境自由、国际海底，以及海洋科学研究、海洋环境保护与安全、海洋技术的发展和转让等。《联合国海洋法公约》给海洋的利用、管理和养护构建了一个稳定的法律框架，维系着海洋的法律秩序，是人类历史上迄今为止最全面、最完整、最有实践性的国际性法典之一。

《联合国海洋法公约》的显著特点之一是完整性。它是一部完整的一揽子协议，是平衡不同制度、不同利益国家与集团的杰作。与完整性相适应的另一个显著特点是普遍性，《联合国海洋法公约》涵盖海洋的种种问题，涉及所有国家的种种利益诉求。联合国第 7 任秘书长安南在纪念《联合国海洋法公约》签署20周年大会上说,《联合国海洋法公约》对维护世界安全与和平稳定起到了重要作用。

5.1.1 陆地决定海洋原则

《联合国海洋法公约》作为国际性海洋的宪法,在确立一国领土主权之后,根据"以陆定海"原则,划定该国的领海、毗连区、专属经济区等海域。《联合国海洋法公约》只规范海洋问题,不是解决岛屿主权争端的依据。岛屿主权的归属属于陆地领土问题,应当按照"国际公法"中的"领土法"进行裁定。岛屿的主权归属是确定海域管辖的前提和基础。《联合国海洋法公约》规定的国际海洋法律制度是建立在陆地法律制度基础之上的,领土主权是海洋管辖权的基础,海洋管辖权是从领土主权中派生出来的权利,应按照陆地决定海洋的原则,由领土主权作为确定管辖海域的前提条件。若相反,由海洋权利倒推出陆地主权则是荒谬的。

5.1.2 公平利用海洋及其资源原则

海洋及其资源是人类的共同财富,公平利用海洋及其资源原则是指世界上的各个国家为实现各自在海洋及其资源方面的预期目标,都具有平等的机会,以便合理地利用海洋及其资源。

《联合国海洋法公约》的具体内容也体现了这一原则,例如第62条关于剩余捕鱼权利的规定、第70条关于内陆国和地理不利国"有权在公平的基础上参与开发同一分区域或区域的沿海国专属经济区的生物资源的适当剩余部分"的规定、第82条关于"对二百海里以外的大陆架上的开发应缴的费用和实物"的规定、第87条关于公海航行中捕鱼自由的规定、第125条关于"出入海洋的权利和过境自由"的规定,以及大陆架划界方面的公平原则、国际海底区域的"人类共同继承财产"原则等，都是保证各国公平利用海洋及其资源的制度。

5.1.3　各国互相尊重对方的海洋主权原则

该原则是指各种国际主体在行使海洋权益的过程中应该互相尊重对方的海洋主权。国家海洋主权是国家主权的重要组成部分，包含领海主权、海域管辖主权和海洋权益等，都直接关系着国家安全和发展利益。

《联合国海洋法公约》确定了12海里领海制度、200海里专属经济区制度、大陆架制度、国际海底区及其资源是全人类共同继承财产的主张和公海管理制度等。这些主张和制度的贯彻实施，使海洋主权再分配进入了新阶段，沿海国纷纷制定国内法律，划定国家间的海上边界，规定在这些海域内应行使的相应权利。与此同时，考虑到便利交通的需要，《联合国海洋法公约》规定了一系列的通行制度来维护其他国家的海洋通行权利，如第17条规定的"无害通过权"、第53条规定的"群岛海道通过权"等。这些通行制度在便利他国交通的同时，也要求行使通过权的主体要尊重沿海国的国家主权。

5.1.4　和平利用海洋和解决争端原则

和平利用海洋是指国家法律主体在开发利用海洋的过程中，必须以和平利用海洋为目标，不得利用武力侵略别国的海洋主权、掠夺他国和各国共有的海洋财富。《联合国海洋法公约》在序言中明确规定："在妥为顾及所有国家主权的情形下，为海洋建立一种法律秩序，以便利国际交通和促进海洋的和平用途。"对于海洋争端的解决，《联合国海洋法公约》也规定了和平解决争端的义务和选择方法的自由，第279条规定，各缔约国应以和平方式解决存在的有关适用本公约的任何争端，并以此为目的，以本公约第33条第一项所指的方法求得解决。该规定赋予了《联合国海洋法公约》的缔约国承诺用和平方法解决争端的义务。

5.2 领海、毗连区、专属经济区及大陆架的划定

5.2.1 领海基线

领海基线是测算领海、毗连区、专属经济区、大陆架宽度的起算线。基线向陆地一面的海域是内水域。基线向海洋一面的海域因法律地位的不同可分为领海、毗连区、专属经济区、大陆架等。因此，领海基线的规定是确定领海和管辖海域的前提。

按照《联合国海洋法公约》规定，一般有 3 种方法确定沿海国的领海基线：一是正常基线法；二是直线基线法；三是混合基线法。

1. 正常基线法

正常基线是指，沿海国官方承认的大比例海图所标明的沿岸低潮线，也就是沿海国划定领海外部界限的起算线。一般来说，在国际实践中，往往将低潮线作为领海外部界限的起算线，即退潮时海水退出最远的那条海岸线。正常基线法也是较为常用的基线划分方法。正常基线划定示意图如图 5.1 所示。

2. 直线基线法

直线基线是指，在海岸线极为曲折或者近岸海域中有一系列岛屿的情况下，可在海岸或近岸岛屿上选择一些适当点，采用连接各适当点的办法，形

成直线基线。

  1935 年 7 月 12 日，挪威率先采取直线基线的方式确定领海基线，即以连接挪威沿岸外缘的高地、岛屿和礁石上的 48 个基点的直线基线作为领海基线，向外海平行划出领海。1951 年，国际法院作出判决，承认这种以直线基线作为领海基线的方式合法。1982 年，《联合国海洋法公约》也确认了上述直线基线法。直线基线划定示意图如图 5.2 所示。

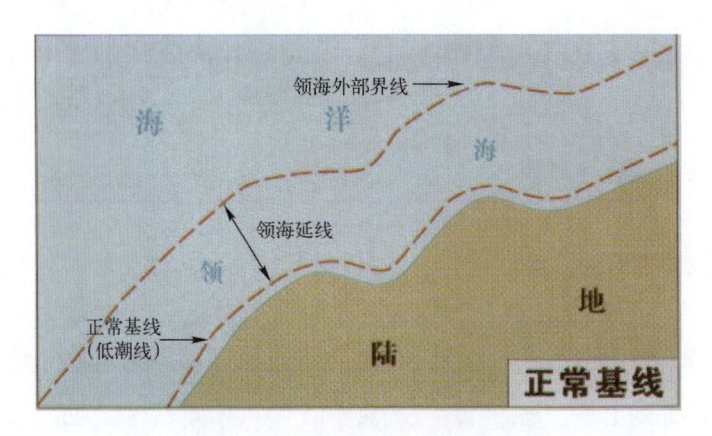

图 5.1　正常基线划定示意图

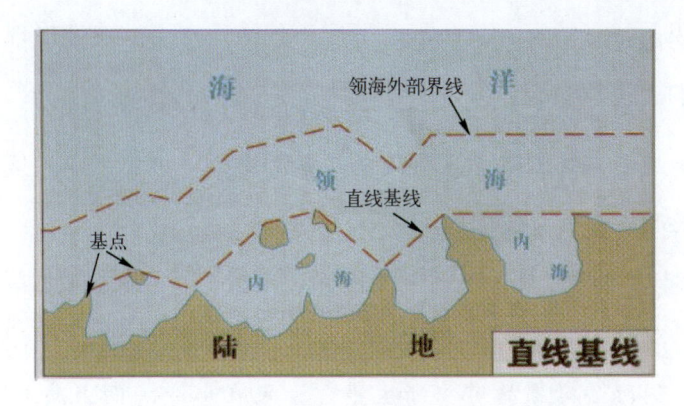

图 5.2　直线基线划定示意图

  当然，为了避免沿海国因采用直线基线法致使海域面积过大，《联合国海洋法公约》对划定直线基线也给出了限制条件：

- 第一，直线基线的划定不适用在任何明显程度上偏离海岸的方向，并且基线内的海域必须充分接近陆地领土。
- 第二，一国不得因采用直线基线法，致使另一国的领海与公海或专属经济区隔断。

3. 混合基线法

混合基线法是兼顾正常基线法和直线基线法来确定本国领海基线的方法。《联合国海洋法公约》第 14 条规定，沿海国为适应不同情况，可交替使用规定的任何方法来确定基线。

5.2.2 领海

领海是指沿海国与其海岸或内水相邻一定宽度的海域，是国家领土的组成部分。领海的上空、海床和底土均属于沿海国的主权管辖区域。

领海概念不是从来就有的，是随着人们对海洋的认识和利用而产生和确立的，因此领海制度有着曲折的发展历程。历史上，曾经出现许多规定领海宽度的主张和方法。

- 17 世纪，法学家洛森尼乌斯在《海上法》一书中主张国家管辖的领海宽度应为两日航程距离，即"航程说"。
- 其后一段时间，在许多条约和法令中规定，国家管辖的海域应达到视力所及的地平线，即"视力说"。
- 荷兰国际法学家格劳秀斯主张，如果在部分海面上航行的人能被岸上的人强迫，那么这部分海面就属于领海。换言之，国家管辖的海域范围取决于有效控制的能力。从该原则演变出：一国的领海宽度应以大炮的射程为准。1703 年，另一位荷兰法学家宾刻舒

第 5 章 海上航行国际法的运用与风险规避

克提出"武器威力所及之处，亦即领土权力所及之处"的主张，即"大炮射程说"。当时大炮的射程约为 3 海里，因此很多人便认为一国控制的领海宽度应为 3 海里，从而提出了 3 海里规则。后来，英国、美国等国根据这一思想相继实行了 3 海里的领海宽度。后来，随着大炮射程的不断扩大，3 海里主张失去了理论根据。

学者的意见和国家的实践，在领海宽度的问题上是很不一致的。世界上所有国家的领海宽度都是由各国自行确定的，导致在相当长的一段时间内，领海宽度的划分非常混乱。

鉴于上述海洋秩序的混乱，1982 年，《联合国海洋法公约》规定，每一个国家有权确定其领海的宽度，但对其最大范围做了限制，即从按照本公约确定的基线量起不超过 12 海里。领海的内部界限为领海基线。领海的外部界限为一条每一点都与领海基线最近各点的距离等于领海宽度的线。划定领海外部界限的方法有以下几种。

- 第一，交圆法。当领海基线是低潮线时，以基线上某些点为中心，以领海宽度为半径，向外画出一系列相交的半圆，连接各个半圆顶点之间所形成的线，就是领海的外部界限，如图 5.3 所示。

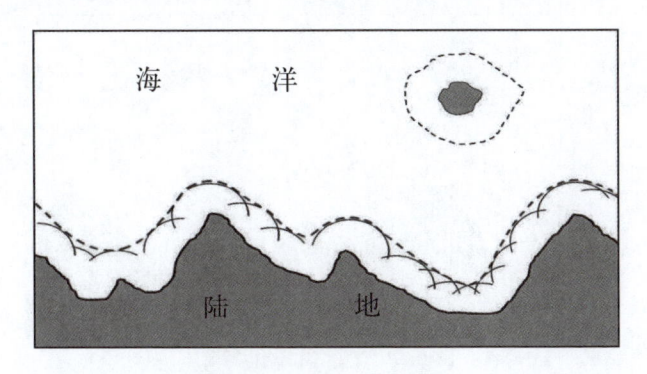

图 5.3 交圆法示意图

- 第二，共同切线法。当领海基线是直线基线时，以每个基点为中心，以领海宽度为半径，向外画出一系列半圆后，再画出每两个半圆的共同切线，每一条这样的切线都是与基线平行的直线，与基线的距离等于领海宽度，将这些切线连接在一起就形成了领海的外部界限，如图 5.4 所示。

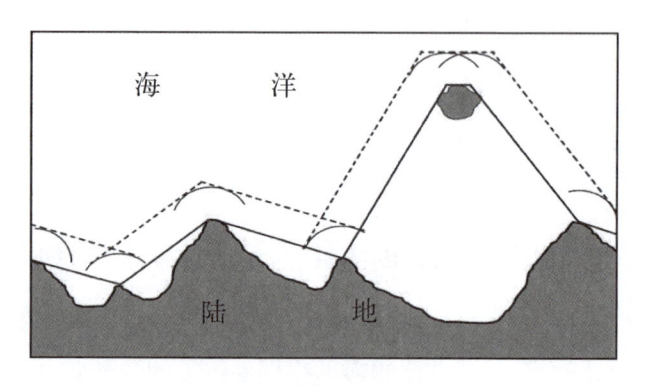

图 5.4　共同切线法示意图

- 第三，平行线法。当领海基线为低潮线时，由基线各点按领海宽度向与海岸大体走向的垂直方向平行外移，使领海的外部界限与基线完全平行，如图 5.5 所示。

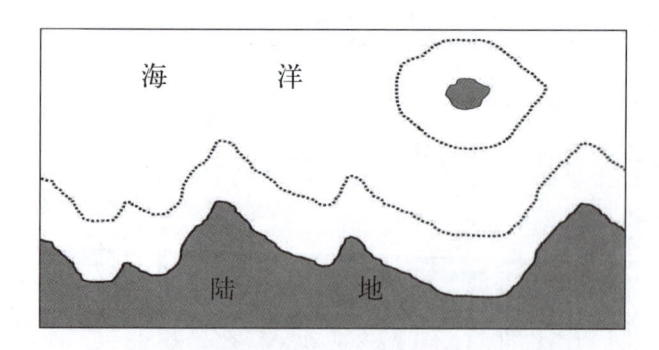

图 5.5　平行线法示意图

对于海岸相向或相邻国家的领海界限,《联合国海洋法公约》第十五条规定,两国中任何一国在彼此没有相关协议的情况下,均无权将其领海伸延至一条每一点都与领海基线上最近各点距离相等的中间线以外。但如因历史性所有权或其他特殊情况而有必要按照与上述规定不同的方法划定两国领海界限,则不适用上述规定。一般认为,两国间的领海分界线应由双方根据不同的地理情况并顾及历史上和经济上的各种因素,通过双方充分协商,以协议形式予以解决。

5.2.3 毗连区

毗连区又称邻接区或特别区,是指沿海国根据国内法律,在领海之外邻接领海的一定范围内,为了对某些事务行使必要的管制权而设立的特殊海域。

在毗连区,沿海国可行使有限的专门管辖权,主要是为了防止、惩治在其领土或领海内,违反海关、财政、移民和卫生等法律和规章的行为而行使必要的管制权力。

毗连区是连接一国领海一定宽度的特定海域,是国家行使管辖权的海域。在这个区域,沿海国为了保护渔业、管理海关、查禁走私、保障国民健康、管理移民直至为了安全需要,可以制定法令和规章制度,以行使某种特定的管制权。由此可见,毗连区主要是起到一种缓冲区或检查区的作用,把各种违法和不利于本国安全利益的行为拒于国门之外,以弥补因领海宽度不足而造成的难以有效管理的不足。因此,各国在制定领海制度的同时,一般都相应地划出毗连区,以便能更好地管理领海。《联合国海洋法公约》规定,毗连区从测算领海宽度的基线量起,不得超过24海里,如图5.6所示。

毗连区不属于国家领土,国家对其毗连区不享有领土主权,只是在毗连区可行使管辖权,并且国家对于毗连区的管制不包括上空。毗连区的其他性质取决于所依附的海域,或为专属经济区或为公海。

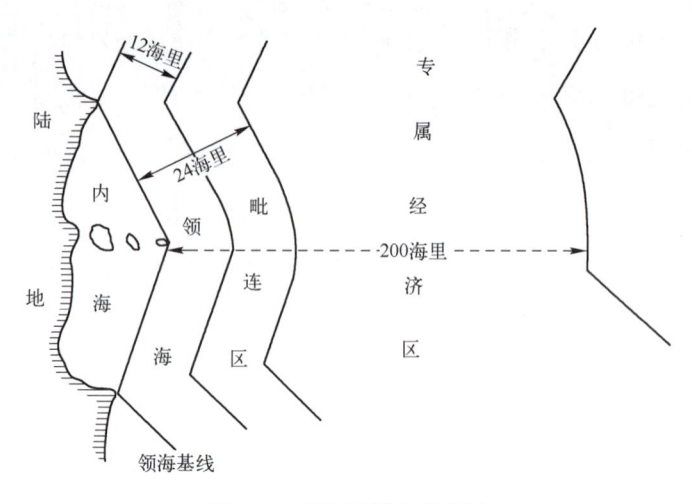

图 5.6 毗连区划分示意图

国家在设立专属经济区后，毗连区就是专属经济区的一部分，由于国家可以在毗连区实施管制权，因此毗连区又是有别于专属经济区其他部分的特殊区域。

5.2.4 专属经济区

专属经济区（EEZ）是现代海洋法的新概念，是在第三届联合国海洋法会议上确立的一项新制度。过去，领海之外即为公海。随着人类探索和利用海洋能力的不断增强，沿海国开发、利用周边海域的需求不断增加，专属经济区制度由此应运而生。专属经济区是指从测算领海基线量起外推 200 海里，在领海之外并邻接领海的一个区域。通常情况下，我们习惯称之为 200 海里专属经济区，其中有 12 海里属于领海。

根据《联合国海洋法公约》，沿海国在专属经济区内享有下列权利：以勘探和开发、养护和管理海床、底土及其上覆水域自然资源为目的的主权权利；利用海水、洋流和风力生产能源的主权权利；建造和使用人工岛屿的权利、进行海洋科学研究和保护海洋环境的管辖权。

其他国家在专属经济区内享有航行和飞越的自由、铺设海底电缆和管道的自由,以及与这些自由有关的其他符合国际法的用途,并应遵守沿海国按照《联合国海洋法公约》或其他国际法所制定的法律和规章。

《联合国海洋法公约》第57条规定,专属经济区的宽度从测算领海宽度的基线量起,不应超过200海里。事实上,由于许多国家的专属经济区与相邻或相向国家的专属经济区相连,因此只能划定小于200海里的专属经济区。

据统计,在实行200海里专属经济区制度后,有135个独立的沿海国家和许多未独立的领土面临着至少与一个邻国发生区域重叠的问题,因而需要通过谈判来解决。《联合国海洋法公约》规定,海岸相向或相邻国家间专属经济区的界限,应在《联合国海洋法公约》第38条所指国际法的基础上以协议划定,以便得到公平解决。因此,国家间对于有争议的海域划界程序是以协议划定的,即任何划界方法或行动都必须通过两国协商付诸实施。《联合国海洋法公约》还规定,在协议达成之前,有关各国应基于谅解和合作的精神,尽一切努力作出实际性的临时安排,并在此过渡期间,不危害或阻碍最后协议的达成。这种安排应不妨碍最后界线的划定。从这个意义上讲,协议划界不仅是一项程序性规则,也是一项有关划界方均应遵循的原则。

5.2.5 大陆架

大陆架的概念最初起源于地质学和地理学,指的是陆地向海或洋自然延伸的、坡度平缓的海底区域。1945年,时任美国总统的杜鲁门率先公布了美国的大陆架权属概念:杜鲁门在第2668号总统公告中宣称,处于公海下面但毗连美国海岸的大陆架的底土和海床的自然资源属于美国,受美国的管辖和控制。随后,杜鲁门公告发生了巨大的连锁反应,不少国家也单方面发表了类似的大陆架声明。

《联合国海洋法公约》规定,沿海国的大陆架包括其领海以外依其陆地领土的全部自然延伸，扩展到大陆边外缘的海底区域的海床和底土，如果从测算领海宽度的基线量起到大陆边外缘的距离不足 200 海里，则扩展至 200 海里。如果超过 200 海里，则不应超过从领海宽度的基线量起 350 海里，或不应超出连接 2500 米深度各点的 2500 米等深线 100 海里。因此，在国际法中，大陆架的概念虽然源于地理上大陆架的概念并有联系，但与地理上的概念区别很大。

虽然大陆架不是沿海国领土，但是沿海国在此享有某些排他性的主权权利。沿海国权利主要包括沿海国基于勘探大陆架和开发自然资源的目的，对大陆架行使主权的权利。这种权利是专属性的，任何人未经沿海国允许，都不得从事勘探和开发大陆架的活动。沿海国拥有在其大陆架上建造使用人工岛屿和设施的专属权利，以及对这些人工设施的专属管辖权、科学研究管辖权和环境保护管辖权。

沿海国对大陆架的权利不影响其上覆水域或水域上空的法律地位。若沿海国开发 200 海里以外大陆架上的非生物资源，则应向国际海底管理局缴纳一定的费用或实物，发展中国家在某些条件下可以免缴。因为大陆架资源丰富，对大陆架的划分和主权的拥有，就成为国际上十分重视和争议激烈的问题。

对海岸相向国家之间的大陆架划界有两种观点：一是按照等距离线或中间线原则来划界，但这种办法有可能割裂自然地貌；二是按照公平原则和自然延伸原则，以大陆架的地貌特征来划界。

1971 年 10 月，中国在恢复联合国的合法席位后，随即加入了联合国海底委员会，并积极参与《联合国海洋法公约》的起草和审议工作。1972 年，中国政府代表在联合国海底委员会全体会议上首次提出了平等协商的海洋划界原则。1978 年 4 月，当第三届联合国海洋法会议围绕大陆架和专属经济区划界是采取公平原则还是等距离线或中间线原则而陷入争执时，中国政府代表指出，等距离线或中间线只是划分海洋界线的一种方法，不应把它规定为必须采取的方法，更不应把这种方法规定为划界原则。海洋划界应遵循的根本原则是公平原则。在某些情况下，如果采用等距离线或中间线的方法能够达到公平合理的划界结果，那么有关国家可以通过协议加以使用。但反对在有关国家未达成划界协议前，单方面将等距离线或中间线强加于另一方。在大陆架划界的原则问题上，我国根据《联合国海洋法公约》的相关规定，以及一些国家的司法与仲裁实践，主张"应在自然延伸"的基础上按照公平原则协议划界，以求得公平解决，等距离方法只有在符合公平原则的前提下才能被接受，并进一步强调，在国际法的基础上，按照公平原则协议划定界线，同时明确表示反对等距离线或中间线原则。公平原则是大陆架划界所必须遵循的基本原则，并已成为国际法的一部分，是一项得到普遍承认的在划界时应遵循的国际基本准则。其他的划界原则或方法，即自然延伸原则、等距离方法、成比例原则、协商原则等，也只有在符合公平原则的基础上才能加以使用。

5.3 海峡、水道及航道的通行原则

从严格意义上说，虽然至今未形成海上能源通道相关概念的权威定义，但其与海峡、水道和航道密不可分，因此本节将海上能源通道与海峡、水道和航道等联系起来介绍，以便对海上能源通道形成较为完整的认知。

水道是指沟通两片水域的狭窄通道。海峡是指两块陆地之间连接洋与洋（如麦哲伦海峡）、洋与海（如直布罗陀海峡）、海与海（如台湾海峡）的较狭窄的通道，也属于水道的一种。全世界有上千个大小海峡，可以航行的约有130个，其中经常用于国际航行的主要海峡有40多个。

5.3.1 海峡的通行原则

尽管各海峡的情况千差万别，但是按照海峡的宽度、沿岸情况和两端所连接海域等法律地位，海峡通常又可分为内海（内水）海峡、领海海峡和非领海海峡。

1. 内海（内水）海峡

内海（内水）海峡是完全处于沿海国领海基线内的海峡，所属沿海国通常按照内水制度的管理办法加以管理。按照《联合国海洋法公约》第2条规定，内水具有与陆地领土同等的法律地位，沿海国对海峡水域及其上空、海床和底土行使完全的主权。沿海国可自行确定船舶通过内海海峡的法律程序和相关规则。一般而言，沿海国为了发展对外贸易，方便商船航行，会准许外国商船通过（也完全有权拒绝外国商船通过内海海峡），但一般不准许外国军用船舶通过。比如，我国的琼州海峡完全处于我国的领海基线内，属于内水海峡，具有内水的法律地位。国务院于1964年6月8日公布了《外国籍非军用船舶通过琼州海峡管理规则》，其中第1条明确指出，根据《中华人民共和国政府关于领海的声明》，琼州海峡是中国的内海，一切外国籍军用船舶不得通过，一切外国籍非军用船舶如需通过，必须按照本规则的规定申请批准。

2. 领海海峡

领海海峡是指被沿海国领海宽度所覆盖的海峡（领海宽度一般为12海里）。若海峡两岸都属于同一国家，则该海峡属于该国的领海海峡。若海峡两岸分属两个国家，则该海峡就是这两个国家的领土，分界线由海峡所属沿海国协商确定，如果没有协议，则以通过该海峡的中心航道为分界线，海峡的航行制度由沿海国协商决定。

按照《联合国海洋法公约》规定，连接公海或专属经济区的一部分和外国领海之间的海峡适用无害通过制度，但如果海峡由海峡沿岸国的一个岛屿和该国的大陆形成，并且该岛屿的向海一面有在航行和水文特征方面同样方便的一条穿过公海或专属经济区的航道，则该海峡适用无害通过制度，但不适用过境通行制度。连接公海或专属经济区的一部分和公海或专属经济区的另一部分之间用于国际航行的海峡实行过境通行制度。

3. 非领海海峡

非领海海峡是指，海峡虽位于所属沿岸国的领海，但宽度已超过沿岸国的领海宽度，在该海峡中有超出沿岸国领海部分的水域。非领海海峡中不同宽度的水域分别具有不同的法律地位。位于领海部分的水域具有与领海同等的法律地位，超出领海以外的水域，根据宽度不同分为毗连区、专属经济区甚至公海。

因此，从广义上讲，非领海海峡被视为国际海峡或用于国际航行。

非领海海峡中的非领海部分实行自由通行制度，船舶和飞机在海峡的非领海部分享有航行自由和飞越自由的权利。必须指出的是，对于宽度超过沿岸国领海宽度但不足400海里的海峡，其水域一般属于沿岸国的专属经济区，海底也是沿岸国的大陆架，海峡沿岸国有权制定并执行《联合国海洋法公约》规定的适用于专属经济区和大陆架的法律和规章，通过该海峡的船舶和飞机应在遵守相关法律和规章的前提下，行使航行自由和飞越自由的权利。

需要指出的是，某些海峡处于国际航行的要道，关系到一些国家利益并具有重要的战略地位。因某些历史原因、特殊地理位置或国际公约规定，某些海峡平时已被频繁地用于国际航行，如黑海海峡、马六甲海峡、直布罗陀海峡、麦哲伦海峡和丹麦海峡等，均属于此类海峡。

5.3.2 水道的通行原则

国际河流一般是指流经或分隔两个和两个以上国家的河流，一般统一使用国际水道的概念。1921年，41个国家（含中国）共同缔结了《国际性可航水道制度公约及规约》。其中第1条规定，国际性可航水道是一切分隔或流经几个不同国家的天然通海可航水道，以及与分隔或流经不同国家的天然可航水道相连的其他天然通海可航水道。1966年，《国际河流利用规则》（赫尔辛基规则）提出了国际流域的概念，同时对航行自由原则也作出了新的阐述：沿岸国在国际河流的全部可航水道上享有航行自由的权利；沿岸国对在其管辖下的河段或湖段应行使警察权；沿岸国既可限制或禁止外国船舶在其境内装卸货物或上下旅客，也可给予非沿岸国在其境内的河段或湖段航行的权利。1997年，联合国第51届会议通过了国际法委员会编撰的《国际水道非航行使用法公约》草案，它是世界上第一个就国际河流的非航行用途缔结的公约。《国际水道非航行使用法公约》于2014年8月17日生效。其中第2条规定，国际水道就是组成部分位于不同国家的水道。这是迄今为止最明确，也是最有法律意义的国际水道概念。

5.3.3 航道的通行原则

1982年，《联合国海洋法公约》规定了无害通过制度、过境通行制度、公海航行自由制度等。外国船舶在不同的航道通行时，针对适用的无害通过制度、过境通行制度、公海航行自由制度的对比分析见表5.1。

第 5 章　海上航行国际法的运用与风险规避

表 5.1　无害通过制度、过境通行制度、公海航行自由制度的对比分析

关　键　项	无害通过制度	过境通行制度	公海航行自由制度
概念	在不损害沿岸国的和平、良好秩序或安全的前提下，不需要经过许可，享有自由通过的权利	为继续不停和迅速过境的目的而行使航行和飞越自由的权利	享有完全无阻碍航行自由的权利
适用范围	适用于领海，部分适用于国际航行的海峡和群岛水域	仅适用于在公海或专属经济区的一部分和公海或专属经济区的另一部分之间用于国际航行的海峡	适用于公海和专属经济区
航行主体	基本适用于商船，关于军用船舶的无害通过在国际上有争议，飞机必须经他国同意，且在某些情形下可以禁止	适用于所有船舶（包括商船、军用船舶）和飞机	适用于所有船舶（商船和军用船舶）
通过方式	潜水艇和其他潜水器在通过领海时要浮出水面并悬挂旗帜	船舶和飞机可以在正常方式下过境，潜水艇和其他潜水器可以潜入水下航行	自由通过的船舶要悬挂所属国家的旗帜
通过区域	只涉及水域部分，不涉及领海的上空	不仅涉及水域部分，还涉及专属经济区的上空	不仅包括水面航行，还包括对水体、海底及上空的使用权利
通过行为	通过时必须是持续和迅速的（除不可抗力或遇难、为救助遇险外），不得停止航行和抛锚	只限于以继续不停和迅速过境为目的而行使的航行和飞越自由的权利	可缓行、可停驶甚至可从事军事行动
研究和测量活动的要求	绝对不允许进行研究和测量活动	非经海峡沿岸国事前准许，不得进行任何研究或测量活动	科学研究自由，但应遵守一些基本原则
海峡沿岸国的管理	沿海国可按照《联合国海洋法公约》和其他国际法，制定关于无害通过领海的法律和规章	海峡沿岸国为行使主权和管辖权，可就航行安全、海上交通管理、防止污染、渔船、海关等事项制定关于过境通行的法律和规章	无
管辖国家	以船旗国管辖为主，也受海峡沿岸国管辖	既受船旗国管辖，也受海峡沿岸国管辖	一般受船旗国管辖，也有普遍管辖
海峡沿岸国的义务	（1）不应妨碍外国船舶无害通过领海，不应对外国船舶强加要求，或有形式上、事实上的歧视。 （2）应将其所知的在其领海内对航行有危险的任何情况妥为公布	不应妨碍外国船舶过境通行，并应将其所知的海峡内或海峡上空对航行或飞越有危险的任何情况妥为公布，外国船舶过境通行时不应予以停止	无

167

续表

关 键 项	无害通过制度	过境通行制度	公海航行自由制度
船舶和飞机在通行时的要求或义务	（1）不进行任何武力威胁或使用武力。（2）不以任何种类的武器进行任何操练或演习。（3）不搜集情报，使沿岸国的防务或安全受损害。（4）不进行影响沿岸国防务或安全的宣传行为。（5）不在船上起落或接载任何飞机。（6）不在船上发射、降落或接载任何军事装置。（7）不违反沿岸国海关、财政、移民或卫生的法律和规章，不上下任何商品、货币或人员。（8）不进行任何违反《联合国海洋法公约》规定的故意和严重的污染行为。（9）不进行任何捕鱼活动。（10）不进行研究或测量活动。（11）不进行任何干扰沿岸国通信系统、其他设施或设备的行为。（12）不进行任何与通过没有直接关系的其他活动	（1）船舶和飞机在行使过境通行权时：毫不迟延地通过或飞越海峡；不进行任何武力威胁或使用武力；除因不可抗力或遇难外，不从事其继续不停和迅速过境的通常方式所附带发生的活动以外的任何活动；遵守本部分的其他有关规定。（2）过境通行的船舶和飞机还应遵守海上安全、污染、无线电频率等相关的规章、程序和惯例	除应遵守有关的国际法规则外，还必须顾及其他国家行使公海自由的利益，同时还有救助的义务和合作制止海盗行为的义务

国际航行海峡由于地理、历史等方面的情况不同，适用不同的航行制度。具体地说，《联合国海洋法公约》依据"用于国际航行海峡"适用的通过制度将海峡分为四类。

- 第一类适用专门条约制度的海峡。有些海峡由于历史原因和特殊的地理位置成为重要的国际航道，因此由专门的国际条约规定了通行制度，《联合国海洋法公约》承认这类海峡的特定通行制度有效，即《联合国海洋法公约》不影响这类海峡的法律地位，如麦哲伦海峡制度是于1881年由智利和阿根廷之间的双边条约规定的；直布罗陀海峡制度是于1907年由英国、法国、西班牙等三国签订的直布罗陀海峡非军事化协定规定的；黑海海峡制度是由1936年的《蒙特利尔公约》规定的。
- 第二类适用自由通行制度的海峡。如果穿过某一用于国际航行的海峡有在航行和水文特征方面同样方便的一条穿过公海或专属经济区的航道，那么这条航道适用于自由通行制度。这类海峡一般为非领海海峡，如宗谷海峡、津轻海峡、大隅海峡等。
- 第三类适用无害通过制度的海峡。船舶通过一端连接公海或专属经济区，另一端连接外国领海的海峡时，实际上是进入了该国的领海，这类航道适用无害通过制度。这类海峡一般属于内海海峡，如沙特阿拉伯和埃及之间的蒂朗海峡、连接亚速海和黑海的刻赤海峡等。
- 第四类适用过境通行制度的海峡。在公海或专属经济区的一部分与公海或专属经济区的另一部分之间的用于国际航行的海峡（大多数重要的用于国际航行的海峡均属于此类海峡）实行过境通行制度。

《联合国海洋法公约》第53条还对群岛海道通过权进行了规定。群岛国是指，全部由一个或多个群岛构成的国家，并可包括其他岛屿。实际上，群岛海道通过制度是将过境通行制度移植到群岛国的群岛水域，适用于群岛国指定的群岛海道及其空中航道。群岛水域的一个突出重点是，所有国家的船舶均有通过群岛水域的无害通过权。如为保护国家安全所必要，则群岛国可对外国船舶在形式上或事实上不加歧视的条件下，暂时停止外国船舶在其群岛水域特定区域内的无害通过。这种停止仅应在正式公布后发生效力。

《联合国海洋法公约》对"群岛海道通过权"做了较具体的规定，群岛国可指定适当的海道和其上空的空中航道，以便外国船舶和飞机继续不停和迅速通过或飞越其群岛水域和邻接的领海。所有船舶或飞机均享有在这种海道和空中航道的群岛海道通过权。群岛海道通过是指，专为在公海或专属经济区的一部分和公海或专属经济区的另一部分之间继续不停、迅速和无障碍地过境的目的，行使正常方式的航行和飞越的权利。这种海道和空中航道应以通道进出点之间的一系列连续不断的中心线划定，通过群岛海道和空中航道的船舶和飞机在通过时不应偏离中心线 25 海里，不应小于海道边缘各岛屿最近各点之间距离的 10%。

5.4　领海与专属经济区的航行申报和无害通过原则

于 1992 年通过的《中华人民共和国领海及毗连区法》规定了我国领海和毗连区的基本法律制度，是我国维护海洋权益的重要法律制度，是《联合国海洋法公约》的内容在我国国内法中的具体体现。《中华人民共和国领海及毗连区法》对我国领海及毗连区范围内的航行作出如下规定。

- 外国非军用船舶，享有依法无害通过我国领海的权利。
- 外国军用船舶进入我国领海时，须经我国政府批准。外国潜水艇和其他潜水器通过我国领海时，必须在海面航行，并展示旗帜。
- 外国船舶通过我国领海时，必须遵守我国法律、法规，不得损害我国的和平、安全和良好秩序。外国核动力船舶和载运核物质、有毒物质或者其他危险物质的船舶通过我国领海时，必须持有有关证书，并采取特别预防措施。我国政府有权采取一切必要措施，以防止和制止对领海的非无害通过。
- 外国船舶违反我国法律、法规的，由我国有关机关依法处理。为维护航行安全和其他特殊需要，我国政府可以要求通过我国领海的外国船舶使用指定的航道或者依照规定的分道通航制度航行。
- 外国军用船舶或者用于非商业目的的外国政府船舶在通过我国领海时，违反我国法律、法规的，我国有关主管机关有权令其立即离开领海，对所造成的损失或者迫害，船旗国应当负国际责任。

- 任何国际组织、外国的组织或者个人，在我国领海内进行科学研究、海洋作业等活动时，须经我国政府或者有关主管部门批准，遵守我国法律、法规。
- 外国航空器只有根据该国政府与我国政府签订的协定、协议，或者经我国政府、授权的机关批准和接受后，方可进入我国领海上空。
- 我国有权在毗连区内，为防止和惩处在陆地领土、内水或者领海内违反有关安全、海关、财政、卫生或者入境出境管理的法律、法规的行为行使管制权。

《联合国海洋法公约》规定，在专属经济区内，所有国家，不论沿岸国或内陆国，在规定的限制下，享有航行和飞越的自由、铺设海底电缆和管道的自由，以及与这些自由有关的海洋其他国际合法用途。各国在专属经济区内根据《联合国海洋法公约》行使权利和履行义务时，应适当顾及沿岸国的权利和义务，并应遵守相关的法律和规章。

海洋航行实践表明，《联合国海洋法公约》关于无害通过的规定对海洋航行实践产生了很大影响，许多国家都接受并在本国的国内法中重复了《联合国海洋法公约》中的这条规定，但也有许多国家的海洋航行实践并不支持上述结论。虽然《联合国海洋法公约》明确规定所有船舶享有无害通过领海的权利，但由于没有区分军舰和商船，因此关于外国军事船舶是否享有领海无害通过权的问题，目前各国意见不一，主要包括两种观点：

- 一种是以美国、法国、意大利等为代表的20多个海洋强国的观点，主张军事船舶和商船一样在别国领海内有无害通过的权利，并对包括其他国家事先批准和通知等要求提出了外交抗议。
- 另一种是以中国、越南、印度等为代表的发展中国家的观点，主张军舰通过别国领海时须事先通知或经沿海国批准。

事实上，美国曾是对军舰在领海无害通过持否定态度的众多国家之一，但在其成为海洋强国之后改变了立场，也赞成军舰在领海有无害通过权。至今，美国仍不是《联合国海洋法公约》的缔约国。目前，世界上有 40 多个国家要求军舰通过其领海时要预先通知。

5.5 航道海域国家对航道的管理

全世界有上千个不同大小的海峡，可以航行的大约有 130 个，其中经常用于国际航行的主要海峡有 40 余个。这些海峡的重要性是由其所处的地理位置决定的。它们连接了五大洲，沟通了四大洋，是世界海上交通和全球贸易的纽带。

目前，关于航道海域的沿岸国对航道的管理、控制和主权执法情况，《联合国海洋法公约》有较为具体的规定。

《联合国海洋法公约》第 41 条规定，用于国际航行的海峡，沿岸国可在必要时为海峡航行指定航道和规定分道通航制度，以促进船舶的安全通过。沿岸国可在情况需要时，经妥为公布后，以其他航道或分道通航制度替换任何原先指定或规定的航道或分道通航制度，但应符合一般的被接受的国际规章。海峡沿岸国在指定或替换航道、规定或替换分道通航制度以前，应将提议提交主管国际组织，以期得到采纳。海峡沿岸国应在海图上清楚地标出所指定或规定的一切航道和分道通航制度，并应将该海图妥为公布。过境通行的船舶应尊重制定的适用航道和分道通航制度。

另外，《联合国海洋法公约》第 42 条规定，海峡沿岸国可对下列各项或任何一项制定关于通过海峡的过境通行的法律或规章：

● 航行安全和海上交通管理。

● 使有关在海峡内排放油类、油污废物和其他有毒物质的适用的国际规章有效，以防止、减少和控制污染。
- 对于渔船，防止捕鱼，包括渔具的装载。
- 违反海峡沿岸国海关、财政、移民或卫生的法律和规章，上下任何商品、货币或人员。

由于航道海域的地理情况不同以及各国的历史政治等方面的原因，不同国家对航道管理、控制和主权执法还存在一些差异，主要可以分为依照国际专门条约进行管理、群岛国按照国内立法进行管理、对海峡排他性的管辖，有些甚至还与《联合国海洋法公约》存在着某种冲突。

5.5.1 依照国际专门条约管理

《联合国海洋法公约》承认过境通行的例外情形，即这种海峡的通行政策已全部或部分地规定在长期存在、现行有效的专门关于这种海峡的国际公约中，沿岸国对其管理延续历史上的一些条约，例如，黑海海峡、波罗的海诸海峡等。

1. 黑海海峡

黑海海峡是连接黑海和地中海的唯一通道。14世纪初至17世纪末，黑海是奥斯曼帝国的内海。1696年，在俄国成为黑海国家之一后，黑海海峡问题便有了国际性海峡的某些特性。1936年7月，土耳其、保加利亚、英国、法国等国代表，在瑞士的蒙特勒签署了《关于海峡制度的公约》，通常称其为《蒙特勒公约》。《蒙特勒公约》确认了海峡通行的自由原则：

- 平时和战时各国商船均可自由通行。
- 黑海沿岸国的军舰在平时可自由通过，主力舰必须逐个通过，为其护航的驱逐舰不得超过两艘，潜艇可从水面通过，非沿岸国的军舰通过时要受到一定限制。

- 在战时，如土耳其为中立国，则各交战国军舰不得通过，如土耳其为参战国，则由土耳其决定是否允许别国军舰通过。
- 军舰通过时应通过外交途径预先通知土耳其政府。

根据《蒙特勒公约》，撤销了原来的海峡国际委员会，恢复了土耳其对海峡的全部主权，使土耳其获得了在达达尼尔海峡和博斯普鲁斯海峡设防的权力。

2. 波罗的海诸海峡

波罗的海诸海峡是连接波罗的海和北海的天然水系，包括厄勒海峡（也称松德海峡）、大贝尔特海峡、小贝尔特海峡、卡特加特海峡和斯卡格拉克海峡。丹麦认为其享有批准外国船舶通过海峡的权利。外国军用船舶通过海峡时，必须得到丹麦的准许。外国商船通过该海峡时，丹麦要征收通行费。1857年，丹麦与欧洲一些国家缔结了《哥本哈根条约》，废除了该海峡的通行费，由缔约国交付一大笔补偿金给丹麦，对于缔约国军舰通过该海峡没有明文规定，但为丹麦长期默认，甚至战时也允许交战国军舰通过该海峡。

5.5.2　群岛国按照国内立法管理

现在世界上的主要船运航道许多位于群岛水域。尽管群岛国对其群岛基线内的水域拥有主权，但权利也受制于某些被国际认可的"航行自由原则"。群岛国设定的通道管理规章必须同国际海事组织（IMO）的相关规章一致，也有一些群岛国在实践中未按照此规定行事，而是按照国内立法管理。

5.5.3　对海峡排他性的管理

海峡沿岸国对海峡的管理大多依据自身的安全和利益制定，对他国的干涉与插手都具有排他性。例如，对马六甲海峡、苏伊士运河和巴拿马运河的

第5章 海上航行国际法的运用与风险规避

管辖便有明确的排他性。

1. 马六甲海峡

马六甲海峡既是用于国际航行的海峡,也是领海海峡,沿岸国通过声明、协议建立了自己的通行制度。马六甲海峡的沿岸国分别是新加坡、马来西亚和印度尼西亚。他们都声称对海峡的绝大部分区域拥有主权。1971年11月,印度尼西亚、马来西亚和新加坡发表了联合声明,对马六甲海峡采取共同立场。三国政府宣布,马六甲海峡不是国际海峡,坚决反对将马六甲海峡国际化,并决定成立合作机构,共同合作保证海峡的航行安全,联合声明承认各国船舶在海峡有无害通过权,但要求外国船舶通过海峡时必须遵守沿岸国的法律和规章,飞机飞越海峡时需要经有关国家事先同意。关于军舰通过马六甲海峡的问题,印度尼西亚和马来西亚要求事先通知。1977年3月,三国又签署了《关于马六甲海峡、新加坡海峡安全航行的三国协议》,重申了上述原则。1982年的《联合国海洋法公约》也对"岛国内海原则"做了进一步的确认和限定,意味着国际社会承认马六甲海峡不属于国际海峡的国际法律地位,以及海峡沿岸三国对马六甲海峡安全的主权和管辖权。长期以来,三国虽不同意美国直接控制马六甲海峡的防务,但同意进行多方面合作,接受援助、联合演习和合作巡防等。根据1982年《联合国海洋法公约》规定,他们虽然有权把领海与领土等同对待,行使管辖权,但是必须对其领海的安全负责,保障航道的安全。1992年,印度尼西亚和新加坡就同意在新加坡海峡(马六甲海峡的一部分,在新加坡以南和印度尼西亚廖内群岛以北)实行共同巡逻,新加坡和印度尼西亚还建立了一个名为"SURPIC工程"的联合雷达监视系统,以监视新加坡海峡的交通。海峡沿岸三国除了自身的合作,还分别与其他地区和国家合作,共同维护马六甲海峡的安全,例如:

- *2004年9月,印度尼西亚与印度海军开始执行六度海峡的联合巡逻。*

- 2005年9月13日,海峡沿岸三国及其邻近的泰国开始在马六甲海峡展开名为"空中之眼"的联合空中巡逻,每周7天执行海峡上空的越界巡逻任务。

2. 苏伊士运河

苏伊士运河是亚洲与非洲的分界线,同时也是连接亚非与欧洲最直接的水上通道。在签订《君士坦丁堡公约》(一部关于苏伊士运河自由通航的国际条约)之后,苏伊士运河已实行国际化,对一切国家的商船和军舰都按平等条件开放。关于苏伊士运河的通行,有一些具体的要求,即通过运河前,必须将船名、国籍、出发港口、到达时间用电报或以书面形式通知苏伊士运河管理局。各国通过的一切船舶必须遵守航行规则,外国军舰过境通行时,应在预定到达苏伊士运河一个入口港前至少10天通知埃及外交部。如果埃及和某国处于战争状态,则该国的军舰和船舶无权要求通过苏伊士运河。由于苏伊士运河是使用最频繁的航线之一,因此2014年8月5日,埃及政府宣布,将在苏伊士运河东侧开凿一条72千米长的新运河,以扩大通航能力。该新运河已于2015年8月开通。

3. 巴拿马运河

巴拿马运河位于中美洲的巴拿马,横穿巴拿马地峡,连接太平洋和大西洋,是重要的航运要道,是被誉为"世界七大工程奇迹"之一的"世界桥梁"。1977年9月,美国和巴拿马签署了新的《巴拿马运河条约》(又称《托里霍斯-卡特条约》)和《关于巴拿马运河永久中立和营运条约》,于1979年10月1日生效。自条约生效之日起,到1999年12月31日,巴拿马运河的管理和防务由美巴两国共同承担,但巴拿马政府将逐步收回对巴拿马运河及巴拿马运河区的完全管辖权。随着美国军队于1999年12月31日全部撤离巴拿马运河,美国在巴拿马运河长达88年的军事管理结束。为了使巴拿马运河顺应时代的发展，巴拿马政府于 2006 年 4 月提出巴拿马运河的扩建计划，并于 2015 年 12 月正式完工，2016 年 1 月正式投入商业运营，使货物吞吐量翻一番。

5.6 船舶通行的行为规范与风险规避

船舶在一些重要海峡、航道通行时，应该遵循一些共同的行为规范和准则等。

为了确保船舶通行安全，预防和减少船舶之间的碰撞，由国际海事组织制定了《国际海上避碰规则》。该规则规定，凡船舶及水上飞机在公海及与其相连可以通航的水域，除在港口、河流实施地方性的规则外，都应遵守该规则。《国际海上避碰规则》原是政府间海事协商组织制定的《国际海上人命安全公约》1948 年文本的第 2 附件，于 1972 年修改后，成为《1972 年国际海上避碰规则公约》的附件。《1972 年国际海上避碰规则公约》自 1977 年 7 月生效以来，国际海事组织分别于 1981 年、1987 年、1989 年、1993 年、2001 年和 2007 年对其进行了修正。

《国际海上避碰规则》规定，船舶在任何时候都应以安全航速行驶，以便能采取适当而有效的避碰行动，并能在适合当时环境和情况的距离以内把船舶停住。所有船舶对于安全航速应考虑：

- 能见度情况。
- 交通密度，包括渔船或者任何其他船舶的密集程度。
- 船舶的操纵性能，特别是在当时情况下的冲程和旋回性能。
- 夜间出现的背景亮光，诸如来自岸上的灯光或本船灯光的反向散射。
- 风、浪和流的状况以及靠近航海危险物的情况。
- 吃水与可用水深的关系。

同时,《国际海上避碰规则》还对其他情况进行了规定,例如:

- 为避免碰撞而做的航向和(或)航速的任何改变,如当时环境许可,则动作应大得足以使他船用视觉或雷达观测时容易察觉到。
- 应避免对航向和(或)航速做一连串的小改变。
- 沿狭水道或航道行驶的船舶,只要安全可行,应尽量靠近右舷水道或航道外缘行驶。帆船或者长度小于20米的船舶,不应妨碍只能在狭小水道或航道以内安全航行的船舶通行。从事捕鱼的船舶,不应妨碍任何其他在狭小水道或航道以内航行的船舶通行。如果这种穿越会妨碍只能在狭小水道或航道以内安全航行的船舶通行,则船舶不应穿越狭小水道或航道。船舶在驶近可能有其他船舶被居间障碍物遮蔽的狭小水道或航道的弯头或地段时,应特别机警和谨慎。
- 除穿越或驶进或驶出通航分道外,船舶通常不应进入分隔带或穿越分隔线,船舶在分道通航制端部附近区域行驶时,应特别谨慎。
- 两艘帆船相互驶近致有构成碰撞危险时,其中一艘帆船应按下列规定给他船让路:两艘帆船在不同舷受风时,左舷受风的帆船应给他船让路;两艘帆船在同舷受风时,上风帆船应给下风帆船让路;左舷受风的帆船看到在上风的帆船而不能断定究竟该帆船是左舷受风还是右舷受风时,应给该帆船让路。
- 当两艘机动船在相反的或接近相反的航向上相遇致有构成碰撞危险时,各应向右转向,从而各从他船的左舷驶过;当两艘机动船交叉相遇致有构成碰撞危险时,有他船在本船右舷的船舶应给他船让路,如当时环境许可,还应避免横越他船的前方。
- 两船中的一船给另一船让路时,另一船应保持航向和航速;若能见度不良,则两船均应以适合当时能见度不良的环境和情况的安全航速行驶,机动船应将机器做好随时操纵的准备。

● 引航船舶、锚泊船舶和搁浅船舶应该按照规定显示号灯等。

下面简要阐述一些重要海峡或战略通道的船舶通行行为规范、注意事项、风险防范、争端解决以及突发事件的应急处置。其中，有些内容是所有船舶在重要海峡或通道通行时均需要遵守或注意的共性原则，有些为船舶在某海峡或某通道通行时独有的注意事项。

1. 马六甲海峡

马六甲海峡位于印度尼西亚苏门答腊岛和马来半岛之间，是连接南海和安达曼海的狭长水道，是沟通东亚与中东、南亚、非洲和欧洲的海上交通要道，有"东方直布罗陀"之称。

马六甲海峡型船型是指能够通过马六甲海峡的最大规模的船舶。因为马六甲海峡较浅，比马六甲海峡型船型大的船舶只能绕道其他海峡通行。马六甲海峡型船型一般为 333 米长、60 米宽，吃水深度为 20.5 米，装载吨量为 30 万吨。

马六甲海峡作为世界上最繁忙的水道之一，畅通是国际航运和世界贸易顺利开展的重要保障。随着马六甲海峡交通量的不断增长及其周边海盗和武装抢劫船舶行为的日益猖獗，沿岸国维护海峡安全的任务越来越重。马六甲海峡附近海域散布数千小岛、狭窄的海峡和隐蔽的河流，是犯罪分子的理想藏身之处。据国际海事组织发布的相关数据，2000—2004 年是马六甲海峡武装抢劫犯罪最为猖獗的年份。这与马六甲海峡沿岸国遭受金融危机致使一些人铤而走险有关，更重要的是沿岸国之间由于涉及主权敏感问题，尚未开展打击犯罪的有效合作。2005 年之后，由于印度尼西亚、马来西亚和新加坡加强了安全合作，因此在马六甲海峡进行武装抢劫犯罪的行为得到了有效遏制。

2010 年 3 月，新加坡海军信息融合中心（Information Fusion Center，IFC）通过新加坡船务公会向航运界发布预警，称恐怖组织可能袭击途经马六海峡的油船以及运载危险物品的大型船舶，袭击方式可能为利用小型船（如单桅赛艇或快艇）自杀式撞船或登船爆破等。为了有效防范恐怖分子袭击，请通过船舶高度重视有关预警，并采取以下防范措施：

- 提高警惕，加强值班瞭望。
- 如遇袭击要及时发出警报，对歹徒作出警告。
- 确保充足照明，建议不要关闭航海灯，保证船尾也有充足照明。
- 快速通行，在确保航行安全的前提下尽量快速通过。
- 严把舱口。
- 尽量避免行经捕鱼集中区域。
- 防范袭击设备处于待用状态。

在马六甲海峡航行时还要注意以下事项：

- 超大油轮和吃水超过15米的深吃水船舶在进入马六甲海峡分道通航区的8小时前，须向新加坡报告船名、呼号、载重吨位、速度等情况，超大油轮和深吃水大型船舶的航行速度在部分海域不能超过12海里/时。
- 提前根据各种可靠的资料制订详细的航行计划，及时更新海图和有关航海信息，注意风和流向的影响，估算好风压流角，注意避让航道上的浅点和浅水点，防止搁浅和触底。

还有一些因素也给马六甲海峡带来了安全隐患，即沿岸国之间的主权争端影响了海峡管理。由于海峡沿岸国对维护海峡的主张不同，个别国家不断插手海峡事务，给海峡管理带来了难度。

2. 望加锡海峡

望加锡海峡既是连接苏拉威西海和爪哇海的水道，也是沟通太平洋与印度洋的通道。

近年来，望加锡海峡包括前方的爪哇海海域已成为国际海盗活动猖獗的地区之一，过往商船遭遇抢劫、船员遭遇伤害的事件时有发生，因此船舶在望加锡海峡航行时，要特别注意发生海盗抢劫犯罪事件。有多年海上航行经验，曾经数次经过这一带海域的船长说，望加锡海峡的海盗主要有两大类。

- 一类是组织严密的"职业海盗"，已形成了分工明确的团伙。他们一般持有高科技的犯罪工具，对海上航行的安全构成了重大威胁，已引起世界各国的高度重视，近年来在有关各方的协力打击下，势力已日见衰弱。
- 另一类通常是附近岛屿的渔民，当有船舶经过其机动小艇的"作战半径"时，他们会驾驶摩托艇，趁夜色爬上船舶甲板上，干些小偷小摸的勾当，一旦被人发现，就跳海逃走，很多商船深受其扰。

3. 巽他海峡

巽他海峡位于苏门答腊岛和爪哇岛之间，既是沟通爪哇海与印度洋的通道，也是北太平洋地区船舶通往东非、西非或绕道好望角到欧洲航线的航道之一。巽他海峡的航道复杂多变，水下地形不规则，水深有限，对于吃水大于18米的船舶有一定的危险性。巽他海峡处于地壳运动活跃地带，多火山活动，附近有几个活火山岛，最著名的是喀拉喀托岛。

一旦马六甲海峡因各种原因造成通航中断，那么绕行巽他海峡是可供选择的现实方案之一。遗憾的是，目前，巽他海峡还没有被很好地开发和利用，缺乏必要的导航设备和航运管理机制。巽他海峡是值得关注的重要备选航道，应该尽快完成勘测，研究通过的可行性及相关技术问题。

4. 朝鲜海峡

朝鲜海峡是日本列岛与亚洲大陆之间的海上便捷通道，也是连接黄海、东海和日本海的要道，更是东北亚的海上交通枢纽。朝鲜海峡有广义和狭义两种说法。

- 广义的朝鲜海峡是指，位于朝鲜半岛和九州岛之间的整条水道，朝鲜将其称为朝鲜海峡，韩国将其称为大韩海峡，日本将其称为对马海峡。
- 狭义的朝鲜海峡是指朝鲜半岛与对马岛之间的水道，朝鲜和韩国均将其称为釜山海峡，日本将其称为朝鲜海峡或对马海峡西水道。

此处的朝鲜海峡采用广义的说法。

朝鲜海峡所处海域属日本海大陆架区，海底地形较平坦，有少量的舟状盆地和洼地（对马岛西北）。

根据《联合国海洋法公约》与相关惯例，朝鲜海峡在航行制度上属于非领海海峡，任何船舶，包括军舰（舰载机）均享有航行自由与飞越自由，海峡周边国家不得妨碍、不得阻止。与此同时，根据日本的《领海法》，朝鲜海峡东、西水道，以及宗谷海峡、津轻海峡、大隅海峡等特定海域的领海宽度为3海里（国际上公认的领海宽度是12海里）。

5. 苏伊士运河

通过苏伊士运河时，应注意以下事项：

- 船长应在每次通过苏伊士运河之前，认真仔细地查阅相关资料，研读航行规则，熟悉各航段的特点，制订详细的安全航行计划与紧急情况下的应急措施。
- 船长应对苏伊士运河两端的苏伊士港、塞得港和两港的港外编队锚地，以及类似苏伊士运河内大、小苦湖这样的特殊水域进行仔细研究，因上述水域船舶众多，通航密度较大，极易造成碰撞、触损或搁浅事故。
- 由于船舶在大、小苦湖内的航行操作由苏伊士运河当局指派的引航员操作，因此会使船长放松警惕。

- 在苏伊士运河的大、小苦湖内，遇到因南下或北上船舶交汇时，需要在此水域锚泊、滞航，因编队顺序的调整、突发事件可能造成的船舶航行速度突然下降及暂时改变现有位置和顺序等特殊情况，极易造成船舶航行状态混乱，因此每当进出或接近上述水域时，都必须严格遵守相关规定，要极其谨慎地驾驶，确保航行安全。

- 船舶在任何时候都应以适合当时环境和情况下的安全航速航行。在紧迫情况下，特别是当船舶在狭小水道、港口航道或苏伊士运河航行时，应采取如减速、停车、停船，减少舵让等紧急避让行动，以避免其他被动局面的发生。

- 引航员在引领船舶时，并不会解除船长的指挥权力，更不会免除船长的责任。从法律角度讲，绝大多数国家的海商法都是如此规定的，苏伊士运河当局的引航员也是如此。当有引航员引领船舶时，船长绝不可减轻自己的责任，更不能放弃自己的权力。船长有权及时纠正引航员的错误指令，必要时船长应亲自接过指挥权。

- 由于苏伊士运河的周边国家关系复杂，因此给船舶航行的安全性带来了不小的隐患。苏伊士运河的多个河段只有300米宽，船舶只能单向航行。此外，苏伊士运河每天有三班固定时间的护航编队。恐怖组织只要知道护航编队的时间表，就可预先策划并轻松发动袭击。在苏伊士运河的某些河段，船舶位于河道中间时离两岸只有150米左右，大部分轻武器或小型重武器的最大有效射程都能达到这个距离。出于上述情况，在苏伊士运河航行的船舶面临着来自岸上袭击的风险。

- 苏伊士运河有多个河段特别容易被堵塞，如果船舶在这里沉没，则必然会造成严重堵塞。

6. 曼德海峡

曼德海峡和亚丁湾相连，位于阿拉伯半岛和非洲大陆之间，是红海的南大门，也是连通地中海、红海和印度洋的枢纽，被西方人称为"世界战略的心脏"。曼德海峡中间的马雍岛，是也门共和国西部的海防前哨。

大哈尼什岛位于红海东南端的海域正中，临近曼德海峡，东距也门，西距厄立特里亚均约 40 千米，居中于红海主航道。

与此同时，海盗问题也影响了海峡安全。国际社会对于海盗问题的制衡力不强，目前的公约对解决海盗问题仍有很多盲区和漏洞。曼德海峡与苏伊士运河的安全与畅通互为依托，互为影响。

7. 霍尔木兹海峡

霍尔木兹海峡西接波斯湾，东连阿曼湾。霍尔木兹海峡的地理位置之所以重要，主要是因为波斯湾地区盛产石油。这些石油又必须通过霍尔木兹海峡进入印度洋，运往欧洲、美洲等地。据统计，平均每 5 分钟就有一艘巨型油轮从霍尔木兹海峡通过。霍尔木兹海峡被人们称为"海上石油通道的咽喉""世界油库的阀门"。

霍尔木兹海峡的最窄处宽约 38.9 千米，是沙特阿拉伯、科威特和伊拉克等重要产油国海上输出石油的必经之地，被视作世界石油运输的战略枢纽。世界上近 40% 的石油以及数量可观的天然气由此输往全球各地。这一地区的通航安全对世界能源的影响不言而喻，稍有风吹草动，国际石油市场便会有所反应。

霍尔木兹海峡的恐怖袭击频发。夜间经过的船舶要严防恐怖袭击发生。另外，霍尔木兹海峡的航道可能遭受意外堵塞，最窄处的海峡内岛礁众多，水流湍急，风向多变，沙暴频发，除去险滩暗礁，适合油轮和大型船舶的水道仅有几千米宽。

第 6 章
风险分析与应急响应

6.1 风险

6.1.1 风险的定义

风险一词的英语是 Risk，源于古意大利语 Riscare，意为敢，实指冒险，是利益相关者的主动行为。现在风险一词已不具有冒险意义了。定义风险的角度有很多种，有些定义强调风险发生的可能性（不确定性），如美国学者 J. Haynes 在其 1895 年所著的 *Risk as an Economic Factor* 一书中认为，风险意味着损害的可能性。这是最早关于风险的定义。法国学者莱曼在 1928 年出版的《普通经营经济学》一书中把风险定义为发生损失的可能性。德国学者斯塔德勒把风险定义为影响给付或发生意外的可能性。《韦氏词典》中将风险定义为受到伤害或损失的可能性。这种可能性可用概率来描述。王文晶[1]认为，投资风险是指一个投资事件产生了非期望后果的可能性。孙星[2]认为，企业风险是企业在生产经营过程中，由于各种事先无法预料的不确定因素带来的影响，使得实际收益与预期收益发生一定的偏差，从而有蒙受损失或获得额外机会的可能性。黄崇福[3]给出自然灾害风险的定义：灾害发生的时间、空间、强度的可能性。

有些定义强调风险造成的损失或后果，如中国学者郭明哲认为，风险是指决策因面临的状态为不确定性而产生的后果。联合国人道主义事务部于 1992 年给出的风险定义：在给定的区域和时间内，由于特定的威胁给人民生命财产和经济活动带来的损失。Lirer 等人[4]认为，风险与期望损失有关。

目前，在学术界比较主流的风险定义，不仅强调风险发生的可能性，还强调风险造成的损失或后果，如 Lowrance[5]认为风险是对不利事件或不利影响发生的概率和损失程度的一种度量；Kaplan 等人[6]认为风险包括两个基本的维度，即不确定性和后果，并指出风险应是一个三联体的完备集，可表达为

$$R = \{<s_i, p_i(\phi_i), \zeta_i(x_i)>\} \tag{6.1}$$

式中，s_i 表示第 i 个有害事件；ϕ_i 表示第 i 个有害事件发生的频率，即可能性；$p_i(\phi_i)$ 表示第 i 个有害事件发生的可能性为 ϕ_i 的概率；x_i 表示第 i 个有害事件的结果；$\zeta_i(x_i)$ 表示第 i 个有害事件结果为 x_i 的概率。

国际地质科学联盟（IUGS）滑坡研究组风险评价委员会认为风险是指对人的健康、财产、生命安全及生态环境不利的事件发生的概率及可能后果的严重程度，可用发生概率与可能后果的乘积来表达。国际风险管理理事会（IRGC）认为，风险是指某客体遭受到某种伤害、毁灭或不利影响的可能性，以及由此造成的可能损失。信息系统的安全风险是指由于系统中存在的脆弱性、人为或自然威胁导致的安全事件发生的可能性及其造成的影响，是特定威胁事件发生的可能性与后果的结合。刘涛等人[7]给出了水资源系统风险的定义：在特定的时空环境下，水资源系统中非期望事件发生的概率及其造成的损失程度。Aven[8]认为，风险包括以下成分：不利事件 A 及其造成的影响或后果 C；相关的不确定性 U（A 是否发生以及什么时候发生、影响或后果 C 会有多大）。风险就是不利事件发生的不确定性以及后果的严重程度。

除了从风险发生的可能性和后果这两个角度来定义风险，Haimes[9]还利

用系统论的方法和角度提出了一种复杂的风险定义：

- 系统的性能是状态向量的函数。
- 系统的脆弱性向量和可恢复性向量是系统输入、危险发生时间和系统状态的函数。
- 危险造成的结果是危险的特征、危险的发生时间，以及系统的状态向量、系统的脆弱性向量和可恢复性向量的函数。
- 系统是时变的且充满各种不确定性的。
- 风险是对概率和后果严重性的度量。

虽然以上对于风险的定义用词各异，没有统一的标准，但是基本意义是相同或相近的，都包含类似的关键词：发生的可能性或概率；后果或损失，大多风险的定义是用随机性来刻画本质的，而实际问题往往是一个复杂的巨系统，存在多种不确定性，如随机性、模糊性、灰色性及未确知性等。笔者认为，仅仅考虑随机性的风险定义略显偏颇，因此将风险定义为：风险是指某客体遭受某种伤害、毁灭等不利影响的不确定性，以及由此造成的潜在损失。

风险系统的基本组成要素包含以下几个方面。

1. 风险源

风险产生和存在与否的第一个必要条件是是否存在风险源。风险源不仅从根本上决定了某种风险是否存在，还决定了该种风险的大小。风险源是指促使损失频率和损失幅度增加的要素，是导致事故发生的潜在原因，是造成损失的直接或间接原因，如导致股市风险的政治、经济及社会环境等因素。海洋风险中的风险源也被称为致险因子，主要包括由于全球气候变化引发的不利事件。当全球气候变化的一种异常过程或超常变化达到某个临界值时,风险源便可能产生:异常过程或超常变化的频率越大,对社会经济系统造成破坏的可能性就越大;异常过程或超常变化的程度越高,对社会经济系统造成破坏的可能性就越大,社会经济系统承受的风险就越大……总之,不同领域风险源的表现形态各异。根据性质不同,风险源大致可分为自然风险源、经济风险源、政治风险源、物理风险源、道德风险源及心理风险源等。

风险源的性质通常被描述为危险性(Hazard),表示为

$$H=f(\text{In},P) \tag{6.2}$$

式中,H 是风险源的危险性;In 是风险源的变异强度;P 是不利事件发生的概率。

式(6.2)只是用于说明危险性事件变异强度和概率的函数,并没有给出函数的表达式。参考钱龙霞等人[10]水资源供需风险研究中危险性的定义和表达式,定义危险性为研究系统处于不同强度失事状态下的概率,即

$$T(x) = \int_0^x D(t)f(t)\,\mathrm{d}t \tag{6.3}$$

$$D(t) = \begin{cases} 0, & 0 \leqslant t \leqslant W_{\min} \\ \dfrac{t-W_{\min}}{W_{\max}-W_{\min}}, & W_{\min} < t < W_{\max} \\ 1, & t \geqslant W_{\max} \end{cases} \tag{6.4}$$

式中,x 表示自变量,如自然灾害中的震级、风力、温度及降水等;$D(t)$ 表示 x 的变异强度,用来刻画研究系统的模糊性;$f(t)$ 表示自变量的概率密度函数,用来刻画研究系统的随机性。

2. 承险体

承险体是风险的承担者,即风险源的作用对象。海洋的承险体包括周边

广大海域、海洋资源、海峡水道、近海和远洋船舶、沿海地区和岛屿等。

承险体的特征要素主要包括人口、经济、种类、范围、数量、密度、价值等，可反映脆弱性、承险能力和可恢复性。在英文中，脆弱性被表示为 Vulnerability，即

$$V=f(p,e\cdots) \tag{6.5}$$

式中，V 为脆弱性；p 为人口；e 为经济。

关于脆弱性的定义，目前学术界还没有统一认知：

- Chambers[11]引入了一个脆弱性定义，即人类社会在遭受意外事故、压力和困难时的暴露性，还提出关于脆弱性的外在和内在性质，即面对外部打击和压力时的暴露性和无法完全避免损失的防御能力。
- ISDR[12]（国际减灾战略）将脆弱性定义为由于自然、社会、经济和环境等因素引起的一系列状况和过程。这些状况和过程会增加一个社会群体对灾害冲击的易损程度。ISDR[13]又将脆弱性定义为一种状态。这种状态取决于一系列能够导致社会群体对灾害影响的敏感性增加的自然、社会、经济和环境等因素。
- UNDP[14]（联合国开发计划署）将脆弱性定义为由自然、社会、经济和环境等因素导致的人群状况，导致的过程决定了人群受害的可能性和程度。

总结以上各种定义，脆弱性的定义主要有以下几种：

- 当一个不利事件引发一种风险时，承险体所表现出的一种特殊状态，经常用一些指标来描述承险体的这种状态，如敏感性、局限性和控制能力等。
- 某个特定风险所带来的直接后果。
- 当承险体面对与某个风险有关的外部事件时，发生不利后果的概率或

可能性，可用潜在损失（如伤亡人数、经济损失、个人和群体抵御某种风险的可能性）来表示。

本书将脆弱性界定为：承险体在面对潜在风险时，由于自然、社会、经济和环境等因素的作用，所表现出的物理暴露性和应对外部打击的固有敏感性。

3. 风险防范能力

风险防范能力是人类的个体或群体，特别是风险的承担者用于应对风险所采取的方针、政策、技术、方法和行动的总称，一般分为工程性防范措施和非工程性防范措施。风险防范能力也是某类风险能否产生以及产生多大风险的重要影响因素，可表示为

$$R=f(c_e,c_{ne}) \tag{6.6}$$

式中，R 表示风险防范能力；c_e 表示工程性防范措施；c_{ne} 表示非工程性防范措施。

工程性防范措施是人类为了抵御风险而主动采取的工程行为，如为了抵御风暴潮、保护城市或农田而筑起的防潮堤。非工程性防范措施包括灾害监测预警、制定防灾减灾政策、组织实施应急预案演练以及提高公众的抗风险意识和知识能力等。

6.1.2 风险的分类

1. 按导致风险损失的原因分类

按导致风险损失的原因不同，风险可分为自然风险（Physical Risk）、社会风险（Social Risk）、经济风险（Economic Risk）、政治风险（Political Risk）

及技术风险（Technology Risk）等。

- 自然风险是指，由于自然力的不规则变化导致损失的风险，如风暴、地震、泥石流、海啸等。
- 社会风险是指，由于个人行为反常或不可预料的团体行为导致损失的风险，如盗窃、抢劫、玩忽职守及故意破坏等。
- 经济风险是指，在商品的生产和销售过程中，由于经营不善、市场预测失误、价格波动、消费需求变化，以及通货膨胀、外汇行市的涨落而导致损失的风险。
- 政治风险是指，由于政局变化、政权更替、战争、罢工、恐怖主义活动等带来损失的风险。
- 技术风险是指，由于科技发展的副作用而带来损失的风险，如各种污染、核泄漏和核辐射、车祸、噪声等导致损失的风险。

需要注意的是，自然风险、社会风险、经济风险和政治风险是相互关联、相互影响的，有时很难明确区分。例如，由于个人行为引起的风险，以某种自然现象表现出来，则风险本身属于自然风险，但这种风险由个人行为反常所致，因此又属于社会风险；由于价格变动引起产品销售不畅，利润减少，虽然本身是一种经济风险，但因价格变动导致某些部门、行业不景气，造成社会不稳定，于是又是一种社会风险；社会问题可能演变成政治问题，社会风险蕴含着政治风险。

2. 按风险的潜在损失形态分类

按风险的潜在损失形态不同，风险可分为财产风险（Property Risk）、人身风险（Personnel Risk）和责任风险（Liability Risk）。

- 财产风险是指，导致财产发生毁损、灭失或贬值的风险，如因遭受地震、洪水、火灾，以及飞机坠毁、汽车碰撞、船舶沉没等造成财产损失。

- 人身风险是指，由于人的生、老、病、死而导致损失的风险，通常又分为生命风险（Life Risk）和健康风险（Health Risk）两类。
- 责任风险是指，由于单位或个人的行为造成他人财产损失或人身伤亡，按照法律或合同规定承担赔偿责任的风险。与财产风险和人身风险相比，责任风险是一种复杂且难以识别和控制的，尤以专业技术人员，如医师、律师、会计师、理发师、教师等职业的责任风险为甚。

3. 按承受能力分类

按承受能力的不同，风险可分为可承受的风险（Acceptable Risk）和不可承受的风险（Unacceptable Risk）。

- 可承受的风险是指，预期风险事故的最大损失程度在单位或个人经济能力和心理承受能力的最大限度之内的风险。
- 不可承受的风险是指，预期风险事故的最大损失程度已经超过了单位或个人承受能力的最大程度的风险。

4. 按风险控制程度分类

按风险控制程度的不同，风险可分为可控风险和不可控风险。

- 可控风险是指，人们能比较清楚地确定形成风险的原因和条件，能采取相应措施控制产生的风险。
- 不可控风险是因不可抗力形成的风险。人们不能确定这种风险形成的原因和条件，表现为束手无策或无力控制。

5. 按风险发生的环境分类

按风险发生的环境不同，风险可分为静态风险和动态风险。

- 静态风险（Static Risk）是指，由于自然力的不规则变化，或者人们的错误行为而招致的风险，如洪灾、地震、飓风、交通事故等。静态风险是在社会经济正常情况下存在的一种风险。
- 动态风险（Dynamic Risk）是指，与社会变动有关的风险，通常由人们需求的变化、生产方式、生产技术以及产业、组织机构的变化等引起，如消费者偏好转移、市场结构调整、技术改进、人口增长、政策变化、环境改变等。

静态风险与动态风险的区别主要在于：

- 第一，由静态风险引起的损失对于社会而言一般是实实在在的损失，而由动态风险引起的损失对社会而言并不一定都是损失，即可能对一部分社会成员（个体）有益，对另一部分社会成员（个体）有实际损失。
- 第二，从影响范围来看，静态风险一般只对少数社会成员（个体）产生影响，而动态风险的影响则较为广泛。
- 第三，静态风险对个体而言是偶然发生的，对社会整体而言可能具有一定的规律性；而动态风险则很难找到规律性。

6. 按承担风险的主体分类

按承担风险的主体不同，风险可分为个人风险（Personal Risk）、家庭风险（Family Risk）、企业风险（Corporation Risk，又进一步细分为一般企业风险和跨国企业风险）、国家风险（Country Risk）等。其中，个人风险、家庭风险和一般企业风险可称为个体风险（Individual Risk），跨国企业风险和国家风险可称为总体风险（Macro-Risk）。

7. 按风险所涉及的范围分类

按风险所涉及的范围不同，风险可分为局部风险（Fundamental Risk）和全局风险（Specifically Risk）。局部风险是指在某一局部范围内存在的风险。全局风险是一种涉及全局、牵扯面很大的风险。

8. 按风险存在的方式分类

按风险存在的方式不同，风险可分为潜在风险、延缓风险和突发风险。

- 潜在风险是一种已经存在损失发生的可能性，并且人们已经估计到损失程度与发生范围的风险。
- 延缓风险是一种由于有利条件增强而抑制或延缓损失发生的风险。
- 突发风险是由偶然事件引起的、事先没有预料到的风险。

6.1.3 风险的分析方法

一个完整的风险分析过程常常会应用到风险辨识（风险识别）方法、风险评估方法、风险决策方法和残余风险评估与处置方法等。本节只介绍前两种方法。

1. 风险辨识方法

（1）头脑风暴法

头脑风暴法（Brain Storming）也称集体思考法，是以专家团队的创造性思维来获取未来信息的一种直观预测和识别方法，由美国人奥斯本于1939年首创，从20世纪50年代起就得到了广泛应用。头脑风暴法一般在一个专家小组内进行，以宏观智能结构为基础，通过专家会议的形式，发挥专家的创造性思维。在这一过程中，要求主持专家会议的人在会议开始时的发言能激发专家的思维灵感，促使专家愿意寻找解决问题的办法，通过专家之间的信息交流和相互启发，诱发专家产生思维共振，达到互相补充并产生组合效应，以获取更多的未来信息，使预测和识别的结果更准确。

（2）德尔菲法

德尔菲法（Delphi Method）又称专家调查法，由美国兰德公司（Rand Corporation）提出，本质是一种反馈匿名函询法。目前，德尔菲法的应用已遍及经济、社会、工程技术等各领域。用德尔菲法进行项目风险辨识的过程是，由项目风险小组选定项目相关领域的专家，并与专家建立直接的函询联系，在通过函询收集专家意见后，经综合整理，以匿名形式反馈给各位专家，再次征询专家意见，直至专家意见趋向一致，作为最后辨识的根据。我国于20世纪70年代引入此法，并将其应用到许多项目管理活动中，取得了比较满意的结果。

（3）等级全息建模

等级全息建模（Hierarchical Holographic Modeling，HHM）是一种全面的思想和方法论，用于捕捉和展现一个系统（众多的方面、视角、观点、维度和层次）的内在不同特征和本质。这个方法的核心是不同全息模型间的重叠。全息模型是根据目标函数、约束变量、决策变量及系统输入和输出之间的关系建立的。等级全息建模在对大规模的、复杂的、具有等级结构的系统进行建模时非常有效。

2. 风险评估方法

风险评估也称安全评估，以实现安全为目的，通过运用风险评估原理和方法、专业理论知识和工程实践经验，在对保障目标或系统中存在的危险源进行辨识的基础上，研究危险发生的可能性及其产生后果的严重程度，通过分类排序，进一步为制定风险的控制措施和策略提供依据。

（1）概率统计风险评估方法

① 直接积分法。

直接积分法是通过对荷载和抗力的概率密度函数进行解析和数值积分得到风险评估结果，理论性强，只适用于处理线性的、变量为独立同分布且影响因素个数较少的简单系统，当影响因素较多时，无法求解系统的失事概率，适用性不强。

② 蒙特卡罗模拟。

蒙特卡罗模拟（Monte Carlo Simulation）又称随机模拟法或统计实验法，是一种用于估计经济风险和工程风险的常用方法，其基本数学原理如下：先制定各影响因素的操作规则和变化模式；再利用随机数生成的办法，人工生成各因素的数值并进行计算；最后从大量的计算结果中找出风险的概率分布。在研究不确定因素的决策方法中，通常只考虑"最好""最坏""最可能"三种估计，如敏感性分析方法。如果不确定因素很多，则只考虑这三种估计就会使决策发生偏差。蒙特卡罗模拟可以避免这些情况的发生，使得在复杂情况下的决策更为合理和准确，基本过程如下。

- 编制风险清单：通过结构化方式，把已辨识的影响目标或系统的重要风险因素编制成一份标准化的风险清单，能充分反映风险分类的结构和层次。
- 编制风险评估表：采用专家调查法确定风险因素的影响程度和发生概率，编制风险评估表。
- 采用模拟技术，确定风险组合：在对专家观点的评估统计过程中，可以采用模拟技术评估由专家调查获得的主观数据，并在风险组合中表现出来。

- 分析与总结：通过模拟技术可以得到项目总风险的概率分布曲线，由曲线可以看出项目总风险的变化规律，并据此确定风险防范措施。

蒙特卡罗模拟结果虽然精度高，但由于其依赖于样本容量和抽样次数，且对变量分布的假设很敏感，因此不是唯一的。除此以外，蒙特卡罗模拟的计算时间较长。

③ CIM 模型。

当有多项风险因素影响系统目标时，就会涉及概率分布的叠加问题，CIM 模型是解决这一问题的有效方法。该方法的特点是用直方图代替变量的概率分布，用和代替概率函数的积分，按串联或并联响应模型进行概率叠加。

④ 最大熵方法。

最大熵方法的基础是信息熵。信息熵被定义为信息的均值，是对整个范围内随机变量不确定性的度量。应用最大熵方法进行风险评估的依据是风险变量的概率分布：首先根据所获得的一些先验信息设定先验分布，然后利用最大熵原理设定风险源的概率分布。其本质是将问题转化为信息处理和寻优问题，许多风险源的随机特征都无先验样本，只能获得一些数字特征，如均值，由于概率分布有无穷多个，因此要运用最大熵原理从中选择一个分布作为真分布。

（2）模糊风险评估方法

黄崇福等人[15]认为，由于概率风险评估模型没有描述系统的模糊不确定性，因此在应用于实际评估时，其可行性和可靠性仍存在问题。在客观世界，许多概念的外延存在不确定性，对立概念之间的划分具有中间过渡阶段，这些都是客观存在的模糊现象，需要采用模糊集理论进行研究。模糊风险评估模型包括模糊综合评估模型、模糊聚类分析模型、信息扩散模型及内集-外集模型等。其中，信息扩散模型的基本思想是对于一个非完备样本，可通过某个扩散函数 $\mu(x)$ 来获取该样本携带的更多信息。信息扩散模型的关键是寻求一个合理、有效的扩散函数（分为正态信息扩散函数和非均匀信息扩散函数，黄崇福[16]模仿分子扩散，经推导得出了正态信息扩散函数）。

虽然正态信息扩散函数表现的是一种对称的信息扩散过程，但在实际应用中获取不完备样本的各要素间可能存在某些非对称的结构或规律，如变量间的不规则正比关系，即随着自变量的增加，因变量呈非线性增加。对某些不完备样本进行信息扩散时需要考虑不同方向的扩散速度和扩散方式，即信息的非均匀扩散。对此，张韧等人[17]将以"圆"特征向周围均匀扩散的正态函数进行了扩展，扩展为更广义的"椭圆"均匀信息扩散函数，扩散快的方向与椭圆长轴对应，扩散慢的方向与椭圆短轴对应。之后，张韧等人又基于信息扩散的非均匀性既可从扩散速率（信息的时空变化）角度来表述，也可用概率统计（可能性）方式来度量的研究思想，提出用可能性概率来描述扩散过程非均匀性的"概率型"信息扩散模型[18]。

（3）灰色随机风险评估方法

Jon[19]在处理复杂系统的风险评估时将不确定性分为随机不确定性和主观不确定性，并认为前者的产生源于系统的特性，后者的产生源于对系统认知信息的缺乏。胡国华等人[20]将源于对系统认识的缺乏所产生的主观不确定性归结为灰色不确定性。所谓灰色随机风险评估方法，就是综合考虑系统的随机不确定性和灰色不确定性，用灰色随机风险概率来量化系统失效的风险性。虽然灰色随机风险评估方法代表了风险评估的一个方向，但理论体系尚需进一步完善。

6.2 突发事件

6.2.1 突发事件的定义

突发事件是指，突然发生且造成（或可能造成）严重社会危害，需要采取应急处置措施予以应对的自然灾害、事故灾难、公共卫生事件和社会安全事件等。按照这一定义，突发事件具有突发性和事件性的特点。其中，突发性指的是突然发生，发展速度较快，出乎预料；事件性表明事件难以应对，一般是指历史和社会中发生的重大事件。国内学者也多从这一思路出发定义并研究突发事件。例如，沈正赋[21]认为，突发事件是指突然发生、呈现异常状态、大众虽缺乏准备但却普遍关注的新闻事件；秦启文[22]认为，突发事件是指，在某种必然因素的支配下出人意料地发生，给社会造成严重危害、损失或影响，且需要立即处理的负面事件；郭研实[23]认为，广义的突发事件泛指一切突然发生的危害人民生命财产安全、直接给社会造成严重后果和影响的事件；朱力[24]定义突发事件为影响社会局部甚至社会整体的大事件，不是个人生活中的小事件。自《国家突发公共事件总体应急预案》（以下简称《预案》）颁布后，国内对突发公共事件有了统一和权威的定义。《预案》中对突发公共事件的描述如下："本预案所称突发公共事件是指突然发生，造成或者可能造成重大人员伤亡、财产损失、生态环境破坏和严重社会危害，危及公共安全的紧急事件"。

国外相关领域文献并不存在与国内突发公共事件完全一致的词或词组，并且国内学者在描述这一问题时大多采用"突发事件"这个词，故本书中的"突发事件"泛指"突发公共事件"。在对"突发事件"进行定义时，常采用"紧急事件（Emergency Events）"或"危机事件（Risk Events）"等词。其中，紧急事件是指，突然发生、不确定性强、需要响应主体立即作出反应并能够有效控制的危害性事件。在这一定义中，事件的规模与影响的严重性较突发事件低，强调事件的紧急性，在多数情景下，泛指个人、家庭或社区等较小单位面临的紧急状态。《预案》中将突发事件定义为紧急事件，由此可见，突发事件与紧急事件的概念相近。危机是对社会系统的基本结构、基础价值和规范的威胁。危机应对是在时间紧迫和高度不确定的环境下作出的重要决定[25]。虽然国外学者一般将危机事件与突发事件并列探讨，但危机事件相比突发事件仍存在一定区别：危机事件多指由人为因素引发的高危险、高不确定性事件，不强调事件的即时性和突发性，更关注事件的可能性及其带来的负面影响。

从上述国内外相关研究可以看出，紧急事件、危机事件与突发事件的定义相似，但不可一概而论。在不同的研究领域和研究方向，往往根据研究需要突出强调突发事件概念中的某一个方面，如国内学者大多强调突发事件的突发性和破坏性，国外学者更侧重于将突发事件与社会发展联系起来，研究危机事件的应对与机遇等，因此很难给出较为一致的突发事件定义。本书对突发事件的定义统一采用《预案》中的定义。

6.2.2 突发事件的特点

虽然不同学者对突发事件有不同的定义，但可以根据各类定义归纳出突发事件的特点。

- 突发事件具有瞬时性。突发事件的发生与发展速度较快，难以控制。突发事件从诱发、发生、演变、高潮到结束，过程非常短暂，事态蔓延与扩展速度快，通常以迅雷不及掩耳之势扩大。正是这种瞬时性，增加了应对与处理突发事件的困难。

- 突发事件具有不可预测性。突发事件发生的时间、地点和演变往往存在较大的随机性。虽然一般各类突发事件在发生前会有"先兆"信号，但突发事件的发生没有规律，即便由各类突发事件总结出了规律，在下一次突发事件中往往也不再适用，且同样的诱因在不同时间、不同地区并不能重现已经发生的类似突发事件。因此，突发事件的发生难以预测，具有较强的不可控因素，更需要做好灾害的预防和响应工作。

- 突发事件具有很强的连锁性。突发事件并不是在孤立封闭的环境中发生与发展的，而是与周围环境和承险体相互作用的。一般而言，突发事件发生后，将不再是单一类别的灾害事件，在事件发展、演变的过程中，因承险体的脆弱性和承受力不同，往往会在突发事件发展的中后期诱发出更多次生连锁性突发事件。除此之外，突发事件应急响应不当也会加剧其他突发事件的发生，造成影响更大、灾害更严重的突发事件。

- 突发事件具有灾害性。从其定义便可看出，突发事件的发生一般会造成重大人员伤亡和财产损失，也会给社会和生态带来巨大破坏。若不能及时处理与消除突发事件带来的损失与灾害，那么突发事件还会进一步演化为社会危机事件，从而引发更严重的社会恐慌与不可预知的潜在灾难。

6.2.3　突发事件的分类

为了更好地理解与研究突发事件，国内外学者从不同角度对突发事件进行了详尽分类。主流的分类标准有诱发因素、影响范围、发生领域、发生领域与性质、危害程度等，如图 6.1 所示。

在不同分类标准下，各类突发事件的案例见表 6.1。

```
                        突发事件分类
         ┌──────┬──────┬──────┬──────┬──────┐
       诱发因素  影响范围  发生领域  发生领域   危害程度
                                  与性质
```

诱发因素	影响范围	发生领域	发生领域与性质	危害程度
❖ 自然类 ❖ 人为类 ❖ 技术类	❖ 国际性 ❖ 全国性 ❖ 地方性/区域性 ❖ 组织性	❖ 政治类 ❖ 经济类 ❖ 社会类 ❖ 生产类 ❖ 自然类	❖ 自然灾害 ❖ 事故灾害 ❖ 公共卫生事件 ❖ 社会安全事件	❖ 一般突发事件 ❖ 较大突发事件 ❖ 重大突发事件 ❖ 特别重大突发事件

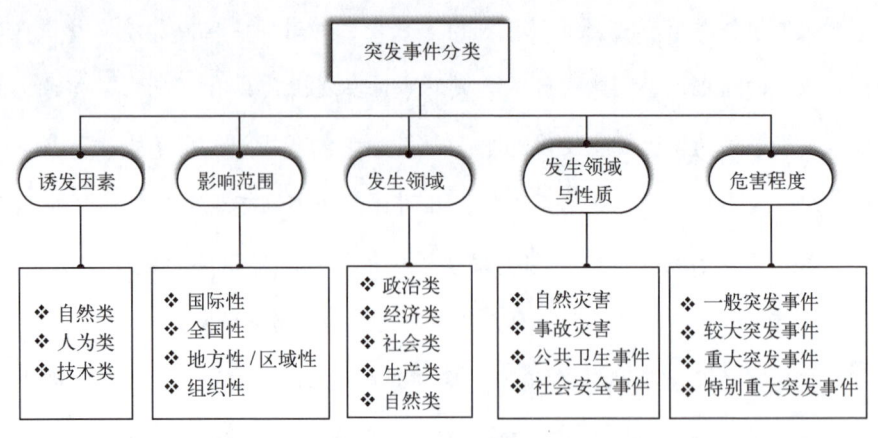

图 6.1　突发事件分类

表 6.1　各类突发事件的案例

分类标准	分 类	案 例
诱发因素	自然类	洪水、台风、地震
	人为类	战争、恐怖袭击、暴乱
	技术类	飞机失事、核泄漏
影响范围	国际性	恐怖主义危机、金融危机
	全国性	食品安全事故
	地方性/区域性	地震
	组织性	危险化学品泄漏
发生领域	政治类	战争、军事冲突、政变
	经济类	恶性通货膨胀或通货紧缩、国际汇率大幅波动、股市大幅震荡
	社会类	罢工、罢课、游行、哄抢、社会骚乱
	生产类	煤矿爆炸、空难
	自然类	台风、风暴
发生领域与性质	自然灾害	水旱灾害、气象灾害、地质灾害、海洋灾害
	事故灾害	安全事故、交通运输事故、公共设施事故
	公共卫生事件	传染病疫情
	社会安全事件	恐怖袭击、经济安全事件
危害程度	一般突发事件	交通事故、小范围火灾
	较大突发事件	暴雨灾害、环境污染
	重大突发事件	重大煤矿爆炸事故、海上交通事故
	特别重大突发事件	南方低温雨雪冰冻灾害

6.2.4 突发事件的应急响应

从突发事件的定义及其影响可以看出，突发事件会引发一系列的人员伤亡、经济损失、生态破坏及其他灾害性后果。如何应对突发事件？如何化解突发事件造成的危机？本节将重点研究这一问题，即突发事件的应急响应。

应急响应，通俗地讲，可理解为应对紧急事件的行动，没有统一的定义。国内一般是指一个组织为了预防各种意外事件发生所做的准备，以及在事件发生后所采取的措施。国外一般称之为 Emergency Response 或 Disaster Response，偏重于搜索与救援和人道主义援助，是灾害管理的重要组成部分。灾害管理是一项涉及多部门的系统性工程，包含规划、计划实施、预警、紧急响应、救助、次生灾害防范等，以减少或降低自然灾害或人为灾害对社会造成的影响和冲击的综合性工作。因此，突发事件应急响应并非是为应对灾害事件而孤立存在的，而是灾害管理工作的核心环节，更是检验灾害管理部门应急能力的关键指标。应急响应的效果与多个环节密切相关，能够反映突发事件管理工作的质量与效率。美国联邦应急管理署将灾害管理划分为灾前减灾（Mitigation）、准备（Preparedness）、灾时响应（Response）及灾后恢复（Recovery）等 4 个阶段，使整个灾害管理工作形成一个闭环，如图 6.2 所示，体现了应急响应与灾害管理的密切关系。

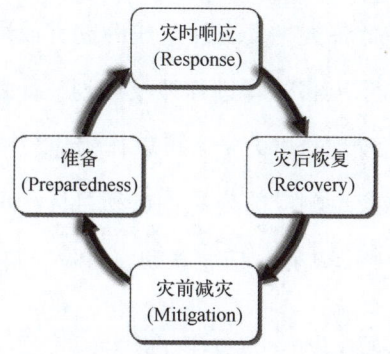

图 6.2　美国联邦应急管理署的灾害管理划分

虽然我国一直重视突发事件的应急响应工作，截至目前，政府应急管理体系初步建成，各类应急管理政策法规逐步出台，各类突发事件的应急响应预案日趋完备，国内学者对突发事件的应急响应过程涉及的各类问题做了较为详细的探讨，但从整体而言，仍有许多全局性、系统性的工作要深入研究和落实。国外对突发事件的应急响应研究起步早、发展快，经验与理论较为成熟，并提出了一系列提高应急能力的方案与仿真模型，但响应主体多为社区或组织机构。结合我国国情，这种以社区或组织机构为主体的应急响应模式并不适合我国。随着现代社会在安全和环保方面的要求越来越高，对突发事件应急响应的需求日益增强，如何提出一套符合我国国情的应急响应理论体系与应急框架，是非常重要的任务。

1. 突发事件应急响应的要素与联系

在应对与处理突发事件时，应急响应需要解决 4 个问题：做什么、谁来做、怎么做、做到什么程度。解决好这 4 个问题，应急响应就成功了一大半。其中的首要问题是做什么和谁来做。若要解决这个问题，就需要理解突发事件应急响应的构成要素。

由于突发事件所属的领域不同、性质不同，相应的应急响应构成要素也会不同，很难给出具有普适性的突发事件应急响应构成要素。应急响应是由多部门协同以减少或降低各类突发事件造成的灾害或影响的活动，可以视为一个灾害管理过程。由于灾害管理过程涉及规划、计划实施、预警、紧急应变、救助等环节，因此涉及的相关要素可以作为应急响应工作构成要素的参考。根据各类突发事件应急响应的公共特点和目标，可以给出突发事件应急响应的 4 类构成要素：指挥决策、应急联动、风险控制、应急保障。

（1）指挥决策

指挥决策主要包含应急指挥和应急决策两大部分，是整个应急响应过程的初始环节。

- 应急指挥主要负责灾害前的灾害预警和信息发布，在灾害发生时设立相应类别的应急指挥机构，组织、协调、指挥突发事件的应急响应工作，主要构成机构有国家防灾减灾行政管理部门、应急指挥机构与现场指挥中心。各个机构与相关部门逐级负责、逐级上报，必要时可越级上报，并按照《中华人民共和国突发事件应对法》与相关应急预案行使相关功能职责、承担相应的责任，在突发事件发生后，第一时间根据事件性质和特点组织相关部门，调动应急救援队伍和社会力量，依照有关法律、法规及规章规定采取有效的应急处置措施。

- 应急决策是指针对某些宏观或微观的应急管理问题，按照预期目标，采用科学的理论、方法和手段，明确问题，制定若干可供选择的行动方案，确定评估准则，从待选方案中选择可行方案加以实施，使目标得以实现的一系列活动。在突发事件应急行动中，决策是行动的灵魂。若没有科学有效的理论指导，应急行动将无法进行。应急决策是为应急行动提供理论支撑与指导的重要环节。与常规决策不同，突发事件应急决策一般更为困难，要求更高，与突发事件的特点密切相关。突发事件的发生通常具有瞬时性与不可预测性，可用的决策信息不足，同时对决策时间要求高，需要在短时间内利用不完备的信息给出最优决策。因此，在应急行动初期，决策过程虽较为困难，却意义重大，可直接为救援队伍提供行动指南，影响着黄金救援时段内救援行动的开展。随着事件的发展演变，可供利用的决策信息逐渐增多，会出现新的突发情况，同时还面临着对反馈的救援行动与灾害演变信息进行综合研判处理的情况，是一类多目标约束下的复杂规划决策问题。在应急行动后期，应急决策仍然扮演着应急响应行动、次生灾害评估及灾后恢复方案制定等角色，需要伴随应急响应过程进行动态调整。

(2) 应急联动

应急联动是指多个相关部门的联合行动。当重大灾害事件发生时，常常既需要应急又需要联动。应急联动是在集中管理、分散实施的应对模式下，各职责部门基于应急预案，根据各自职能和优先权高效开展多部门协同的应急救援工作，有助于信息和资源的共享，提升各个成员的协同配合能力，提高资源利用率和快速响应率。因此，在突发事件应急处置过程中，要注意提高应急联动能力，注重成员之间的配合与协同工作，提高突发事件的应对与处置能力。

(3) 风险控制

风险控制主要包括脆性风险源识别与控制、次生灾害识别与控制、实时行动评估与调整。

- 脆性风险源识别与控制是指在应急行动中发掘与控制脆性风险源。脆性风险源即为对灾害系统或救援行动影响最大的要素。对突发事件而言，脆性风险源一般对应突发事件发生与演化的直接诱因，将直接导致灾害事件的爆发和恶化，结合特定的外界因素，往往还会引发次生灾害。对救援行动而言，脆性风险源往往是救援行动和应急管理过程中的薄弱环节，将直接影响应急响应的进程和执行度，降低响应效能，甚至导致响应行动失败。找出突发事件的脆性风险源，可以为下一步次生灾害的预防和排除提供基础，更有针对性地调整应急救援行动方案，最大化地控制灾害的发展，降低由灾害带来的损失，快速结束应急响应工作，从而进入灾后恢复工作。

- 次生灾害识别与控制是指在应急行动过程中密切监视脆性风险源的演变过程，进而及时发现诱发新灾害的不稳定要素，通过调整行动策略，消除次生灾害的孕灾环境，将不稳定要素扼杀在萌芽中。

第6章　风险分析与应急响应

- 实时行动评估与调整是指对当前应急处置行动效果的评估分析，为下一步风险决策和应急行动的调整提供量化依据，根据当前处置结果与灾害演变趋势作出是否终止应急响应行动还是扩大应急响应级别等决定。

风险控制的主要过程如图6.3所示。

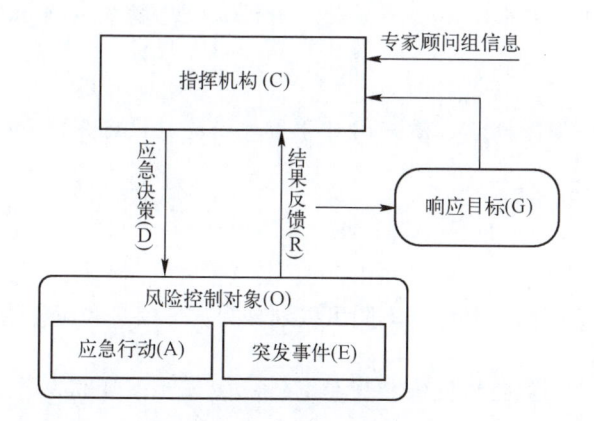

图6.3　风险控制的主要过程

（4）应急保障

应急保障是保障各项工作能够顺利开展，提供各类技术支持与物质支持，是具有服务性特点的要素。应急保障的得力与否将直接影响并制约着应急行动。根据在应急响应中各项活动的特点与保障的项目类别，应急保障可以划分为物质保障和信息保障两大类。

① 物质保障。

物质保障又可分为物力资源保障、人力资源保障、经费保障、基础设施保障等。

- 物力资源保障主要是指提供应急行动所需的各类物资。
- 人力资源保障是指提供应急救援的专业应急队伍，负责特定领域与行业的应急处置。解放军和武警部队是处置突发事件，参与抗灾、救灾，应对重大灾害事故，负责维护社会稳定等任务的骨干力量和突击力量。社会应急力量主要是指各类公益性组织、社会团体及志愿者等，负责防灾避难、疏散安置、应急知识宣传、抢险救援、卫生防疫及安置疏导等工作。

- 经费保障按照来源不同可分为政府设立应急救援专项基金、社会团体及个人自发捐助等。
- 基础设施保障按照性质不同可分为现场抢救设备保障和应急避难场所保障。

② 信息保障。

信息保障按照信息属性的不同可以划分为灾情信息和应急指挥信息。

- 灾情信息主要包括灾害损失信息、灾害发生演变信息、受灾人员和救援队伍的人身安全信息、各类灾害公开发布的信息等。
- 应急指挥信息主要包括灾害详细信息、救援开展信息、物资保障信息、决策与预案信息、应急处置行动过程、反馈信息等。

需要注意的是，以上两类信息并不是孤立或对立的，彼此之间存在一定的联系。特别是在发生突发事件、信息匮乏的特殊情况下，更要注重各类信息之间的联系性和真实性，从而能够更好地为应急决策与应急处置行动提供服务。

通过定义突发事件应急响应的4类构成要素，以及对各个构成要素的分析，可以看出4类构成要素的地位及其之间的关系，即应急保障是基础，指挥决策是行动指南，应急联动是主体，风险控制是关键。其中，指挥决策、应急联动、风险控制层层推进、环环相扣、相互影响制约，指挥决策决定并影响了应急行动的开展，风险控制不仅可以调整应急行动，最大限度地减缓由突发事件带来的灾害与损失,而且反馈结果又可以为指挥决策的开展提供更深入的参考,进而提升响应的成功率。因此,这三类构成要素共同形成了"决策–响应–减缓"的正反馈循环。应急保障是促使这一循环不断执行的动力,能够支持应急响应工作的顺利进行。应急保障与正反馈循环如图 6.4 所示。

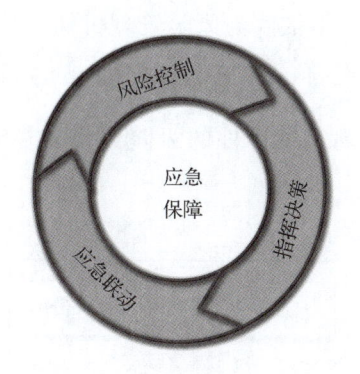

图 6.4　应急保障与正反馈循环

2. 突发事件应急响应的框架与流程

突发事件的种类繁多,不同领域的突发事件各具特点,同时瞬时性、不可预测性使得在突发事件发生后,应对机构在毫无准备的状态下进入应急响应状态,被迫立即面临由突发事件带来的灾害损失和迅速发生的连锁灾害事件,需要决策领导者准确、迅速地作出决策,能够清晰地知道需要解决的问题、解决问题的方式、谁来执行、怎么执行及如何获得相应的资源等一系列问题。这就要求决策领导者了解完整的突发事件应急响应框架和科学的应急响应流程。

应急响应具有很强的目的性和风险性,对可操作性要求高,依据应急行动和预案的要求,可以给出突发事件应急响应框架,如图 6.5 所示。突发事件发生前的预案演练与仿真模拟为应对突发事件提供了行动经验和预测结果。预警预防体系是对突发事件预警和播报的支持。应急设备与物资是支撑后续应急响应工作的基础。各行业的专家顾问和待命人员可为应急响应提供各类咨询和指导。人力部门、财力部门、医疗单位、交通运输部门、治安部门、通信部门、科技部门等是应急响应的直接办事机构，是维持应急工作正常开展的基础。按照事件等级和影响程度的不同，指挥决策机构的权限和层次自上而下依次为风险管理机构、政府应急组织领导机构、企事业单位应急组织领导机构及现场应急指挥中心，在这几个模块的共同配合与运作下，最终实现突发事件的风险分析与控制、响应行动、应急决策、减灾与恢复等。

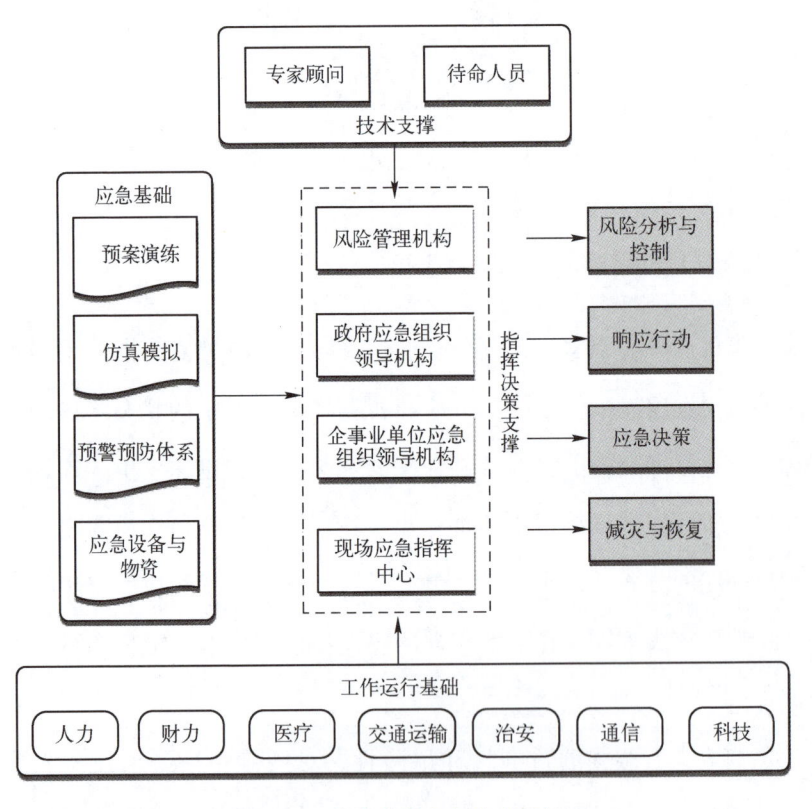

图 6.5　突发事件应急响应框架

第6章　风险分析与应急响应

由框架可知，指挥决策是核心，在各类基础的支撑下，维系应急响应工作的全过程。

应急响应管理工作的组织机构可以分为三层，即从高到低依次为协同合作（Ⅲ）、区域水平（Ⅱ）及现场应对（Ⅰ），如图6.6所示。不同层次由不同级别的应急管理机构与组织负责。

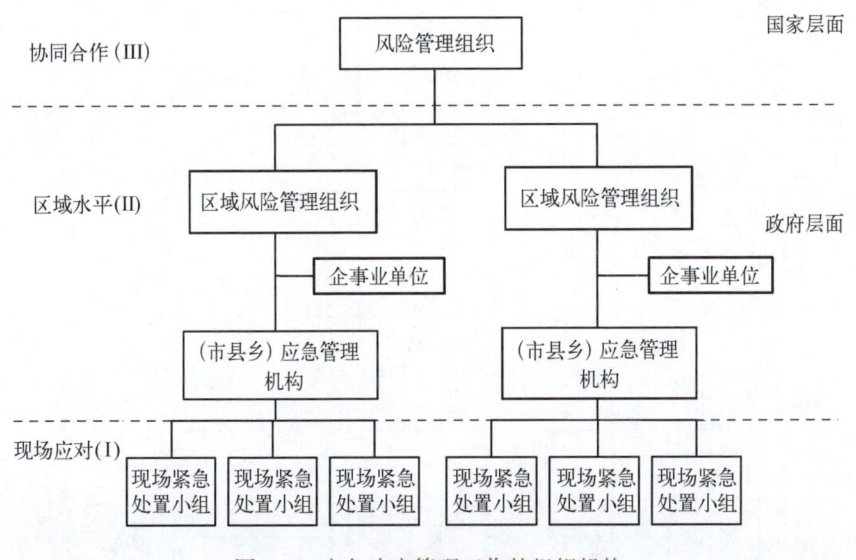

图6.6　应急响应管理工作的组织机构

- 协同合作：一般对应特别重大突发事件，需要国家或省级风险管理组织统一协调、指挥应对，成立突发事件应急管理综合处置机构，全面负责、处置突发事件，并由综合应急救援队伍和专业应急救援队伍同时出动处置突发事件。
- 区域水平：一般对应重大或较大突发事件，由区域风险管理组织设立相应的应急处置指挥中心，并由其负责应急响应工作，各市县乡等应急管理机构共同参与，有时根据灾害性质和特点不同，还需要企事业单位协助配合。

- 现场应对：对应一般的突发事件，通常由本地政府或企事业单位组织现场紧急处置小组进行事件处置和应对。

在建立突发事件应急响应框架之后，应急响应应着眼于解决如何运转和如何协作的问题。根据前文提出的应急响应构成要素及其之间的关系、应急响应管理工作的组织机构，可梳理出突发事件应急响应的一般流程，如图 6.7 所示。

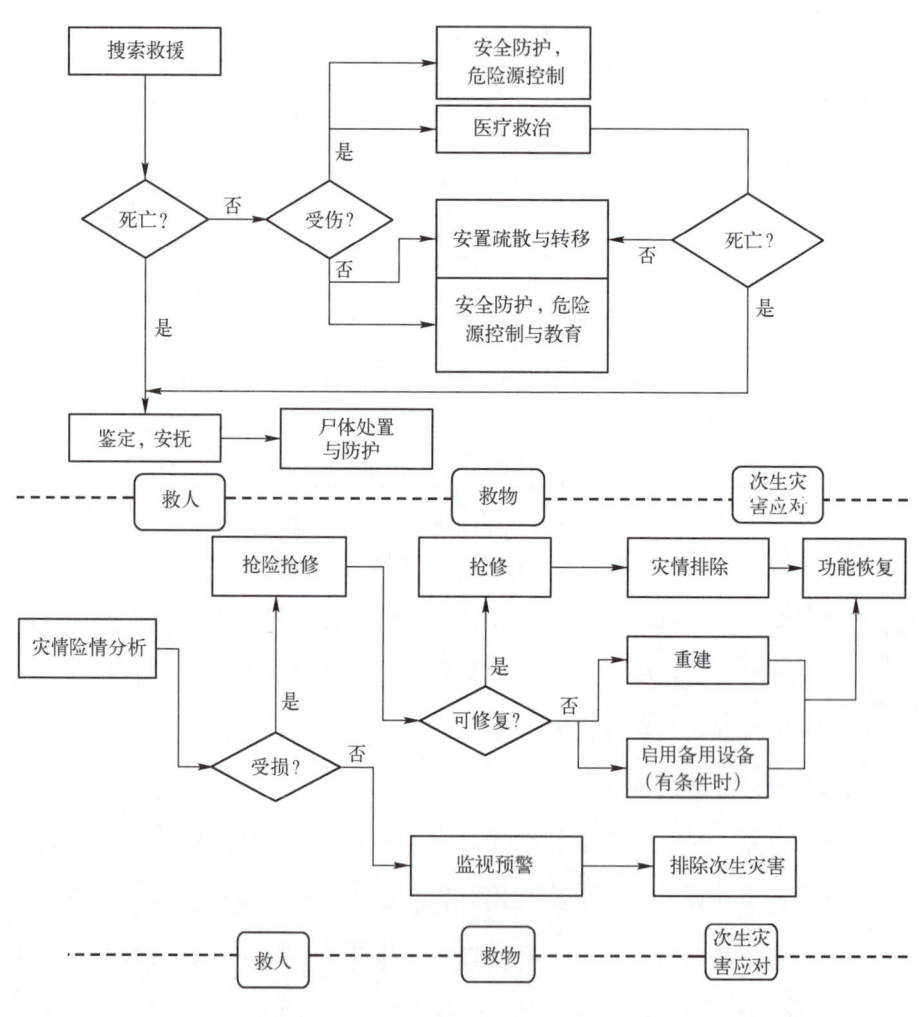

图 6.7 突发事件应急响应的一般流程

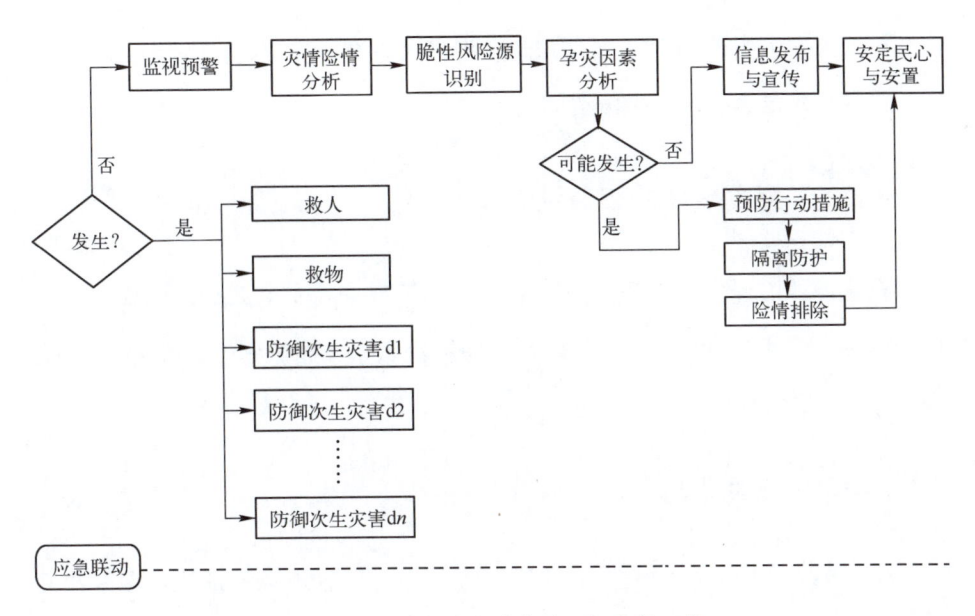

图 6.7　突发事件应急响应的一般流程（续）

一般而言，在发生突发事件后，应急响应管理工作的组织机构会在第一时间获得灾害信息，并发布预警，根据灾害和险情程度成立应急指挥中心。应急指挥中心根据反馈的灾害评估结果，首先采取先期处置措施，同时收集灾害数据和灾情信息，在进行综合分析后，启动相应预案，根据决策目标安排响应部门的具体救援任务，并实时发布和共享相关灾害和救援行动数据。与此同时，应急响应部门之间应做好应急联动，根据任务需求和灾害发展情况进行物资应急保障和相关人员保障。应急响应部门根据各自承担的任务情况，实时向应急指挥中心上报灾害事态信息和救援响应情况。应急指挥中心根据汇总的各类数据信息继续进行综合分析决策，以决定是否停止响应。

- 如果灾害事件未得到有效控制或现场救援行动较差，则要提高应急响应级别并调整应急响应行动。
- 如果灾害事件趋于缓和，现场救援行动反馈效果较好，则可以考虑降低应急响应级别，减少应急响应力量，避免不必要的物资消耗。

- 如果灾害事件得到了有效控制，则可考虑停止应急响应行动，并进入常规的应急管理和风险监测。

6.2.5 突发事件的应急预案

在认识和了解突发事件应急响应的4类构成要素及其之间的关系后，就初步解决了做什么与谁来做的问题。若想解决怎么做和做到什么程度的问题，则离不开应急响应的"灵魂内容"，即应急预案。

1. 应急预案的定义

在《中华人民共和国突发事件应对法》中对应急预案的描述：国家建立健全突发事件应急预案体系，针对突发事件的性质、特点和可能造成的社会危害，明确突发事件应急管理工作的组织指挥体系与职责和突发事件的预防与预警机制、处置程序、应急保障措施以及事后恢复与重建措施。

不同学者对突发事件的应急预案有不同的定义，主要可分为以下几种。

- 刘铁民[26]认为，应急预案是针对可能的突发事件，为保证迅速、有序、有效地开展应急与救援行动，以及降低人员伤亡和经济损失而提前制订的有关计划或行动方案。
- 张廷竹[27]认为，应急预案是指面对突发事件，诸如自然灾害、特别重大事故、环境公害以及人为破坏事件而采取的应急管理、指挥与救援计划等。
- 宋英华[28]认为，应急预案是在搜集相关信息、分析其后果和应急能力的基础上，针对可能发生的突发事件而提前制订的计划。

综合上述定义可以看出，应急预案最基本的功能在于未雨绸缪、防患未然，通过在突发事件发生前执行事先预警防范、准备预案等工作，对有可能发生的突发事件做到超前思考、超前谋划、超前化解。因此，突发事件应急预案可以定义为，通过针对突发事件真实情况和应急能力进行充分评估和预测，规划出的针对突发事件预防预警和应对处置的全面计划和方案。

2. 应急预案的特点

根据应急预案的各类定义和突发事件的特点，可以总结出应急预案的特点。

- 前瞻性：应急预案预测了可能发生的某种突发事件从发生到发展演变等大致过程，并对灾害损失进行估测，给出具体判别标准和应对预防措施，为应对突发事件提供了依据。
- 应急性：应急预案的目标是应对突发事件，不适合处理日常性工作。
- 科学性和权威性：应急预案必须建立在科学评估的基础之上，经过各领域专家论证，由政府和组织制定与颁发，本身具有较强的科学性和权威性，能够科学、规范地指导应急响应单元和组织的行为和职责。
- 程序性：程序性是指应急预案对预测预警、先期处置、应急响应、应急结束、善后处置、恢复重建等应急处置的每个环节都有规定。这一特点决定了一个应急预案是否可操作，能否在应急处置的每个环节都发挥作用。

3. 应急预案的分类

与突发事件一样，分类标准不同，应急预案的分类也不同。

- 按照突发事件的种类不同，应急预案可划分为自然灾害类应急预案、事故灾害类应急预案、公共卫生类应急预案和社会安全类应急预案。这一分类标准对应《国家突发公共事件总体应急预案》给出的分类标准。
- 按照层级和影响范围不同，应急预案可划分为国家层面的总体预案，省级、地区级、县级政府层面的综合应急预案，乡镇、村、社区以及企事业单位层面的一般性应急预案。
- 按照功能性不同，应急预案可划分为综合预案、专项预案和现场预案。
- 按照时间尺度不同，应急预案可划分为临时预案和常备预案。

4. 应急预案的编制程序

《中华人民共和国突发事件应对法》要求国家建立应急预案体系，由各类不同级别和性质的应急预案组成。虽然各类地方政府和组织制定应急预案都是依照国家颁布的各类应急预案制定的，但由于个别地方政府和组织没有编制应急预案的具体程序，因此造成个别应急预案的内容简单、可操作性差等。下面参考国内外有关应急预案的制定程序和相关研究工作，给出应急预案的一般编制程序，如图6.8所示。

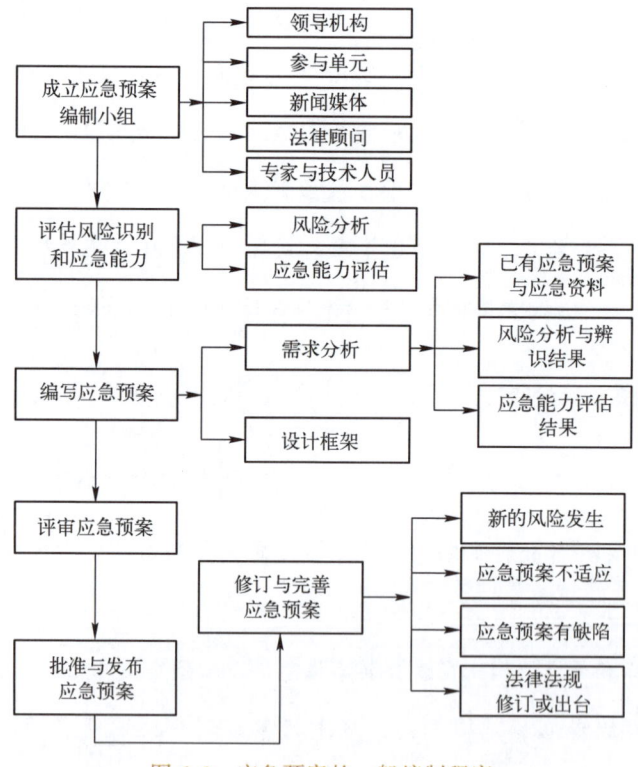

图6.8 应急预案的一般编制程序

第6章　风险分析与应急响应

- 一是成立应急预案编制小组。这是编制应急预案的基础工作。应急预案编制小组用于提供沟通交流和协同合作的平台，起到集思广益、统一意见的作用。一般情况下，应急预案编制小组的成员构成主要有领导机构，应急行动中可能的参与单元、新闻媒体、法律顾问、专家与技术人员等。

- 二是评估风险识别和应急能力。评估风险识别和应急能力用于识别潜在重大威胁要素，对研究区域的脆弱性进行全面分析和评估，结合历史灾害的资料预测可能发生的自然灾害和重大事故等突发事件，是结合风险识别结果，对可用应急资源和应急能力的评估，并确定资源需求与响应行动可承受的灾害程度。评估风险识别和应急能力的结果可以直接作为应急预案编制的依据和参考，对确定风险等级和应急响应工作的重点提供可靠信息和指导，是下一步进行应急预案编制的基础。

- 三是编写应急预案。编写应急预案主要分为两个环节：需求分析与设计框架，即根据风险分析与辨识结果、应急能力评估结果，确定应急预案的性质和目标，并根据已有的各类应急预案与应急资料，尽量减少重复预案，以减轻工作量，同时要与其他应急预案保持一致和一定的衔接性。

- 四是评审应急预案。应急预案在编写完成之后，要经过内部评审、专家评审和上级应急管理部门评审，以确保预案的合理性、完整性及科学性。

- 五是批准与发布应急预案。应急预案在经过相关部门评审，并得到批准后便可发布，发布程序因应急预案的不同性质和层次而不同：政府层面的专项应急预案由同级人民政府批准，由同级政府应急管理部门发布，并上报行政主管部门备案；企事业单位层面的应急预案经由本

217

单位领导批准后便可自行发布，并上报上级主管单位备案。

- 六是修订与完善应急预案。该步骤是应急预案编制过程中不可缺少的环节。《中华人民共和国突发事件应对法》规定，应急预案制定机关应当根据实际需要和情势适时修订应急预案。一般出现如下四类情况时，便有必要对应急预案进行修订与完善：一是当新的风险与危机出现，当前应急预案不能很好地处理应对时；二是在处置突发事件过程中，当前应急预案存在没有考虑到的风险情景或应急预案在执行过程中暴露出了不足时；三是在应急演练过程中获取了新的经验教训，检验出应急预案的缺陷时；四是与应急预案相关的法律法规修订或新的法律法规出台时。

5. 应急预案的体系框架

目前，我国现行的应急预案可以分为五类，即总体应急预案、专项应急预案、部门应急预案、企事业单位应急预案和大型活动及特殊场所应急预案等。按行政级别不同，应急预案自上而下可分为五类：国家、省、地区、县各级政府及企事业单位。各类应急预案的结构相似，若能有一个结构完整的应急预案体系框架，则会便于应急预案的实施。刘铁民[26]在研究了国际上的多种应急预案体系框架之后，提出了突发事件的应急预案体系框架模型，如图6.9所示。

由图6.9可知，应急预案的核心结构有应急准备、突发事件风险评估、预案运行基础，以及指挥控制基础平台等。其中，应急准备框架为应急预案提供了宏观指导，有助于突发事件的先期快速处置；突发事件风险评估为应急预案的编制提供了科学支撑，有助于确定应急预案的侧重点；预案运行基础是应急预案编制中需要考虑的技术保障；指挥控制基础平台是协调应急响应各项工作、加强联动性的重要支撑。

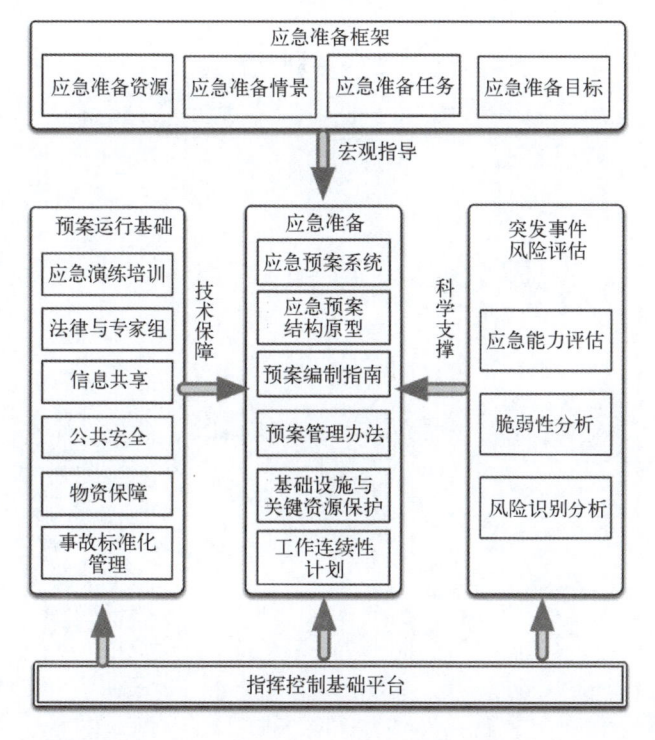

图 6.9　突发事件的应急预案体系框架模型

下面参考我国发布的《国家突发公共事件总体应急预案》，以及各类专项预案内容、应急预案体系框架，归纳出突发事件应急预案的组成要素，如图 6.10 所示。

- 总则：规定了应急预案的编制目的、依据、分类分级、适用范围、工作原则、整体预案体系等具体内容。
- 组织体系与职责：规定了开展应急响应工作的领导机构、办事机构、工作机构、地方机构、专家组等。
- 灾害险情和灾情分级：按照性质、严重程度、可控性和影响范围等因素，开展灾害险情和灾情分级，即Ⅰ级（特大灾害）、Ⅱ级（重大灾害）、Ⅲ级（较大灾害）及Ⅳ级（一般灾害）。

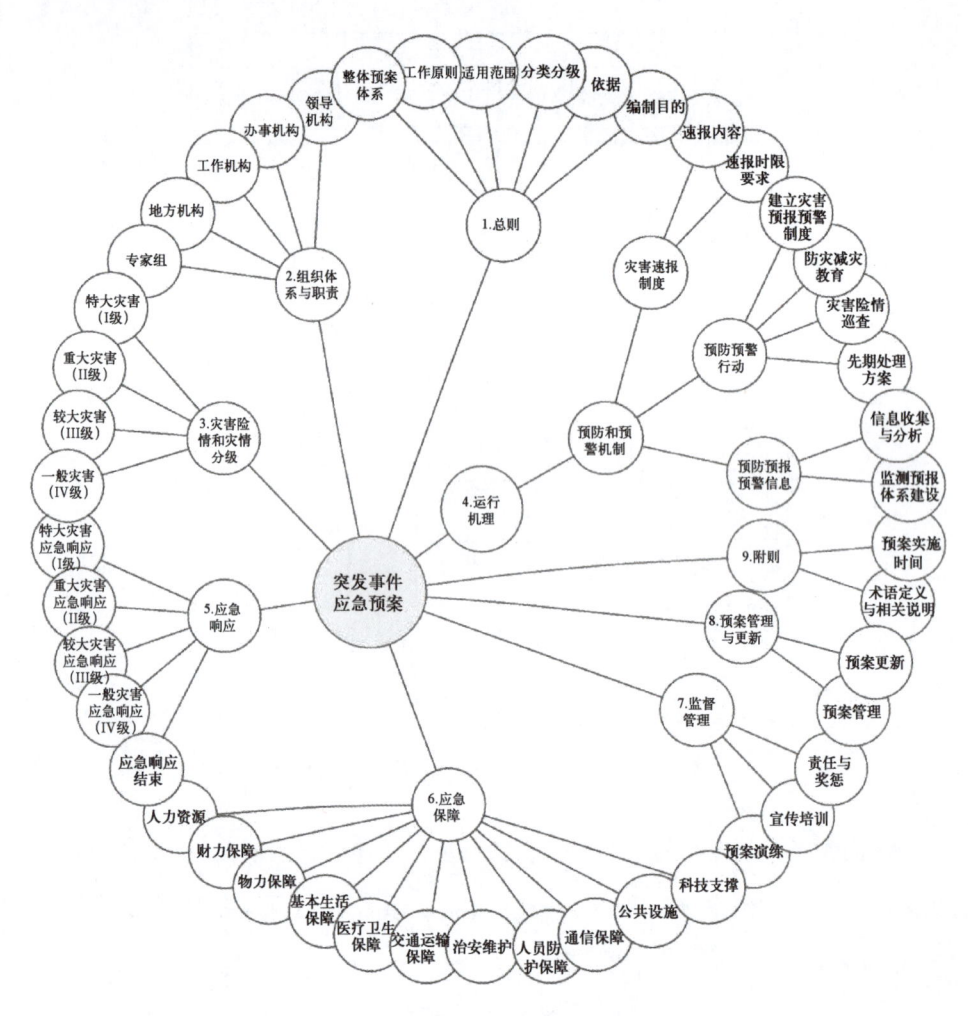

图 6.10　突发事件应急预案的组成要素

- 运行机理：主要包括预防和预警机制，如灾害速报制度（速报内容、速报时限要求）、预防预警行动（建立灾害预报预警制度、防灾减灾教育、灾害险情巡查、先期处理方案）、预防预报预警信息（信息收集与分析、监测预报体系建设）。

- 应急响应：规定在不同灾害情景下的应急响应级别，即Ⅰ级（特大灾害应急响应）、Ⅱ级（重大灾害应急响应）、Ⅲ级（较大灾害应急响应)、Ⅳ级（一般灾害应急响应）、应急响应结束。
- 应急保障：在突发事件应急管理中涉及的各项保障工作，包括人力资源、财力保障、物力保障、基本生活保障、医疗卫生保障、交通运输保障、治安维护、人员防护保障、通信保障、公共设施、科技支撑等。
- 监督管理：包括应急预案的预案演练、宣传培训、责任与奖惩等。
- 预案管理与更新：主要包括预案管理和预案更新两类工作的具体实施细则。
- 附则：主要包括预案实施时间、术语定义与相关说明等。

6. 应急预案的实施

应急预案在编制完成后，必须经过实践检验才能确定有效性。由于突发事件具有瞬时性和不可预测性，样本少，更不可能人为创造突发事件用于检验应急预案的有效性，因此，应急预案的检验和应用大多通过应急演练实现。然而，应急演练也是一项消耗人力、物力及财力的工作，对经济能力的要求较高，不可能反复演练。为了更好地应对突发事件，提高应急预案的应急处置、指导能力，许多学者利用计算机仿真与智能系统实现了这一目的，主流的研究方向主要集中在应急预案数字化应用和智能仿真两个方面。

- 应急预案数字化应用。许多案例表明，面对突发事件，决策者一般会根据以往案例的相关经验和知识制定相应的处置方案。这便是1982年出现的基于案例推理决策的雏形。目前国外已实现了应急预案与数字化的无缝结合，如美国联邦的应急管理系统、灾害损失评估系统等。更多成熟的应用主要是将应急预案应用到专家系统、辅助案例推理系统和决策支持系统等，如煤矿重大突发事件案例推理系统，本质是将应急预案案例化、知识化。

- 智能仿真。智能仿真是指利用系统动力学理论、模式识别技术和智能体仿真技术，在计算机中实现预案的智能化、数字化以及应急演练的虚拟化。智能仿真技术在突发事件中的应用成果较多，部分应用及案例见表 6.2。

表 6.2　智能仿真技术在突发事件中的部分应用及案例

模型名称	案例验证	研究者	模型目标	模型类型
IMAMCR	埃及 H1N1 流感暴发事件（2009 年）	Khalil	预估任意时间的感染人数	特殊领域优化响应
无	韩国 H5N1 流感暴发事件（2008 年）	Kim	预估未感染的养殖场数量	特殊领域优化响应
ResQ Freiburg	德国城市搜索救援事件	Kleiner	预估生存人数	实时响应
PLAN-C	巴西食物中毒事件（1998 年）	Mysore	预估伤亡人数	特殊领域优化响应
PLAN-C	沙林毒气袭击事件	Mysore	预估伤亡率、受灾人群的平均健康水平和就医平均等待时间	特殊领域优化响应
SimGenis	一般突发事件	Saoud	预估全球受灾人群的疏散时间和救援率	一般性事件优化响应
BIOWAR	体育场炭疽事件	Carley	预估死亡率和感染率	特殊领域优化响应
EpiSimS	落基山 H5N1 流感暴发事件	Valle	预估每天新增案例数	特殊领域优化响应
无	波兰天花事件	Barrett	预估死亡和感染人数	特殊领域优化响应

虽然应急预案在评估时需要搭建评价指标体系，但不同领域的应急预案评价指标体系难以统一。由于在各类研究中，应急预案评价指标体系一般都从应急预案的编制原则和功能结构出发，因此这里给出从应急预案的特点和

结构出发搭建的评价指标体系，如图 6.11 所示。

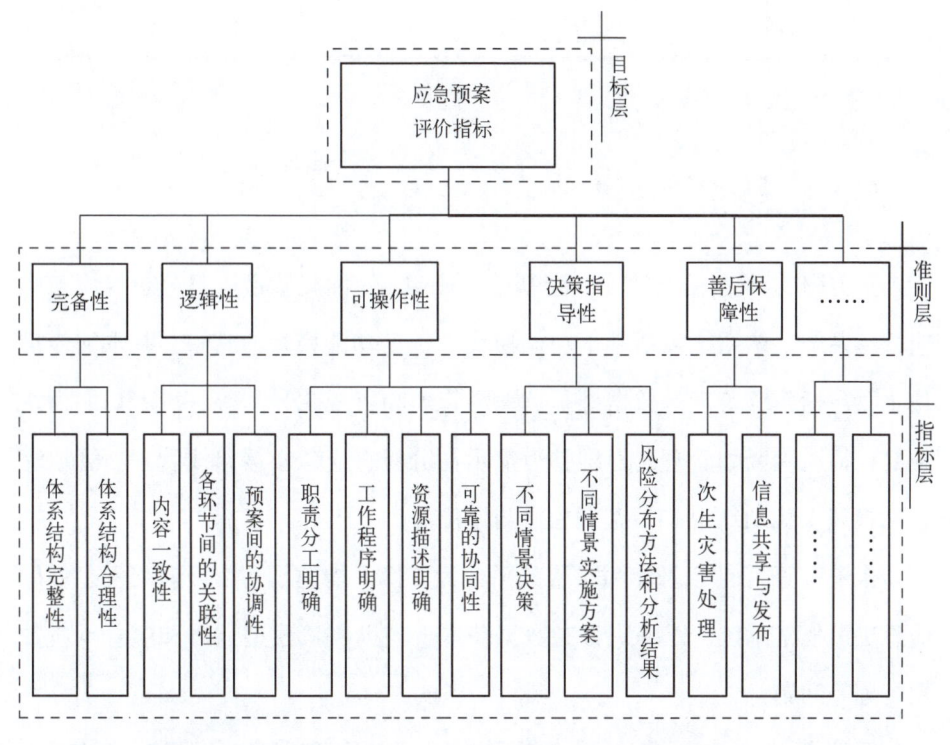

图 6.11　从应急预案的特点和结构出发搭建的评价指标体系

利用专家打分法可得到不同的评价指标体系，利用标准化方法将不同指标的数值归一化，从而可以代入各类评估模型，最终得到应急预案的评估结果。应急预案的编制人员根据评估结果重新对应急预案的缺点与不完善之处进行补充与修正，最终得到评估结果更为优秀的应急预案。

虽然上述过程的原理简单、可操作性强，可以作为检验应急预案的一种方式，但评估过程对专家知识的依赖性强，最终评估结果的可信度难以检验，依据评估结果分析与核查应急预案的缺陷难以实施，因此实用性不高。

6.3 风险分析与风险评估

6.3.1 风险分析应用研究

王卫强[29]研制、开发了一套基于 WebGIS 的油气管道风险分析与应急响应管理系统。该系统包括基本功能模块和扩展功能模块。其中，基本功能模块主要包括系统管理、数据维护、地图管理和可视化显示等；扩展功能模块主要包括风险区划管理、三维管道显示与分析、应急救援路线管理、管道完整性管理、SCADA 接口、泄漏检测与定位等。

张子民等人[30]以数字城市服务平台为支撑，构建了一个面向突发事件的应急决策框架系统，以解决分布数据获取、辅助决策模型运算和应急响应数据管理等问题。

解辉等人[31]建立了一套由空间数据库，以及污染源、危险源、危险品、污染排放总量、专家咨询、环境污染事故案例等众多非空间数据库组成的数据库簇。其对应的 5 个子系统分别是应急响应子系统、业务数据库管理子系统、基础空间数据管理与分析应用子系统、WebGIS 浏览子系统、管理与维护子系统。该系统共包括 4 类模块。其中，B/S 管理端模块主要负责系统的维护和管理；B/S 客户端模块主要为普通用户提供基于地图的分析、基于数据的分析以及二者结合的分析和统计功能；C/S 模块主要负责空间数据的维护和空间分析，并将分析结果与各类专业信息关联显示；WebGIS 模块利用 IE 操作界面进行与应急事件和环境监测有关的属性、空间查询分析及显示。

陈蓓青等人[32]将 GIS 技术运用到突发性水污染应急响应系统中，利用强大的空间数据组织能力、空间分析能力、多要素综合分析能力和动态预测能力等，为突发性水污染事故预警和应急决策提供一个精度高、时效性强、可共享的数字化辅助决策系统。

韦增祥等人[33]设计开发了基于GPS/GIS/GPRS的地下管网应急响应与指挥调度系统。该系统包含数据管理、通信、系统分析、三维可视化、信息查询、统计分析、系统运行维护和系统设置等若干子系统。

巴特[34]综合运用GIS二次开发技术和环境扩散模型的理论和方法，开发了基于ArcGIS Engine的突发性大气污染事故应急响应系统。该系统能迅速可靠地预测和模拟事故状态，实现危险源气体扩散的实时可视化。

高杰等人[35]建立的地震应急响应系统主要包括地震分析、应急等级判别、地震灾害展示等三个模块，能够快速进行地震应急等级判别，快速掌握灾情信息。

6.3.2 风险评估模型

1. UNDRO 模型

UNDRO（United Nations Disaster Relief Organization）模型是由联合国救灾组织提出的，以灾害救助决策与计划手册的形式发布，评估过程包含6个基本步骤，如图6.12所示。

2. NOAA 模型

NOAA（National Oceanic and Atmospheric Administration）模型由美国国家海洋和大气管理局提出，在美国多个州及地区得到广泛应用，其中的风险评估包含8个基本步骤，如图6.13所示。

海上能源通道风险分析与突发事件应急响应

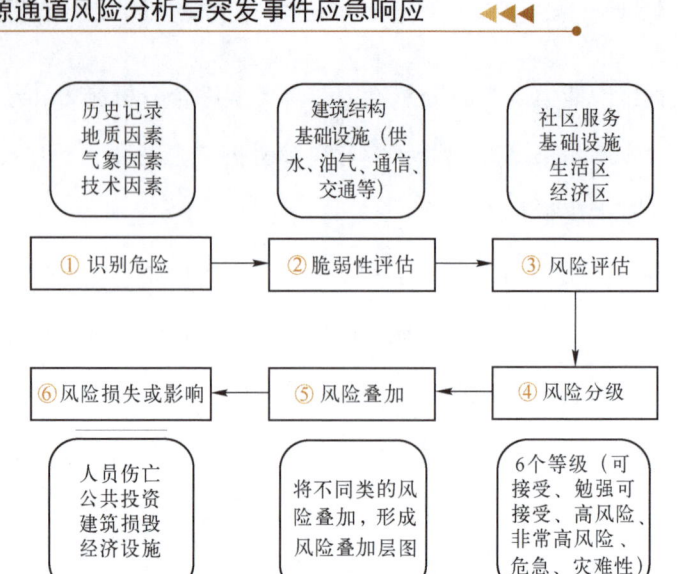

```
┌─────────┐      ┌─────────┐      ┌─────────┐
│历史记录 │      │建筑结构 │      │社区服务 │
│地质因素 │      │基础设施 │      │基础设施 │
│气象因素 │      │(供水、油│      │生活区   │
│技术因素 │      │气、通信、│     │经济区   │
│         │      │交通等)  │      │         │
└────┬────┘      └────┬────┘      └────┬────┘
     ↓                ↓                 ↓
┌─────────┐      ┌─────────┐      ┌─────────┐
│①识别危险│ →    │②脆弱性  │ →   │③风险评估│
│         │      │  评估   │      │         │
└─────────┘      └─────────┘      └────┬────┘
                                         ↓
┌─────────┐      ┌─────────┐      ┌─────────┐
│⑥风险损失│ ←    │⑤风险叠加│ ←   │④风险分级│
│或影响   │      │         │      │         │
└────┬────┘      └────┬────┘      └────┬────┘
     ↓                ↓                 ↓
┌─────────┐      ┌─────────┐      ┌─────────┐
│人员伤亡 │      │将不同类的│     │6个等级(可│
│公共投资 │      │风险叠加, │     │接受、勉强│
│建筑损毁 │      │形成风险叠│     │可接受、高│
│经济设施 │      │加层图   │      │风险、非常│
│         │      │         │      │高风险、危│
│         │      │         │      │急、灾难性)│
└─────────┘      └─────────┘      └─────────┘
```

图 6.12　UNDRO 模型的评估过程

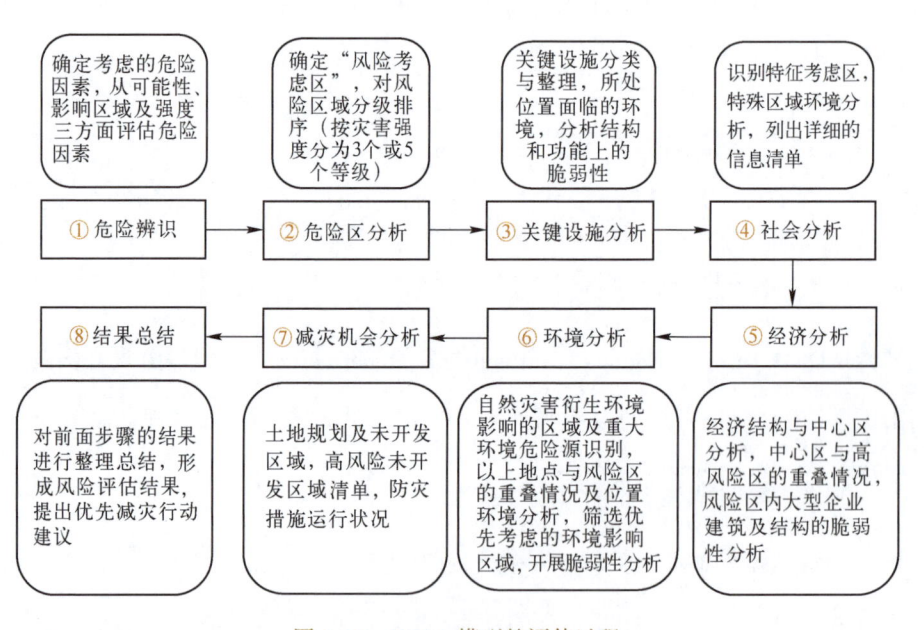

图 6.13　NOAA 模型的评估过程

3. HAZUS 模型

HAZUS 模型是美国联邦应急管理局（Federal Emergency Management Agency，FEMA）和美国国家建筑科学研究所（National Institute of Building Sciences，NIBS）共同研发的成果。HAZUS 模型是一个标准化的美国通用多灾害损失估计方法模型，以现有的关于地震、洪水和飓风等灾害影响的科学和工程技术知识为基础进行损失估计，是建立在 GIS 平台上的一种全面的基于风险分析的工具软件包。HAZUS 模型共有 7 个模块：

- 潜在风险源，用于评估三种风险源（地震、洪水、飓风）的可能强度。
- 数据库，允许使用者在不收集其他材料和信息的情况下进行分析。
- 直接损失，对于不同强度的风险源，以风险暴露程度和结构脆弱性为基础来评估财产损失。
- 间接损失，由灾害事件造成的财产次生损失。
- 社会损失，评估人员伤亡的情况及转移家庭、暂时性避难所的需求。
- 经济损失，评估结构和非结构损失、物资损失、重新安置成本、商品存货损失、资本损失、工资收入损失、租金损失等。
- 间接经济损失，评估地震、洪水和飓风所造成的区域范围，以及对区域经济的长期影响。

4. 多重风险评估方法

多重风险评估（Multi-risk Assessment）方法是一种通过综合所有自然和技术致险因素引发的所有相关风险来评估一个特定地区风险的方法。该方法在《欧洲空间规划观测网（ESPON）——自然和技术致险因素的总体空间影响及其与气候变化的关系》项目中有详细阐述，并在欧洲范围内得到应用，试图决定一个地区总体的潜在风险，是一种具有空间相关性的多重灾害综合风险评估方法。多重风险评估方法包含4部分内容，分别为风险源、潜在危害、脆弱性和风险。其中的脆弱性是风险的关键因素，包含风险暴露程度和应对能力。评估结果包括总体风险源、综合脆弱性图和总体风险图。

5. FEMA 模型

FEMA 模型是由美国联邦应急管理局发布的一个灾害风险分析模型，风险评估的基本流程包含6个步骤，如图6.14所示。

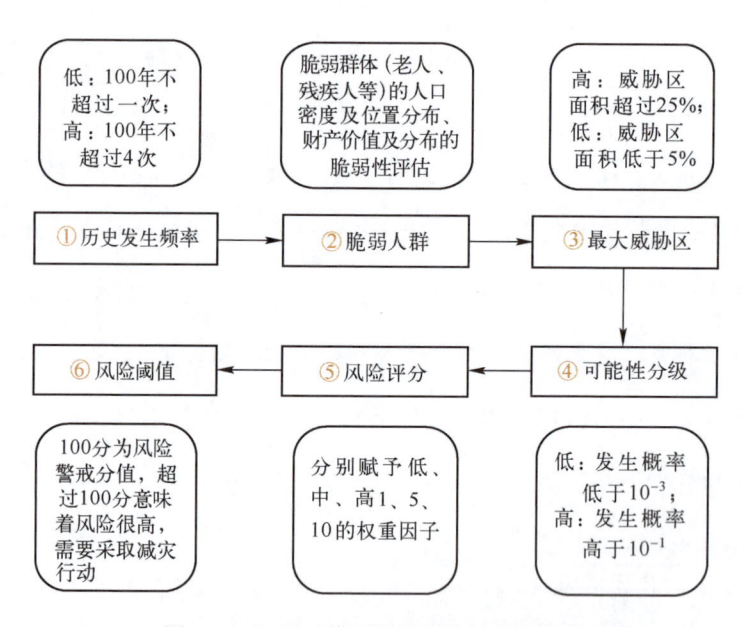

图 6.14　FEMA 模型风险评估的基本流程

6. SMUG 模型

SMUG 模型是在澳大利亚灾害协会的倡导下建立的，风险评估的基本流程包含 6 个步骤，如图 6.15 所示。

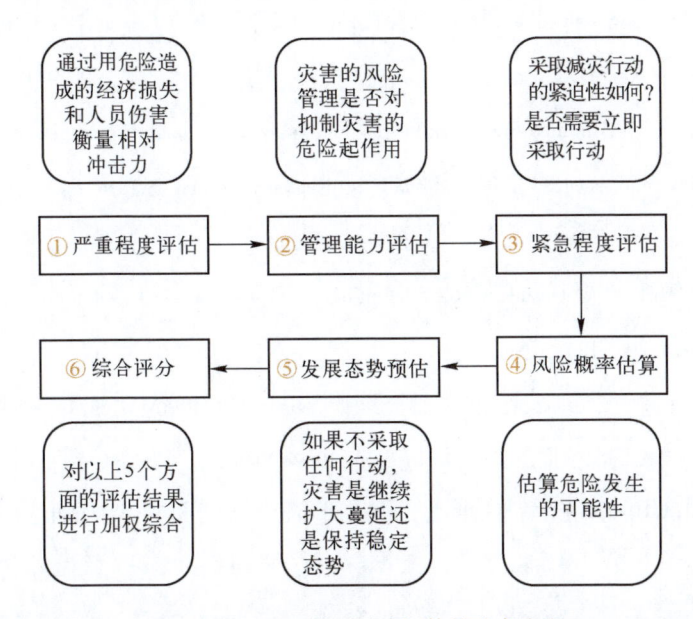

图 6.15 SMUG 模型风险评估的基本流程

参考文献

[1] 王文晶. 生物技术投资风险分析 [J]. 时代经贸, 2008, 6 (109): 193.

[2] 孙星. 风险管理 [M]. 北京: 经济管理出版社, 2007.

[3] 黄崇福. 自然灾害风险分析 [M]. 北京: 北京师范大学出版社, 2001.

[4] LIRER L, PETROSINO P, ALBERICO I. Hazard assessment at volcanic fields: the Campi Flegrei case history [J]. Journal of Volcanology and Geothermal Research, 2001, 112: 53-73.

[5] LOWRANCE W. Of acceptable risk-science and the determination of safety. Los Altos, CA: William Kaufmann Inc, 1976.

[6] KAPLAN S, GARRICK B J. On the quantitative definition ofrisk [J]. Risk Analysis, 1981, 1 (1): 11-27.

[7] 刘涛, 邵东国. 水资源系统风险评估方法研究 [J]. 武汉大学学报（工学版）, 2005, 38 (6): 66-71.

[8] AVEN T. A unified framework for risk and vulnerability analysis and management covering both safety and security [J]. Reliability Engineering and System Safety, 2011, 92: 745-754.

[9] HAIMES Y Y. On the complex definition of risk: a systems-based approach [J]. Risk Analysis, 2009, 29 (12): 1647-1654.

[10] 钱龙霞, 王红瑞, 蒋国荣, 等. 基于 Logistic 回归和 FNCA 的水资源供需风险分析模型 [J]. 自然资源学报, 2011, 26 (12): 2039-2049.

[11] CHAMBERS R. Vulnerability, editorial introduction [J]. IDS Bulletin, 1989, 20 (2): 1-7.

[12] ISDR. Living with risk: a global review of disaster reduction initiatives [R]. Report for the International Strategy for Disaster Reduction Secretariat, 2002.

[13] ISDR. Living with risk: a global review of disaster reduction initiatives [M]. New York: United Nations, 2004.

[14] UNDP. Human development report 2004: cultural liberty in today's diverse world [R]. New York, United Nations Development Programme, 2004.

[15] 黄崇福, 王家鼎. 模糊信息优化处理技术及其应用 [M]. 北京: 航空航天大学出版社, 1995.

[16] 黄崇福. 自然灾害风险评价: 理论与实践 [M]. 北京: 科学出版社, 2005.

[17] 张韧, 黄志松, 徐志升. 非对称信息扩散理论模型及其小样本灾害事件影响评估 [J]. 地球科学进展, 2012, 27 (11): 1129-1235.

［18］张韧，徐志升，申双和，等．基于小样本案例的自然灾害风险评估-信息扩散概率模型［J］．系统科学与数学，2013，33（4）：445-456.

［19］JON C H. Treatment of uncertainty in performance assessment for complex system［J］. Risk Analysis, 1994, 14（4）：483-511

［20］胡国华，夏军．风险分析的灰色-随机风险率方法研究［J］．水利学报，2001，32（4）：1-6.

［21］沈正赋．灾难性事件报道方法论初探［J］．新闻战线，2003（09）：26-28.

［22］秦启文．突发事件的预防与应对［M］．北京：新华出版社，2004.

［23］郭研实．国家公务员应对突发事件能力［M］．北京：中国社会科学出版社，2005.

［24］朱力．突发事件的概念、要素与类型［J］．南京社会科学 2007（11）：81-88.

［25］ROSENTHAL U，KOUZMIN A. 1997. Crises and crisis management：toward comprehensive government decision making. Journal of Public Administration Research and Theory［J］, 1997（2）：277-304.

［26］刘铁民．突发事件应急预案体系概念设计研究［J］．中国安全生产科学技术，2011（08）：5-13.

［27］张廷竹．国内外事故应急救援预案管理概况［J］．浙江化工 2006（07）：9-10.

［28］宋英华．突发事件应急管理导论［M］．北京：中国经济出版社，2009.

［29］王卫强．基于 WebGIS 的油气管道风险分析与应急响应管理系统研究［D］．北京：中国石油大学，2009.

［30］张子民，周英，李琦，等．基于信息共享的突发事件应急响应模型（Ⅱ）：模型计算［J］．中国安全科学学报，2010，20（9）：158-165.

［31］解辉，张骥，陈曼丁．天津市突发性环境污染事故应急响应系统［C］//中国环境科学学术年会，2006：1617-1621.

［32］陈蓓青，谭德宝，宋丽．GIS 技术在突发性水污染事件应急响应系统中应用研究［J］．长江科学院院报，2010，27（1）：29-32.

[33] 韦增祥，吴家兵. 城市地下管网应急响应与指挥调度系统的设计与实现 [J]. 中国给水与排水，2011，27（4）：81-85.

[34] 巴特. 基于 ArcGIS Engine 的突发性大气污染事故应急响应系统研究 [D]. 大连：大连理工大学，2009.

[35] 高杰，冯启民，吴允涛，等. 地震应急响应系统研究 [J]. 自然灾害学报，2007，16（6）：180-186.

第 7 章
海上能源通道的情景分析与风险评估

7.1 情景分析

7.1.1 情景分析的定义

情景（Scenario）一词最早出现在 1967 年由 Herman Kahn 等人所著的《2000 年》一书中。该书认为未来是多样的，多种潜在的结果都有可能在未来成为现实，通向这种或那种未来结果的途径不是唯一的，对可能出现的未来以及对实现该未来途径的描述构成了一个情景，即情景是对未来情形以及能使事态由初始状态向未来状态发展的一系列事实的描述。

情景分析（Scenario Analysis Method）由 Pierre Wack 提出：首先根据发展趋势的多样性，通过对系统内外相关问题的分析，设计出多种可能的未来情景；然后用类似于撰写电影剧本的手法，对系统发展态势给出情景和画面描述。当一个项目的持续时间较长，需要考虑各种技术、经济和社会因素的影响时，可用情景分析来预测和识别关键风险因素及其影响程度。情景分析在对社会、经济、国防或技术的重大演变提出各种关键假设的基础上，通过详细、严密的推理和描述来构想未来各种可能情景的方案。其目标和优势是使决策者或管理者发现未来变化的某些趋势，避免两个最常见的决策错误：过高或过低地估计未来变化及其影响。

情景分析的运用在西方已经有几十年的历史了。相关方法最早运用于军事目的。20世纪40年代末，美国兰德公司的国防分析员对核武器可能被敌对国家利用的各种情形加以描述。这是有关情景分析的早期研究。20世纪70年代，兰德公司在为美国国防部就导弹防御计划做咨询时进一步发展了该方法。现在许多世界著名的跨国公司（如荷兰皇家壳牌集团、BASF公司、梅赛德斯-奔驰集团、波音公司等）在制定战略规划时都使用该方法。本章主要参考娄伟[1]对情景分析所做的理论分析，介绍情景分析的基本思想和相关技术。

7.1.2 情景分析的特征

- 承认未来的发展是多样化的，有多种可能的发展趋势，预测结果也将是多维的，即承认有多种发展路径和可能性目标，且具有不确定性。
- 承认人在未来发展中的主观能动性，把分析未来发展中决策者的群体意图和愿望作为情景分析中的一个重要方面，并在情景分析的过程中与决策者保持畅通的信息交流。
- 特别注意对组织发展起重要作用的关键因素和协调一致性关系的分析。
- 情景分析与定量分析的区别：情景分析在定量分析中嵌入了大量的定性分析，以指导定量分析，是一种融定性与定量分析于一体的预测方法。
- 情景分析是一种对未来研究的思维方法，所使用的技术方法、手段大多来源于其他相关学科，重点在于如何有效地获取和处理专家的经验知识，使其具有心理学、未来学和统计学等学科的特征，强调不同学科领域专家的参与和人的主观能动性，即"人在回路"。

7.1.3 情景分析的作用

情景分析的作用在于能使团队对一个事件做好准备,从而采取积极的行动,将负面因素最小化,正面因素最大化。情景分析提供了思想上的模拟,以保证团队按预期方向行动。

情景分析对以下情况特别有用:

- 提醒决策者注意某种措施、政策可能引发的风险或危机。
- 提醒某些重大工程在建设过程中的监控风险范围(如跨海大桥、大型水电站工程建设等)。
- 研究某些关键性因素对未来过程的影响,并提出防范措施(如全球气候变化、海平面上升等)。
- 提醒人们注意某种技术的发展会带来哪些社会问题或伦理风险(如基因技术、克隆技术等)。

1. 分析环境和形成决策

大到国家小到个人,若想生存、发展、壮大,就必须尽可能做到知己知彼。情景分析就是从自身出发,通过综合分析国际环境、社会环境乃至行业环境,评估和分析自身与竞争对手的核心竞争力,进而制定相应的决策,即针对每种不同的环境产生一个相应决策。因此,情景分析主要用于分析环境和形成决策。

2. 提高团队的适应能力

由于情景分析重点考虑的是未来变化,因此能够帮助团队很好地处理未来的不确定性因素,提高团队的适应能力。同时,持续的情景分析还可为团队提供大量的环境信息参数,为团队提供多方面的帮助,如发现自身的机会、威胁、优势和劣势等。

3. 提高团队的总体能力,实现资源的优化配置

团队的核心是人,人的思想最关键。情景分析不仅是高层决策管理人员的工具,还需要团队各层级人员参与其中,激发个人的责任感和潜能,提高团队的总体能力。团队通过情景分析可预测未来可能出现的情景,使决策人员以此为基础进行决策,确定未来的规划。决策的实施需要资源的支持,因此在进行情景分析及决策时,团队的资源也相应地实现了优化配置。

7.1.4 情景分析的相关操作

情景分析是一种对可变因素较多的项目进行风险预测和识别的系统技术,即通过在假定关键影响因素有可能发生的基础之上构造出多种情景,预测出多种可能的结果,以便能够采取积极的行动和合理的措施防患于未然。20世纪70年代中期,情景分析就在国外得到了广泛应用,并衍生出目标展开法、空隙填补法、未来分析法等具体方法。由于其操作过程比较复杂,我国对情景分析的具体应用和研究还不多见。

1. 不同情景分析的操作步骤

(1) Gilbert 情景分析

Gilbert 情景分析包括 10 个步骤,即提出规划的前提假设(Develop Planning Premises)、定义时间轴和决策空间(Define Time Horizons and Decision Space)、回顾历史(Historical Review)、确定普通和相矛盾的假设(Identify Common and Conflicting Assumptions)、为结构变量决定连接到多样性

的指示（Determine Indicators for Structural Variable Linked to Divergence）、为填充决策空间而构建情景草案（Build Draft Scenarios to Fill the Decision Space）、为所有的竞争者草拟策略（Draft Strategies for All Competitors）、将策略映射到情景（Map Strategies Against Scenarios）、使替代的策略有效（Validate Alternative Strategies）、选择或者适应最好的策略（Selector Adapt the Most Robust Strategy）。

（2）Fink 情景分析

Fink 情景分析包括 5 个步骤，即情景准备（Scenario Preparation）、情景域分析（Scenario Field Analysis）、情景预测（Scenario Prognostics）、情景发展（Scenario Development）、情景传递（Scenario Transfer）。需要注意的是，随着情景因素的变化，相应的情景也会发生变化。

（3）斯坦福研究院的 6 步情景分析

现在大多数国际组织和决策机构常用的情景分析是斯坦福研究院（Stanford Research Institute，SRI）的 6 步情景分析，如图 7.1 所示。

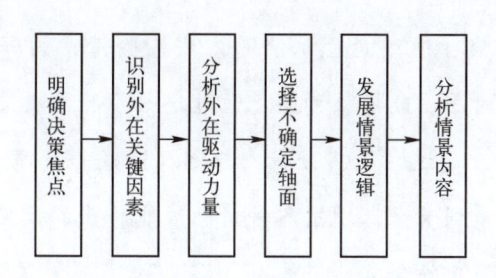

图 7.1　斯坦福研究院 6 步情景分析

- 明确决策焦点：明确所要决策的内容，以凝聚情景分析的焦点。所谓决策焦点，是指为达成团队使命而在目标领域必须决策的重点。焦点应当具备两个特点：重要性和不确定性。决策者的注意力应集中在几个有限的、最重要的问题上。情景分析是一种预测未来动荡环境的重要技术。焦点问题是不易预测的，带有一定的不确定性，会产生不同的结果。若问题十分重要，结果是确定的，则该问题不能作为决策焦点。

- 识别外在关键因素：确认所有影响决策成功的外在关键因素，即直接影响决策的外在环境因素，如市场需求、企业生产能力和政府管制力量等。
- 分析外在驱动力量：确认重要的外在驱动力量，包括政治、经济、社会、技术等各层面，以决定关键决策因素的未来状态。
- 选择不确定轴面：将驱动力量按冲击水平和不确定程度归类为高、中、低三个等级。在高冲击水平、高不确定程度的驱动力量群组中，选出二三个相关构面（称其为不确定轴面），作为情景内容的主体架构，进而发展情景逻辑。
- 发展情景逻辑：选定二三个情景，针对各情景进行细节描绘，并为情景赋予血肉，把故事梗概完善为剧本。情景数量不宜过多。实践证明，决策者所能应对的情景数量最多为三个。
- 分析情景内容：通过角色试演的方法检验情景的一致性，包括自身团队、竞争对手、政府机构等。通过这一步骤，决策者可以以自己的观点为基础，通过讨论、分析，与他人达成一致意见。更重要的是，决策者可以看到未来环境中各种角色可能作出的反应，最后认定各情景在管理决策中的含义。

虽然以上几种情景分析操作起来有诸多不同，但有一个显著的共同点，就是对情景关键因素的分析。因此，在进行情景分析时，应加大对情景关键因素分析的比重。

2. 一般情景分析的操作步骤

(1) 主题的确定

主题的确定是指明确情景分析的目的和主要任务，包括涉及的时间范围、具体对象、区域等。例如，情景分析的主题是某地区未来十年航运业的发展状况，那么"某地区"是区域，"未来十年"是时间范围，"航运业"是具体对象。主题的确定是一个专业性很强的工作，一般不由高层决策人员提出，而是需要研究人员经过具体调研，同时结合行业的自身状况、发展目标，最终提出有实际价值的分析主题。

另外，研究人员应致力于具有前瞻性、震撼性乃至颠覆性的主题挖掘，例如，兰德公司的恐怖的海峡、全球气温升高情景下的粮食安全问题等涉及重大现实问题的主题。

(2) 主要影响因素的选择

影响因素是指影响未来发展趋势的因素，可以说是造成未来情景变化的主要原因。若想通过情景分析对未来的情景进行预测和描述，就必须先确定该主题的影响因素。例如，针对某地区未来十年航运业的发展状况这一主题，主要影响因素可能有政策支持、航运收入水平、航运倾向、航运保险、竞争程度等。

世界是一个相互关联的整体，要将所有的影响因素一一列出是不可能的，所以在搜集大量情报的同时，还需要进行大规模的调研和分析工作，提交最初的主要影响因素列表（主要影响因素应集中在那些未来不确定性强、影响程度大的领域），并在其基础上，利用头脑风暴法让所有参与人员和专家各抒己见，对主要影响因素进行选择，也可以提出其他的主要影响因素，最后对讨论的内容进行汇总，选出约10个主要影响因素。

需要说明的是，假设有 10 个主要影响因素，每个因素都有最积极、最消极和最有可能发生等三种状态，那么就可以产生多种可能的未来情景描述方案。如果对这么多的方案逐一模拟，不仅浪费人力、物力，还可能顾此失彼，把握不住重点。所以，在实际操作过程中，要进一步将主要影响因素提炼、压缩至 5 个以内，通常情况下，可以利用德尔菲法征求领域专家的意见，对主要影响因素进行重要性排序，选择公认的最重要的 5 个以内的影响因素。

（3）方案的描述与筛选

将主要影响因素再具体组合，会形成多个初步的未来情景描述方案。由于决策者在选择方案时，往往从发生概率和战略重要性两个角度考虑，所以可将各种方案按照发生概率（纵坐标）和战略重要性（横坐标）归类，如图 7.2 所示，通常分为 A、B、C、D 四个区域。

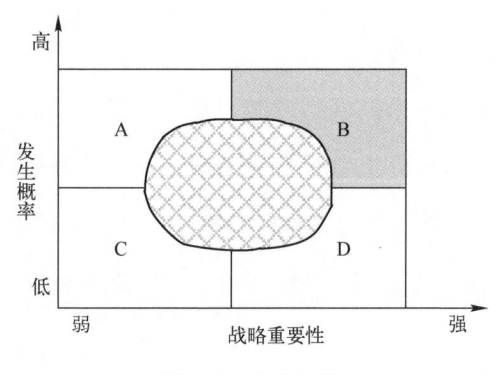

图 7.2　方案归类

- A 区域方案拥有相对较高的发生概率和较弱的战略重要性，适合追求稳定发展的团队。
- B 区域方案与 A 区域方案相比，在战略重要性上明显增强，如果预测准确，则该区域方案往往不仅是众多决策者制定战略时的重点依据，也是团队创造竞争优势的有力武器。

- C 区域方案因发生概率低和战略重要性弱，虽然通常被忽略，但有时也能给团队带来意想不到的效果。
- D 区域方案与 B 区域方案都拥有非常强的战略重要性，但由于发生概率低，因此 D 区域方案不如 B 区域方案受关注。

考虑到资源的稀缺性，决策者不可能对每个方案都给予同样的重视，因此需要对方案做进一步的梳理，也就是进行筛选。方案筛选是一个非常关键的步骤，如果处理不当，就会作出错误的决策，因此需要信息专家、经济专家、管理专家等与该领域相关的专家一起对所有方案进行评估，从方案的战略重要性和发生概率两个方面，结合自身及所处行业的特点，进一步压缩方案数量（压缩到 5 个以内），并对方案进行下一步的模拟。

筛选时，尽量选择战略重要性强且发生概率高的方案，即 B 区域方案。当然，由于主要影响因素都是不确定性很强的因素，因此发生概率的高低是相对的而非绝对的。战略重要性强且发生概率高的方案通常不多。在实际操作过程中，决策者在进行选择时会将决策重心向左下方倾斜移动。此外，不同行业、不同领域之间的细微差别，也决定了方案筛选时的不同偏好。例如，一些团队倾向于选择战略重要性强、发生概率低的方案，即 D 区域方案。

（4）模拟演练

模拟演练是邀请决策者进入描述的情景，面对情景中出现的状况或问题作出相应决策的过程，换言之，就是模拟未来情景。

首先，将每个方案用形象的手法详细描绘出来，列出该情景之下可能出现的问题，尽可能让人有身临其境的感觉。

然后，团队各层级的管理人员，按照最终确定的方案分组，每组进行独立模拟。他们必须完全抛开日常工作和其他事务，设想自己就处在该描述方案的真实环境中,并对可能出现的问题进行讨论并作出相应的决策。

最后,决策者要真正地投入,工作人员要将决策者在模拟中的反应作为反馈信息收回且要如实记录,不能加入自己的主观意见,即通过针对典型情景及其关键影响因子的模拟演练和敏感性实验,记录不同影响因素对情景变化、趋势走向的影响程度和敏感程度,以及极端情景要素对情景态势和走向的影响,得出触发或控制未来情景的关键因素范围及临界阈值,用来作为应急预案的风险防范对策集合。

(5) 合成总体战略

通过分析每组情景模拟时的记录信息以及在该情景之下制定的战略,可确定每个情景所涉及战略的真实性和准确性。在肯定每个情景的战略之后,所有决策者都要将战略合成一个总体战略。合成总体战略是在分组进行模拟并肯定每个战略后进行的综合分析,主要通过所有参与的决策者集中讨论得出,继而基于每个情景之下的战略汇总,找出未来决策的重心,最终制定团队未来的战略规划和政策。例如,在几个情景之下,决策者作出的相同方案就是未来决策的重心之一。还需要考虑每个方案的战略重要性和发生概率,例如战略重要性强的方案,是今后决策的重心之一。

(6) 早期预警系统的建立

在情景分析中,早期预警系统起着非常重要的作用,即通过扫描主要影响因素、监测环境,发现环境中的细微变化,及早发现威胁和机会,及时调整主要影响因素,并适时优化方案,从而为之后的情景分析提供很好的基础。

早期预警系统的核心是信息搜集、指标预警和因素预警。

- 信息搜集可以通过第三方服务的方式获得,也可利用计算机软件,如网络搜索引擎自动搜索相关信息,以作为预警的基础。

- 指标预警（全称为指标因素综合预警）是预警系统发展的一个趋势，也是在监测的主要影响因素中可以量化的因素。例如，资金流动是无法量化的因素。有时，预警系统的监测因素不容易识别，在设计预警系统时还要考虑那些隐性的指标特征。例如，竞争程度通常用愈发激烈、有所减弱来形容。

- 因素预警只监测某些重要因素是否出现，若出现，则发出警报。

指标预警相对复杂，需要对搜集的原始信息进行规范并量化，对各指标设置不同级别的警报数值范围。以收入水平为例，将人均收入水平作为指标，设当前人均收入水平为 A，监测的人均收入水平为 B，则

$$\begin{cases} 97\% \cdot A \leqslant B < 103\% \cdot A & \text{系统不发出预警} \\ 95\% \cdot A \leqslant B < 97\% \cdot A \text{ 或 } 103\% \cdot A \leqslant B < 105\% \cdot A & \text{系统发出中级预警} \\ 90\% \cdot A \leqslant B < 95\% \cdot A \text{ 或 } 105\% \cdot A \leqslant B < 110\% \cdot A & \text{系统发出高级预警} \end{cases}$$

不同行业、不同领域在设置具体因素和具体预警数值范围时会有所不同，要具体情况具体分析。任何一个好的预警系统都不是一蹴而就的，均需要经过不断调整，逐步完善。情景分析在前期对主要影响因素和情景方案的分析为预警系统的不断完善打下了良好的基础。

7.1.5 情景分析的分类

情景分析是在复杂性和不确定性都非常高的情况下，系统地探索未来形势发展的多种可能性的方法。第二次世界大战后，由于各种突发事件带来了国际社会和世界经济的结构性变革，因此纯粹基于历史数据基础上的定量统计预测在揭示较远的未来前景并帮助确定长远发展战略时，局限性日益凸显。在这种背景下，情景分析作为一种分析未来的方法，很快被认可，受到了多方重视，并作为一种战略规划方法被不断发展。在过去的几十年里，情景分

析被广泛应用到政治决策、商业规划、全球环境评估、地区安全管理等多个领域，并发展出多种情景分析方法。

1. 定量与定性情景分析

定量情景分析通常是指用模型完成数字化信息的相关计算；优势是，基于模型论证比较严谨；劣势是，对于复杂的现实世界，模型的作用是有限的，并且常常是不透明的，可能会造成分析结果的失真，不易表现价值观念、生活方式以及机构和社会环境系统结构的快速变化。

定性情景分析是用可视化的图表、照片、文字撰写关键词、大纲、情景故事；优势是，容易理解、有趣，观点有代表性，可以表达很复杂的内容；劣势是，有主观性，缺乏严谨性，测试基于假设，缺少数字化信息。

2. 演绎与归纳情景分析

演绎是通过线性近似来降低不确定性。演绎情景分析是按照逻辑框架来梳理未来重要的不确定性因素或问题，并演绎出情景。

归纳是通过非线性接近来降低不确定性。归纳情景分析是通过认真归纳、分析资料和观点，推导出情景。

3. 前推式与回溯式情景分析

前推式情景分析是基于一定数量的关键驱动力延伸，向前看并概括将来的可能性，回答"将到哪里"的问题。这种方法是以目前状态和可能的未来路径作为起点，以推导出最终的状态。

相比较而言，回溯式情景分析是回答"如何去我们想去的地方"的问题。这种方法是以目前状态作为起点、以结束状态作为终点，以推导出可能的未来路径。

第7章 海上能源通道的情景分析与风险评估

由于回溯式情景分析通常需要对期望的未来状态进行判断,因此有时也被称为预期情景分析。前推式情景分析有时也被称为探究性情景与预测性情景分析。

4. 预测性、探究性、预期性情景分析

预测性情景分析应用在未来相对确定的情形中,主要回答"将要发生什么"的问题,一般采用"要是-怎样(What-if)"情景。预测性情景分析对未来的预测有较大把握,一般作为基准情景。

探究性情景分析是基于目前情形,推导出未来情景,一般回答"能发生什么"的问题。如果想要思考未来几种可能的结果,则探究性情景分析是可用的。探究性情景分析基于4个假设:

- 一是未来不仅受到过去发展的连续性影响,也会受到人的选择和行动的影响。
- 二是未来虽然不能被预见,但是探索未来可以影响目前的决策。
- 三是未来不仅有一种可能,不确定性可使未来有多种可能。
- 四是在情景分析的过程中既要有理性分析,也要有主观判断,需要互动式或参与性的方法。

预期性情景分析是从描述未来情形出发,并向后推演,描述未来情景如何出现的方法,一般回答"如何实现特定目标"的问题。预期性情景分析包括规范式情景分析和描述式情景分析。

- 如果想要寻找能够实现特定目标(被认为可行和可取)的情景,则应当选择规范式情景分析。规范式情景分析有明确的价值基础和技术,以探究希望或不希望到达的终端路径方法。规范式情景分析的应用主要包括4个环节:一是收集已有的资料;二是构建假说;三是生成新的资料;四是测试假说。

- 如果不只是想要寻找能够实现特定目标(被认为可行或可取)的情景,则应当采用描述式情景分析。描述式情景分析是一种渐进的、终端开放的、用于探索到达未来路径的方法。一般来说,规范式情景分析一般都需要规范式的路径和模型工具;描述式情景分析的构建方式相对宽松,更强调专家判断。

从以上分析可以看出,虽然情景分析没有一个确定的过程,各种方法之间有很大的差别,但也有一些经常采用的步骤,主要包括明确决策焦点、识别关键因素、分析驱动力、按重要性和不确定性为驱动力排序、构建情景逻辑、充实情景内容、分析战略含义、选择主要指标和标准、反馈情景内容、讨论战略选择、形成执行规划、传播情景内容等。

7.1.6 情景分析的适用对象

国外将情景分析重点应用在以下领域:

- 未来研究和预测:例如,美国、法国、日本等国家未来发展政策的制定及全球石油市场销售前景的分析、美国建筑能源的使用规划等。
- 可持续发展研究:近年来,更多学者开始关注"可持续发展"这个问题,可持续发展面临的最大挑战是人类行为的复杂性和多重选择性。情景分析通过整合专家的经验、知识,对未来情况进行预测,对人类的行为进行选择,因而是一种用于制定可持续发展策略的强有力工具。
- 电子商务环境分析:分析用户对网站的访问行为、影响交易的瓶颈因素,评估业务流程中各种要素的效率,优化网站,增加用户完成在线交易的机会。

国内对情景分析的应用大多集中在行业发展研究领域。例如：

- 能源市场采用情景分析对影响交通运输部门未来能源需求的各种因素进行合理假定，从而对未来20年交通运输部门的能源需求和碳排放量进行详细预测。
- 中国科学院启动中国未来20年技术预见研究，运用德尔菲法、情景分析等识别和选择未来的关键技术课题，构建"产学研用"的沟通、协商与协调机制。这是一次全新的尝试，具有很大的挑战性。
- 国务院发展研究中心采用情景分析对2005—2020年我国经济发展的前景进行模拟分析，给出了基准增长情景、协调发展情景、风险情景等三种不同情景下我国经济的未来发展状况。

7.1.7 情景分析的关键技术

在情景分析的过程中，经常采用一些关键技术。这些技术可以概括为8S，即SWOT、Stakeholder、Specialist、STEEP、Scenario axes、Script、Sensitivity analysis、Simulation。

- SWOT，即SWOT分析方法，在对未来发展进行情景分析时，需要先了解当前的经济、社会、文化、环境等的基本状况。此时，SWOT分析方法是比较好的选择。
- Stakeholder，即利益相关者分析。
- Specialist，即专家参与分析，是进行驱动力与关键不确定分析的主要方法，也是决定情景分析质量的重要因素。
- STEEP，即STEEP清单分析，是系统发现驱动力的重要技术。
- Scenario axes，即情景轴，通过构建二维或三维的情景轴，识别具有高度不确定性的驱动力发展情景逻辑，从而为构建情景框架服务。

- Script，即脚本。在发展情景逻辑后，需要利用脚本技术完善情景描述。
- Sensitivity analysis，即敏感性分析。敏感性分析主要是对情景结果进行分析，通过从众多的不确定性因素中找出对项目评价指标有重要影响的敏感性因素，分析、测算对指标的影响程度和敏感性程度，进而判断项目承受风险的能力。
- Simulation，即模拟与仿真。随着计算机技术的成熟与完善，模拟与仿真在情景分析中的应用越来越广泛。

7.2 海上能源通道综合灾害风险评估

7.2.1 综合灾害风险要素

参照风险分析的原理和定义，海上能源通道的综合灾害风险要素可归纳为如下几个方面。

- 孕灾环境：灾害发生的背景环境，可细分为孕育灾害的自然环境和人文环境，参数包括地形、地貌、气象、水文、海峡、岛屿等。孕灾能力越强，对灾害的放大效应就越明显。在灾害研究中，通常将孕灾环境的这种特性称为孕灾环境的敏感性。
- 风险源：能造成一定灾害或破坏性的因子，异常程度越高，给人类社会和经济活动造成破坏的可能性越大，承险体所承受的灾害风险等级就越高。在灾害研究中，风险源的这种性质通常被称为危险性，主要是由灾变活动规模（强度）和活动频次（概率）决定的。
- 承险体：承受灾害的对象。有危险性并不意味着灾害一定存在，因为灾害是相对于行为主体——人类社会和经济活动而言的，只有在某风险源有可能危害某行为主体时，承险体才承担了相对于该风险源和该风险载体的灾害风险。因此，一般将承险体的这种特性称为脆弱性，也有人将其称为易损性。

以上三大风险要素是开展海上能源通道综合灾害风险评估的基础。

7.2.2 综合灾害风险评估流程与数据来源

以海上丝绸之路沿线某海上能源通道为例，对其进行综合灾害风险评估是一个区域性的灾前评估，也是对区域内各单元和各灾害事件的危险程度、可能造成的损失程度以及防御能力进行的预测性评估。

1. 评估流程

- 准备环境风险评估所需的各种资料，包括基础地理信息、气象及水文数据、由 IMO 发布的海事报告等，通过对其进行分析处理，建立相应的数据库。
- 构建综合灾害风险评估模型，对孕灾环境的敏感性、风险源的危险性以及承险体的脆弱性进行指标选取，确定各个指标的权重。
- 基于 GIS 平台，利用空间叠加、分析、图斑合并及属性数据库的功能，对某海上能源通道进行综合灾害风险评估，确定风险区划，划分灾害等级。

对某海上能源通道进行综合灾害风险评估的具体步骤如下：

- 在 GIS 平台下，建立相应的基础地理信息、气象、水文、海事报告、历史事件及资源分布等数据库。

- 识别海洋灾害风险。
- 构建指标体系和评估模型。
- 分别对各种灾害进行敏感性、危险性和脆弱性分析，得到单灾种的风险评估值及区划结果。
- 进行多灾种的加权融合评估，得到自然灾害风险和人为灾害风险区划。
- 通过 GIS 重分类和加权分析技术将自然灾害风险与人为灾害风险融合，得到综合灾害风险及风险区划。

2. 数据来源

基于所选的研究范围，各种数据均限定在 15°S～30°N、40°E～135°E 区域内。

- 基础地理信息：包含陆地高程数据、海底地形数据和行政区划数据。其中，陆地高程数据采用 SRTM30 数据，由美国国家地理空间情报局与美国航空航天局联合测量，精度为 30″×30″；海底地形数据通过提取 Terrain Base 数据集的海洋部分获得，由美国国家地球物理数据中心和世界数据中心之固体地球物理学共同创建，精度为 5′×5′；行政区划数据是将世界地图（中国地图出版社，2008 年版）和中国地图（中国地图出版社，2009 年版）按分析范围截取并数字化后拼接而成的。
- 气象及水文数据：研究中主要用到的气象及水文数据包括 ICOADS（国际综合海洋大气数据集）、近实时船舶数据、由 CMA-STI 发布的热带气旋最佳路径数据、Argo 数据等。上述数据都是不规则的散点数据，应先将其读取出来，按 1°×1° 的经纬网格存放后，再进行月平均统计分析。

- 由 IMO 发布的海事报告：主要是指海盗报告，为文档形式，内容包括：遭受袭击的船名、船舶种类和吨位、船旗国及 IMO 编号；袭击发生的日期和时间；事件发生的地点（通常有具体的经纬度）；事件的详细情况；船员、船舶及货物所遭受的损失；船长和船员所采取的行动；沿海国采取的行动。下载由 IMO 发布的 2005—2009 年间海事报告（文档编号：MSC. 4/Circ. 62～MSC. 4/Circ. 147），从中提取有效信息并进行数字化，在录入数据库后，集成到 GIS 平台上。

7.2.3 综合灾害风险评估模型

1. 风险度表达式

风险评估理论认为，风险是灾害事件发生的可能性与灾害事件严重程度的综合度量。衡量风险大小的指标是风险度 R（Risk），通常采用灾害事件的威胁性 T（Threat）与承险体的脆弱性 V（Vulnerability）的乘积来表达，即

$$R = T \times V \tag{7.1}$$

由于灾害事件的威胁性可用孕灾环境的敏感性 S（Sensitivity）和风险源的危险性 D（Danger）的乘积来表达，因此风险度 R 可表示为

$$R = S \times D \times V \tag{7.2}$$

式中，敏感性 S 表示孕灾环境对灾害的放大效应；危险性 D 表示目标遭受灾害袭击的概率和强度；脆弱性 V 表示因灾害导致承险体发生损坏的概率，即因袭击导致目标产生损失的预期。

2. 风险评价指标体系

对某海上能源通道进行综合灾害风险评估时，首先要建立合理的风险评价指标体系。风险评价指标体系的逻辑结构不仅要符合社会生活固有的客观规律，还要具有代表性和简明性，同时在量化分析时应具有一定的可操作性。杨理智[2]利用层次分析法对某海上能源通道进行综合灾害分析时，构建的风险评价指标体系如图 7.3 所示。

- 自然灾害风险是指由自然因素造成的无法回避的风险，此处选取热带气旋、大风大浪（5级以上海况）、低能见度、雷暴袭击等 4 个风险因子进行分析。
- 人为灾害风险是指由于人为因素造成的风险，此处选取海盗袭击、恐怖袭击、资源争夺及战略通道封锁等 4 个风险因子进行分析。
- 承险体主要包括远洋船舶、海上平台、海峡水道、岛屿及国家经济体。其脆弱性主要考虑物理暴露性、灾损敏感性及综合应灾能力等 3 个评价指标，并可借鉴灰色关联分析中的设定评语集方法，对评价指标进行量化，即先为评价指标拟定合适的评语集，并赋予相应的等级值，再由专家选定评语，最后通过评语确定各评价指标的评分。例如，综合应灾能力的评分为 1～10，数值越大，表示防御灾害的能力越强。
- 对风险源的危险性分析，主要通过参考历史统计资料得到每种灾害可能发生的强度和频率。

采用层次分析法可确定评价指标权重。1～9 标度法是在层次分析法中反映指标间相对重要性的标准，通过指标间相对重要性的判断，将专家的定性思维量化，见表 7.1。

第7章 海上能源通道的情景分析与风险评估

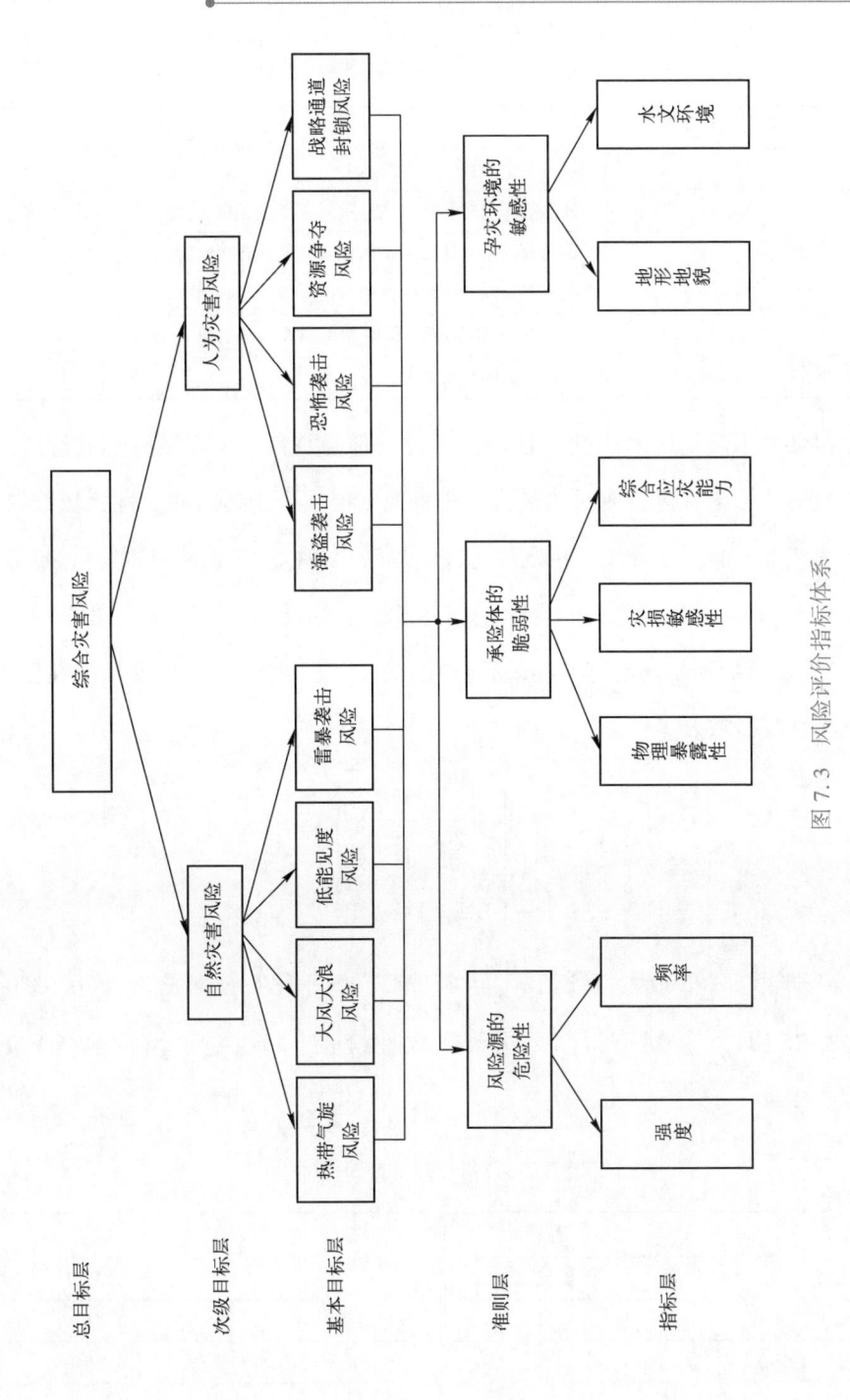

图 7.3 风险评价指标体系

253

表 7.1　1～9 标度法的含义

标　度	含　义
1	表示两个指标一样重要
3	表示前一指标比后一指标重要一点（稍微重要）
5	表示前一指标比后一指标重要（明显重要）
7	表示前一指标比后一指标重要得多（强烈重要）
9	表示前一指标比后一指标极端重要（绝对重要）
2，4，6，8	上述情况的相反情况

以各种承险体的脆弱性评估为例，对物理暴露性、灾损敏感性和综合应灾能力等 3 个指标进行成对比较，可获得准则层 3 个指标间的定性比较结果。依据表 7.1 中的标度含义，将定性比较结果转化为标度，构建判别矩阵 A。元素 $a_{ij}=n$，表示第 i 个指标与第 j 个指标相比，标度为 n，如判别矩阵 A 中 $a_{12}=3$，表示物理暴露性与灾损敏感性相比，标度为 3，说明物理暴露性比灾损敏感性稍微重要。

$$A=\begin{bmatrix} 1 & 3 & 5 \\ 1/3 & 1 & 3 \\ 1/5 & 1/3 & 1 \end{bmatrix}$$

判别矩阵 A 的最大特征值 $\lambda_{max}=3.0385$，归一化特征向量 $W=(0.6370,0.2583,0.1047)^T$。对所得结果进行一致性检验，随机一致性检验指标 I_R 见表 7.2。

表 7.2　随机一致性检验指标

n	I_R	n	I_R
3	0.58	7	1.32
4	0.91	8	1.41
5	1.12	9	1.45
6	1.24		

第7章 海上能源通道的情景分析与风险评估

对照表7.2，当 $n=3$ 时，随机一致性检验指标 $I_R=0.58$，综合灾害风险值 $R_C=I_C/I_R=0.0331<0.1$。其中，一致性系数 $I_C=(\lambda_{max}-n)/(n-1)=0.0192$。通过一致性检验，归一化特征向量值可作为上述3个指标的权重。利用同样的方法，可计算其余评价指标的权重。

3. 风险值的计算公式

根据风险度表达式（7.2）及风险评价指标体系，建立如下风险评估模型。

单灾种风险值的计算公式为

$$R_i = \Big(\prod_{j=1}^{2} S_{ij}^{W_{ij}}\Big)^{W_S} \Big(\prod_{k=1}^{2} D_{ik}^{W_{ik}}\Big)^{W_D} \Big(\prod_{l=1}^{3} V_{il}^{W_{il}}\Big)^{W_V} \tag{7.3}$$

式中，

$$\prod_{j=1}^{2} S_{ij}^{W_{ij}} = S_{G_i}^{W_{SG}} \cdot S_{H_i}^{W_{SH}} \tag{7.4}$$

$$\prod_{k=1}^{2} D_{ik}^{W_{ik}} = D_{P_i}^{W_{DP}} \cdot D_{l_i}^{W_{DI}} \tag{7.5}$$

$$\prod_{l=1}^{3} V_{il}^{W_{il}} = V_{E_i}^{W_{VE}} \cdot V_{S_i}^{W_{VS}} \cdot (1-V_{F_i})^{W_{VF}} \tag{7.6}$$

自然灾害风险值的计算公式为

$$R_N = \sum_{i=1}^{4} W_i R_i \tag{7.7}$$

人为灾害风险值的计算公式为

$$R_M = \sum_{i=5}^{8} W_i R_i \tag{7.8}$$

综合灾害风险值的计算公式为

$$R_C = W_N R_N + W_M R_M \tag{7.9}$$

式（7.3）～式（7.9）中，R_i 为海域第 i 类灾害风险值；W_i 为对应权重；W_N、W_M 分别为自然灾害风险和人为灾害风险的权重；S_{ij} 为第 i 类灾害第 j 项敏感性指标的评估值；W_{ij} 为对应权重；D_{ik} 为第 i 类灾害第 k 项危险性指标的评估值；W_{ik} 为对应权重；V_{il} 为第 i 类灾害第 l 项脆弱性指标的评估值；W_{il} 为对应权重；W_S、W_D、W_V 分别为准则层中孕灾环境敏感性、风险源危险性和承险体脆弱性的权重；S_{Gi}、S_{Hi} 分别为第 i 类灾害敏感性指标中地形地貌和水文环境的评估值；W_{SG}、W_{SH} 分别为对应权重；D_{Pi}、D_{Ii} 分别为第 i 类灾害危险性指标中灾害频率和灾害强度的评估值；W_{DP}、W_{DI} 分别为对应权重；V_{Ei}、V_{Si}、V_{Fi} 分别为第 i 类灾害脆弱性指标中物理暴露性、灾损敏感性和综合应灾能力的评估值；W_{VE}、W_{VS}、W_{VF} 分别为对应权重。

4. 风险评估

（1）单灾种风险评估

对某个风险源进行分析后，利用式（7.3）即可计算各个区域的单因子风险值。在此基础之上，对目标区域内的所有风险值进行等级划分（划分标准见表7.3），采用 GIS 技术可绘制航道海域中各单因子风险等级区划图。由于单因子风险等级区划图可清楚地表明每一种灾害风险等级的分布情况，因此在实施应急救援时，可提供直观的辅助决策信息。

黎鑫[3]以海盗袭击风险为例，首先将海盗袭击风险底层指标评估值进行标准化处理，然后代入式（7.3）中进行计算，从而得到各单元的海盗袭击风险值；也可以先计算各评估单元海盗袭击的敏感性指标的评估值、危险性指标的评估值和脆弱性指标的评估值，并分别在 GIS 平台上进行区划制图，然后利用 GIS 空间叠加功能对这 3 个图层进行代数运算，即可得到海盗袭击风险等级区划图，如图 7.4 所示。

第 7 章 海上能源通道的情景分析与风险评估

表 7.3 单因子风险值等级划分标准

风险值	等级	特 征 描 述
≥80	1级	风险很高,受灾害影响或袭击的可能性很大,损失程度十分严重
60~80	2级	风险较高,受灾害影响或袭击的可能性较大,损失程度比较严重
40~60	3级	风险中等,受灾害影响或袭击的可能性不大,损失程度一般严重
20~40	4级	风险较低,受灾害影响或袭击的可能性较小,损失程度较小
≤20	5级	风险很低,受灾害影响或袭击的可能性很小,损失程度很小

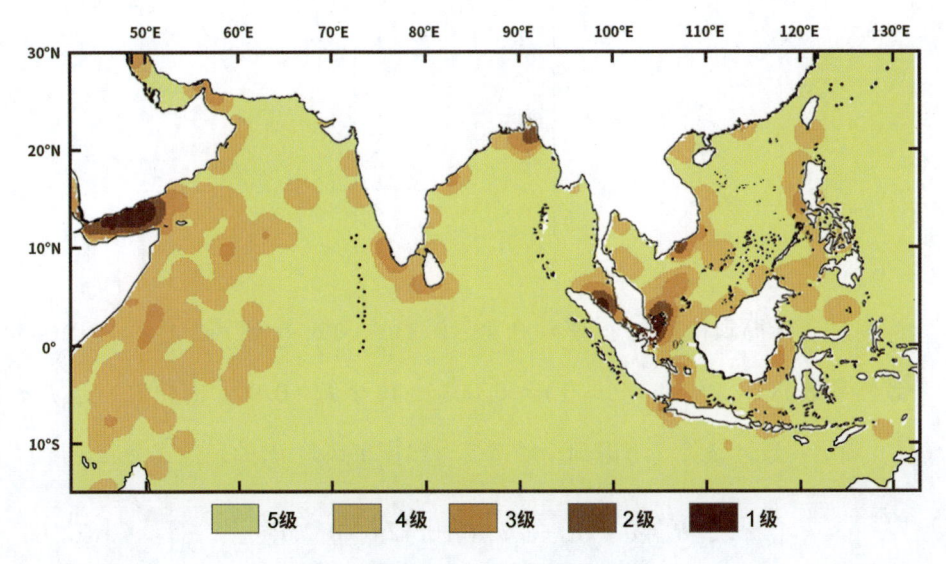

图 7.4 海盗袭击风险等级区划图

由图 7.4 可知,海盗袭击风险等级在各海域存在较大差异。其中,南海-印度洋遭受海盗袭击的 1 级风险区为亚丁湾海域、马六甲海峡、马来半岛东南海域、孟加拉国沿海、越南东南近海以及斯里兰卡和科摩林角西南近海。经过这些海域的船舶遭受海盗袭击的风险最大。索马里海岸以外 600 千米范围内的风险等级几乎都在 3 级以上,部分海域甚至达到 2 级。此外,巽他海峡及其附近、望加锡海峡、马尼拉西部沿海遭受海盗袭击的风险等级也较高,均在 3 级或以上,其余海域一般为 4 级以下风险等级。

(2) 多灾种风险区划

对各单灾种风险进行评估后，即可对次级目标层（自然灾害风险、人为灾害风险）展开多灾种风险区划。以7月自然灾害风险为例，选取热带气旋、大风大浪、雷暴袭击、低能见度等4个灾种，根据德尔菲法确定各灾种的风险权重，基于专家知识和历史灾情统计建立判别矩阵

$$A = \begin{bmatrix} 1 & 2 & 3 & 2 \\ \frac{1}{2} & 1 & 2 & 1 \\ \frac{1}{3} & \frac{1}{2} & 1 & \frac{1}{2} \\ \frac{1}{2} & 1 & 2 & 1 \end{bmatrix}$$

通过计算得到权重向量 $W=(0.42, 0.23, 0.12, 0.23)^T$，$\lambda_{max}=4.0104$，一致性系数 $I_C=(\lambda_{max}-n)/(n-1)=0.0035$，由于 $I_R=0.90$，因此 $R_C=I_C/I_R<0.1$，满足一致性条件。考虑到船舶遭受自然灾害风险 R_N 的表达式为

$$R_N = 0.42R_1 + 0.23R_2 + 0.12R_3 + 0.23R_4 \tag{7.10}$$

式中，R_1 为热带气旋风险；R_2 为大风大浪风险；R_3 为雷暴袭击风险；R_4 为低能见度风险。根据计算结果，可得到自然灾害风险等级区划图，如图7.5所示。

由图7.5（a）可知，冬季（1月），南海大部海域遭受自然灾害的风险等级较高，多在2级以上，其中台湾海峡和巴士海峡高达1级；印度洋海域遭受自然灾害的风险等级普遍较低，多在3级以下。

由图7.5（b）可知，夏季（7月），自然灾害风险等级较高的海域主要位于南海东北部、阿拉伯海、索马里东北部及孟加拉湾中部，均在2级以上，其余海域的风险等级较低，多在3级以下。

(a) 1月

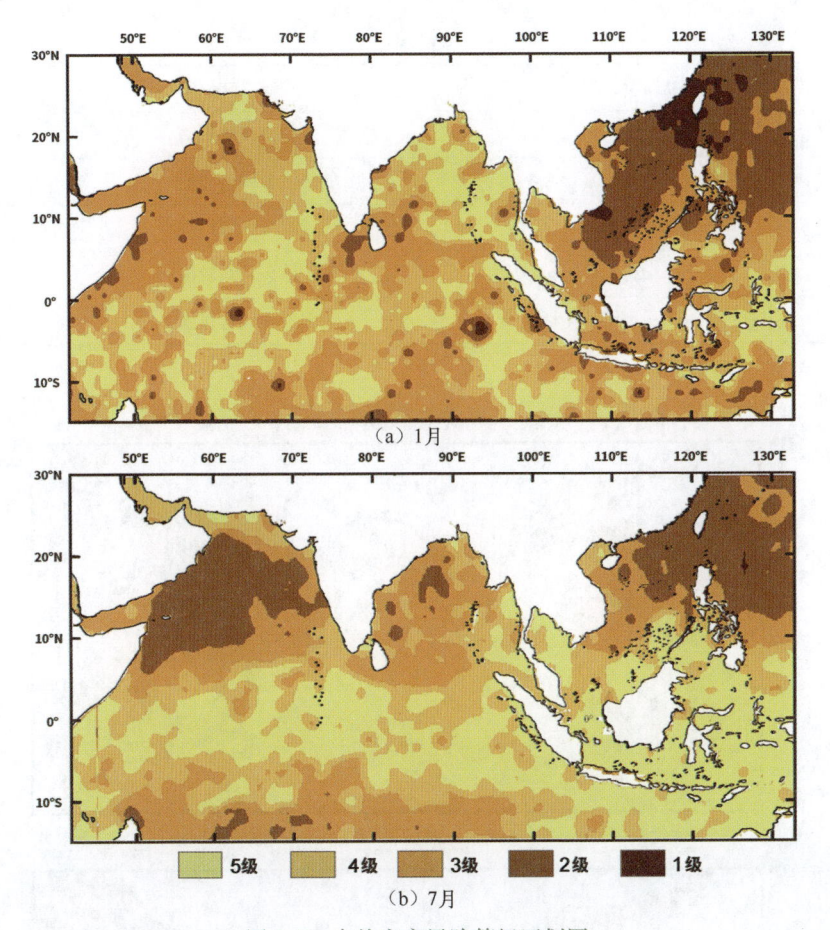

(b) 7月

图7.5 自然灾害风险等级区划图

(3) 综合风险区划

由于黎鑫[3]考虑到自然灾害风险、人为灾害风险的含义和数据标准不同，因此将自然灾害风险 R_N 和人为灾害风险 R_M 的等级进行重新划分，按 1～5 级分别赋予 5 分、4 分、3 分、2 分和 1 分。由于考虑到自然灾害风险比人为灾害风险略为重要，因此将两者的权重分别取 0.6 和 0.4，代入式 (7.9)，得

$$R_C = 0.6R_N + 0.4R_M \tag{7.11}$$

根据上述风险计算值，利用自然断点法对综合风险进行等级划分，见表 7.4，进而可绘制出综合灾害风险等级区划图，如图 7.6 所示。

表 7.4　综合风险等级划分

等　级	划分标准	特　征　描　述
1	>4	区域综合风险很高
2	3～4	区域综合风险较高
3	2～3	区域综合风险中等
4	1.1～2	区域综合风险较低
5	<1.1	区域综合风险很低

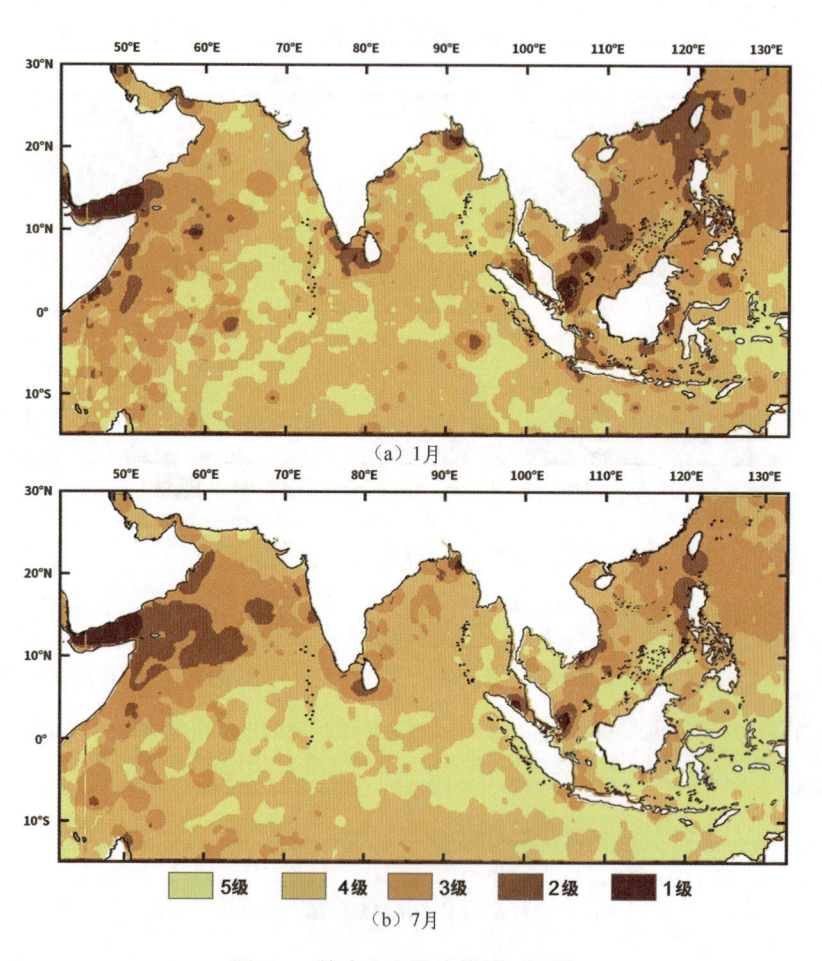

（a）1月

（b）7月

图 7.6　综合灾害风险等级区划图

由图 7.6（a）可知，冬季（1月），综合灾害风险等级最高的区域为亚丁湾、孟加拉湾湾顶、马六甲海峡附近以及越南的东南部近海，可达1级；其次为南海东北部海域、南沙群岛西部海域、巽他海峡、望加锡海峡、科摩林角附近海域、霍尔木兹海峡及索马里近海，风险等级多为2级；其他海域的风险等级较低，普遍在3级以下。

由图 7.6（b）可知，夏季（7月），综合灾害风险等级最高的区域为亚丁湾、孟加拉湾湾顶及马六甲海峡附近，可达1级；其次为索马里东北部海域、阿拉伯海中西部、斯里兰卡西南近海、吕宋岛西部近海以及巴士海峡附近，风险等级在2级左右，其余海域的风险等级较低，在3级以下。

7.3 海上能源通道自然灾害风险评估

7.3.1 模糊集合与模糊推理

模糊集合的概念与模糊推理的思想是由美国加利福尼亚大学的L. A. Zadeh教授于20世纪60年代首次提出的，为模糊数学的发展和模糊推理的应用奠定了基础。近年来，模糊推理得到了快速发展，并渗透到了社会科学和自然科学的多个分支领域。虽然模糊推理的出现晚于经典的确定性数学理论，但是人类建立模糊逻辑思维的时间远早于数学逻辑思维。从哲学上看，模糊逻辑反映的是事物的质的方面，数学逻辑反映的是事物的量的方面，因而模糊推理更适合人类大脑的思维过程。

模糊性反映的是事物的不确定性和非精确性。不确定性和非精确性是一个相对的概念，即在某种条件或范围内是确定和精确的，在另一种条件或范围内可能是不确定或不精确的。另外，模糊性独立于随机性，即概率统计方法还不足以处理模糊性问题。模糊推理是将一个空间的输入映射到另一个空间输出的一种规则，映射是模糊推理的核心。模糊推理易于理解，运用简单方便。

事实上，人类运用模糊推理的时间占据了生活的大部分。模糊推理在快速、有效地处理非精确或模糊问题时，相对于经典的确定性逻辑，可表现出显著的优势：

- 模糊推理是柔性的，对于给定系统，容易处理和直接增加新的功能，不需要从头做起。
- 模糊推理是建立在自然语言基础之上的，对数据的精确性要求不高，系统信息主要是用自然语言描述的知识，不确定性是自然语言的一个重要特点。
- 对比人工神经网络，模糊推理能够更充分地获取和利用专家经验。
- 模糊推理更易与传统方法结合。

综上所述，模糊推理是基于定性经验、规则、知识的非解析数学模型。模糊集合的概念和模糊推理的思想适宜分析并处理数据样本缺乏时的海洋自然灾害风险评估。

7.3.2 模糊逻辑控制器

模糊推理系统的核心是对复杂系统或过程建立一种语言分析的数学模型，将专家经验或实践感知从自然语言转化为用模糊规则和模糊集合表示的定量计算机算法和控制系统。相对于传统的逻辑系统来说，模糊推理更接近于人类的思维方式和自然语言，提供了一种获取现实世界中近似的、非精确性的有效方法。模糊集合打破了经典集合中只有 0 和 1 的界限。在模糊集合的概念中，任何元素都可同时部分属于多个模糊子集，隶属关系用隶属度表示。

第 7 章　海上能源通道的情景分析与风险评估

模糊规则是定义在模糊集合上的规则，是模糊推理系统的基本单元。模糊规则的形式为 IF A is a then B is b。其中，A 和 B 是语言变量；a 和 b 是由隶属度函数映射的语言值。这些模糊规则都可表示成模糊伴随记忆 FAM（Fuzzy Associated Memory）。

模糊推理系统中的模糊逻辑控制器提供了将基于专家经验的语言控制转化成自动控制策略的语法规则。其本质是一套语言控制规则。这套规则与模糊蕴含和模糊规则有关。模糊逻辑控制器的基本结构包括 4 个部分，如图 7.7 所示。

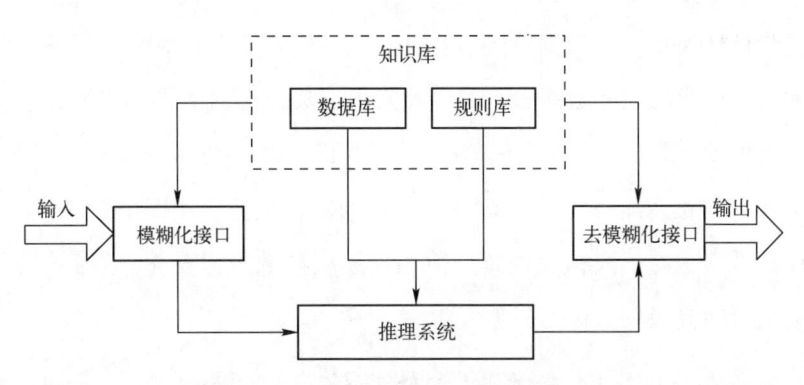

图 7.7　模糊逻辑控制器的基本结构

- 知识库（Knowledge Base）：专家经验以语言控制规则的形式存储在知识库里。专家经验的形式为：如果一组条件满足，则可推理出一组结果。知识库又包含以下两部分：一部分是由若干 IF…THEN…形式的模糊规则组成的规则库（Rule base）；另一部分是用于定义隶属度函数的形式与范围的数据库（Data base）。
- 模糊化接口（Fuzzification Interface）：将初始量化数据转化为模糊形式表达。
- 推理系统（Inference System）：也称决策单元，是控制器的核心，提供基于知识库的推理方法并实施模糊规则推理。

263

- 去模糊化接口（Defuzzification Interface）：将模糊控制行为转化为非模糊控制行为，或将模糊形式推理结果转化为数字化输出。

模糊集合与模糊推理的理论阐述和算法模型可参考相关文献，这里不再赘述。

7.3.3 模糊推理模型的建立与推理实验

1. 影响因子的选择

风险评估模型主要依据对评估对象影响的经验知识选择影响因子。例如，根据大气、海洋对船舶航行影响的经验知识，选择海面的风向、风速、气压、海浪、能见度等5个环境要素作为船舶航行的海洋环境影响因子，以船舶航行安全（以向正东航行为例）评估结果作为输出变量，用5个影响因子分别定义模糊子集，并引入相应的特征值和隶属度函数予以量化，得到影响因子及评估结果的等级划分标准，见表7.5。

表7.5 影响因子及评估结果的等级划分标准

影响因子	小值 命名	小值 阈值	中值 命名	中值 阈值	大值 命名	大值 阈值
风向（与0°偏差的绝对值）	逆风	0～<45	侧风	45～<135	顺风	135～180
风速（m/s）	弱风	0～<10	中等	10～<20	强风	20～40
气压（hPa）	低压	900～<980	中等	980～<1050	高压	1050～1100
海浪（m）	小浪	0～<2	中等	2～<4	大浪	4～6
能见度（km）	恶劣	0～<1	较差	1～<4	良好	4～20
评估结果（%）	条件适宜	0～<35	略有影响	35～<70	条件不宜	70～100

2. 隶属度函数的确定

在模糊集合中，任何元素都可同时部分属于多个模糊子集，隶属关系用隶属度表示。隶属度是描述论域 U 中元素符合属性的程度，通常用隶属度函数刻画模糊集合，用模糊集合描述模糊系统。隶属度函数是模糊系统的基础，如何确定恰当的隶属度函数是模糊推理的关键环节。鉴于模糊系统的模糊性和经验性，要找到一种规范、统一的隶属度函数确定方法非常困难。目前，隶属度函数的确定大致可分为两种方法：

- 根据经验规则选择适宜的函数进行调制，以逼近集合对象的基本特征。
- 基于实验数据或观测事实，用最小二乘误差逼近或人工神经网络等，从训练样本的输入和输出数据序列中，挖掘、提取映射模型的隶属关系。

3. 模糊规则的提取和编辑

根据船舶航行的环境影响参数和保障经验，基于选择的影响因子分类值域范围和隶属度结构，可提取影响因子对船舶航行的若干模糊规则。其中，模糊语言值由各隶属度函数曲线赋予数值内涵。将经验知识和语言描述转化为模糊规则，是模糊推理系统设计的核心环节，只有科学合理地凝练出规则，所设计的模糊推理系统才能运用于实际工作。目前，一些专业的模糊推理系统软件均提供了交互式的模糊规则编辑环境，用户只需按照 if… then…语法规范及 and（与）、or（或）等逻辑运算，即可简洁直观地输入和调整模糊规则。

4. 映射曲面的特征结构分析

基于船舶航行影响因子的隶属度函数分布和模糊规则，经相应模糊推理操作和模糊集合运算，可得到影响因子对船舶航行影响模糊推理模型。通过对模型映射曲面（线）的特征结构分析，可直观判断模型的推理结果是否符合实际情况或保障规范，并由此进一步调整和完善隶属度函数的结构和模糊规则。

5. 模糊推理模型的动态调试

在完成隶属度函数优选、调试和模糊规则的输入及编辑之后，即可建立模糊推理模型。目前，一些模糊推理系统软件（如 MATLAB 中的 Fuzzy Toolbox 等）均提供了交互式模糊推理建模环境，用户不需要编写程序代码，即可利用模糊推理系统的仿真环境建模，通过对各要素的隶属度分布、模糊规则的修正和调试，即可方便地构建船舶航行评价指数和影响因子之间的逻辑映射关系和量化评估模型。

表 7.6 是依据表 7.5 的保障经验和阈值范围，采用模糊推理思想建立的船舶航行安全的推理实验结果，通过输入影响因子，可得到相应船舶航行的风险评价指数，并给出所选实验个例风险评估结果以及船舶航行风险指数与影响因子之间的映射关系。

表 7.6 船舶航行安全的推理试验结果

输入/输出因子	个例 1	个例 2	个例 3	个例 4
风速（m/s）	2.0	12.0	8.0	4.0
风向（与 0°偏差的绝对值）	180	0	120	130
气压（hPa）	1000	1025	1025	980
能见度（km）	6.5	0.5	1.5	2.5
海浪（m）	1.0	4.0	2.0	1.0
评估结果（%）	18.36	87.45	59.17	42.31
风险等级	条件适宜	条件不适宜	有影响（大）	略有影响（小）

7.3.4 自然灾害风险评估的基本步骤与技术途径

基于风险函数的风险评估是常规的风险评估方法，即基于经典的风险定义及相应的孕灾环境敏感性、风险源危险性和承险体脆弱性等指数计算结果，通过 AHP 主观赋权或变异系数客观赋权等方法得到不同风险因子的权重系数，针对具体问题采用线性加权、乘幂加权、代换或模糊取大取小等途径进行融合，得到考虑风险诸多要素影响的综合风险评估值。该方法的优点是物理意义清晰、模型简洁、计算方便，在常规风险分析中得到了广泛运用。该方法的不足如下：

- 一是固定的评估函数在处理不同环境、不同风险因子、不同对象的风险评估问题时缺乏必要的灵活性和针对性。
- 二是不同风险因子的加权集成方式所能覆盖的内涵有限，难以充分表达各风险因子对综合风险的作用和贡献。
- 三是风险评估归根结底是人对潜在危险事件的感受，在风险评估中还不能完全撇开人的主观能动性（如对风险因子的重要程度考虑、风险因子不同组合情况的风险输出考虑等），因此常规的风险函数评估方法对此缺乏充分的表现空间。

模糊推理是基于人类思维感知和自然语言描述的智能推理方法，具有的特点是，能充分借鉴和提取专家知识和经验，较好地表达和处理实际中广泛存在的知识、经验的非精确性（模糊性）和不确定性，适宜处理那些机理复杂、难以精确建模和样本数据有限，甚至根本没有样本数据帮助完成自然、社会问题的数学建模。模糊推理的这些特点也适宜分析处理所涉及的航道海域风险评估问题，是对上述归纳常规风险函数评估方法不足的有效补充和完善。

为此，下面引入模糊集合的概念和模糊推理的思想进行航道海域自然灾害风险评估，并阐述其基本步骤与技术途径。

1. 基本步骤

基于模糊推理的自然灾害风险评估主要包括如下基本步骤。

(1) 风险特性指数的分析与估算

风险特性指数的分析与估算主要根据孕灾环境敏感性、风险源危险性和承险体脆弱性等诸多风险因子的定义和算式以及环境资料数据，通过计算得到指定时间、指定海域的风险因子指数等。

- 孕灾环境敏感性是指重要海峡、水道、港湾、岛屿的地理位置和地形地貌以及政治、经济、军事等战略地位的敏感性，包括海峡、航道的宽度、水深、底质，港湾的形状、位置，岛屿的地形、地貌等属性，对船舶航行的安全及对热带气旋和雷暴袭击等灾害防御影响的敏感性。敏感性分析和指数计算涉及定量计算（敏感性指数计算等）与定性分析（层次分析等）。

- 风险源危险性是指目标海域发生频率较高的灾害性海洋大气和海洋水文现象，包括热带气旋、雷暴袭击、大风大浪、低能见度、大气波导、温盐跃层、海洋内波、中尺度涡旋等风险因子，以及对航行安全、搜索救援、雷达、声呐探测和海上活动的影响分析与风险评估。鉴于海洋环境影响机理的复杂性、影响过程的非线性和影响要素的多元性，风险源危险性解析模型一般难以建立。同样，鉴于完备的海洋灾害或海难案例（包括事件过程、相应海洋环境要素的准确描述和数据记录）稀少或难以充分获取，因此对风险源危险性指数的统计建模较为困难，属于信息不完备条件下的评估范畴。

- 承险体脆弱性主要包括远洋船舶、石油平台、重要海峡、水道和岛屿等目标对海洋环境或海洋灾害影响的承受能力或抗击能力。不同目标的脆弱性与其地理位置、周边环境、设施条件、防护能力、自身的战略利益和经济价值等相关。

第7章 海上能源通道的情景分析与风险评估

（2）隶属度函数的引入与调制

通过常规计算得到的孕灾环境敏感性、风险源危险性和承险体脆弱性等风险因子可分别反映风险的不同方面或不同内涵，当前的风险分析评估主要是对这些风险因子进行线性加权、乘积或乘幂加权。为了深入把握和刻画综合固有风险的内在风险属性，适宜引入模糊推理的思想进行自然灾害风险的融合集成：首先，在孕灾环境敏感性、风险源危险性和承险体脆弱性等风险因子指数（输入）以及综合固有风险评价指数（输出）中引入隶属度函数，并将其转化为适宜语言描述和逻辑判断的表达（模糊化处理）；然后，用连续隶属度函数曲线替代常规表格形式的数据对应关系，对不同风险因子阈值范围引入不同的语言描述（如较弱、中等、较强等）及其对应的隶属度函数表达，建立定性描述与定量函数的对应关系（也被称为定性的数量化或定量的模糊化）。

引入与调制隶属度函数的目的是通过构建一个适宜的函数曲线来表现不同风险因子的阈值范围与不同隶属度之间的对应关系，进而为定性的属性描述赋予定量的准确刻画。隶属度函数一般根据风险因子阈值范围的特点，寻找与曲线形态相似或接近的函数来表达或逼近，对一般风险因子构建分段函数较为方便，大致能够满足要求。近年来，随着各类功能强大的科学计算软件的出现（如MATLAB及其模糊推理计算环境），为隶属度函数的引入和调制提供了方便。

图7.8是针对孕灾环境敏感性、风险源危险性和承险体脆弱性等风险因子（输入因子）构建的双曲正切隶属度函数及针对综合固有风险评价指数（输出）的双高斯隶属度函数：横坐标指数的取值范围均为[0,1]；纵坐标为隶属度，即各指数隶属于各类敏感/危险/脆弱/风险等级的程度，取值范围为[0,1]；1表示完全属于，0表示不属于。根据定性的经验知识，可分别将输入因子选取为不敏感、较敏感、敏感（孕灾环境敏感性），安全、较危险、危

269

险（风险源危险性）、稳健、较脆弱、脆弱（承险体脆弱性）等三类，将输出（综合固有风险）划分为低风险、中等风险和高风险三类，并分别调制出适宜的隶属度函数曲线来合理刻画该定性分类。

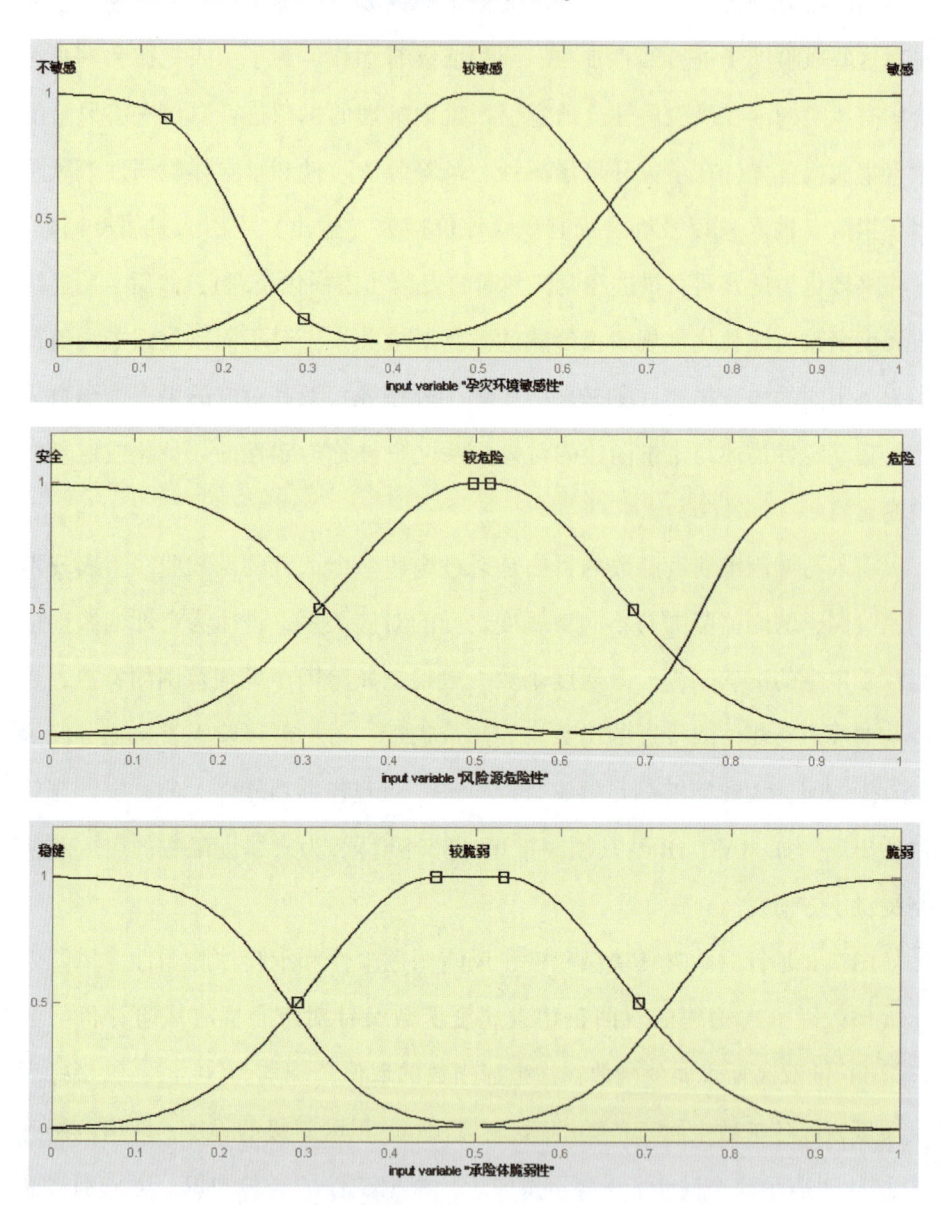

图 7.8 隶属度函数曲线

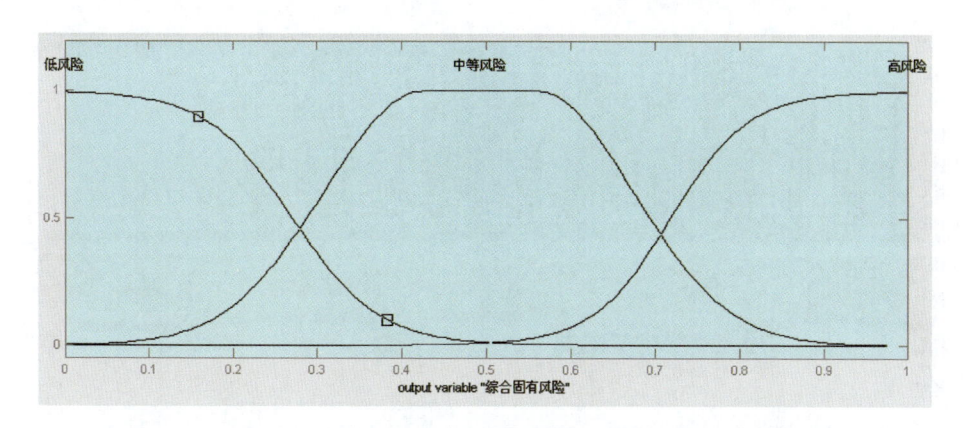

图 7.8　隶属度函数曲线（续）

2. 模糊规则提取与编辑

为模糊推理建模的核心环节之一是从长期积累的经验和定性描述的知识中，发掘、提取模糊规则，进而为模糊集合运算和推理建模提供依据。针对不同的风险对象、风险事件和风险海域环境，根据风险评估的基本原理、基本要素，结合评估者对风险事件的理解、知识、经验，提取若干"if A is …, and (or) B is …, then C is …"形式的模糊规则（根据具体目标和经验知识对不同的模糊规则赋予不同的权重，以体现不同模糊规则的重要程度），通过编辑形成风险评估的模糊规则集，作为模糊评估、推理的依据。

基于风险评估中风险因子的融合集成规则、对评估目标的理解及对诸多风险因子在综合风险中作用（贡献）大小的一般原则和经验判断可进行模糊规则的提取与编辑，并对不同的模糊规则赋予不同的权重。图 7.9 是基于经验知识提取的部分模糊规则，在每条模糊规则后面可根据经验知识对其赋予权重，以表现该条模糊规则的重要程度。

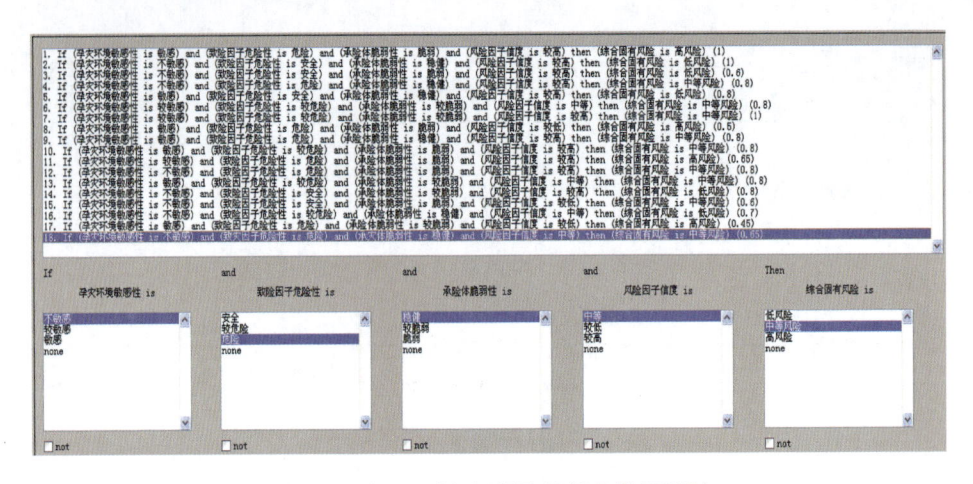

图 7.9　基于经验知识提取的部分模糊规则

3. 推理运算与动态检测

基于上述构建的风险因子隶属度函数和模糊规则进行相应的模糊集合运算和模糊推理映射，可建立输入-输出的模糊推理模型；通过对模糊推理模型进行特征映射曲面的绘制和动态仿真的调试，可检验模型的合理性和可信度；对模型输出结果进行去模糊化处理，可得到通过隶属度（概率）形式表现的综合固有风险评估结果。

图 7.10（a）是基于所建模型的三维映射曲面，x、y 坐标为输入因子（多维的输入因子可进行多种组合），z 坐标为模型输出的综合固有风险评估结果。通过不同风险因子输入（x、y）组合与评估结果（z）之间的对应关系，可以直观分析并判断所建模型的合理性、可靠性。图 7.10（b）是对所建模型输入-输出的动态响应，拖动不同的输入因子，可输出相应的综合固有风险评估结果，以实现航道海域内自然灾害风险评估的快捷计算和动态检测。

4. 仿真实验

由于模型中孕灾环境敏感性、风险源危险性和承险体脆弱性等风险因子对综合固有风险的作用和贡献是以隶属度函数（概率形式）和模糊规则的形式融合集成的，因此模糊推理风险评估方法要较常规的风险函数加权评估方法有一定程度的改进、完善和深化。

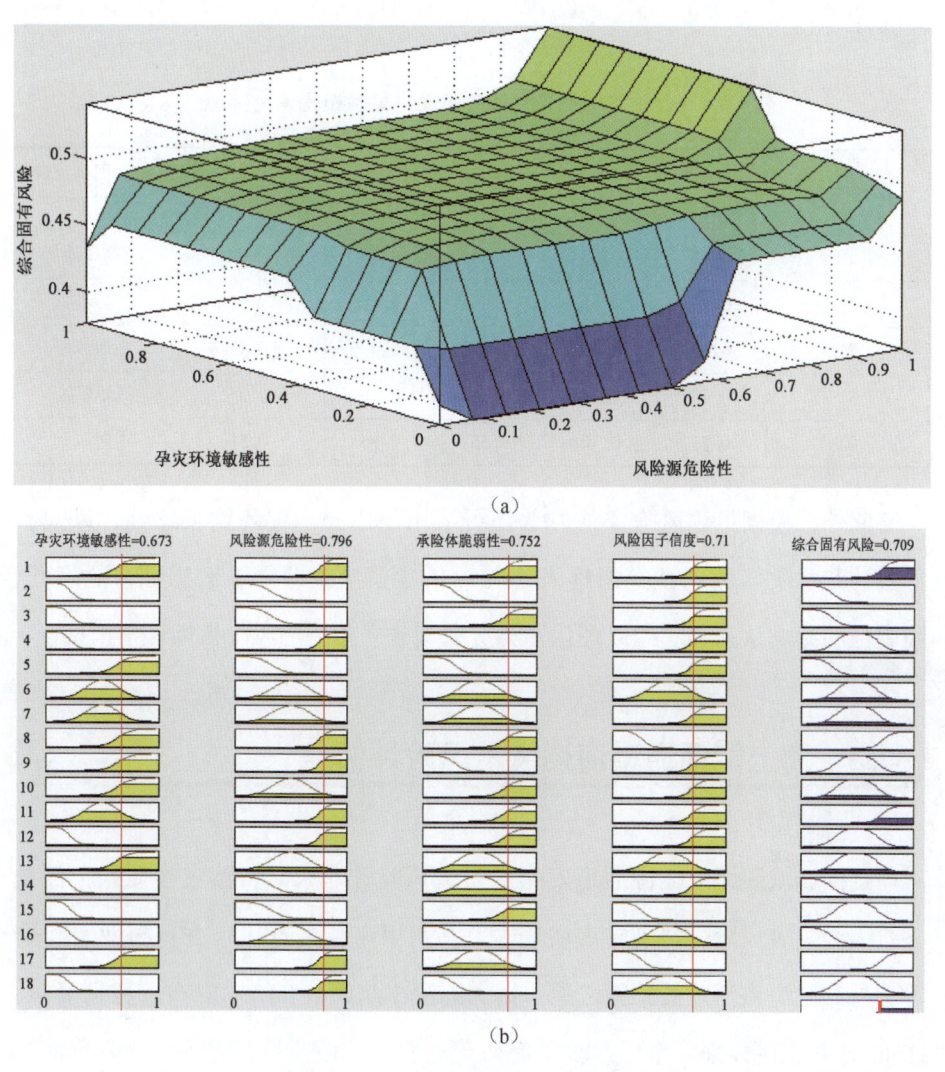

图 7.10 三维映射曲面和动态响应

基于上述模糊推理模型可以进行航道海域内自然灾害风险评估仿真实验，包括单点（岛屿、海上平台等）、航道和区域（亚丁湾海域等）的风险推理评估。表7.7是基于模糊推理模型和单点的5个仿真个例评估实验结果,包括风险因子的计算、输入及综合固有风险的等级评估,可基本刻画模型中不同风险因子对航道海域内自然灾害风险的贡献大小及其影响的多元化和非线性特征。

表7.7 5个仿真个例评估实验结果(阈值范围均为[0 1])

仿真个例	孕灾环境敏感性	风险源危险性	承险体脆弱性	风险因子信度	综合固有风险评估结果	综合固有风险评估等级
个例-A	0.85	0.85	0.83	0.85	0.80	高风险
个例-B	0.75	0.85	0.80	0.65	0.71	高风险
个例-C	0.80	0.50	0.80	0.90	0.49	中等风险
个例-D	0.15	0.20	0.80	0.80	0.26	低风险
个例-E	0.75	0.80	0.55	0.85	0.51	中等风险

此外,模糊推理风险评估方法还可运用于诸如孕灾环境敏感性、风险源危险性和承险体脆弱性等指标表达与评估建模中,即基于敏感性、危险性、脆弱性的影响认知和制约原理认知,提取和建立相应的风险指标评估模型。

7.4 海上能源通道海盗袭击风险评估

当前,威胁海上能源通道安全的最大风险并非来自自然灾害风险,而是来自人为灾害风险,特别是海盗袭击。马六甲海峡素有"东方直布罗陀"之称,一直是海盗活动的猖獗之地。据国际海事组织(IMO)发布的数据显示,20世纪90年代以来,全球60%的海盗袭击发生在该区域,因此对马六甲海峡海的盗袭击风险开展量化评估具有重要的现实意义。

量化评估是高效风险管理的关键环节,对海盗袭击风险的客观、量化评估是风险防范和风险决策的前提和基础。杨理智等人[4]针对海盗袭击的突发性特征，将有限的案例样本信息引入贝叶斯网络，开展了海上能源通道海盗袭击风险的分析和评估。

7.4.1 评估方法与技术途径

1. 常规的风险评估

目前，常规的风险评估有层次分析、模糊综合评估、人工神经网络、灰色关联分析、投影寻踪以及信息扩散等方法和技术途径。其中，层次分析具有较大的主观性；模糊综合评估以模糊数学理论为基础，利用隶属度函数将主观与客观结合，较好地实现了模糊问题的量化，然而，隶属度函数的选择因缺乏坚实的数学理论基础，往往带有较强的主观性；人工神经网络和投影寻踪只有在获取大量客观数据样本的基础上，才能揭示较真实数据的内在关联；灰色关联分析适用于灰色问题评估，可通过较少的样本数据得到；信息扩散能基于小样本案例，得到信息扩散后较为充实的样本数据集，建立输入、输出对象之间的映射关系和评估模型。

2. 海盗袭击风险评估的难点

海盗袭击通常具有突发性，袭击效果受多种因素影响，往往具有不确定性。鉴于海盗袭击的突发性特征，如何利用当前获取的有限数据资料对风险进行实时量化评估，制定应急响应方案，实现快速、高效的风险管理，是海盗袭击风险评估急需解决的首要难题。

海盗袭击风险的大小受多种因素影响，其中不乏定性指标，即指标中含有一定的不确定因素。鉴于不确定性因素本身难以量化的特征，对上层指标影响权重的量化评估将更加困难。因此，如何选用合适的数学方法，客观提取不确定因素信息，建立定性指标风险度与上层指标风险度之间的映射关系，是进行海盗袭击风险评估的另一个难题。

事实上，海盗袭击风险评估属于复杂的不确定系统，有大量的动态信息，通过建立传统函数或关系模型的评估方法难以进行有效评估。因此，针对上述海盗袭击风险评估的难点，杨理智等人[4]引入贝叶斯网络开展马六甲海峡海盗袭击风险评估和实验区划。

3. 贝叶斯网络

为了解决复杂系统中难以建立数学解析模型进行评估决策的困难，并实现直接从复杂系统中获取信息进行评估与决策推理的目标，贝叶斯网络等不确定性人工智能技术应运而生。

贝叶斯网络又称信度网络、概率网络或因果网络。Pearl[5]给出了贝叶斯网络的明确定义，并最早用于数据挖掘领域，而后在处理不确定性人工智能问题时均得到成功应用。贝叶斯网络由贝叶斯概率推理方法发展而来，是概率论与图论的有机结合，其坚实的数学基础成功规避了主观贝叶斯概率分配的主观性、概率分配前后的不一致性以及获取先验概率和条件概率的困难。与此同时，贝叶斯网络能够及时吸纳新的证据，以严密的推理算法更新网络上的其余节点参数，进而实现对突发事件的快速评估。

一个完整的贝叶斯网络 $B=<G,\theta>$ 通过两个组成部分来表达信息：

- 网络结构 G 中的节点及节点之间的连接（有向弧）分别用来表达各个要素及要素之间可能的因果关系。
- 由网络参数 θ 构成的条件概率表（CPT）用来表达要素之间的影响程度。

在贝叶斯网络中，网络结构 G 为有向无环图，包含条件独立性的假设，即节点及其非后代节点之间满足条件独立关系。此外，贝叶斯网络在无有向边连接的节点之间也是相互独立的。

因此，贝叶斯网络的结构特征和节点之间的条件独立关系符合马尔可夫条件。在掌握了节点之间的相互关系及条件概率表之后，就可以表达网络中全部节点的联合概率，即 $p(v_1,v_2,\cdots,v_n) = \prod_{i=1}^{n} p(v_i|\text{Parents}(v_i))$，通过应用贝叶斯网络，可达到简化计算的目的。

7.4.2　海盗袭击风险概念模型

1. 辨识海盗袭击风险

海盗袭击风险评估是对海盗袭击的可能性和袭击后果的综合评估，受风险源直接或间接影响。

海盗袭击往往通过盗窃、抢劫、劫持等方式威胁航行船舶以及船上物资和人员的安全。根据海盗活动的特点，分析海盗组织的犯罪手段、犯罪工具和犯罪人数，是理解和辨识海盗袭击风险的重要前提。

部分风险因素会通过间接作用对海盗袭击事件后果的严重性和发生的概率产生影响。例如：

- 航道海域周边的难民，加入利益巨大的海盗团体成为谋生的一种选择。
- 地理环境与海盗活动密切相关，岛屿众多、水道狭窄的海域，常常成为海盗袭击的首选之地，复杂的地形利于劫掠和逃匿。
- 良好的天气和海况也是海盗活动的重要因素，如天气良好、海况平静时，海盗活动最为频繁。

依据联合国对海盗行为的定义和海盗行为发生的后果，可归纳出海盗袭击的承险体及风险后果，见表 7.8。

表 7.8 海盗袭击的承险体及风险后果

风险源	承险体	风险后果
海盗袭击	海域、海峡、船舶、基础设施、人员、能源物资等	海域：运输能力下降，封锁，能源运输中断。 船舶：被抢劫、损毁。 人员：被劫持、伤亡。

2. 构建海盗袭击风险概念模型

风险体系是由风险源（风险因子）危险性、承险体的脆弱性和防治措施的风险防范能力等综合因素组成的。基于上述分析，构建海上能源通道海盗袭击风险概念模型，如图 7.11 所示。

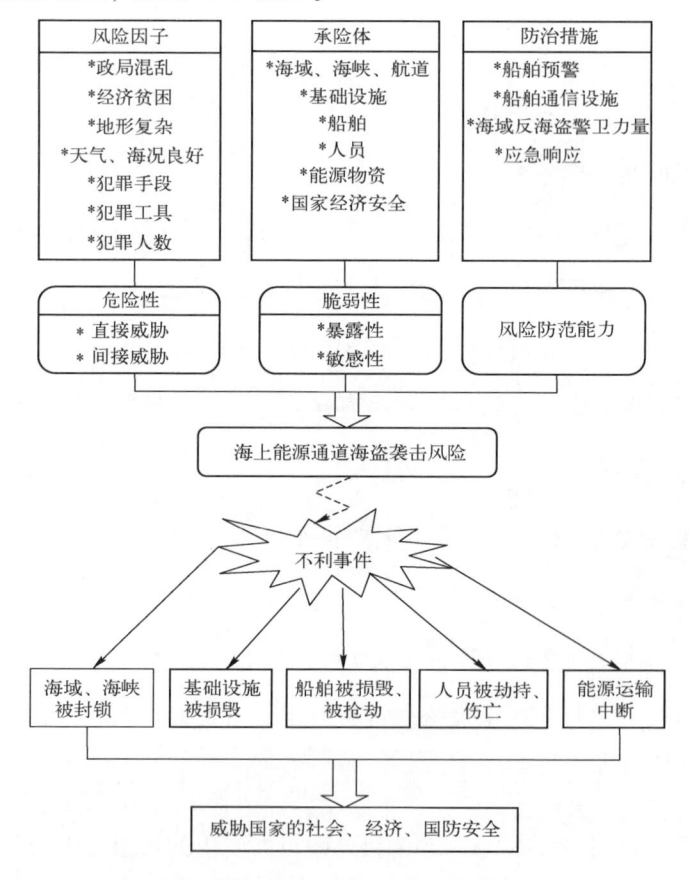

图 7.11 海上能源通道海盗袭击风险概念模型

3. 海盗袭击风险指标体系

海上能源通道海盗袭击风险指标体系分为目标层（A）、准则层（B）、指标层（C）和判别层（D），可涵盖风险机制中的全部要素——危险性、脆弱性、风险防范能力，见表 7.9。

表 7.9 海上能源通道海盗袭击风险指标体系

目标层（A）	准则层（B）	指标层（C）	判别层（D）
海上能源通道海盗袭击风险（A1）	危险性（B1）	直接威胁（C1）	海盗组织犯罪手段（d1） 海盗组织犯罪工具（d2） 海盗组织犯罪人数（d3）
		间接威胁（C2）	航道地区全球和平指数（d4） 航道地区经济稳定性程度（d5） 航道地理环境复杂程度（d6） 航道天气、海况条件（d7）
	脆弱性（B2）	暴露性（C3）	能源物资经济价值（d8）
		敏感性（C4）	能源物资对外依存度（d9） 备用通道数量（d10）
	风险防范能力（B3）		国际护航力量部署（d11） 周边国家反海盗警卫力量（d12） 船舶通信设施与自卫装备（d13） 应急预案与应急处置能力（d14）

7.4.3 海盗袭击风险评估与情景模拟

1. 数据说明及处理

海上能源通道的海盗袭击风险可细分为海上能源通道的固有风险和具体船舶航行时遭受的综合风险。固有风险受指标 d1～d7 和 d10～d12 影响，综合风险根据具体航行船舶和运输物资的变化而变动。

指标 d1～d3 选用由国际海事组织发布的 2000—2012 年间海事报告。指标 d4 选用由英国的《经济学人》杂志发布的全球和平指数。指标 d5 选用由国际货币基金组织（IMF）发布的人均 GDP、多维贫困指数、CPI 指数增幅、收入基尼系数等数据。指标 d6 选用由美国国家地理空间情报局与美国航空航天局联合发布的 SRTM30 数据。指标 d7 选用由 CMA-STI 发布的热带气旋最佳路径数据和 ICAODS 等数据。指标 d10、d11、d12 根据获取的文字资料并通过专家打分得到。

指标风险等级的分级标准见表 7.10。

表 7.10 指标风险等级的分级标准

指标	高风险	中等风险	低风险
d1	武装攻击船员	劫持船员	威胁船员
d2	枪械	刀具	其他
d3	10 人以上	5～10	1～4
d4	全球排名 105～158	全球排名 53～104	全球排名 1～52
d5	全球排名 125～186	全球排名 63～124	全球排名 1～62
d6	复杂程度高	复杂程度中等	复杂程度低
d7	小于 10.8m/s 风速；3m 以下浪高；1m 以下风暴潮增水；4km 以上能见度	10.8～20m/s 风速；3～7m 浪高；1～2.5m 的风暴潮增水；1～4km 能见度；热带低压、热带风暴	20m/s 以上风速；7m 以上浪高；2.5m 以上风暴潮增水；1km 以下能见度；强热带风暴以上等级的热带气旋
d8	16 万吨以上	3.6～16 万吨	0～3.5 万吨
d9	40%以上	20%～40%	0～19%
d10	3 条以下	3～5 条	5 条以上
d11	护航力量弱	护航力量中等	护航力量强
d12	反海盗警卫力量弱	反海盗警卫力量中等	反海盗警卫力量强
d13	通信设施与自卫装备缺乏	通信设施与自卫装备基本完善	通信设施与自卫装备完善
d14	应急预案与应急处置能力弱	应急预案与应急处置能力中等	应急预案与应急处置能力强

2. 构建贝叶斯网络

根据风险因子之间的因果关系可构建贝叶斯网络。在海上能源通道海盗袭击风险指标体系中，由于各层指标之间定性的因果关系明确、特征明显，因而可将判别层指标作为根节点，指标层、准则层、目标层作为对应父节点的子节点，构建海上能源通道海盗袭击固有风险的部分贝叶斯网络，如图 7.12 所示。

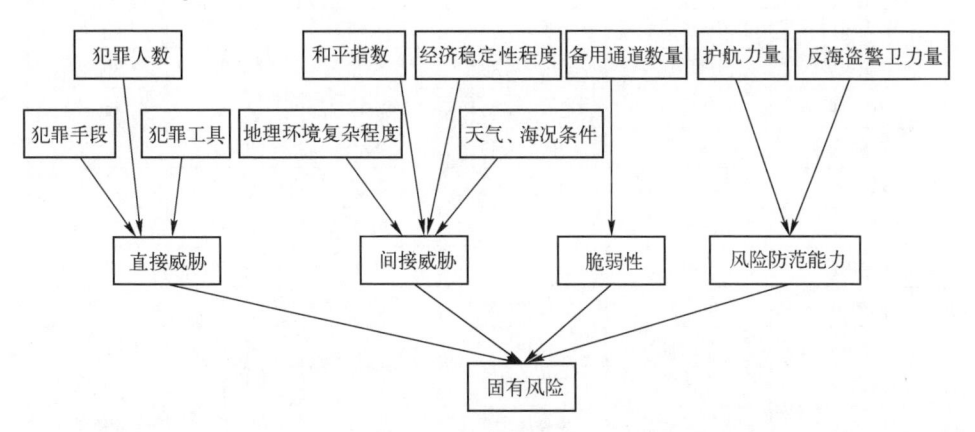

图 7.12　海上能源通道海盗袭击固有风险的部分贝叶斯网络

3. 运用蒙特卡罗模拟方法

蒙特卡罗模拟方法是利用随机数发生器来模拟实际可能发生的情况，当输入变量按一定的概率分布取值时，利用随机数发生器产生一个按已知概率分布的数值，并将数值赋给输入变量，反复执行上述过程，即可得到模拟结果。因此，经过大量的重复实验，最终会得到无限接近真实情况的分布。

基于所获取的数据进行风险等级评估，得到根节点对其相应风险等级的隶属度，运用蒙特卡罗模拟方法模拟风险的实际情况，通过 100 次重复实验，可随机生成各子节点的条件概率分布表，如直接威胁条件概率分布，见表 7.11。

表 7.11 直接威胁条件概率分布

犯罪手段	犯罪工具	犯罪人数	直接威胁（%）		
			高风险	中等风险	低风险
高风险	高风险	高风险	96.36	1.82	1.82
高风险	高风险	中等风险	74.41	21.6	3.99
高风险	中等风险	高风险	78.08	1.37	20.55
中等风险	高风险	高风险	68.2	30.16	1.64
高风险	中等风险	中等风险	49.81	49.81	0.38
中等风险	高风险	中等风险	49.35	30.13	20.52
中等风险	中等风险	高风险	66.95	2.78	30.27
中等风险	中等风险	中等风险	48.73	21.02	30.25
中等风险	高风险	低风险	48.77	2.46	48.77
高风险	低风险	中等风险	48.7	48.71	2.59
低风险	高风险	中等风险	30.23	67.52	2.25
中等风险	低风险	高风险	30.1	49.52	20.38
中等风险	中等风险	低风险	21.6	74.39	4.01
高风险	低风险	低风险	3.97	92.06	3.97
高风险	中等风险	低风险	2.92	75.91	21.17
高风险	高风险	低风险	21.26	48.42	30.32
高风险	低风险	高风险	2.62	67.12	30.26
低风险	高风险	高风险	2.65	48.67	48.68
中等风险	低风险	中等风险	48.17	3.66	48.17
低风险	中等风险	中等风险	30.33	21.3	48.37
低风险	中等风险	高风险	30.41	4.12	65.47
低风险	高风险	低风险	21.37	30.34	48.29
低风险	低风险	高风险	2.3	48.85	48.85
中等风险	低风险	低风险	0.67	30.07	69.26
低风险	中等风险	低风险	20.57	1.42	78.01
低风险	低风险	中等风险	4.09	21.64	74.27
低风险	低风险	低风险	2.25	2.25	95.5

4. 基于联合树推理算法的马六甲海峡海盗袭击固有风险

联合树推理算法于 1988 年出现，是目前最流行的精确推理算法之一，

第7章 海上能源通道的情景分析与风险评估

适用于通过多个因果机制影响的变量概率计算，既能用于单连通网络的推理，又能解决多连通网络的推理。Netica 软件以联合树推理算法作为基础算法，可对用户输入的数据信息进行推理计算，运算结果通过可视化界面显示。

将根节点和子节点的条件概率输入 Netica 软件，通过联合树推理算法得到部分马六甲海峡海盗袭击风险值，如图 7.13 所示。

由此得到马六甲海峡海盗袭击风险对应的（高风险，中等风险，低风险）隶属度分别为 45.5%，26.4%，28.1%。上述分析表明，马六甲海峡海盗袭击固有风险属高风险等级，与实际情况相符。

5. 基于贝叶斯网络的马六甲海峡海盗袭击综合风险情景模拟

（1）情景设定一

一艘满载 5 万吨原油的船舶，通信设施与自卫装备水平较高，所属船舶公司具备完善的应急预案，应急处置能力很强。已知该船舶在途经马六甲海峡期间遭遇由 3 人组成的海盗团伙袭击，海盗登船后，欲用刀具劫持人质。

根据掌握的信息对节点做如下修正：

- 犯罪手段属于中等风险。
- 犯罪工具属于中等风险。
- 犯罪人数属于低风险。
- 船舶通信设施和自卫装备水平对应的（高风险防范能力、中等风险防范能力、低风险防范能力）隶属度分别为 80%、20%、0%。
- 船舶公司应急预案和应急处置能力强，属于低风险。

修正节点信息后，利用部分贝叶斯网络进行马六甲海峡海盗袭击综合风险情景模拟，如图 7.14 所示。

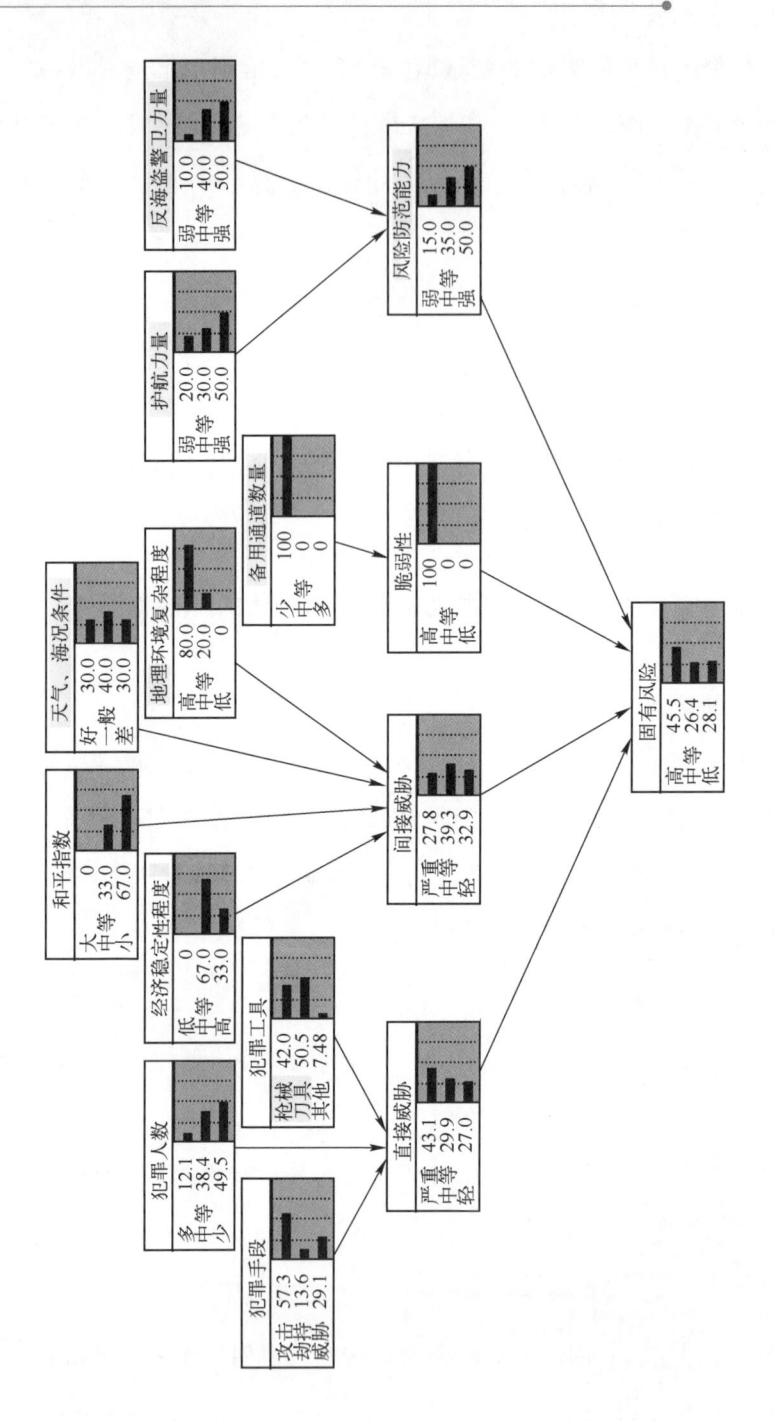

图 7.13 部分马六甲海峡海盗袭击风险值

第 7 章 海上能源通道的情景分析与风险评估

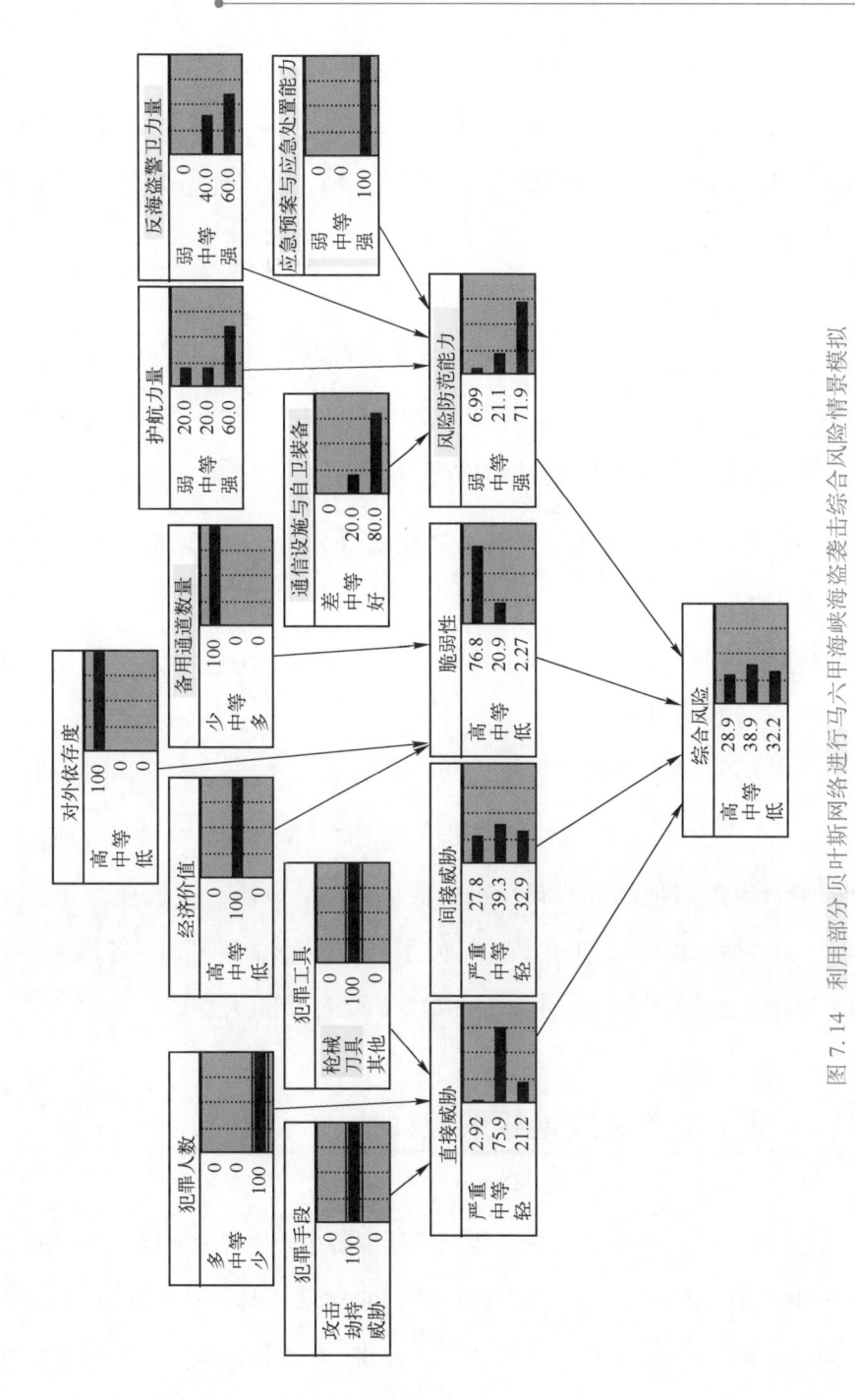

图 7.14 利用部分贝叶斯网络进行马六甲海峡海盗袭击综合风险情景模拟

图 7.14 直观显示了修正后综合风险对各级风险的隶属度，在此情景下，综合风险对应的（高风险，中等风险，低风险）隶属度分别为 28.9%、38.9%、32.2%，表明此次海盗袭击属于中等风险，可根据风险大小和风险等级快速作出响应，以降低风险损失。

(2) 情景设定二

在情景设定一的基础上，指挥机构得到新的信息：海峡沿岸国受金融危机影响，经济衰退严重，政局稳定度下降，且袭击事件发生当天，海面风平浪静，能见度良好。更新间接威胁父节点的信息：

- 和平指数对应中等风险的隶属度升至 70%，对应低风险的隶属度降至 30%。
- 经济稳定性程度对应的（低风险、中等风险、高风险）隶属度分别为 60%、30%、10%。
- 天气、海况处于高风险等级。

将新节点信息代入贝叶斯网络之后，运用联合树推理算法进行推理，得到新的综合风险对应的（高风险，中等风险，低风险）隶属度，分别为 41.4%、31.3%、27.3%。因此，在获取了新节点信息的情况下，将此次海盗袭击风险修正为高风险等级，并调整相应的风险对策和防范措施。

7.5 海上能源通道地缘风险评估

除自然灾害对海上航行安全可能产生的威胁之外，因地缘问题造成的风险也不可低估。例如，南海-印度洋航线长约 19280 千米，途经约 20 个国家或地区的领海、专属经济区、公海和国际海峡，潜在的风险给船舶的安全航行带来了极大的不确定性，复杂的形势和多种因素交织作用，使得采用单纯的定性分析难以给出直观、清晰的定量认识和科学研判。为此，杨理智[6-7]等人引入云模型分析方法，开展了海上能源通道地缘风险的客观分析和定量评估。

7.5.1　地缘风险量化评估

既有的量化评估手段，如投影寻踪、熵值权重、支持向量机以及人工神经网络等方法，虽然可用于海上能源通道的地缘风险评估，但对数据样本有较高的要求。由于海上能源通道地缘风险涉及对人文环境的评估，所获取的资料信息基本属于定性范畴，因此难以运用统一的数学标准进行量化，现有的方法通常是基于先验知识或直观感知进行打分的，也会在不同程度上带有一定的主观性和不确定性，缺乏必要的客观性和定量化。如何将定性资料客观映射到定量范畴，是评估海上能源通道地缘风险首先需要解决的问题。

7.5.2　云模型理论及其适用性

为了解决人文环境评估时的模糊性问题，学术界结合模糊数学原理提出了模糊综合评估法，即通过建立隶属度函数求得评估对象，通过评语集的隶属度确定综合风险。这种方法相对于常规的主观评估法虽有很大进步，但仍没有解决隶属度函数的选择问题。从某种意义上说，隶属度函数的确定恰好扼杀了模糊数学中模糊性的本质。人类自然语言中的不确定性除包含模糊性之外，还具有随机性，两者不能人为分离、割裂。

为了有效实现定性概念与定量数值之间的不确定性转化，建立科学合理的映射关系，李德毅等人[8]提出了一种新的方法论——云模型理论。该理论基于概率论和模糊数学原理，旨在提取定性概念中的有效信息，获取定量数据的分布规律，同时将不确定性的两大类型——模糊性和随机性有机地结合起来。

云模型的基本思想：设 U 为精确数值的定量论域，A 是 U 上的定性概念，对 $\forall x \in U$，都存在一个有稳定倾向的随机数 $\mu(x) \in [0,1]$，则称 x 为 A 的隶属度。x 在 U 上的分布即为云，每一个 x 都是一个云滴，云的整体形状就是对定性概念的整体反映。

云的整体形状可通过三个参数表达，即期望 Ex、熵 En、超熵 He。其中，Ex 是中心值，反映的是模糊概念的中心；En 代表模糊概念的不确定性，值越大，不确定性越高，随机性越大；He 代表熵的不确定程度，反映的是云的离散程度。用这三个数值可表达云的模糊性和随机性，既符合人类思维，又不涉及过多复杂的数学计算。其适用性主要表现在如下三点。

- 人文环境的评估资料大多属于定性范畴，是非数字化信息，难以用统一的数学标准量化，且量化效果比较粗糙。云模型可基于数学原理构建定性资料与定量数据之间的映射关系，避免了主观性和人为性，能够较为客观地表达语言中的不确定性。

- 模糊综合评估法的核心问题——隶属度函数的选择一直没有合适的解决方案，合理性判断往往带有较大的主观成分。云模型理论在解决问题的模糊性时，避免了需要精确选择隶属度函数，使得评估结果更具客观性。

- 风险事件一般具有不确定性。不确定性包含模糊性和随机性两个方面。以往研究大多仅考虑风险事件的模糊性，将随机性与模糊性分离。云模型理论在建模过程中将两者有机结合起来，能够更好地刻画风险的本质和特征。

7.5.3 指标体系构建

海上能源通道的地缘风险涉及周边国家的政治、经济、社会文化和军事外交等风险。此外，评估周边国家的冲突风险时，和平指数等指标也可在方法研究和实验仿真中作为参考指标加以引用。

综上分析，南海、印度洋海域海上能源通道地缘风险指标体系分别见表 7.12、表 7.13。

表 7.12 南海海上能源通道地缘风险指标体系

目标层（A）	指标层（B）	指标属性
南海海域海上能源通道地缘风险	当事国领海争端程度指标（B1）	指标数值越大，风险越大
	当事国历史争端程度指标（B2）	指标数值越大，风险越大
	大国博弈程度指标（B3）	指标数值越大，风险越大
	国家军事实力指标（B4）	指标数值越大，风险越大
	国家人均 GDP 指标（B5）	指标数值越大，风险越大
	解决南海问题的意愿指标（B6）	指标数值越大，风险越小
	当事国外交友好程度指标（B7）	指标数值越大，风险越小
	当事国贸易密切程度指标（B8）	指标数值越大，风险越小

表 7.13 印度洋海上能源通道地缘风险指标体系

目标层（A）	指标层（B）	指标属性
印度洋海域海上能源通道地缘风险	当事国历史争端程度指标（B1）	指标数值越大，风险越大
	大国博弈程度指标（B2）	指标数值越大，风险越大
	国家军事实力指标（B3）	指标数值越大，风险越大
	国家人均 GDP 指标（B4）	指标数值越大，风险越大
	当事国外交友好程度指标（B5）	指标数值越大，风险越小
	当事国贸易密切程度指标（B6）	指标数值越大，风险越小
	国家和平指数指标（B7）	指标数值越大，风险越小
	国际事务和平程度指标（B8）	指标数值越大，风险越小

7.5.4 评估建模与实验仿真

海上能源通道的地缘风险评估流程如图 7.15 所示。

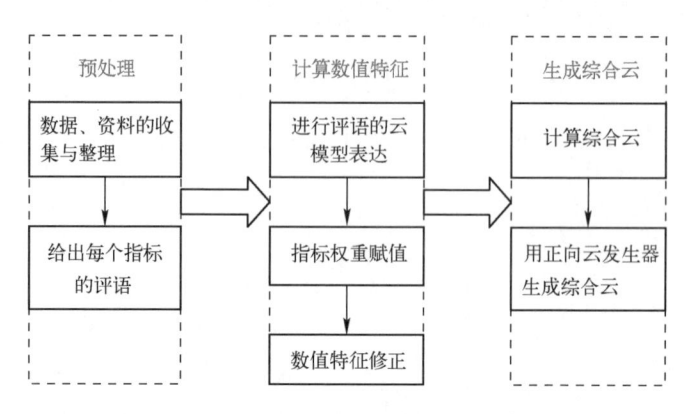

图 7.15 海上能源通道的地缘风险评估流程

- 对数据进行预处理，基于已构建的地缘风险指标体系，对指标进行评语打分。
- 运用云模型理论实现评语的云模型表达，并修正数值特征。
- 用正向云发生器生成综合云。

一般情况下，社会和自然界的问题大多服从正态或半正态分布，借鉴相关的理论模型，结合研究对象的特点对评估模型进行适应性改进，可构建基于正向正态云发生器的海上能源通道地缘风险评估模型。南海-印度洋通道途经约 20 个国家，下面选取其中的多个国家进行方法实验和模型验证。

1. 南海海域海上能源通道地缘风险评估

（1）评语集的云模型表达

南海海域海上能源通道地缘风险指标体系的数据来源见表 7.14。

第7章 海上能源通道的情景分析与风险评估

表7.14 南海海域海上能源通道地缘风险指标体系的数据来源

指标	数据来源
B1	中国外交部发布的南海岛礁争端资料
B2	英国《经济学人》杂志发布的全球和平指数
B4	军事网站全球火力发布的2012年世界军事实力排行榜
B5	国际货币基金组织（IMF）发布的人均GDP、CPI指数增幅、多维贫困指数、收入基尼系数等数据
B8	中国海关总署发布的历史贸易指数；商务部、国家统计局、国家外汇管理局联合发布的《2011年度中国对外直接投资统计公报》
B3、B6、B7	南京大学出版社出版的《中国外交历程》一书中的国家资料和部分文献

可将B2、B4、B5、B8指标获取的数据集按等差分级法分为5个区间，区间间距$d=(x_{max}-x_{min})/5$。其中，x_{max}、x_{min}分别代表数据集的最大值、最小值。例如，B2指标可获取158个国家的全球和平指数排名，将排名等分为5个区间[1,31.4)[31.4,62.8)[62.8,94.2)[94.2,125.6)[125.6,158)，分别对应评语集中的5个评语，即$V=\{极低,较低,中等,较高,极高\}$。例如，A国在全球和平指数中的排名为第63名，落于第3区间，因而A国的B2指标评语为中等。

B1、B3、B6、B7指标大多为用文字等定性描述的资料信息，可结合专家意见，依据评语集$V=\{极低,较低,中等,较高,极高\}$给出指标评语，从而得到南海海域海上能源通道地缘风险指标评语，见表7.15。

表7.15 南海海域海上能源通道地缘风险指标评语

指标层	A国	B国	C国	D国	E国
B1	较低	极高	较低	中等	较高
B2	较低	中等	极低	较低	中等
B3	较低	极高	极低	较低	较高
B4	较高	中等	极低	中等	中等
B5	较低	较低	极高	较高	较低

续表

指标层	A国	B国	C国	D国	E国
B6	极高	较低	较高	较高	中等
B7	中等	中等	较高	较高	较高
B8	较高	中等	较低	极高	中等

指标的属性分为两种：越大越高型和越小越高型。针对两种属性的不同特点，评语集对应不同的取值区间：

- 对于"越大越高型"指标，评语集 $V_1=\{极高,较高,中等,较低,极低\}$ 对应的取值区间分别为 $(80,100](60,80](40,60](20,40](0,20]$。
- 对于"越小越高型"指标，评语集 $V_2=\{极高,较高,中等,较低,极低\}$ 对应的取值区间分别为 $(0,20](20,40](40,60](60,80](80,100]$。

对于评语集中的较低、中等、较高等双边约束评语，可用式（7.12）来表达。其中，a 为约束的下边界；b 为约束的上边界；k 为常数。k 的取值一般通过反复实验确定，反映的是某几个因素的不均衡性，即对评估对象偏离正态分布程度的度量。对于极低、极高这类单边约束问题，可将单边界作为默认期望值，用半降半升云来表达，见式（7.13），即

$$\begin{cases} Ex=(a+b)/2 \\ En=(b-a)/6 \\ He=k \end{cases} \quad (7.12)$$

$$\begin{cases} Ex=a \text{ or } b \\ En=(b-a)/3 \\ He=k \end{cases} \quad (7.13)$$

通过反复试验得到当 $He=0.1$ 时最符合评估事件的分布特征，由此得到5个国家的指标评语云模型表达 $SC(Ex,En,He)$，以A国为例，见表7.16。

第7章 海上能源通道的情景分析与风险评估

表 7.16 A 国指标评语云模型表达

指标层	评语	SC$_A$	指标层	评语	SC$_A$
B1	较低	(30, 3.33, 0.1)	B5	较低	(30, 3.33, 0.1)
B2	较低	(30, 3.33, 0.1)	B6	极高	(0, 6.67, 0.1)
B3	较低	(30, 3.33, 0.1)	B7	中等	(50, 3.33, 0.1)
B4	较高	(70, 3.33, 0.1)	B8	较高	(30, 3.33, 0.1)

(2) 权重赋值

在进行实际问题分析时，由于思维的模糊性，因此一般只能给出指标之间重要程度的大致排序，不能给出精确数值以说明其重要性。运用约束赋权法，通过设定指标之间重要程度的排序作为约束条件，随机生成 N 组，代表 N 名专家意见之和为 1 的权重系数。随后将所得 N 组权重系数代入评估模型进行 N 次运算，并将所得结果进行综合集成，最终得到的评估结果具有较好的可解释性，也更符合客观实际。

按照约束赋权法的思想，得到云模型的步骤如下：

- 确定约束条件。根据专家先验经验判断，设定南海海域海上能源通道地缘风险评价指标之间重要程度的排序为 B1、B3、B4、B6、B7、B8、B2、B5。
- 生成约束权重。基于约束条件，随机生成 N 组权重系数，且每组权重的系数之和为 1，在此次实验中，N 的取值为 500。
- 综合运算。将生成的 N 组权重系数分别代入下一步运算，得到 N 组云模型特征值，通过综合运算即可得到一组较为稳定的综合风险云模型。

(3) 期望修正

由于各指标权重对期望具有放大器作用，因此在得到云模型的数值特征后，可根据指标的权重特点对期望进行修正，使修正后的期望更能反映指标对综合风险的贡献率，即

$$\text{modify}(\text{Ex}_i) = \min\{W_i \times m \times \text{Ex}_i, 100\} \tag{7.14}$$

式中，W_i 为第 i 个指标的权重；m 为指标总个数（在本实验中为 8）；Ex_i 为第 i 个指标云模型 SC_i 的期望。当 $W_i > \dfrac{1}{m}$，即指标权重大于平均水平时，$W_i \times m > 1$，权重对期望起到放大作用，代入 500 组权重系数分别对各国期望进行修正，如利用生成的第一组随机权重 $W = (0.20, 0.06, 0.15, 0.20, 0.01, 0.14, 0.10, 0.14)$ 对期望进行修正后，可得到 A 国期望经修正后的云模型数值特征，见表 7.17。

表 7.17　A 国期望经修正后的云模型数值特征

指标层	SC_A	指标层	SC_A
B1	(48, 3.33, 0.1)	B5	(2.4, 3.33, 0.1)
B2	(14.4, 3.33, 0.1)	B6	(0, 6.67, 0.1)
B3	(36, 3.33, 0.1)	B7	(40, 3.33, 0.1)
B4	(100, 3.33, 0.1)	B8	(33.6, 3.33, 0.1)

（4）综合风险特征值的虚拟云计算

虚拟云主要分为浮动云、分解云、综合云等。其中，浮动云能在两朵云之间未覆盖的空白区生成虚拟语言值，适用于两两相对独立的评价指标。基于指标之间相对独立的特征，在对各指标进行指标融合时，可选用浮动云算法进行数值特征计算，即

$$\begin{cases} \text{Ex} = \dfrac{\text{Ex}_1 W_1 + \text{Ex}_2 W_2 + \cdots + \text{Ex}_n W_n}{W_1 + W_2 + \cdots + W_n} \\[2mm] \text{En} = \dfrac{W_1^2}{W_1^2 + W_2^2 + \cdots + W_n^2} \cdot \text{En}_1 + \cdots + \dfrac{W_n^2}{W_1^2 + W_2^2 + \cdots + W_n^2} \cdot \text{En}_n \\[2mm] \text{He} = \dfrac{W_1^2}{W_1^2 + W_2^2 + \cdots + W_n^2} \cdot \text{He}_1 + \cdots + \dfrac{W_n^2}{W_1^2 + W_2^2 + \cdots + W_n^2} \cdot \text{He}_n \end{cases} \tag{7.15}$$

代入 A 国期望经修正后的云模型数值特征，得到综合风险云模型数值特征 $SC_A = \{44.59, 3.75, 0.1\}$。重复以上实验，可对 5 国各生成 500 组综合风险云模型数值特征。

（5）最终综合风险云模型数值特征

随机生成的 500 组权重系数，可对应得到各国 500 组综合风险云模型数值特征。由于各组数值特征之间具有较强的独立性，因此在综合运算过程中，其地位相等，权重系数相同。运用浮动云算法，即式（7.15），式中 $n = 500$，可计算 5 国最终综合风险云模型数值特征：A 国，$SC_A = (49.61, 3.65, 0.1)$；B 国，$SC_B = (79.2, 5.08, 0.1)$；C 国，$SC_C = (21.11, 5.19, 0.1)$；D 国，$SC_D = (57.14, 3.45, 0.1)$；E 国，$SC_E = (75.47, 3.33, 0.1)$。

（6）综合风险云模型生成

在得到综合风险云模型数值特征后，利用正向正态云发生器可生成 n 个云滴及云滴确定度，由此构成基于数值特征 $SC(Ex_i, En_i, He_i)$ 的综合风险正态云分布图。云滴的生成步骤如下：

- 生成一个以 En 为期望、He^2 为方差的符合正态分布的随机数 En'。
- 生成一个以 Ex 为期望、En'^2 为方差的符合正态分布的随机数 x。
- 计算 $\mu_{(x_i)} = e^{-\frac{(x_i - Ex)^2}{2(En'_i)^2}}$。
- 具有隶属度 $\mu_{(x_i)}$ 的 x_i 成为数域中的一个云滴。
- 重复以上步骤，直至产生符合要求的 n 个云滴。

基于计算得到的南海海域海上能源通道综合风险云模型（5 国），可直观比较 5 国的风险级别。根据云模型的基本元素取值区间可知：B 国处于较高与极高风险之间；E 国处于较高风险范畴，仅略低于 B 国，威胁程度较大；A 国和 D 国处于中等风险范畴，但 D 国较 A 国的风险稍大；C 国的风险最小，处于较低和偏低风险范畴。

2. 印度洋海域海上能源通道地缘风险评估

考虑到印度洋海域的周边国家与我国的地理位置相距较远，与我国利益交汇点相对较少，因此本节在评估与某国的地缘风险时，重点考虑某国处理一般国际事务的基本态度，国家军事实力、大国博弈程度也是较大的影响因子，据此可对印度洋海域地缘风险指标体系中的 8 个指标按重要程度排序：B8>B2，B3>B5，B6>B1、B4、B7。选择印度洋海域周边与我国海上能源通道关联度较大的 12 个国家进行风险评估，依据前文所述资料给出各国地缘风险指标评语，按照前文所述步骤得到 12 个国家的综合风险云模型数值特征，分别见表 7.18、表 7.19。

表 7.18 印度洋海域周边国家地缘风险指标评语

指标层	X1 国	X2 国	X3 国	X4 国	X5 国	X6 国	X7 国	X8 国	X9 国	X10 国	X11 国	X12 国
B1	极低	极低	极低	极低	较低	极高	极低	极低	极低	较低	较低	中等
B2	中等	较低	较低	较高	极低	极低	较高	中等	较低	较低	较低	极高
B3	较高	极低	极低	中等	较高	极低	极低	极低	极低	中等	较高	极低
B4	中等	较低	较低	极高	中等	较低	极低	较低	极低	较低	较低	中等
B5	较高	较高	较高	较高	较高	中等	较高	极低	较高	较高	较高	中等
B6	极高	极低	极低	较低	极低	中等	极低	极低	极低	较低	中等	极低
B7	较低	极低	极低	较低	较低	极低	极低	极低	极低	极低	中等	极低
B8	较高	中等	较高	极高	较低	较低	极低	极低	较高	较高	极高	中等

表 7.19 印度洋海域周边国家的综合风险云模型数值特征

国家	SC	国家	SC	国家	SC
X1 国	(48.01, 3.71, 0.1)	X5 国	(63.90, 4.58, 0.1)	X9 国	(32.01, 5.05, 0.1)
X2 国	(47.01, 4.75, 0.1)	X6 国	(70.86, 5.72, 0.1)	X10 国	(38.46, 3.71, 0.1)
X3 国	(36.37, 4.53, 0.1)	X7 国	(37.11, 3.93, 0.1)	X11 国	(31.19, 3.33, 0.1)
X4 国	(37.33, 3.61, 0.1)	X8 国	(43.44, 4.68, 0.1)	X12 国	(66.07, 5.27, 0.1)

第7章 海上能源通道的情景分析与风险评估

印度洋海域的周边国家众多，基于云模型数值特征和依据指标体系评语集可得到12个国家的风险等级排序，即X6国>X12国>X5国>X1国>X2国>X8国>X10国>X4国>X7国>X3国>X9国>X11国，属于中等及以上风险等级的国家有X6国、X12国、X5国、X1国、X2国。

实验评估结果表明：

- 影响海上能源通道安全的高风险和较高风险国家包括南海海域周边的B国和E国以及印度洋海域周边的X6国、X12国、X5国等。
- 处于中等风险等级的国家包括A国、D国、X1国、X2国、X8国等。风险主要来源于部分国家在相关海域存在一定的争端，加之部分国家军费充裕，与某些大国关系较好，可在一定程度上对海上能源通道的安全构成潜在风险，但在经济、贸易方面影响不太大。
- 处于较低风险等级的国家包括C国、X3国、X4国、X7国、X9国、X10国、X11国，部分国家由于实力较弱，对外经济依存度较大，政治立场较为中立，自身长期以来奉行独立自主的和平外交政策，在处理国际事务上极力提倡以和平手段解决争端，故威胁程度相对较低。

综上所述，通过对海上能源通道周边国家风险源的分析，能够为外交、经济、军事等各方面政策的制定提供重要的参考依据。

参考文献

[1] 娄伟. 情景分析理论与方法 [M]. 北京：社会科学文献出版社，2012.

[2] 杨理智. 气候变化背景下我国海上能源通道安全风险分析与量化评估 [D]. 南京：解放军理工大学，2014.

[3] 黎鑫. 南海-印度洋海域海洋环境风险分析体系与评估技术研究 [D]. 南京：解

放军理工大学，2010.

［4］杨理智，张韧，白成祖. 基于贝叶斯网络的我国海上能源通道海盗袭击风险分析与实验评估［J］. 指挥控制与仿真，2014，36（2）：51-57.

［5］PEARL J. Probabilistic reasoning in intelligent systems：networks of plausible［M］. California：Morgan Kaufmann，1988.

［6］杨理智，张韧. 气候变化对中国海上能源通道安全的影响与风险评估［J］. 军事运筹与系统工程，2016，34（6）：713-723.

［7］杨理智. "21世纪海上丝绸之路"安全风险评价体系和评估技术研究［D］. 长沙：国防科技大学，2018.

［8］李德毅，孟海军，史雪梅. 隶属云和隶属云发生器［J］. 计算机研究与发展，1995，32（6）：15-20.

第8章
海上能源通道的突发事件应急决策与航道规划

基于海上能源通道的重要地位和经济价值,利益攸关方会围绕海上能源通道展开对抗和博弈,复杂的自然环境和敏感的地缘环境,加剧了海上能源通道的安全风险,如何应对海上能源通道的突发事件,就变得非常重要,在保障模式和决策技术层面上,体现为突发事件的应急决策、航道规划与航道优选。

当前,全世界约90%的贸易运输方式采用海上运输。我国的能源进口贸易也主要依赖于大规模的海上运输,海上能源通道的经济价值和重要地位凸显。

随着国际政治局势的复杂多变和多种势力的角逐,我国海上能源通道的安全性和可用性受到了潜在的威胁和挑战。因此,研究海上能源通道突发事件的应急响应具有重要的意义和经济价值。

面对各种非传统安全威胁和突发事件,当海上能源通道被中断或关闭时,决策者需要及时规划海上备选航道,包括海上能源通道突发事件应急决策和海上能源通道航道规划两类问题。其中,海上能源通道突发事件应急决策主要致力于航行环境变化或突发事件的应对策略;海上能源通道航道规划主要用于规划安全、高效的备选航道。

8.1 突发事件应急决策

8.1.1 突发事件的情景构建

1. 情景构建的概念

情景构建中的"情景"不是某典型案例的片段或整体的再现，而是无数同类事件和预期风险的系统整合，是基于真实背景对某一类突发事件的普遍规律进行全过程、全方位、全景式的系统描述。"情景"的意义不是尝试去预测某类突发事件发生的时间与地点，而是尝试以"点"带面、抓"大"带小，引导开展应急准备工作的工具。理想化的"情景"应具备最广泛的风险和任务，可表征一个地区或领域的主要威胁。

突发事件的情景构建是结合大量历史案例研究、工程技术模拟对某类突发事件进行的全景式描述（包括诱发条件、破坏强度、波及范围、复杂程度以及严重后果等），可依此开展应急任务梳理和应急能力评估，从而完善应急预案，指导应急演练，最终实现应急准备能力的提升。因此，情景构建是"底线思维"在应急管理中的实现与应用，旨在从最坏处准备，向最好处争取，发现漏洞，补齐短板，防范风险。

情景构建与战略研究中的情景分析都是以预期事件为研究对象的，但应用领域和技术路线又不尽相同。

- 情景分析又称前景描述，是在假定某种现象或某种趋势将持续到未来的前提下，对预测对象可能出现的情况或引起的后果作出预测，是一种定性预测方法。

第 8 章 海上能源通道的突发事件应急决策与航道规划

- 情景构建是一种应急准备策略，是通过对预期战略风险的实例化研究，实现对风险的深入剖析，既可对现有的应急体系开展压力测试，又可进一步优化应对策略，完善预案，强化准备。

2. 情景构建的技术路线

情景构建是一个地区或领域的战略风险管理工具，即在对地区或领域进行重大突发事件风险研判的基础上，确定地区或领域的情景清单。通过开展每项典型风险的情景构建，可对典型风险进行实例化表征。情景构建结束后，一系列情景可以引导地区或领域有的放矢地开展应急准备行动，指导并提升应急能力。伴随着风险环境的变化、应急能力的提升，在风险研判的基础上，还可以将情景清单动态调整，或者对某项不符合当下风险的情景予以修正。

突发事件的情景构建是理论与实践的衔接，由行业管理部门、业务单位和科研部门密切配合，按照情景分析、任务梳理、能力评估的逻辑主线依次展开，具体技术路线如图 8.1 所示。

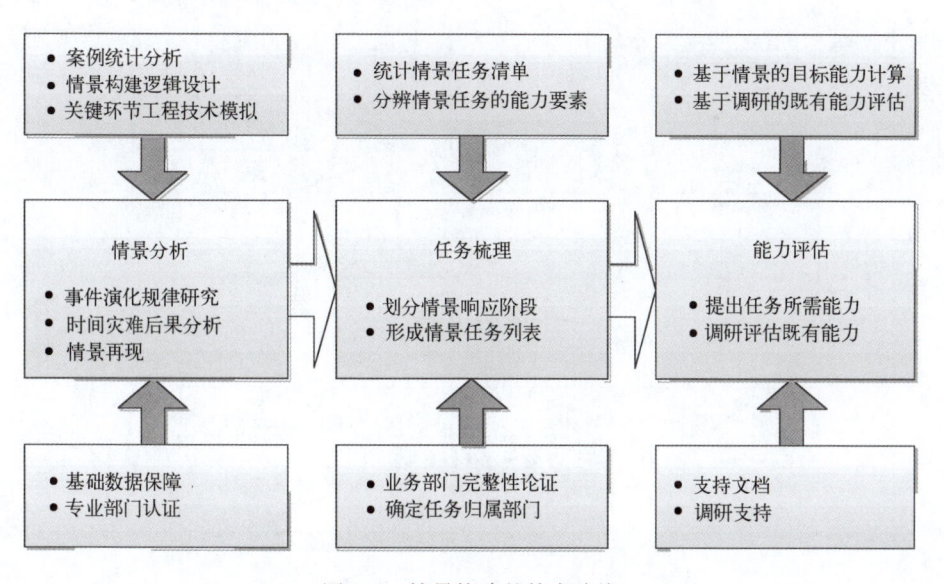

图 8.1 情景构建的技术路线

(1) 情景分析

经典的应急管理模式将应急管理过程划分为 4 个阶段：预防、准备、响应和恢复。近年来，应急管理领域的学者逐渐认识到应急准备的重要性，将其从单纯的一个阶段提升为支撑应急管理过程的基础性行动，进而衍生出广义应急准备和狭义应急准备两个概念。

突发事件情景构建作为广义应急准备的引导目标与支撑工具，实际上也面向重大突发事件的全过程，包含突发事件情景构建的孕育阶段，发生、演化发展阶段，恢复阶段。情景构建也可基于时间序列进行情景预估推演，如 2030 年的"碳达峰"情景、2060 年的"碳中和"情景等。总之，情景构建为应急准备提供支撑，如图 8.2 所示。

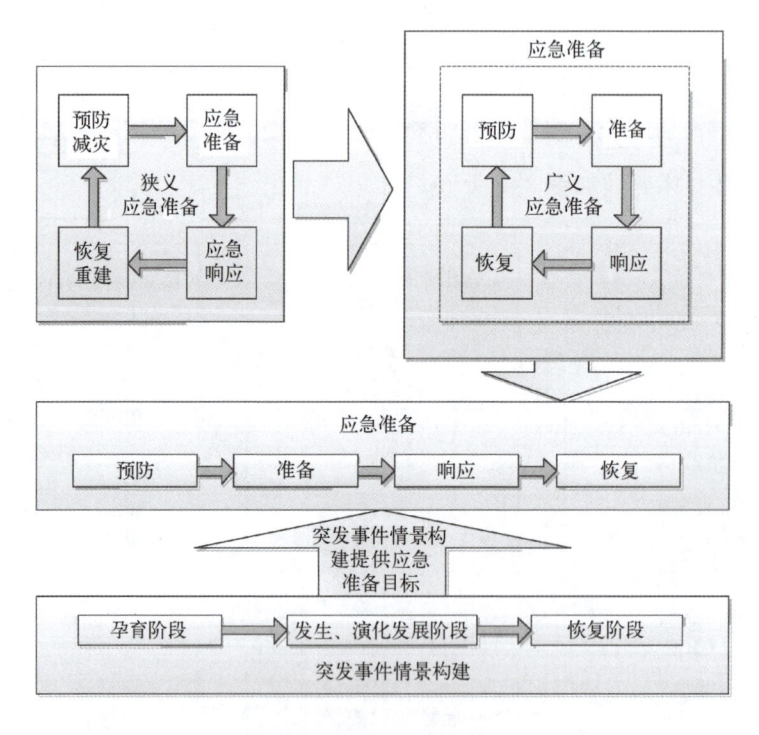

图 8.2 情景构建为应急准备提供支撑

第 8 章　海上能源通道的突发事件应急决策与航道规划

应急管理作为一门交叉学科，涉及管理、工程、社会、心理、环境、地理等诸多学科领域，因而在重大突发事件情景构建时，需要符合应急管理学的研究特点，即围绕重大突发事件，从多学科角度切入，全面系统地展现重大突发事件的演化规律和特征。重大突发事件本身是一个复杂系统，当尝试通过情景构建来表征重大突发事件的规律时，按照社会物理学的理论，需要对一系列的社会变量进行描述。决定重大突发事件情景构建的变量包含长期变量（与民族、文化、宗教相关的变量）、中期变量（与地理、规划、经济、社会相关的变量）、短期变量（与信息、气候、环境、交通等相关的变量）、随机变量（与心理、行为以及未知因素相关的变量）。为了确保重大突发事件的情景构建能够准确代表不断演化的国家或地区风险，在情景构建过程中，需要将上面所述的长期变量和中期变量设置为情景恒定要素，当长期变量和中期变量发生变动时，需要及时修正情景（如设置插拔式参数模块进行参数信息替换）。此外，对于短期变量，应基于底线思维，设置可能导致事件往最坏方向发展的变量（如设置关键要素信息的临界条件或阈值），即可有效保证与情景所匹配的目标能力具备冗余。随机变量对于情景构建来说不具备应用价值，在情景描述中可不予考量。重大突发事件情景构建和推演体系信息流程如图 8.3 所示。

(2) 任务梳理

情景分析完毕后，需要梳理、应对情景的任务清单。为了实现对多个情景任务清单的归纳性研究，有必要设计统一、标准的任务清单框架作为任务梳理的标准化工具。美国国土安全部曾经发布《通用任务列表（UTL）》，UTL 提供了以国家应急规划情景为代表的重大事件预防、准备、响应和恢复所需的任务清单，其中大多数任务都是通用的。UTL 可作为一种共同的语言和参考系统来描述应急行动的各种任务，构建标准化、规范化、交互式的情

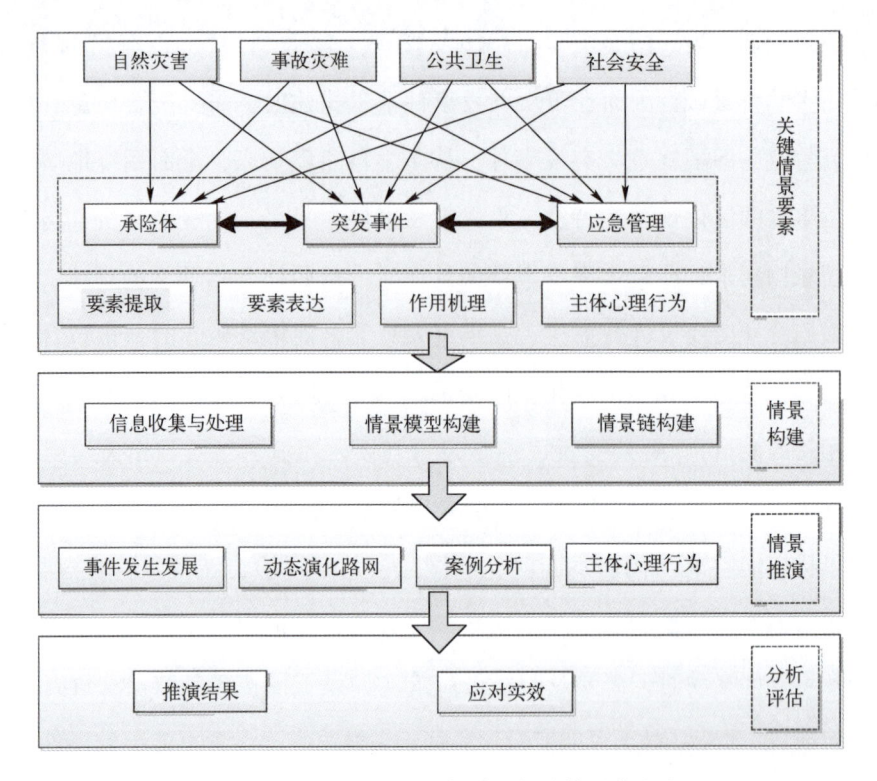

图 8.3 重大突发事件情景构建和推演体系信息流程

景设定平台，让不同地区、不同行业的人员在必要时进行有效协作和相互交流。

（3）能力评估

应急能力的定量评估在国内外都是一个复杂的课题。目前，国内基本上采用指标体系与权重赋值评估法进行能力评估，但是认可度有限，很难取得突破。

情景构建为能力评估提供了一个新的评估视角——面向情景需求的能力评估（也被称为基于情景对照的能力评估），即先将各项任务分解为逐项能力要素，包括预案、演练、队伍规模、资源装备等，然后进行逐一对照、分析评估。

3. 情景构建的方法

在应急响应过程中，决策者需要依据对当前情景的判断以及对未来发展趋势的把握，快速作出合理决策。在突发事件应急决策过程中，情景是在突发事件发生后决策者面临的真实情况，是随时间不断变化的。如何构建当前情景并对下一阶段的情景演变进行分析，使决策者能够掌握实时情景，从而在关键决策点作出科学、有效的决策，成为突发事件应急管理的关键问题。

突发事件具有发生的突然性、致险因素的复杂性、极度的破坏性、时效的紧迫性以及态势的不确定性等特征，在发展演化过程中存在大量的次生、衍生及耦合等各种非线性动力学关系，使得情景构建和情景推演存在以下难题：

- 情景要素难以获得：情景要素的提取和获得是情景构建与情景推演的前提与基础，突发事件的不可预测性等特征，造成了构建情景所需情景要素的复杂多样，情景要素之间的内在关联难以揭示。
- 多源异构的情景要素信息难以处理：在突发事件情景构建的过程中，需要融合多源异构的情景要素信息，但突发事件对应的情景要素信息不确定、数据结构各异、信息缺损异常，以致难以及时获得、分析和融合情景要素信息。
- 动态变化难以推演：由于突发事件具有次生性、衍生性、动态性，因此应急决策需要多主体参与、信息实时更新。在这种情况下，动态变化是难以推演的。

情景构建涉及突发事件、承险体、应急管理等三个方面，只有恰当地选取情景构建的情景要素，研究它们之间的作用机理，才能构建突发事件情景，以及各情景要素交织在一起时形成的情景链或情景网。在这一过程中，情景要素的主要属性状态往往难以从实时的数据信息中获取,更多的是需要决策者的推测和决断,所以需要了解突发事件的发展趋势,即进行情景推演。由于情景推演结果的时效性和可靠性对应急管理的决策起着关键性的作用,因此需要分析并评判情景推演的结果,评估不同应急方案对突发事件应急管理产生的效果,以便帮助决策者作出科学、合理的决策。

针对突发事件情景构建与推演体系中,情景构建的关键难题,下面主要介绍情景要素的提取与表达、情景构建的思路。

(1) 情景要素的提取与表达

情景要素是进行情景构建的基本单元。由于突发事件、承险体、应急管理等三者之间相互影响、关系复杂,因此可以选取典型的自然灾害、事故灾难、公共卫生和社会安全等方面的案例,提取情景要素,建立可持续更新的突发事件情景要素库,为构建突发事件的应对情景提供要素表达,具体研究思路如图 8.4 所示。

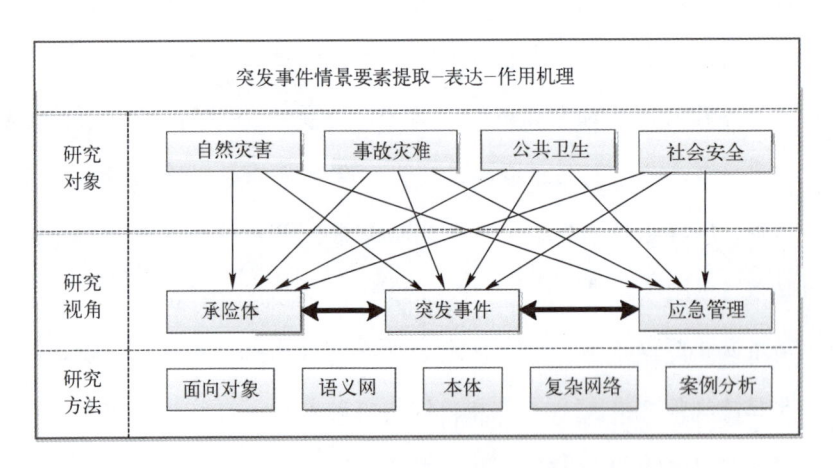

图 8.4 情景要素提取和表达的研究思路

提取合适的情景要素,对突发事件的发生、发展状态进行刻画是构建突发事件情景的基本前提。针对"突发事件-承险体-应急管理"情景要素的多维性、异构性，以及环境的依赖性、多样性等特征，可运用多种方法来提取情景要素，例如：

- 面向对象法可以面向突发事件的整个过程，将对象的动态变化描述出来。
- 语义网采用分层方式建立，自底向上分别是 XML-RDF-本体-逻辑-证明-信任，很好地表达了突发事件主体间的逻辑关系，可在此基础上进行知识发现和关联等。
- 复杂网络可以很好地解决突发事件主体间高度复杂的网络关系。

总之，采用面向对象、语义网、复杂网络等思想和建模技术，可构建面向对象的多粒度异构情景要素提取方法，以及基于本体的"突发事件-承险体-应急管理"情景要素的表达框架，结合典型的突发事件案例分析，建立开放式分布、可持续更新的突发事件情景要素库，找出影响情景构建和推演的关键要素，运用本体思想将情景要素合理表达。

情景要素的作用关系是揭示情景演化规律的关键。针对情景要素的时空数据信息、复杂影响、制约关系、不确定行为特征，可采用案例分析、面向对象、模糊推理和复杂网络等方法，识别"突发事件-承险体-应急管理"情景要素之间的作用关系，在同时考虑相关主体的行为与心理对突发事件影响的基础上，建立情景要素作用关系的表达框架，构建突发事件情景要素的复杂网络，为突发事件的情景推演提供基础。

(2) 情景构建的思路

基于对突发事件本身演化规律的认知，针对突发事件信息多源异构、情景实时变化等情况，可采取如图 8.5 所示的思路开展突发事件的情景构建。

① 信息搜集与处理。

信息搜集与处理面临的难点在于信息的广泛性和多源异构特征，同时伴

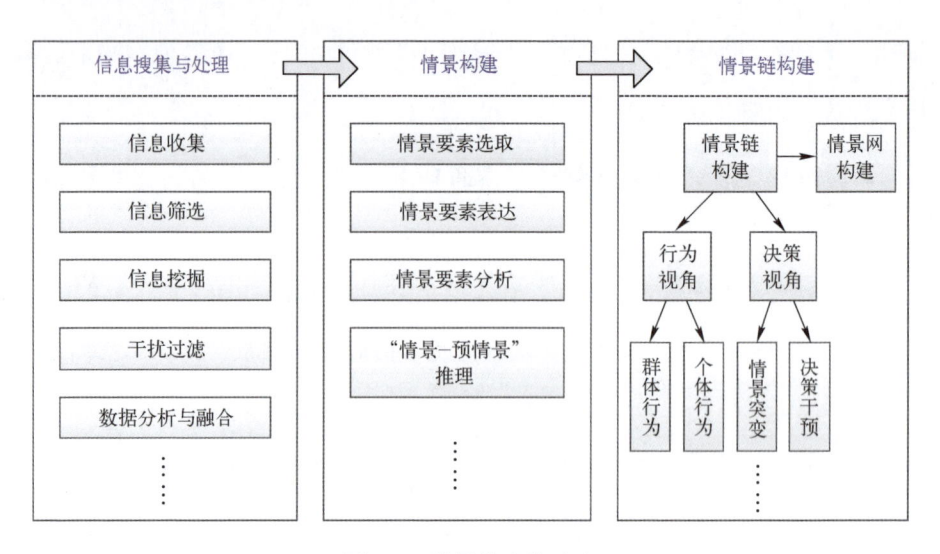

图 8.5　情景构建的思路

有大量冗余，需要有效剔除错误信息，还原失真信息。在这一过程中，应重点关注敏感数据的实时更新，从而为情景要素库与情景的构建提供必要的数据支持。

在突发事件的应急响应过程中，因构建情景链和为满足决策者的需要而收集的信息是难以直接调用的。与此同时，由突发事件造成的交通、通信等设施损坏，又可能导致一些重要数据无法获取，如何在这种信息超载与信息不完整并存的情况下对数据进行搜集与处理，从情景建模的角度对这些异构信息进行融合，插补拟合缺损信息，使其能够为情景及情景链的构建提供直接的数据支持呢？此时可以利用模糊数学方法研究各相关主体间的模糊关系和作用规则，通过多源信息分析与过滤方法对多源异构的信息集合进行分析，并对数据片段进行融合。

② 情景构建。

如何对当前情景进行分析，并在当前情景的基础上实现对下一情景的推理与预测，是前瞻性应急决策的重要问题，也是构造情景链的必要前提。

因此，情景构建必须以"情景-预情景"作为主要研究单元，即在对当前情景进行描述的同时，对下一情景进行推理和预测，使其成为整个情景链中的一个完整情景单元。考虑到突发事件发生过程中各种信息的不确定性，在情景构建时，首先研究实时信息下情景要素的选取与表达；然后利用超网络理论、贝叶斯网络等方法对情景要素进行分析，从情景要素关系和重要程度方面研究突发事件的情景构建；最后通过模糊推理技术与情景分析等手段实现"情景-预情景"推理。

③ 行为视角下的情景链构建。

在突发事件的发生、发展过程中，决策者、受灾者、救灾者等行为主体可构成一个主观事件网络。在突发事件客观属性的激发下，各行为主体都会表现出一定的行为特点，并能对其他行为主体产生直接或间接的影响，继而影响整个主观事件网络的变化与突发事件本身的发展。为了研究突发事件各主体行为、突发事件在行为视角下的情景链构建与表达，以及与突发事件本身发展之间的相互影响，运用心理学、行为运筹学、信息系统以及社会网络分析等理论和方法，从群体行为和个体行为两个角度出发，研究突发事件中各主体的行为规律，可构建行为视角下突发事件的情景链。

④ 决策视角下的情景链构建。

突发事件从一种状态向另一种状态转化时具有动态性和不确定性，并且在应急决策与应急响应的作用下，突发事件的转化更是体现了高度的复杂性。在这种情况下，需要通过突发事件情景链的构建得到情景序列，尽可能地完整体现突发事件在发展演化过程中一系列情景之间的转换过程，通过模糊规则和实时情景的匹配，推演出情景可能的发展序列，从而形成情景链。

由于随着突发事件的发生、发展，应急救援会不断地对情景变化产生决策干预，因此还需要从决策干预的角度研究突发事件情景链的构建方法。另外，在由突发事件引发的次生灾害、衍生灾害的影响下，各种不良反应会接踵而来，情景突变不可避免。此时还需要根据实时信息下的情景链突变模型进行重新推演和计算，重构情景突变下的突发事件情景链，并考虑应急措施对情景演化的影响以及次生、衍生灾害对情景演化的影响。

8.1.2 突发事件的情景推演

在上述基础上，针对突发事件的情景演变，应进一步考虑应急物资调度、人员疏散、应急行为主体等响应决策的影响，以及应急过程中各类主体的心理和行为因素，探索"情景-应对"应急管理模式下的突发事件情景推演，具体思路和技术途径如图 8.6 所示。

1. 突发事件的发生与发展研究

突发事件发生后，为了快速制定合理有效的应急决策，需要科学、准确地描述突发事件以及承险体状态的发展演变趋势：首先，利用历史情景、典型案例分析及事件要素库，对突发事件的发展演变进行刻画；其次，综合考虑承险体的特性和承受灾害的能力，以及突发事件演变对承险体的影响、外界环境的变化，研究突发事件次生、衍生灾害的发生、演变；最后，从突发事件和承险体两个方面，考量情景信息实时更新的特点，运用情景链的原理描述突发事件情景推演的过程。

2. "情景-应对"模式下的情景推演

在突发事件的应急响应过程中，为了实时、快速地获得合理的应急决策，需要深入理解在应急决策影响下突发事件的演变机理，并对其进行科学、合理的描述和表达。在明确情景要素间的因果关系后，对应急决策影响下可能

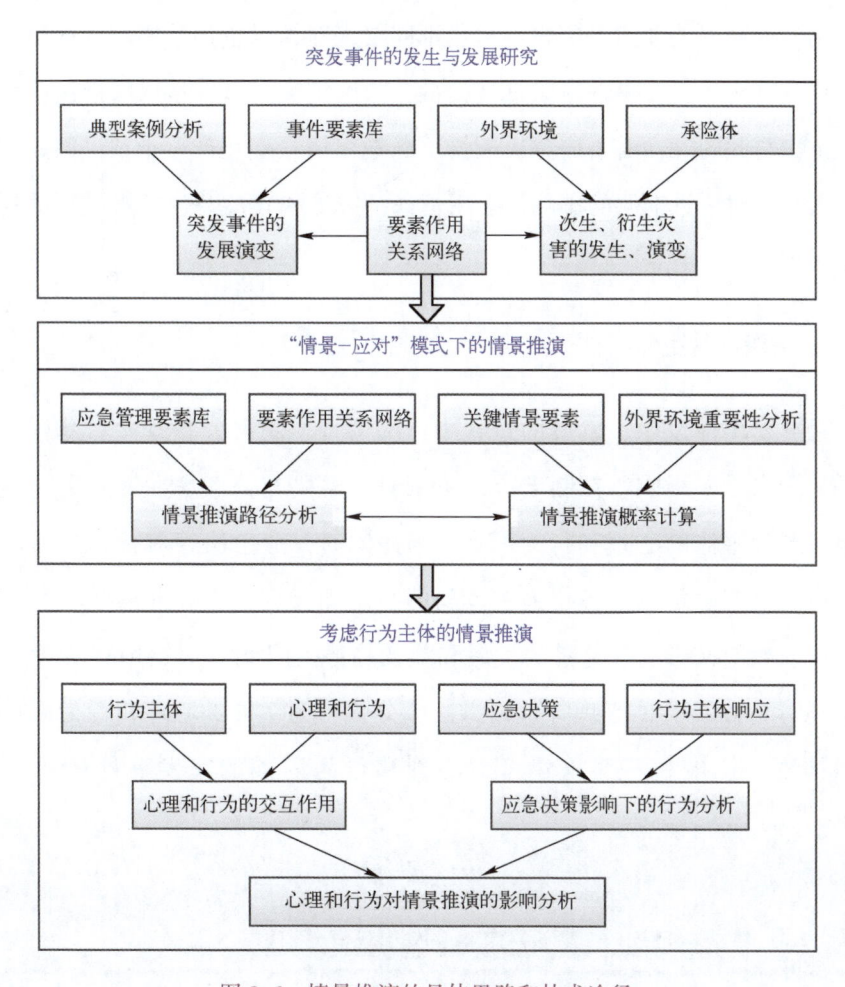

第 8 章 海上能源通道的突发事件应急决策与航道规划

图 8.6 情景推演的具体思路和技术途径

的情景推演路径进行分析，即从时间和空间两个维度、横向和纵向两个角度，构建突发事件在应急决策下的情景推演路径网络，对情景未来的演变趋势进行有效描述。在分析突发事件一般演变规律的基础上，综合考量情景信息和作用关系不完全、演变过程动态多阶段、信息实时更新等特点，针对"情景-应对"模式下的应急管理，进行情景推演概率计算，运用模糊推理、生命周期理论、多事件耦合等方法，科学有效地表达情景推演过程。

在合理构建突发事件情景推演路径网络的基础上，可提取不同阶段突发事件情景推演的关键情景要素,量化不同要素对情景推演的影响程度,运用贝叶斯网络构建突发事件情景推演模型,为确定突发事件情景的推演趋势提供方法。与此同时,由于应急决策会不断地对情景变化产生干预,因此应考虑决策措施对情景推演的影响,运用情景链方法构建应急决策影响下的情景推演模型。

3. 考虑行为主体的情景推演

在突发事件发生、发展的过程中,决策者、受灾者和救灾者等行为主体的心理会受到影响,在制定应急决策时,需要充分考虑在突发事件的影响下各行为主体的心理和行为因素。与此同时,应急决策对行为主体的心理和行为会产生影响,各行为主体间的心理和行为也会相互影响,行为主体的应急响应又影响着情景的发展和演变趋势,因此需要运用行为学、行为量化分析以及群体心理等理论方法,分析行为主体的心理和行为因素对情景推演的影响机理,构建考虑心理和行为因素的突发事件情景推演模型。

8.2 航道规划:基于多备选决策场理论

海上能源通道可用性和安全性的影响因素较多,不仅面临传统的自然灾害和地理环境的约束,还会受到各类非传统突发事件的影响。近年来,海盗袭击、军事冲突、岛屿争端、政治摩擦等各种非传统安全因素给海上能源通道的可用性和安全性带来了巨大威胁,鉴于非常规突发事件的不确定性、风险的易变性和决策者偏好的不确定性,因此采用静态决策方法难以应对。此外,由于海上运输的特殊性,决策结果的调整更改成本较大,因此决策者更需要小心谨慎。鉴于静态决策方法难以刻画决策演变过程,不易表现决策结果随时间变化的动态情况,因此需要引入动态决策方法来解决突发事件情景下海上能源通道的应急决策问题。

常用的动态决策方法有期望多属性效用理论、博弈论、贝叶斯网络、人工神经网络、马尔可夫决策和多备选决策场理论等。Busemeyer[1]在对各类方法的关联和区别进行了详细的总结与分析后,认为在这些动态决策理论中,多备选决策场理论具有考虑属性多、决策动态博弈变化和最大限度拟合要素敏感等优点,可以还原和表现决策过程中偏好的动态演变过程,合理解决多方案集和复杂属性条件下的优化决策等问题,是一种面向决策过程的方法。因此,本节引入多备选决策场理论,旨在解决复杂海洋环境和敏感地缘局势下,海上能源通道的航道规划和决策问题,构建面向决策过程的优化决策模型。

8.2.1 多备选决策场理论的参数与决策规划

从生物学的角度看,决策过程的各种方案在大脑中的动态累积和博弈过程,会随着偏好度的数值不断变化,最终偏好度数值最大的方案会被大脑采纳。决策场理论就是基于这一理论演变而来的,即综合了扩散逼近过程和序列取样模型。

决策场理论主要研究在不确定环境下的决策行为,是一种行为决策模型。传统的决策场理论适合处理一般决策问题,在面对的要素较多和备选方案集较多时效果较差。为此,Busemeyer[1-2]、Scheibehenne[3]和Berkowitsch[4]等人对该理论进行了改进和优化,提出了多备选决策场理论(MDFT),并将决策场理论扩展到了多属性偏好决策选择模型。Busemeyer通过理论推演和实验验证等途径证明了MDFT的可行性和正确性。

1. 属性偏好矩阵

属性偏好矩阵 M 代表决策者对不同属性的评价。其中，元素 m_{ij} 表示第 i 个备选方案通过第 j 个属性的评价，可以通过各类评估模型获取。

以航道的选择为例，假定有三条备选航道（A、B、C），决策者考虑的属性有经济成本（E）和安全成本（S），则属性偏好矩阵 $M_E = [m_{AE}, m_{BE}, m_{CE}]'$ 表示三条备选航道通过经济成本属性的评价。如果航道 A 的经济成本比航道 C 的经济成本高，则 m_{AE} 的取值较 m_{CE} 低，即 $m_{AE} < m_{CE}$。同样的，可以获得属性偏好矩阵 $M_S = [m_{AS}, m_{BS}, m_{CS}]'$，表示三条备选航道通过安全成本属性的评价。各个属性的评价矩阵共同构成了属性偏好矩阵 $M = [M_S \quad M_E]$。

在实际决策问题中，属性的属性值大多会存在量纲不一致和定量、定性混用的问题，从而引起属性导向的不一致。为了解决不同量纲对评价和决策结果的影响，在计算效价前，首先要对属性值进行归一化处理。常见的经济型属性和效益型属性的归一化值可由线性转换公式求得，对属性偏好矩阵 $M_{n \times m}$ 的归一化属性偏好矩阵 $M'(m'_{ij})$ 中 m'_{ij} 的计算公式如下。

经济型为

$$m'_{ij} = \overline{m}_{ij} = \frac{\max(m_{1j}, m_{2j}, \cdots, m_{mj}) - m_{ij}}{\max(m_{1j}, m_{2j}, \cdots, m_{mj}) - \min(m_{1j}, m_{2j}, \cdots, m_{mj})} \tag{8.1}$$

效益型为

$$m'_{ij} = \widetilde{m}_{ij} = \frac{m_{ij} - \min(m_{1j}, m_{2j}, \cdots, m_{mj})}{\max(m_{1j}, m_{2j}, \cdots, m_{mj}) - \min(m_{1j}, m_{2j}, \cdots, m_{mj})} \tag{8.2}$$

经过归一化处理后，属性偏好矩阵中的元素取值均在 $[0,1]$ 区间。

经济型属性与效益型属性间的转换公式为

$$\widetilde{m}_{ij} = \frac{\min(\overline{m}_{1j}, \overline{m}_{2j}, \cdots, \overline{m}_{mj})}{\overline{m}_{ij}} \tag{8.3}$$

式中，$\widetilde{m}_{ij}$为效益型属性；$\overline{m}_{ij}$为经济型属性。

2. 注意力权重向量

任意时刻对属性j的注意力均用注意力权重$W_j(t)$来表示，可体现该时刻决策者对不同属性的重视和偏好。同样以航道选择为例，两个属性对应的注意力权重分为经济成本注意力权重$W_E(t)$和安全成本注意力权重$W_S(t)$。在多备选决策场理论中，一个最重要的假设便是在决策过程中，每个属性的权重是随时间变化和波动的，并遵循平稳随机过程。例如，决策者在某一时刻重点关注某一属性——经济成本，则在下一时刻，注意力可能会转移到其他属性上，如安全成本。在实际决策过程中，能够反映决策者对不同备选方案各属性的注意力是随着时间的推移而变化波动的。注意力权重的转移遵循平稳随机过程。以上述航道的选择为例，此时注意力权重分为两类：对经济成本的关注$W_E(t)$和对安全成本的关注$W_S(t)$。这里，W是时间的变量。若第t时刻决策者关注安全成本，则$W_S(t)=1$，$W_E(t)=0$；在下一时刻$(t+\Delta t)$，决策者可能会转移关注另一属性，如经济成本，此时$W_E(t+\Delta t)=1$，$W_S(t+\Delta t)=0$。这种转移过程以固定概率发生。假设t时刻关注经济成本的概率为$q_E(0\leqslant q_E\leqslant 1)$，关注安全成本的概率为$q_S(0\leqslant q_S\leqslant 1)$，则$P[W_E(t+\Delta t)=1]=q_E$，$P[W_S(t+\Delta t)=1]=q_S$，且有$q_E+q_S=1$。所有注意力权重可构成注意力权重向量$W(t)=[W_E(t) \quad W_S(t)]'$。将注意力权重向量与属性偏好矩阵相乘，可得到不同属性在每个时刻的加权值。以上述航道的选择为例，由不同航道的属性偏好矩阵与注意力权重向量相乘可得$M \cdot W(t)$。其中，每一行要素可写为$W_E(t)m_{iE}+W_S(t)m_{iS}$，表示对应方案在所有属性上的加权和。

3. 比较矩阵

在确定不同方案在所有属性上的加权和之后，需要引入对不同方案进行比较的过程，比较矩阵便是为解决这一问题而引入的。在比较过程中，需要确定 t 时刻各个方案在不同属性上的相对优势。由于在决策过程中，决策者在多数情景下是对所有要素同时进行比较的，因此可以认为不同方案的比较过程在时间上是并行的。以三个备选方案（A，B，C）的比较为例，当方案的比较过程在时间上并行时，任意时刻的每个方案都可以与其他方案的加权平均值进行比较，此时对应的比较矩阵为

$$C = \begin{bmatrix} 1 & -\frac{1}{2} & -\frac{1}{2} \\ -\frac{1}{2} & 1 & -\frac{1}{2} \\ -\frac{1}{2} & -\frac{1}{2} & 1 \end{bmatrix} \tag{8.4}$$

此时比较矩阵是一固定值，通过比较矩阵的矩阵运算，将每一个备选方案的属性值与其他方案的属性值进行比较，可得到所有方案的效价。

对于更为一般的情形，如对 n 个备选方案的决策问题，当比较过程在时间上并行时，比较矩阵的一般形式可以写为

$$C_{ij} = \begin{cases} 1, & i=j \\ -\dfrac{1}{n-1}, & i \neq j \end{cases} \tag{8.5}$$

4. 效价向量

效价表示决策者对每个备选方案的心理预期，在任意时刻，各个方案集对应一个瞬时效价。在 t 时刻，第 i 个方案的效价 $V_i(t)$ 反映方案 i 在某一属性上相对其他方案的优势或劣势，所有效价可构成方案集的效价向量 $\boldsymbol{V}(t)$。例如，对于三个备选方案（A，B，C）的选择问题，对应三维效价向量 $\boldsymbol{V}(t) =$

$[V_A(t), V_B(t), V_C(t)]'$。效价向量由属性偏好矩阵 M、注意力权重向量 W 和比较矩阵 C 等要素构成。效价向量的计算公式为

$$V(t) = CMW(t) \tag{8.6}$$

当决策者需要考虑的属性数量较多时，为了简化计算和加快决策速度，可以对效价向量进行分类处理。例如，按照属性的重要性不同，将属性偏好矩阵分为两类：一类由属性数量相对较少但更为重要的属性构成，对应的属性偏好矩阵为 M_1；另一类的属性数量较多，重要性较低，对应的属性偏好矩阵为 M_2。与属性偏好矩阵对应的注意力权重向量也相应分为两类：与 M_1 对应的 $W_1(t)$ 和与 M_2 对应的 $W_2(t)$。注意力权重向量可表示为 $W(t) = [W_1(t), W_2(t)]^T$。备选方案的表达式可改写为

$$\begin{aligned} V(t) &= CMW(t) = CM_1W_1(t) + CM_2W_2(t) \\ &= CM_1W_1(t) + \varepsilon(t) \end{aligned} \tag{8.7}$$

式中，$\varepsilon(t)$ 表示随机误差或残余项。

5. 反馈矩阵

反馈矩阵 S 用来表征不同方案之间的自影响度和交互联系度（侧向抑制）。在反馈矩阵中，主对角线上的元素 S_{ij} 表示此时对方案的偏好与前一时刻对方案的偏好是否相关，在决策场中，$0 \leqslant S_{ij} \leqslant 1$，表示随着决策时间的推移，前一时刻的偏好对方案的影响是衰减的（近因效应）：

- 当 $S_{ij} = 0$ 时，表示此时对方案的偏好与前一时刻对方案的偏好无关。
- 当 $S_{ij} = 1$ 时，表示此时对方案的偏好与前一时刻对方案的偏好完全相关。

在反馈矩阵中，主对角线元素可反映不同方案之间的联系：

- 当 $S_{ij}=0$ 时，表示不同方案之间不存在竞争关系，对不同方案的偏好变化不影响。
- 当 $S_{ij}<0$ 时，表示不同方案在决策过程中相互抑制，抑制程度取决于属性空间不同方案之间的距离。各个方案在属性空间上的距离越远，方案之间的差别越大，相似性越低，相互影响越小；反之同理。

此外，为确保每个方案都具有相同的自影响效应和抑制效应，反馈矩阵应为对称矩阵，且主对角线上的元素都相同。

为了求取反馈矩阵，Shepard[5]给出了详细的求解过程：定义备选方案 i 和 j 在属性空间上的心理距离 d_{ij}，反馈矩阵 S 中的要素 S_{ij} 是心理距离 d_{ij} 的减函数，即 $S_{ij}=F[d_{ij}]$。F 为减函数形式。Shepard 给出的计算公式可确保反馈矩阵的对称性与侧向抑制作用随距离降低。另外，为了保证计算的稳定性和收敛性，一般反馈矩阵 S 的特征值要小于 1。反馈矩阵 S 体现了决策者在决策过程中不同方案之间的竞争效应：若方案之间的区分度大，则决策者可以较为容易地作出选择；若方案之间的区分度小，不同方案之间相似性较高，则会提高决策者的决策难度，需要在不同方案之间进行比较，使其难以作出决策。

6. 偏好度向量

在任意时刻，每一个备选方案都对应一个偏好度，如将 t 时刻第 i 个备选方案的偏好度记为 $P_i(t)$，则所有备选方案的偏好度构成偏好度向量 $\boldsymbol{P}(t)$。对于三个备选方案 $\{A,B,C\}$ 的决策问题，有

$$\boldsymbol{P}(t)=[P_A(t),P_B(t),P_C(t)]' \tag{8.8}$$

由 $\boldsymbol{P}(t)$ 的表达式可以看出，偏好度向量也是随时间变化的。t 时刻的偏好度向量 $\boldsymbol{P}(t)$ 和新的效价向量 $\boldsymbol{V}(t)$ 决定了 $t+1$ 时刻新的偏好度向量。从 t 时刻到 $t+h$ 时刻（h 为任意时间间隔）偏好度向量的变化，可用线性随机差分方

程描述，即

$$P(t+h) = SP(t) + V(t+h) \tag{8.9}$$

这一线性随机差分方程的解为

$$P(t) = P(nh) = \sum_{j=0}^{n-1} S^j V(nh - jh) + S^n P(0) \tag{8.10}$$

当 $h \to 0$ 时，随机过程可近似为 Ornstein-Uhlenbeck 过程。

偏好度是对初始备选方案偏好的量化表达，表示"接近-回避"趋向的程度：当偏好度为正值时，表示接近；当偏好度为负值时，表示回避。在本书构建的模型中，当偏好度为正值时，表明优先选择该条航道；当偏好度为负值时，表明该条航道不纳入考虑范围。

7. 决策规则

偏好度向量的最终演变结果决定了决策者最后的选择。根据实际决策问题以及决策时间是否有限制，决策时间控制可分为外在决策时间控制和内在决策时间控制。

- 当决策者要在指定的时间点或时间范围内作出决策时，为外在决策时间控制，数学描述为，在 $T=0$ 时，决策开始，在 $T=T_{end}$ 时，决策停止，$P_{choice}(T_{end}) = \max\{P_i(T_{end}), i=1,\cdots,n\}$，决策停止时的最大偏好度 $P_{choice}(T_{end})$ 对应的方案即为最终决策结果。在该条件下，方案 A 的选择概率计算公式为

$$\begin{aligned} P_r[A \mid \{A,B\}, T=T_{end}] &= P_r[P_1(T_{end}) - P_2(T_{end}) > 0] \\ &= \int_{x>0} \exp[-(x_A - \delta_A)^2 / 2\lambda_A] / (2\pi\lambda_A)^{0.5} dx \end{aligned} \tag{8.11}$$

式中，$x_A = P_1(T_{end}) - P_2(T_{end})$；$\delta_A = \xi_1(T_{end}) - \xi_2(T_{end})$；$\lambda_A =$

$\varphi_{11}(T_{end})+\varphi_{22}(T_{end})-2\varphi_{21}(T_{end})$。在这一过程中，涉及部分中间过程变量，为简化说明，在此不再赘述。

- 当决策者的决策过程没有时间限制时，根据目标期望也可得到决策结果，此时决策停止的条件即为内在决策时间控制的条件，需要设定针对偏好度的阈值 θ。若 $P_m(t) \geq \theta$，$P_i(t) < \theta (i=1,\cdots,n, m=1,\cdots,n, i \neq m)$，则最先达到预期偏好度的方案被选中。

8.2.2 航道规划决策模型

在不同的情景下，航道的选择原则是不同的。面对海上能源通道的航道选择问题，决策属性要素主要涉及航道的经济容忍度、风险承担能力、护航能力、决策者偏好、航道安全性、封锁概率和特殊要求等。一般而言，在选择航道时，需要考虑经济要素，如运输成本和运输时间。此外，航道的通航量和运载量也是需要考虑的要素。安全要素一般需要考虑整条航道是否有遭遇海盗袭击的风险、途经地的海底形状和海况是否适宜通航等，在特殊时期，还需要考虑航道途经地是否会遭遇封锁或由于政治原因造成通航困难等。在航道规划过程中，需要考虑的要素繁杂，且各要素之间相互关联。此外，由于部分要素的数据匮乏，突发事件极少发生或从未发生，量化工作较为困难，因此采用专家打分法和偏好关系法解决。

根据多备选决策场理论（MDFT），在确定决策属性要素并进行量化之后，需要确定模型中的各参数值并进行仿真模拟实验。这里给出基于多备选决策场理论的海上能源通道航道规划决策模型[6]，如图 8.7 所示。

我国主要的海上能源运输航道如图 8.8 所示。

- 能源进口主要集中在中东、北非、西非、拉丁美洲、东南亚和大洋洲等地区。

第8章 海上能源通道的突发事件应急决策与航道规划

- 石油贸易主要集中在中东、北非和西非等地区。
- 天然气贸易主要集中在大洋洲和东南亚地区。

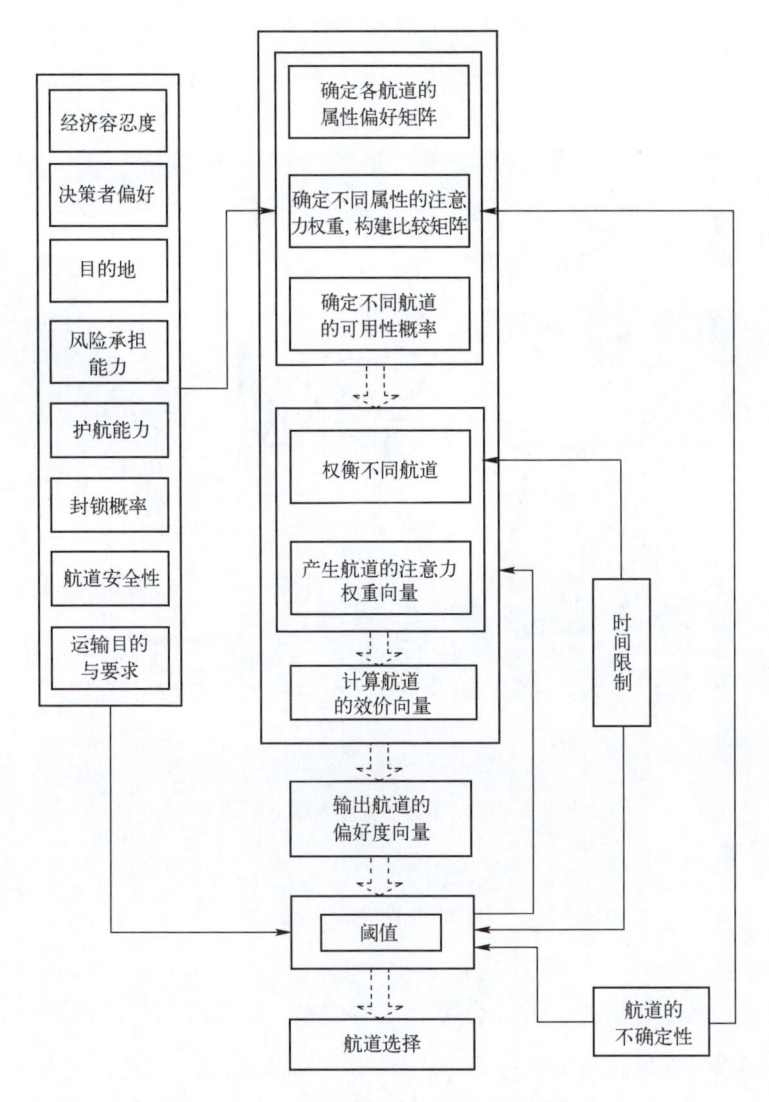

图 8.7 海上能源通道航道规划决策模型

与上述贸易对应的主要海上能源航道为中东航道、北非航道、西非航道、拉美航道、大洋洲航道以及东南亚航道等。石油进口的主要贸易航道大多需

321

要通过马六甲海峡。可以说，马六甲海峡是我国海上贸易的要道。鉴于马六甲海峡的特殊性和复杂性，对海上能源运输航道的规划决策提出了更高的要求，即如何选择航道，以确保海上能源通道安全畅通成为关键技术和核心问题。

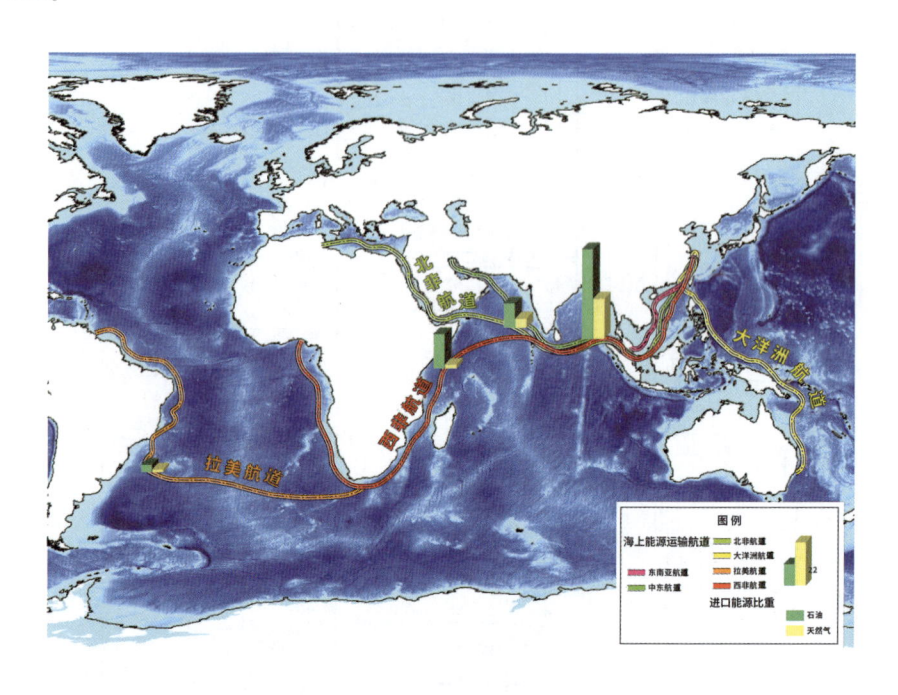

图 8.8 我国主要的海上能源运输航道

8.2.3 决策时效约束情况下的航道规划

在选择运输航道时，需综合考虑运输成本、运输时间、运输设备和航行安全等因素。在航道规划的过程中还涉及决策时效约束等问题。

基于多备选决策场理论的海上能源通道航道规划决策模型可以用来解决在时效约束条件下，石油进口贸易航道规划的决策问题。假设在某次石油贸易运输航道规划决策中有三条备选航道：中东航道、北非航道和拉美航道，在航道规划时应重点考虑经济成本（E）和安全成本（S）两个属性，模型中

第 8 章 海上能源通道的突发事件应急决策与航道规划

的随机误差项可以模拟其他属性对航道规划决策的影响。根据三条航道途经地的安全成本和经济成本，按照专家打分原则，以 100 分为基准，给出一般情况下选定航道对应的经济成本和安全成本，见表 8.1。

表 8.1 选定航道对应的经济成本和安全成本

航 道	经济成本（E）	安全成本（S）
中东航道	38	75
北非航道	55	52
拉美航道	71	70

由于两个属性的属性值存在量纲不一致、定量与定性描述混合的情况（经济成本的分值越低越好，安全成本的分值越高越好），因此导致属性导向性不一致。为了避免量纲不一致对决策结果与计算过程稳定性的影响，在决策前应将各属性值进行归一化处理。

在决策过程中，经济成本注意力权重 $W_E(t)$ 和安全成本注意力权重 $W_S(t)$ 是随着时间变化的，即注意力以一定的概率从某一属性转移到另一属性。这里假设在决策过程中更加关注经济成本，给定经济型属性的 $W_E = 0.62$，$W_S = 0.38$，由式（8.5）可得比较矩阵为

$$C = \begin{bmatrix} 1 & -\frac{1}{2} & -\frac{1}{2} \\ -\frac{1}{2} & 1 & -\frac{1}{2} \\ -\frac{1}{2} & -\frac{1}{2} & 1 \end{bmatrix}$$

模型中的反馈矩阵为

$$S = \begin{bmatrix} 0.98 & -0.03 \\ -0.03 & 0.98 \end{bmatrix}$$

将以上数值代入决策模型，可得到航道规划决策的仿真结果，如图 8.9 所示。图中，横坐标表示决策时间，纵坐标表示偏好度。三条航道的迹线由式（8.10）求得，表示各航道在给定决策时间点上的偏好度。决策模型需要在任意给定的决策时间范围内输出决策偏好度。例如，$t=60(\text{s})$ 时，北非航道的偏好度较大，建议优先选择北非航道；$t=180(\text{s})$ 时，中东航道的偏好度较大，建议优先选择中东航道。

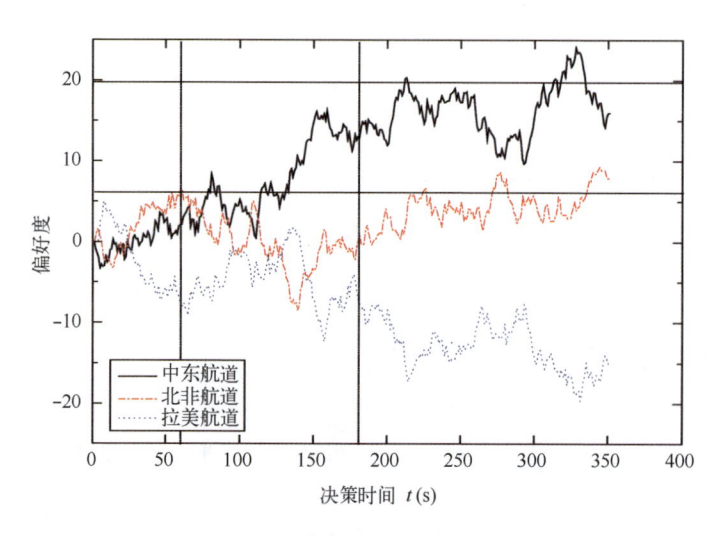

图 8.9 航道规划决策的仿真结果

若给定阈值的限定范围，则在不同的阈值限定范围内会产生不同的决策结果。阈值(θ)的选取通常根据所得效价的标准偏差确定，以避免决策过程的随意性：当 $\theta=6.5$ 时，北非航道最先达到预期偏好度，则选择北非航道运输；当 $\theta=19.5$ 时，中东航道的偏好度符合预期，则优先选择中东航道运输。

在决策前期，偏好度的变化范围大，对各航道的选择"犹豫不决"。由于基于多备选决策场理论的决策模型侧重于还原决策认知过程，即利用注意力权重向量的随机变化引起的偏好度变化进行决策，因此决策模型对不同属性的偏好度可给出不同的决策结果，特别是在前期，时间步长较短，不同属性得不到全面考虑，以单一属性作为决策要素时，将引起决策结果的差异。同时还应注意到，虽然决策前期的决策结果存在较大的浮动，但随着决策时间步长的增加，决策过程将趋于稳定。虽然不同航道的偏好度仍存在浮动，但最优航道是确定的。

虽然在决策模型中没有涉及决策时效约束，即决策临界时间问题，但从模型的决策结果可以看出，在仿真过程中存在决策临界时间。例如，本例中，$t=146(s)$时，决策结果进入稳定状态，可确定其为决策临界时间。决策临界时间的确定对实际决策工作有重要意义，既可以保证决策结果的质量和可信度，也能保证在最短时间内作出最优决策。

8.2.4 决策信息不确定情况下的航道规划

海上能源通道的最大特点是与周边海域的安全性关联度高，一旦发生争端或摩擦，或者受到非法武装组织的干涉（如海盗袭击等），则部分航道的可用性就会受到影响，甚至被封锁。因此，当存在争端，部分航道被封锁时，就需要选择其他备选航道。在解决此类问题时，需要确定备选航道的可用状态，这是在不确定状态下的动态决策问题。

由于马六甲海峡是海上运输要道，印度洋海域的海盗活动频繁，因此备选航道规划势在必行。能针对不同决策信息进行决策优化，是基于多备选决策场理论的决策模型的一个优势。在决策信息不确定的状况下，各航道的属性信息见表8.2。

这里选定马六甲海峡的两条备选航道：巽他海峡和望加锡海峡，并将考虑的属性简化为经济成本（E）、安全成本（S）和通航量（C），所考虑的情景有 R1 和 R2 均可用、R1 未知 R2 可用、R2 未知 R1 可用及 R2 和 R1 均未知。由于各属性的详细数据较难获取，因此利用专家打分规则，由两条备选航道的自然地理环境要素（岛屿暗礁和自然灾害发生频率）和安全性要素（海盗袭击等）给出三个属性的属性值，由两条备选航道的政治与人文要素（政治友好度和冲突可能性等）给出可能的通航概率。

表 8.2　各航道的属性信息

备选航道	航道可行性											
	R1 和 R2 均可用			R1 未知 R2 可用			R2 未知 R1 可用			R2 和 R1 均未知		
	经济成本(E)	安全成本(S)	通航量(C)	经济成本(E)	安全成本(S)	通航量(C)	经济成本(E)	安全成本(S)	通航量(C)	经济成本(E)	安全成本(S)	通航量(C)
巽他海峡（R1）	50	60	16	67	28	16	50	60	16	67	28	16
望加锡海峡（R2）	54	48	12	54	48	12	77	26	12	77	26	12

比较矩阵由式（8.5）给出，在反馈矩阵 S 中，令主对角线上的元素为 0.98，其余元素为 -0.03，设定偏好度的阈值（θ）为 5，代入决策模型后，可得不同情景下航道选择的模拟决策结果，见表 8.3。

表 8.3　不同情景下航道选择的模拟决策结果

航道	R1 和 R2 均可用 $\theta=5$	R1 未知 R2 可用 $\theta=5$	R2 未知 R1 可用 $\theta=5$	R2 和 R1 均未知 $\theta=5$
巽他海峡（R1）	0.89	0.48	0.85	0.85
望加锡海峡（R2）	0.11	0.52	0.15	0.15

由表 8.3 可知，当决策信息确定时，决策结果主要取决于各航道是否满足航行的目标预期，即优先选择经济成本最低和最安全的航道；当完全没有决策信息时，采取保守决策原则，即仍然选择目标预期最大的航道；当决策信息不完整时，优先选择信息确定与未知风险较小的航道，例如，对于第二

种和第三种情况，分别给出了 R2 和 R1 两种决策结果，表明决策信息的不确定性可导致决策者在选择航道时产生"确定性效应"，在实际选择航道时需要特别注意。

8.2.5 多航道、多威胁情况下的航道规划

前文探讨了在决策时效约束和决策信息不确定两种情况下的航道规划问题，考虑的安全威胁要素较为单一，在每种情景下只有一种威胁能对航道产生影响。然而在实际情景中，往往面临的是多航道、多威胁情况下的航道规划决策，如发生军事冲突或岛屿争端等问题，航道均会受到不同程度的影响。此时，如何利用已有的信息进行综合判别，给出风险决策结果，是在航道规划决策过程中必须面对的问题。

假定在某条航道的规划决策过程中，由于与某国发生政治摩擦，途经该国海域的航道面临被封锁或被干扰的风险，因此需要在备选航道中选择最优航道。假定需要考虑的属性为三类，即经济成本、安全成本和运载量，涉及的政治与人文因素（如政治友好度和冲突可能性等）统一转换为封锁概率，存在封锁因素下的属性值和封锁概率见表 8.4。

表 8.4　存在封锁因素下的属性值和封锁概率

航道	经济成本（E）	安全成本（S）	运载量（C）	封锁概率（π）
中东航道	38	67	90	79%
北非航道	61	52	77	70%
西非航道	69	70	72	50%
拉美航道	75	69	42	12%
大洋洲航道	52	43	61	21%
东南亚航道	33	30	83	59%

在计算航道封锁概率时，对经济成本、安全成本和运载量赋值为[0.25 0.31 0.44]，表明在本次决策过程中，各属性的重要程度（从强到弱）依次为运载量、安全成本和经济成本。与此同时，为了体现封锁风险对偏好度的影响，可将封锁概率等同于注意力权重，即 t 时刻决策者关注属性 X 的概率为 q_X（$0 \leq q_X \leq 1$）。比较矩阵由式（8.5）给出，反馈矩阵与上一节的取值一致，代入决策模型并模拟 1000 次决策过程后，得到每次仿真的优选航道，再相应计算各备选航道的选择概率，最终通过模型得到的航道规划决策结果见表8.5。

表 8.5 通过模型得到的航道规划决策结果

航道	$\theta=2$ ($t=1.63$s)	$\theta=5$ ($t=2.75$s)	$\theta=7.5$ ($t=3.41$s)
中东航道	×	×	×
北非航道	×	×	×
西非航道	√ ($P_r=0.02$)	×	×
拉美航道	√ ($P_r=0.42$)	√ ($P_r=0.43$)	√ ($P_r=0.38$)
大洋洲航道	√ ($P_r=0.53$)	√ ($P_r=0.57$)	√ ($P_r=0.62$)
东南亚航道	√ ($P_r=0.03$)	×	×

表中：√表示选择；×表示不选择；θ 表示偏好度的阈值；t 为平均决策时间；P_r 为决策结果的偏好度。

由表 8.5 可知，当阈值（$\theta=2$）比较小时，应考虑信息不完整、决策预期低的情况，可供选择的航道有 4 条，在高封锁概率下，西非航道和东南亚航道在选择过程中不占优势。随着阈值的增大，决策预期变高，可供选择的航道减少，当 $\theta=5$ 时，只有两条备选航道，即拉美航道和大洋洲航道，此时选择大洋洲航道的概率更高。当阈值（$\theta=7.5$）继续增大时，备选航道虽然依然与 $\theta=5$ 时的备选航道一致，但提高了选择大洋洲航道的概率，降低了选择拉美航道的概率。随着阈值的不断增大，平均决策时间也在加长。若阈值降低，则平均决策时间相应缩短，对相应信息的加工处理深度就会不够，即时间限制会导致决策的随意性，降低了决策质量。虽然时间限制条件的降低可以提高决策质量和结果，但往往会产生决策过程缓慢的现象，进一步凸显了决策过程中存在决策时间阈值这一问题。本节在综合考虑航道的安全成本、经济成本、平均决策时间、阈值等信息后，最终给出决策结果：选择大洋洲航道。

建立的航道规划决策模型，可根据实际的研究问题和研究目标对参数进行调整，以便能够很好地模拟各种情景下的决策过程，得出相应航道的决策结果。结果表明，航道的选择不仅取决于决策者的个人偏好，还与航道自身的属性、时间限制和情景的不确定性等密切相关。时间限制的存在一般会降低决策质量、遗漏重要信息、发生偏好逆转现象。针对这一问题，在重大事件的决策过程中，需要确保信息获取的准确性和决策时间的可靠性。信息不完整条件下的决策属于典型的不确定决策问题，由于缺乏对关键信息的认知，往往会诱导决策者在航道的选择上产生"确定性效应"。虽然这种影响在决策研究的问题上影响不大，但对于决策后的应急行动却是致命的，特别是在对能源保障要求较高的特殊时期，缺乏准确性和相对充分的信息会对决策质量和可靠性造成不利影响。相反，若信息较为完备，就能够为决策者提供良好的认知深度和引导能力，从而获得最优的决策结果。

8.3 航道规划：基于直觉模糊集的多属性决策方法

如何在多属性决策问题中综合考虑方案集的背景信息和决策者的决策心理，是在基于直觉模糊集的多属性决策过程中急需解决的一个重要问题。本节针对这一问题，首先引入直觉模糊集心理距离测度，阐述方案集背景信息对距离测度和决策者选择偏好的影响；然后根据提出的直觉模糊集心理距离测度，对已有的相似性测度进行改进，以便更好地解决多属性决策问题。

8.3.1 基于直觉模糊集的距离测度

决策者在对不同的备选方案进行评估时，一个主要的评估方法就是，比较不同方案之间的相似性，进而给出评估信息。不同方案的相似性信息也可以用方案之间的距离转化。因此，如何定义距离测度和相似性测度是在基于直觉模糊集的多属性决策过程中的一个重要研究方向。

为了解决这一问题，Atanassov[7]定义了直觉模糊集的两个基本距离测度：海明距离和欧氏距离。随后一些学者给出了直觉模糊集的距离测度和相似性测度的公理化定义。Szmidt等人[8]将直觉模糊集的犹豫信息也纳入了距离测度，对Atanassov提出的两个距离测度进行了扩展。为了解决距离测度中不能反映属性权重的问题，Xu[9]定义了直觉模糊集的广义加权距离测度。其他扩展型的距离测度，诸如引入熵理论的距离测度、动态集成犹豫度的距离测度及基于模糊集的距离测度等也被相继提出和研究。Xu等人[10]和Baccour等人[11]对这些已有的成果进行了系统回顾和总结。目前，已有的这些距离测度能很好地反映各属性的重要信息，并能在最终的距离结果中体现，在不确定决策、模式识别和医疗诊断等领域都得到了较好的应用。

直觉模糊集的距离测度和相似性测度的公理化定义如下。

定理 8.1 设 $\Phi(X)$ 为定义在集合 X 上所有直觉模糊集的集合，且直觉模糊集 $A_j \in \Phi(X)(j=1,2,3)$，则映射函数 $\vartheta:(\Phi(X)^2 \to [0,1])$ 被称为直觉模糊集的相似性测度，满足条件：

- $0 \leq \vartheta(A_1, A_2) \leq 1$。
- 若 $A_1 = A_2$，则有 $\vartheta(A_1, A_2) = 1$。

第8章 海上能源通道的突发事件应急决策与航道规划

- $\vartheta(A_1,A_2)=\vartheta(A_2,A_1)$。
- 若 $A_1 \subseteq A_2 \subseteq A_3$,则有 $\vartheta(A_1,A_3) \leqslant \vartheta(A_1,A_2)$ 和 $\vartheta(A_1,A_3) \leqslant \vartheta(A_2,A_3)$。

基于直觉模糊集相似性测度的定义,可以给出距离测度的公理化定义如下。

定理 8.2 设 $\Phi(X)$ 为定义在集合 X 上所有直觉模糊集的集合,则映射函数 $d:(\Phi(X)^2\to[0,1])$ 被称为直觉模糊集的距离测度,对于直觉模糊集 $A_j \in \Phi(X)(j=1,2,3)$,A_1 和 A_2 的距离测度表示为 $d(A_1,A_2)=1-\vartheta(A_1,A_2)$,满足以下条件:

- $0 \leqslant d(A_1,A_2) \leqslant 1$。
- 若 $A_1=A_2$,则 $d(A_1,A_2)=0$。
- $d(A_1,A_2)=d(A_2,A_1)$。
- 若有 $A_1 \subseteq A_2 \subseteq A_3$,则有 $d(A_1,A_3) \geqslant d(A_1,A_2)$ 和 $d(A_1,A_3) \geqslant d(A_2,A_3)$。

直觉模糊集的广义加权距离测度将海明距离和欧氏距离融合到统一框架下,可表示为

$$d_3(A_1,A_2) = \left(\frac{1}{2}\sum_{j=1}^{n}\omega_j(\Delta_1^\lambda+\Delta_2^\lambda+\Delta_3^\lambda)\right)^\lambda \tag{8.12}$$

式中,$\Delta_1=\mu_{A_1}(x_j)-\mu_{A_2}(x_j)$;$\Delta_2=v_{A_1}(x_j)-v_{A_2}(x_j)$;$\Delta_3=\pi_{A_1}(x_j)-\pi_{A_2}(x_j)$;$\mu$ 为隶属度函数;v 为非隶属度函数;π 为犹豫度,可表示为 $\pi(x)=1-\mu(x)-V(x)$;λ 为距离类型指数,通常取 1 或 2;ω_j 为第 j 个属性的权重,且满足 $0 \leqslant \omega_j \leqslant 1$。

显然,当 $\lambda=1$ 时,式(8.12)可简化为加权海明距离;当 $\lambda=2$ 时,式(8.12)可简化为加权欧氏距离。

然而,针对不同方案之间的竞争关系及其对距离测度和选择偏好的影响,并没有针对上述已有的距离测度展开较为深入的研究。决策者对某一个备选方案的偏好会随着所处背景信息的不同而发生改变,进而影响不同方案之间

的距离测度。因此，如何利用不同属性的评估信息来描述备选方案之间的竞争关系，并将其引入直觉模糊集的距离测度和相似性测度，是之后的重点研究内容。

8.3.2　基于直觉模糊集的心理距离测度

在备选方案中，由不同方案之间的联系和竞争关系所形成的背景信息会影响距离测度的结果。由于传统的距离测度和相似性测度忽视了这类信息，因此在进行实际决策时，可能会给出错误的决策结果。本节先详细论述这种缺陷产生的原因及其在实际决策时的具体表现，随后引入心理距离测度来解决这一问题，并基于心理距离测度对现有的相似性测度进行改进[12]。

1. 直觉模糊数的心理距离测度

现有的距离测度主要利用直觉模糊集的信息集成算子，将两种方案在所有属性下的直觉模糊集信息集成，进而计算出两种方案之间的距离测度。在这一过程中，方案集的背景信息并没有融合到距离测度中，因而在应用时可能会导致决策者给出错误的决策结果。研究表明，当不同方案存在不同的背景信息时，方案之间的关系会发生变化，基于属性空间的距离测度也会发生改变。为了分析现有的距离测度缺陷，下面将从最简单的直觉模糊数出发开展研究工作。

直觉模糊数作为直觉模糊集的组成元素，由隶属度函数（μ）和非隶属度函数（v）组成，能够更为全面地刻画决策过程中决策者表现出来的认知不确定信息。直觉模糊数的得分函数表明，直觉模糊数的隶属度值越大，非隶属度值越小，所对应的直觉模糊数越优。从这一角度出发，直觉模糊数的隶属度和非隶属度也可视为评估直觉模糊数的两个不同属性。为了描述直觉模糊数的距离测度并引入心理距离测度，可以利用这两个属性定义二维坐标：横轴为隶属度属性；纵轴为非隶属度属性。

设 A、B、C 为三种用直觉模糊数描述的备选方案，可以表示在由隶属度-非隶属度构成的二维坐标空间中。假定方案 A、B、C 在二维坐标空间的位置及之间的欧氏距离（或海明距离）和心理距离如图 8.10 所示。在图 8.10（a）的情景下，方案 B 到方案 C 的欧氏距离与方案 A 到方案 C 的欧氏距离相等，即 $CA=CB$。这表明，对方案 C 来说，方案 B 和方案 A 的地位是等价的。对决策者而言，选择方案 B 或选择方案 A 替代方案 C 的接受度应该是等同的。然而，经过仔细分析后发现，这一结论在实际决策中并不成立。

利用直觉模糊数的得分函数对三种不同方案进行比较分析后可以看出，方案 C 比方案 B 更优，因为方案 C 的隶属度值高于方案 B，对应的非隶属度值低于方案 B，方案 C 的优势远远高于方案 B。此时，BC 方向可以视为优势方向，沿着该方向，方案的优势逐渐增强，决策者可以轻松辨识该方向上不同方案的优劣。因此，对决策者而言，从选择方案 C 转变为选择方案 B 的决策行为是难以接受的，因为方案 B 的评估信息包含更多的不确定性，且远远劣于方案 C。

对方案 A 而言，它的隶属度值和非隶属度值均低于方案 C，即方案 A 的隶属度属性劣势被非隶属度属性优势所弥补，决策者很难对两种方案的优劣给出直接判断。因此，方案 C 和方案 A 之间的相似性更高，竞争关系更为激烈。此时，CA 方向可以视为无差别方向，在该方向上的方案彼此相似性高，可相互替代的程度也高。因此，对决策者而言，从选择方案 A 转变到选择方案 C 的决策行为更容易接受。

基于上述分析可以发现，从决策者做选择的角度出发，对比方案 A、B、C 之间的关系可知，方案 A 和方案 C 之间的相互替代性更好，方案 C 和方案 A 的相似性较方案 C 和方案 B 更高，决策者可以接受选择方案 A 替代方案 C；相反，用方案 B 替代方案 C 的决策行为不可接受。若以图 8.10（a）中定义的欧氏距离为标准（由于方案 A 和方案 C 都在无差别方向上，相似性更高，因此以方案 C 和方案 A 的欧氏距离为标准），则这种关系反映在距离测度结果上，就表明了方案 C 和方案 B 的距离应该比图 8.10（a）中定义的欧氏距离更大，如图 8.10（b）所示。从图 8.10 中也可以发现，欧氏距离或海明距离无法准确反映方案 A、方案 B 和方案 C 之间的真实相似性关系，需要提出一种新的距离测度——心理距离测度来解决这一实际问题。

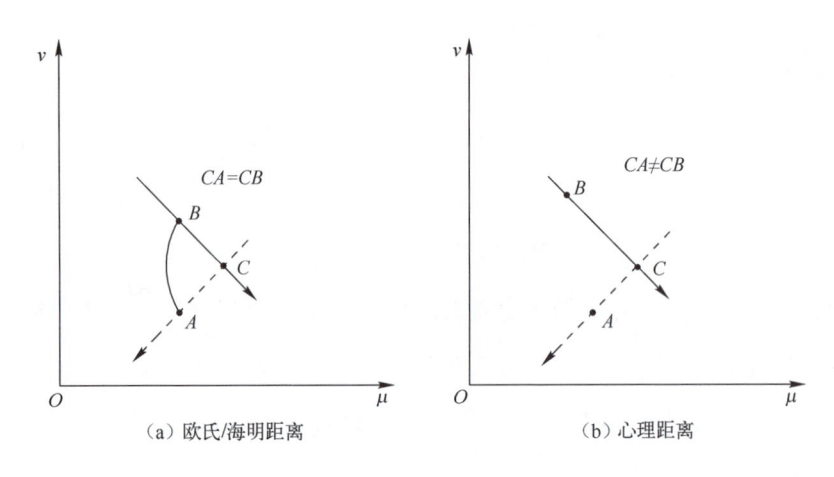

(a) 欧氏/海明距离　　(b) 心理距离

图 8.10　二维坐标空间的位置及之间的距离

虽然方案 C 与方案 A 之间的欧氏距离与方案 C 和方案 B 之间的欧氏距离相等，但在心理距离测度下却并不相等，即相对欧氏距离而言，方案 C 和方案 A 之间的心理距离与其保持不变，方案 C 和方案 B 之间的心理距离变得更大。

由上述分析可知，欧氏距离无法准确解释在决策问题中遇到的悖论问题。在采用欧氏距离计算方案之间的距离时，仅考虑了如何有效集成各属性下的直觉模糊集信息，由于不同属性直觉模糊集信息的差异性及竞争关系并没有被集成到距离测度中，因此会给出错误的决策结果。为了解决这一问题，需要引入能够反映方案集背景信息的心理距离测度，并定量描述背景信息对距离测度的影响。

由图 8.10 可知，属性空间的距离测度主要受优势方向和无差别方向上距离分量的影响。不同方案之间的优势效应会对方案之间的距离产生缩放效应。具体表现为在优势方向上有拉伸放大效应，在无差别方向上保持不变。如果优势方向描述了最优方案所在的方向，那么无差别方向就反映了在该方向上不同方案之间的可替代程度，即决策者在选择用一个属性替代另一个属性时，愿意承担损失的量化值。对直觉模糊数而言，这种信息交换可以被视为决策者对不同方案进行决策时，在直觉模糊数的两个属性维度上所引发损失的可接受度。因此，直觉模糊数的隶属度属性和非隶属度属性在计算心理距离测度时可以被视为两个特征属性，并将其赋予不同的权重信息。对应的现实意义可以理解为决策者对提供的隶属度属性和非隶属度属性带有一定的偏好，特别是当决策者对给定的决策问题不熟悉时。对优势方向而言，Huber 等人[13]指出，在优势方向上的距离会比在无差别方向上的距离赋予了更多的权重，与图 8.10（b）中的结果是一致的。因此，为了计算心理距离测度，可以考虑分别计算在优势方向上和无差别方向上的距离测度分量，进而计算最终的心理距离测度。

为了定量描述优势对距离测度的拉伸效应，本节采用 Wedell[14]提出的旋转比较法来比较优势方向上和无差别方向上的心理距离分量，如图 8.11 所示。各属性/维度的不同权重会通过旋转来改变无差别向量和优势向量的方向。例如，属性/维度 I 赋予的权重越大，优势向量越向属性/维度 I 倾斜，对应的无差别向量更偏离属性/维度 II；相反，属性/维度 II 被赋予的权重越大，正交的优势向量和无差别向量越向属性/维度 II 倾斜。在特殊情况下，如某一属性/维度的权重趋向于无限大，则优势向量将与该属性/维度对应的坐标轴平行，无差别向量会与另一个属性/维度的坐标轴平行。需要指出的是，由于优势向量和无差别向量具有正交性，因此一旦确定了优势向量的方向，就可根据正交性确定无差别向量的方向。Berkowitsch等人[4]对该问题进行了系统的总结和分析。

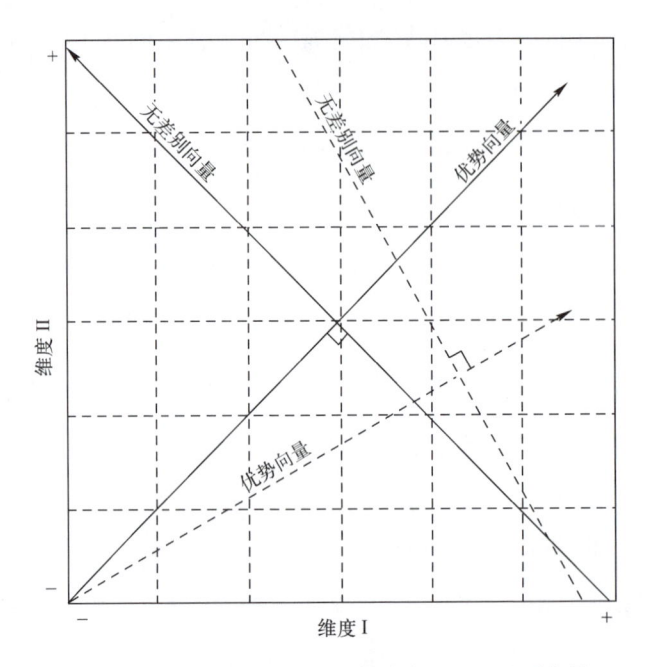

图 8.11 属性/维度空间上的优势向量和无差别向量

由于将直觉模糊数的隶属度（μ）和非隶属度（v）视为两个特征属性，且两个属性的物理意义不同，因此需要先对两个属性进行归一化处理。为了方便起见，本节采用一种较为简单的转换策略，即将非隶属度 v 转换为 $-v$。设 $W=(w_\mu, w_v)^T$ 为两个属性对应的权重向量。其中，w_μ 代表隶属度属性的权重；w_v 代表非隶属度属性的权重，且满足 $0 \leq w_\mu \leq 1$、$0 \leq w_v \leq 1$ 和 $w_\mu + w_v = 1$。可以将该权重向量的实际意义理解为决策者对直觉模糊数的隶属度和非隶属度的偏好，如决策者认为某一直觉模糊数的隶属度属性比非隶属度属性更可靠。

基于属性的权重向量，可以定量计算优势向量和无差别向量。

设 ρ_d 代表优势向量，ρ_i 代表无差别向量，由于优势方向和无差别方向是垂直的，因而有 $\boldsymbol{\rho}_d \perp \boldsymbol{\rho}_i$。根据这一特性，仅需计算其中一个向量，便可利用正交性得到另一个向量。

无差别向量可描述不同方案在给定属性上的可交换信息，即决策者从当前属性选择另一属性时可能带来的损失值。为了简化问题，减小计算量，可以采用如下比较方案：将所有属性都与第一属性比较，以计算在不同属性之间进行切换时所带来的损失值，所有通过计算得到的损失值便可构成无差别向量。根据给定的权重向量 $\boldsymbol{W}$，对应的无差别向量可以由下式计算获得，即

$$\boldsymbol{\rho}_i = \begin{pmatrix} -\dfrac{w_v}{w_\mu} \\ \dfrac{w_\mu}{w_\mu} \end{pmatrix} = \begin{pmatrix} -\dfrac{w_v}{w_\mu} \\ 1 \end{pmatrix} \tag{8.13}$$

式（8.13）反映了从决策者的某一属性（如隶属度属性）转移到另一属性（如非隶属度属性）时所能接受的改变量。其中，负号表明该向量指向 w_v 对应属性的坐标方向，即非隶属度属性的方向，对应地可以获得优势向量 $\boldsymbol{\rho}_d$ 为

$$\boldsymbol{\rho}_d = \begin{pmatrix} \dfrac{w_1}{w_1} \\ \dfrac{w_2}{w_1} \end{pmatrix} = \begin{pmatrix} 1 \\ \dfrac{w_2}{w_1} \end{pmatrix} \tag{8.14}$$

为了计算心理距离，需要分别计算方案之间的距离测度在无差别向量和优势向量上的投影分量。由于无差别向量和优势向量具有正交性，因此可以利用这组向量构建变换基，进而计算在这两个方向上的投影分量。基于优势向量和无差别向量构建的变换基为

$$K = \left(\dfrac{\boldsymbol{\rho}_i}{\|\boldsymbol{\rho}_i\|}, \dfrac{\boldsymbol{\rho}_d}{\|\boldsymbol{\rho}_d\|} \right) \tag{8.15}$$

式中，$\|\rho_i\|$、$\|\rho_d\|$ 分别表示在无差别方向上和优势方向上的欧氏距离。矩阵 $\boldsymbol{K}$ 中的每一列都为标准化向量。

为了计算方案的距离测度在优势方向上和无差别方向上对应的距离测度，可以利用式（8.15）对距离测度进行如下变换，即

$$\text{trans} = \boldsymbol{K}^{-1}\text{dist} \tag{8.16}$$

式中，trans 表示心理距离；dist 表示欧氏距离向量。

式（8.15）和式（8.16）可以用来计算心理距离。然而，正如前文指出的，优势方向上的距离测度会比无差别方向上的距离测度被赋予更多的权重，即优势方向对距离测度具有拉伸效应，这也是心理距离测度区别于传统距离测度的一个显著特点。因此，为了定量描述这种拉伸效应，还需要在计算过程中引入一个新的参数，以便在优势方向上增加更多的权重。该参数可以定义为

$$\boldsymbol{A}_w = \begin{bmatrix} 1 & 1 \\ 1 & w_d \end{bmatrix} \tag{8.17}$$

式中，w_d 表示优势方向上的距离测度被赋予的权重，无差别方向上的距离测度保持不变。

因此，直觉模糊数的心理距离测度可以表示为

$$d_{\text{psy}}(A_1, A_2) = \sqrt{\frac{1}{2w_d} \cdot \text{trans}' \cdot \boldsymbol{A}_w \cdot \text{trans}} \tag{8.18}$$

式中，$2w_d$ 为平衡系数，用于使距离测度的取值在 $[0,1]$ 区间内。

为了证明式（8.18）定义的心理距离测度为有效距离测度，需要证明式（8.18）满足距离测度公理化定义，即满足定理 8.2 中的条件。显然，式（8.18）满足定理 8.2 中的前三个条件，因此需要进一步证明式（8.18）同时满足定理 8.2 中的最后一个条件。

证明： 设 $A=(\mu_A,v_A)$、$B=(\mu_B,v_B)$ 和 $C=(\mu_C,v_C)$ 为三个直觉模糊数，且满足 $A\subseteq B\subseteq C$，因此可以获得 $\mu_A\leq\mu_B\leq\mu_C$ 和 $v_A\geq v_B\geq v_C$。

根据定理 8.2 可知 $\|AC\|\geq\|AB\|$ 成立，其中，$\|AC\|=\sqrt{\mathbf{dist}'_{AC}\cdot\mathbf{dist}_{AC}}$、$\|AB\|=\sqrt{\mathbf{dist}'_{AB}\cdot\mathbf{dist}_{AB}}$ 分别为 AC 和 AB 之间的欧氏距离。

设直觉模糊数的两个特征属性对应的权重向量 $\boldsymbol{W}=(w_\mu,w_v)$。其中，$w_\mu$ 为隶属度对应的权重；w_v 为非隶属度对应的权重。若优势效应对应的参数矩阵为

$$A_w=\begin{bmatrix}1 & 1\\ 1 & w_d\end{bmatrix}$$

则有

$$d_{\mathrm{psy}}(A,B)=\sqrt{\frac{1}{2w_d}\cdot\mathrm{trans}'_{AB}\cdot A_w\cdot\mathrm{trans}_{AB}}=\sqrt{\frac{1}{2w_d}\cdot(\rho^{-1}\mathbf{dist}_{AB})'\cdot A_w\cdot(\rho^{-1}\mathbf{dist}_{AB})}$$

$$d_{\mathrm{psy}}(A,C)=\sqrt{\frac{1}{2w_d}\cdot\mathrm{trans}'_{AC}\cdot A_w\cdot\mathrm{trans}_{AC}}=\sqrt{\frac{1}{2w_d}\cdot(\rho^{-1}\mathbf{dist}_{AC})'\cdot A_w\cdot(\rho^{-1}\mathbf{dist}_{AC})}$$

因此，容易得到 $d_{\mathrm{psy}}(A,C)\geq d_{\mathrm{psy}}(A,B)$。同理，可以证明 $d_{\mathrm{psy}}(A,C)\geq d_{\mathrm{psy}}(B,C)$，故式（8.18）满足定理 8.2 中的最后一个条件。

特别地，当 $w_\mu=w_v$ 和 $w_d=1$ 时，式（8.18）将退化为经典的欧氏距离，也表明欧氏距离是心理距离的一种特例。

虽然本节提出的直觉模糊集心理距离测度满足定理 8.2，但它与现有的直觉模糊集距离测度有着本质的区别。现有的直觉模糊集距离测度主要关注如何在距离测度中有效地集成所有属性的直觉模糊集信息，而属性之间的联系及由其所带来的竞争关系对距离测度的影响并没有考虑。因此，已有的欧氏距离和海明距离并不能反映因属性竞争关系所引起的属性空间拉伸效应。本节提出的直觉模糊集心理距离，从决策者选择偏好的角度出发，在有效集成

各属性的直觉模糊集信息的前提下,将各属性提供的背景信息也集成在距离测度中,不同方案之间的竞争和优势关系分别体现在优势向量和无差别向量的距离测度分量上。可以说,直觉模糊集心理距离测度在计算过程中能够运用的信息更全面,得到的距离测度更能反映决策者的选择偏好,在实际问题中能够避免已有的直觉模糊集距离测度所引发的选择悖论问题。基于前述分析结果还可以看出,利用直觉模糊集心理距离测度,可以帮助决策者将注意力集中到优势更为明显的备选方案上,降低在劣势或不重要备选方案上的关注度,以减少无关信息对决策者在决策时的干扰。相关的研究也证实了心理距离测度在降低复杂决策问题的复杂性、提高信息过载情景下决策结果的可靠性等方面具有较大的优势。

为了更好地理解直觉模糊集心理距离及其计算方法,下面介绍一个简单的直觉模糊数之间心理距离的计算案例。

例8.1 设用直觉模糊数评估的三种方案分别为 $A' = (0.2, 0.1)$、$B' = (0.2, 0.5)$ 和 $C' = (0.6, 0.3)$。将隶属度属性和非隶属度属性视为两个特征属性,并对其进行归一化处理。归一化处理后三种方案的坐标表达为 $A = (0.2, -0.1)$、$B = (0.2, -0.5)$ 和 $C = (0.6, -0.3)$。为了更直观地了解三种方案之间的关系,绘制三种方案在二维坐标空间的位置,如图8.12所示。

利用式(8.12)可以计算方案 C 和方案 A、方案 C 和方案 B 之间的欧氏距离,$CA = CB = 0.2$,即对应的欧氏距离相等,在图8.12中也很容易观察到这一结论。若假定隶属度和非隶属度两个属性的重要程度相同,即 $W = (0.5, 0.5)^T$,则利用式(8.13)和式(8.14)可以得到无差别向量和优势向量,分别为

$$\boldsymbol{\rho}_i = \begin{pmatrix} -1 \\ 1 \end{pmatrix}$$

第 8 章　海上能源通道的突发事件应急决策与航道规划

$$\boldsymbol{\rho}_d = \begin{pmatrix} -1 \\ 1 \end{pmatrix}$$

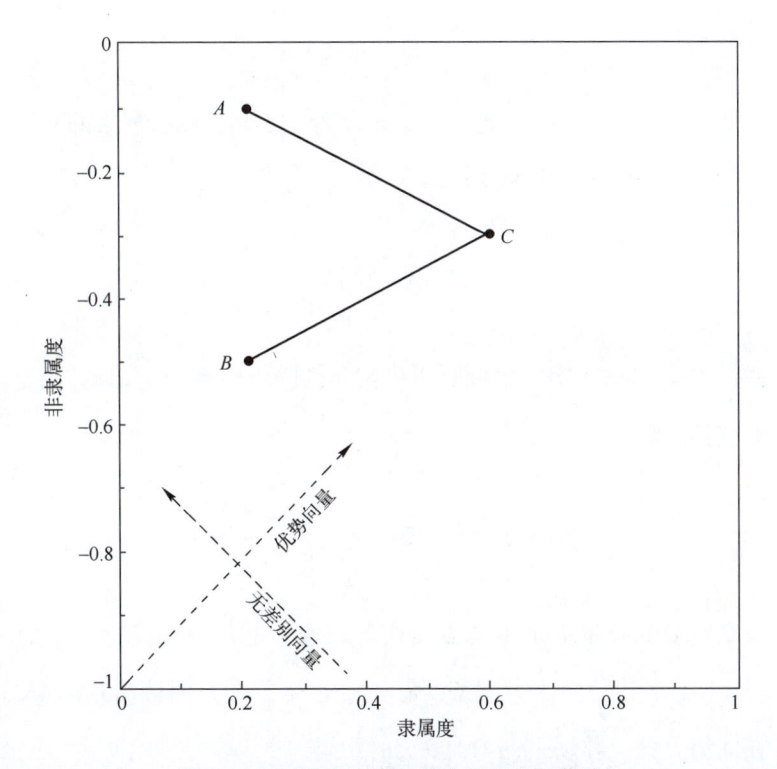

图 8.12　三种方案在二维坐标空间的位置

因此，对应的变换基为

$$\boldsymbol{K} = \left(\frac{\boldsymbol{\rho}_i}{\|\boldsymbol{\rho}_i\|}, \frac{\boldsymbol{\rho}_d}{\|\boldsymbol{\rho}_d\|} \right) = \begin{pmatrix} -\dfrac{1}{\sqrt{2}} & \dfrac{1}{\sqrt{2}} \\ \dfrac{1}{\sqrt{2}} & \dfrac{1}{\sqrt{2}} \end{pmatrix}$$

方案 C 和方案 A 之间直觉模糊集的欧氏距离向量为

$$\mathbf{dist}_{CA} = \begin{pmatrix} -0.4 \\ 0.2 \end{pmatrix}$$

同样，方案 C 和方案 B 之间直觉模糊集的欧氏距离向量为

$$\mathbf{dist}_{CB} = \begin{pmatrix} -0.4 \\ -0.2 \end{pmatrix}$$

利用式（8.16），可以计算方案 C 和方案 A 之间直觉模糊集的欧氏距离向量 $\mathbf{dist}_{CA}$ 在变换基 $\mathbf{K}$ 作用下的变换结果为

$$\mathrm{trans}_{CA} = \mathbf{K}^{-1}\mathbf{dist}_{CA} = \begin{pmatrix} 0.4243 \\ -0.1414 \end{pmatrix}$$

同样，方案 C 和方案 B 之间直觉模糊集的欧氏距离向量 $\mathbf{dist}_{CB}$ 在变换基 $\mathbf{K}$ 作用下的变换结果为

$$\mathrm{trans}_{CB} = \mathbf{K}^{-1}\mathbf{dist}_{CB} = \begin{pmatrix} 0.1414 \\ -0.4243 \end{pmatrix}$$

变换基变换的向量表示不同方案在各属性上的信息交换量。例如，向量 trans_{CA} 表明由方案 A 替换为方案 C，需要沿着无差别方向移动 0.4243 单位的距离，在优势方向上移动 -0.1414 单位的距离。

为了进一步阐述优势效应对心理距离测度的影响，本节给出三组优势效应矩阵 $\mathbf{A}_w$，三组优势效应矩阵中的参数 w_d 对应的取值分别为 5、10 和 15，利用三组参数和式（8.18），可以分别得到三组直觉模糊数心理距离的计算结果，见表 8.6。

表 8.6　三组直觉模糊数心理距离的计算结果

距　离	$w_d = 5$	$w_d = 10$	$w_d = 15$
d_{CA}	0.1183	0.0975	0.0894
d_{CB}	0.2145	0.2133	0.2129
$d_{CB} - d_{CA}$	0.0962	0.1158	0.1235

第8章 海上能源通道的突发事件应急决策与航道规划

参数 w_d 决定了优势方向相对于无差别方向被决策者赋予的权重信息，取值越大，优势方向的放大效应越强。由理论分析可知，w_d 的取值越大，直觉模糊数的心理距离就会越大。因此，表8.6中的方案 C 和方案 A 之间直觉模糊数的心理距离、方案 C 和方案 B 之间直觉模糊数的心理距离随着 w_d 取值的增大而相应缩短，但在不同的优势效应参数中，始终有 $d_{CA}<d_{CB}$。值得注意的是，随着 w_d 取值的增大，方案 C 和方案 A 之间直觉模糊数的心理距离、方案 C 和方案 B 之间直觉模糊数的心理距离的差值 $d_{CB}-d_{CA}$ 也随之增加，说明 w_d 取值的增大不仅会增加直觉模糊数的心理距离，优势信息也会被放大，进而使不同方案之间的差异被放大。这对辅助决策者快速作出选择、降低决策难度是有益的。

2. 直觉模糊集的心理距离测度

前文提出的直觉模糊数心理距离测度和案例应用证明了心理距离测度的有效性和可行性，接下来将心理距离测度推广到更为一般的形式，即直觉模糊集的心理距离测度。

由于属性的性质不同，如经济型属性和效益型属性等，需要对属性进行归一化处理。由于每个属性的评估信息都是直觉模糊集，因此可采用一种简单且广泛使用的直觉模糊集归一化处理方法，将经济型属性转换为效益型属性。例如，对某一属性评估信息 α 的归一化处理方法为

$$\alpha=(\mu_\alpha,v_\alpha)=\begin{cases}\alpha, & \alpha\text{ 为效益型属性}\\ \bar{\alpha}, & \alpha\text{ 为经济型属性}\end{cases} \tag{8.19}$$

在直觉模糊集的环境下，为了不与各个方案的属性权重冲突，可简化心理距离测度的求解过程，假定在直觉模糊集的条件下，隶属度和非隶属度的权重信息相同，并直接反映在给定的属性权重信息上。

为了计算无差别向量，这里仍然将所有属性与给定的某一属性的权重信息进行比较，从而量化描述信息的交换量。假定方案具有 n 个属性，属性权重向量 $W=(w_1,w_2,\cdots,w_n)^T$，将所有属性都与第一个属性比较，可以分别获得 $n(n-1)$ 个无差别向量，对应无差别向量的计算公式为

$$\boldsymbol{\rho}_{i_k} = \begin{cases} -\dfrac{w_{j+1}}{w_1}, & k=1 \\ \dfrac{w_1}{w_1}=1, & k=j+1 \quad (j=1,\cdots,n-1) \\ 0, & \text{其他} \end{cases} \tag{8.20}$$

所有无差别向量可以构成一个无差别矩阵，即

$$\boldsymbol{\rho}_i = [\rho_{i_1}\ \rho_{i_2}\ \cdots\ \rho_{i_{n(n-1)}}] \tag{8.21}$$

根据优势向量和无差别向量的正交性，利用式（8.21）可以计算优势向量为

$$\boldsymbol{\rho}_d = \left(\frac{w_1}{w_1},\frac{w_2}{w_1},\cdots,\frac{w_n}{w_1}\right)^T \tag{8.22}$$

类似于直觉模糊数心理距离测度的计算过程，可以构建变换基为

$$\boldsymbol{K} = \left(\frac{\rho_i}{\|\rho_i\|},\frac{\rho_d}{\|\rho_d\|}\right) \tag{8.23}$$

优势效应矩阵为

$$\boldsymbol{A}_w = \begin{bmatrix} 1 & & & \\ & 1 & & \\ & & \ddots & \\ & & & w_d \end{bmatrix}_{n\times n} \tag{8.24}$$

第8章 海上能源通道的突发事件应急决策与航道规划

式中，A_w 为 $n\times n$ 的对角线矩阵。A_w 中最后一列的参数 w_d 可确保在计算直觉模糊集的心理距离过程时，只有优势方向上的欧氏距离会被赋予更多的权重，无差别方向上的欧氏距离保持不变。

因此，直觉模糊集的心理距离测度计算公式为

$$d_{\text{psy}} = \sqrt{\frac{1}{2nw_d} \cdot (\boldsymbol{K}^{-1}\text{dist})' \cdot \boldsymbol{A}_w \cdot (\boldsymbol{K}^{-1}\text{dist})} \tag{8.25}$$

式中，$2nw_d$ 为平衡系数，可使直觉模糊集心理距离测度的取值在 $[0,1]$ 区间。

类似于式（8.18）的证明过程，同样可以证明式（8.25）满足定理 8.2。

基于上述计算过程，给出直觉模糊集心理距离测度的一般计算流程，如图 8.13 所示。

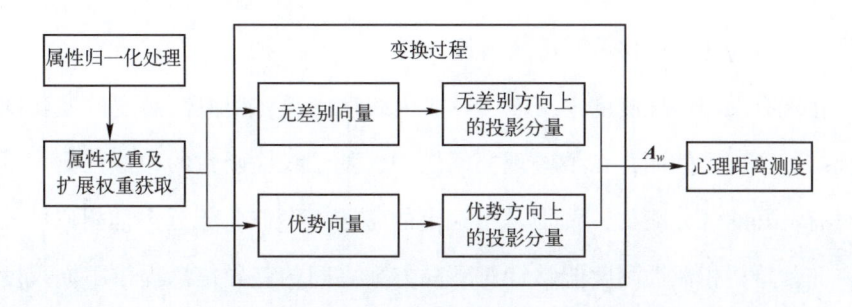

图 8.13　直觉模糊集心理距离测度的一般计算流程

- 对不同属性的评估信息进行归一化处理。
- 确定不同属性的权重，为构建优势向量和无差别向量做准备。
- 利用计算出来的优势向量和无差别向量构建欧氏距离的变换基，分别计算欧氏距离在优势方向上和无差别方向上的投影分量。
- 利用优势效应矩阵对两部分的欧氏距离投影分量进行集成，最终得到直觉模糊集的心理距离测度。

8.3.3 基于直觉模糊集的相似性测度

在定义了直觉模糊集的心理距离测度后，另一个需要深入研究的便是与之对应的相似性测度。

由定理 8.1 和定理 8.2 可以看出，距离测度和相似性测度可以视为一个问题的两个对立面。现有的相似性测度基本上是基于海明距离、欧氏距离及其改进形式定义的，通常可以用 $\vartheta_{A,B}=1-d(A,B)$ 表示。其中，$\vartheta_{A,B}$ 为相似性测度；$d(A,B)$ 为不同方案之间的距离测度。根据距离测度和相似性测度之间的关系，可以给出相似性测度更为通用的表达式，即

$$\vartheta_{A_1,A_2}=f(d(A_1,A_2)) \tag{8.26}$$

式中，$f(\cdot)$ 为任意严格单调递减函数。

在现有的相似性测度中，$f(\cdot)$ 一般为线性函数，相似性测度的变化随着距离均匀变化。然而，在某些现实问题中，基于线性函数的相似性测度可能不具有良好的区分能力，特别是当给定的备选方案彼此相近，且相似性较高时，非常希望相似性测度能够针对不同方案之间的差异信息提供不同尺度的响应能力，进而降低决策者在决策时可能面临的难度。例如，对于差异性较大的方案，利用相似性测度可以很容易识别，而对于差异性较小的方案，则希望利用相似性测度适当地放大差异性信息，以便提供更为明显的区分度。基于线性函数的相似性测度并不能很好地解决这一问题，并且经典的距离测度在实际问题中可能出现的悖论问题也会影响相似性测度的可靠性。为了定义更为灵活和区分度更好的相似性测度，并充分利用备选方案的背景信息，基于上一节提出的直觉模糊集的心理距离测度，本节给出一种由非线性递减函数定义的相似性测度。

第8章 海上能源通道的突发事件应急决策与航道规划

在污染物扩散模型中,应用最广泛的是高斯烟流扩散模型。假定距离扩散源越近,污染物的浓度越高,扩散速度越快;距离扩散源越远,污染物的浓度越低,扩散速度越慢。该扩散机理与相似性测度和距离测度之间的关系很相似。在污染物扩散模型中,高斯函数能够很好地还原污染物的扩散过程,并能够用高斯函数来刻画相似性测度和距离测度之间的关系。

高斯函数的一般形式为

$$f(x)=\frac{1}{\delta\sqrt{2\pi}}\mathrm{e}^{-\frac{(x-u)^2}{2\delta^2}} \tag{8.27}$$

式中,$1/\delta\sqrt{2\pi}$ 可决定扩散源的高度;u 对应期望值(污染物的初始位置),可视其为相似性测度中待比较的参考方案;δ 为方差信息;$x-u$ 表示与污染物的距离,可类比为不同方案之间的距离;$f(x)$ 表示污染物到空间各个位置的扩散信息。

若用式(8.27)计算相似性测度,则不能始终满足定理8.1中的第一个条件,因此需要进行修正。为了将高斯函数更好地应用到相似性测度中,本节将采用高斯函数的特定形式来定义改进的相似性测度,即

$$\vartheta_{A_1,A_2}=\varphi\cdot\mathrm{e}^{-\lambda\cdot d_{\mathrm{psy}}^2}+C_0 \tag{8.28}$$

式中,ϑ 代表相似性测度;d_{psy} 代表心理距离测度;C_0 为调整系数,可使式(8.28)的取值范围在[0,1]区间内,且当距离为1时,相似性的取值为0,当距离为0时,相似性的取值为1。根据这一条件,可以进一步计算得到式(8.28)中 φ、λ 和 C_0 之间的关系,即

$$\begin{cases}\varphi=\dfrac{1}{(\mathrm{e}^{-\lambda}-1)}\\ C_0=1-\varphi\end{cases} \tag{8.29}$$

由式(8.29)可知,一旦确定了 λ,则其他几个参数便可以通过计算得

到。式（8.28）给出了基于高斯函数相似性测度的一般形式，在求解时需要同时求解三个参数，在实际应用中，希望求解的参数越少越好，以便减少计算量，节省计算时间。因此，需要对式（8.29）中给出的参数做进一步的简化，进而定义式（8.28）的简化形式。

首先，去掉 C_0 并简化系数 φ，设定 $C_0 = 0$ 和 $\varphi = 1$。此时，当距离测度为 0 时，相似性测度为 1。为了使相似性测度的取值严格限定在 $[0,1]$ 区间内，在指数项中加入调整系数 $2w_d$，此时指数项变为 $-\lambda \cdot (2w_d d_{psy}^2) = -\lambda' \cdot D_0^2$。其中，$D_0$ 为没有利用平衡系数进行归一化处理的心理距离测度，记为

$$\vartheta_{A_1, A_2} = e^{-(2w_d) \cdot \lambda \cdot d_{psy}^2} = e^{-\lambda' \cdot D_0^2} \tag{8.30}$$

变换后，相似性测度计算公式的参数项仅剩下 λ' 一项，且当距离测度趋近于 1 时，相似性测度会迅速趋向于 0。为了更直观地描述式（8.30）中定义的相似性测度的变化特征，绘制了在不同 λ' 下的相似性测度曲线，如图 8.14 所示。

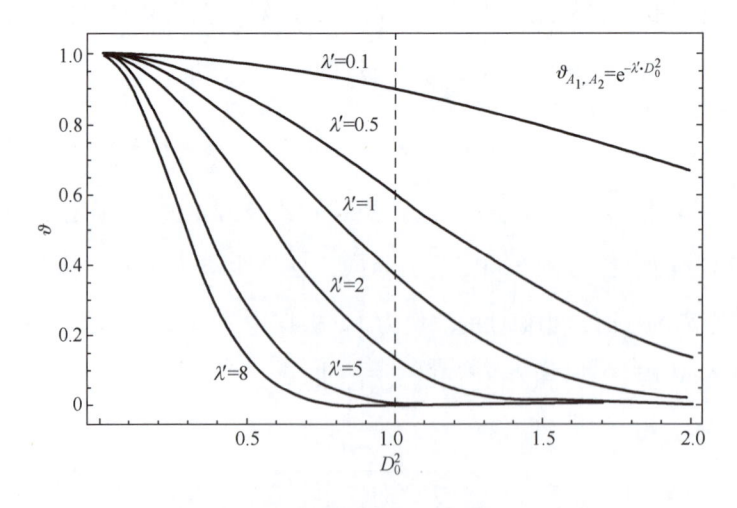

图 8.14 相似性测度曲线

由图 8.14 可知，λ' 越小，相似性测度曲线对距离的变化越不敏感，

可区分能力越差；λ'越大，相似性测度曲线对距离的变化越敏感，相似性测度曲线的变化越陡峭，即便是细微的距离测度变化也会明显地由相似性测度曲线反映出来；当λ'较小时，距离测度较大的方案所对应的相似性测度曲线变化明显；如果λ'足够大，则相似性测度曲线将非常陡峭，趋向于与纵轴平行。相似性测度曲线并不具有良好的识别能力，随着λ'的减小，对距离变化的敏感性逐渐增强。需要说明的是，如果λ'足够小，则相似性测度曲线将平行于横轴，对距离测度的变化完全不敏感，对实际应用无帮助。

因此，λ'的大小依赖于所处理问题的特征。如果所处理方案的相似性测度较高，则建议设定更高的λ'；相反，如果方案之间的差异性较大，则较小的λ'便可满足需求。通常情况下，建议λ'取大于 1 的值，以便提供较好的识别能力。

8.3.4 基于直觉模糊集的 TOPSIS

为了在直觉模糊集的决策过程中充分利用心理距离测度的优势，改进决策结果，本节将研究基于直觉模糊集的心理距离测度的多属性决策方法。

在基于距离测度的多属性决策方法中，逼近理想解排序法（Technique for Order Preference by Similarity to Ideal Solution，TOPSIS）得到了成功应用。该方法的核心思想为：在给定的有限备选方案中，对每种方案与理想方案的接近程度进行排序，给出方案中的最优决策结果。理想方案通常有正理想方案（Positive Ideal Solution）（或称最优方案）和负理想方案（Negative Ideal Solution）（或称最差方案）。每种方案与理想方案的贴近度通常由欧氏距离或海明距离计算。

由此可见，TOPSIS 的准确性和可靠性依赖于对理想方案的准确选择和对距离测度的计算。理想方案的准确选择一般是根据对给定方案中最优方案和最差方案的定义或经验知识获取的。因此，决定 TOPSIS 决策结果质量的主要因素在于对距离测度的计算。例 8.1 分析了欧氏距离（或海明距离）在实际决策中存在的悖论现象，因此基于经典距离测度的 TOPSIS 决策结果也可能存在这一缺陷。

为了克服 TOPSIS 在实际应用中存在的不足，本节将直觉模糊集的心理距离测度引入 TOPSIS，对这一决策方法进行改进，以提高决策结果的可靠性和准确性。

对于直觉模糊环境下的多属性决策问题，不同方案在各属性下的评估信息为直觉模糊集形式。对于给定的具有 n 个备选方案的方案集 $A=\{A_1,A_2,\cdots,A_n\}$，每个方案集 $A_i(i=1,2,\cdots,n)$ 在 m 个不同属性上的评估信息为

$$A_i=\{(\mu_{\alpha_1},v_{\alpha_1}),(\mu_{\alpha_2},v_{\alpha_2}),\cdots,(\mu_{\alpha_m},v_{\alpha_m})\}$$

针对该多属性决策问题，方案集中的正理想方案 α^+ 和负理想方案 α^- 定义如下。

正理想方案 α^+ 为

$$\alpha^+=((\max_{j=1}(\mu_{\alpha_j}),\min_{j=1}(\mu_{\alpha_j})),\cdots,(\max_{j=m}(\mu_{\alpha_j}),\min_{j=m}(\mu_{\alpha_j}))) \quad (8.31)$$

负理想方案 α^- 为

$$\alpha^-=((\min_{j=1}(\mu_{\alpha_j}),\max_{j=1}(\mu_{\alpha_j})),\cdots,(\min_{j=m}(\mu_{\alpha_j}),\max_{j=m}(\mu_{\alpha_j}))) \quad (8.32)$$

对备选方案而言，越接近正理想方案 α^+，越会成为最优的决策结果；相反，越接近负理想方案 α^-，越不会被决策者考虑。在备选方案中，决策者更倾向于选择趋近于正理想方案、尽可能远离负理想方案的结果。为了描述每一个方案与正理想方案和负理想方案的贴近度，可以定义正理想方案贴近度 Sd_i^+ 和负理想方案贴近度 Sd_i^-。

第 8 章　海上能源通道的突发事件应急决策与航道规划

正理想方案贴近度 Sd_i^+ 为

$$\mathrm{Sd}_i^+ = d_{\mathrm{psy}}(A_i, A_{\alpha^+}), \quad i=1,2,\cdots,n \tag{8.33}$$

负理想方案贴近度 Sd_i^- 为

$$\mathrm{Sd}_i^- = d_{\mathrm{psy}}(A_i, A_{\alpha^-}), \quad i=1,2,\cdots,n \tag{8.34}$$

式中，$d_{\mathrm{psy}}(\cdot)$ 代表直觉模糊集的心理距离测度，可由式（8.25）得到。

基于正理想方案贴近度和负理想方案贴近度，可以定义每一个方案的贴近度 η_i 为

$$\eta_i = \frac{\mathrm{Sd}_i^-}{\mathrm{Sd}_i^+ + \mathrm{Sd}_i^-}, \quad i=1,2,\cdots,n \tag{8.35}$$

η_i 的取值越大，所对应的备选方案 A_i 越优；η_i 的取值越小，所对应的备选方案 A_i 越差。此外，当且仅当 A_i 为正理想方案 α^+ 时，$\eta_i = 1$；当且仅当 A_i 为负理想方案 α^- 时，$\eta_i = 0$。根据所有方案贴近度的值，可以实现对方案的排序，从而给出最优的决策结果。上述决策方法对应的算法见算法 8.1。

算法 8.1

算法：TOPSIS 伪代码
输入：$A = \{A_1, A_2, \cdots, A_N\}$：备选方案集
输出：方案集贴近度 η_i
① 对属性进行归一化处理 　　　if α 为经济型属性 　　　　$\alpha = \overline{\alpha}$ 　　　else

> α 保持不变
>
> end
>
> ② 初始化优势效应矩阵中参数 w_d 的值;
>
> ③ 分别求解方案集中的正理想方案（α^-）和负理想方案（α^+）;
>
> ④ 计算优势向量 $\boldsymbol{\rho}_d$ 和无差别向量 $\boldsymbol{\rho}_i$;
>
> ⑤ 计算变换基 $\boldsymbol{K}$ 和优势效应矩阵 $\boldsymbol{A}_w$;
>
> ⑥ 计算方案 A_i 和正理想方案之间的贴近度 Sd_i^+，计算方案 A_i 和负理想方案之间的贴近度 Sd_i^-;
>
> ⑦ 利用⑥中计算的贴近度 Sd_i^+ 和 Sd_i^-，计算每一个方案 A_i 的贴近度 η_i;
>
> ⑧ 对贴近度 η_i 进行排序，并给出最优的决策结果。

8.3.5　基于心理距离测度的航道规划仿真实验

从本节开始将详细论述基于直觉模糊集的心理距离测度和 TOPSIS 的多属性决策方法及其在实际问题——航道规划中的应用。

我国石油绝大部分从中东、非洲和亚太地区进口，天然气主要从大洋洲和东南亚地区进口，对应的海上能源通道主要有 6 条：中东航道、北非航道、西非航道、拉美航道、大洋洲航道和东南亚航道。在航道规划过程中，由于涉及政治、经济、自然和人文等要素，并且各类决策信息的来源和属性不同，定性信息和定量信息混杂，部分评估信息只能依据专家的经验知识获取，各航道的相似性较高，因此决策者很难给出最优选择。

为了解决航道优选中不确定信息的量化问题，本节用直觉模糊集来表征不确定信息。直觉模糊集允许决策者同时用隶属度和非隶属度表达决策时面临的不确定信息，信息的粒度性较为细致，能够满足应用需求。为了简化问题的复杂度，在决策分析时只考虑航道的经济性、承载力、安全性及被封锁

第 8 章 海上能源通道的突发事件应急决策与航道规划

风险等 4 个属性。假定由该领域专家组成的专家组对 6 条航道进行评估，给出的评估信息见表 8.7。

表 8.7 6 条航道的评估信息

航道	经济性	承载力	安全性	被封锁风险
A：中东航道	(0.73, 0.10)	(0.61, 0.30)	(0.38, 0.60)	(0.2, 0.80)
B：北非航道	(0.67, 0.20)	(0.54, 0.10)	(0.60, 0.40)	(0.3, 0.65)
C：西非航道	(0.37, 0.30)	(0.68, 0.21)	(0.82, 0.18)	(0.40, 0.40)
D：拉美航道	(0.45, 0.31)	(0.73, 0.25)	(0.80, 0.10)	(0.16, 0.40)
E：大洋洲航道	(0.80, 0.20)	(0.50, 0.10)	(0.65, 0.30)	(0.10, 0.64)
F：东南亚航道	(0.70, 0.22)	(0.32, 0.40)	(0.40, 0.35)	(0.25, 0.69)

注：所有属性的评估信息都已经进行归一化处理。

利用新提出的相似性测度（采用非线性的高斯函数形式）对 6 条航道的相似性进行详细分析。若给定 4 个属性的权重向量 $\boldsymbol{\omega}=(0.20, 0.25, 0.25, 0.3)^T$，优势效应矩阵中的放大系数 $w_d=5$，则可以计算出 6 条航道两两之间直觉模糊集的心理距离测度。为了对比直觉模糊集心理距离测度和欧氏距离之间的区别，表 8.8 给出了不同航道之间的欧氏距离和心理距离。

表 8.8 不同航道之间的欧氏距离和心理距离

航道	A	B	C	D	E	F
A	0 0	0.0941 0.1910	0.1968 0.4958	0.2020 0.4623	0.1315 0.2397	0.1129 0.2298
B	0.0941 0.1910	0 0	0.1367 0.3415	0.1553 0.3161	0.0738 0.1311	0.1228 0.2456
C	0.1968 0.4958	0.1367 0.3415	0 0	0.0723 0.1423	0.1255 0.3682	0.1932 0.4484
D	0.2020 0.4623	0.1553 0.3161	0.0723 0.1423	0 0	0.1145 0.3011	0.1988 0.4267

续表

航道	A	B	C	D	E	F
E	0.1315 0.2397	0.0738 0.1311	0.1255 0.3682	0.1145 0.3011	0 0	0.1403 0.2668
F	0.1129 0.2298	0.1228 0.2456	0.1932 0.4484	0.1988 0.4267	0.1403 0.2668	0 0

由表 8.8 可知，心理距离的最小值为 0.0723，对应航道 C 和航道 D 之间的心理距离，即西非航道和拉美航道的相似性最高；欧氏距离的最小值为 0.1311，对应航道 B 和航道 E 之间的欧氏距离，即北非航道和大洋洲航道的相似性最高；心理距离的最大值为 0.2020，表示相似性最低的两条航道为中东航道和拉美航道；欧氏距离的最大值为 0.4958，表示相似性最低的两条航道为中东航道和西非航道。

为了更直观地反映 6 条航道的相似性，可以进一步利用表 8.7 中的结果计算相似性测度，首先设定式（8.30）中的 $\lambda'=3$，w_d 保持不变，得到各个方案之间的相似性测度。为了进行对比分析，还需要计算基于欧氏距离的直觉模糊集相似性测度。

基于相似性测度的计算结果，利用灰度值可以得到相似性测度灰度图：图 8.15（a）为利用心理距离测度和改进的相似性测度的结果；图 8.15（b）为利用欧氏距离和经典的相似性测度的结果。由图 8.15 可以清晰、直观地看出不同航道之间的相似性测度。其中，西非航道和拉美航道最相似。这与前述的结论是一致的。相比较而言，经典的相似性测度结果［见图 8.15（b）］表明，北非航道和大洋洲航道最相似。进一步对比、分析相似性测度的结果可以看出，在图 8.15（a）中，格点 AC、AD、FC 和 FD 的灰度值差别较小，方案之间的相似性大致可以划分为三类，即相似性高、相似性中等及相似性低，相似性高的方案更容易区分；在图 8.15（b）中，不同方案之间的相似性差别较大，按照灰度值进行分类后得到的类别也较多，不利于决策者作出判断。产生这种结果的主要原因有两个：首先，在图 8.15（a）中，可区分度高得益于改进的相似性测度采用了非线性的高斯函数形式，可以更为灵活地放大相似性测度中的细节信息；其次，可区分度高得益于心理距离测度自身的优点，可以更全面地利用已有信息描述不同方案之间的真实距离状态，避免欧氏距离的缺陷。

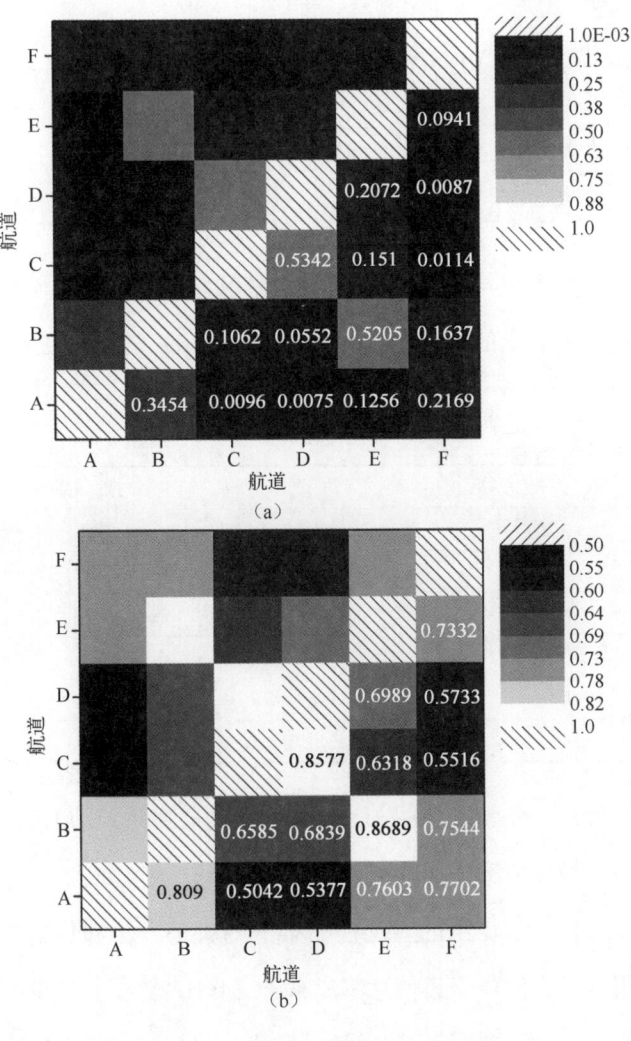

图 8.15　6 条航道相似性测度灰度图

8.3.6 基于 TOPSIS 的航道规划仿真实验

本节将利用 TOPSIS 为我国海上能源通道的决策问题提供最优方案。

根据表 8.7 提供的评估信息，利用式（8.31）和式（8.32）可以得到正理想方案和负理想方案。

正理想方案 α^+ 为

$$\alpha^+ = \{(0.80,0.10),(0.73,0.10),(0.82,0.10),(0.4,0.4)\}$$

负理想方案 α^- 为

$$\alpha^- = \{(0.37,0.31),(0.32,0.40),(0.4,0.6),(0.1,0.8)\}$$

通过计算所有方案与正理想方案和负理想方案之间的直觉模糊集的心理距离，得到每一个方案的贴近度。6 条航道（A~F）的贴近度见表 8.9。

表 8.9　6 条航道（A～F）的贴近度

航　道	贴　近　度
A	0.3666
B	0.5097
C	0.7254
D	0.6806
E	0.5597
F	0.3199

由表 8.9 可知，6 条航道的贴近度排序（由高到低）为 C>D>E>B>A>F，即 6 条航道中的最优方案为西非航道。

为了对比分析本节提出的直觉模糊集下的决策方法和传统决策方法的区别，下面利用基于直觉模糊集信息集成算子（IFHA 算子）的决策方法进行决策分析。IFHA 算子既能够考虑到直觉模糊集信息属性的重要性，又能考虑到不同属性位置的重要性，因此在信息集成和模糊多属性决策中得到了广泛应用。IHFA 算子的定义如下。

定义 8.1 设 Θ 为所有直觉模糊集的集合，定义 Θ 上的 IFHA 算子为 $\Theta^n \to \Theta$ 的映射函数，满足

$$\text{IFHA}: \Theta^n \to \Theta$$

$$\text{IFHA}_{\omega,w}(\alpha_1,\alpha_2,\cdots,\alpha_n) = w_1 \dot{\alpha}_{\sigma(1)} \oplus w_2 \dot{\alpha}_{\sigma(2)} \oplus \cdots \oplus w_n \dot{\alpha}_{\sigma(n)} \quad (8.36)$$

式中，$w = (w_1, w_2, \cdots, w_n)^T$ 为与 IFHA 算子相关的位置权重向量，满足 $w_j \in [0,1]$ 和 $\sum_{j=1}^{n} w_j = 1$；$\omega = (\omega_1, \omega_2, \cdots, \omega_n)^T$ 为直觉模糊集 $\alpha_j (j=1,2,\cdots,n)$ 对应的属性权重向量，满足 $\omega_j \in [0,1]$ 和 $\sum_{j=1}^{n} \omega_j = 1$；$(\dot{\alpha}_{\sigma(1)}, \dot{\alpha}_{\sigma(2)}, \cdots, \dot{\alpha}_{\sigma(n)})$ 为考虑位置权重信息后的直觉模糊集 $\dot{\alpha}_j = n\omega_j \alpha_j (j=1,2,\cdots,n)$ 的序列，满足 $\dot{\alpha}_{\sigma(j)} \geqslant \dot{\alpha}_{\sigma(j+1)} (j=1,2,\cdots,n-1)$。

在使用 IFHA 算子集成每条航道的直觉模糊集信息并给出最优排序结果时，首先要确定 IFHA 算子中的位置权重向量。位置权重向量可以用正态分布赋权法计算得到，利用求解的位置权重向量和属性权重向量，得到每条航道评估信息的集成值。表 8.10 给出了每条航道评估信息的集成值和相应的得分函数值。

表 8.10　每条航道评估信息的集成值和相应的得分函数值

航　道	集　成　值	得分函数值
A	(0.5199, 0.3941)	0.1258
B	(0.5363, 0.2903)	0.2460
C	(0.6326, 0.2580)	0.3746
D	(0.6252, 0.2359)	0.3893
E	(0.5620, 0.2558)	0.3062
F	(0.4062, 0.3953)	0.0109

由表 8.10 中不同航道的得分函数值，可以得到给定航道的排序结果（由高到低）D>C>E>B>A>F，即最优方案为拉美航道。

针对各条航道的评估信息，对比分析两种决策方法给出的最优决策结果，发现其最大差别在于对最优方案的选择：基于 TOPSIS 给出的最优方案为航道 C，即西非航道；基于 IFHA 算子给出的最优方案为航道 D，即拉美航道，拉美航道在 TOPSIS 中为次优航道。在两种决策方法给出的排序结果中，其他航道的优先顺序都是一致的。由图 8.15 可知，航道 C 和航道 D 的相似性非常高，IFHA 算子的集成结果也能反映这一现象。基于 IFHA 算子的决策方法，依赖于每一个方案在属性维度上的集成信息，没有考虑不同方案在不同属性下的竞争关系及其对选择偏好的影响，方案集所提供的背景信息在决策过程中将丢失。因此，基于 IHFA 算子的决策方法虽然可以判断哪种方案"最好"，但却无法保证对应的备选方案是最优方案。

8.3.7 分析讨论

决策者在处理涉及认知不确定信息的多属性决策问题时，通常需要了解不同方案之间的关系，进而对方案之间的相似性作出判断，给出不同方案的偏好信息，从而为后续的评估决策做准备。要确定备选方案之间相似性，通常需要先根据给定方案在各属性下的评估数据来计算不同方案之间的距离测度。已有的相似性测度和距离测度主要侧重于如何全面集成给定方案集在不同属性上的模糊信息，忽视方案集所提供的背景信息。但事实上，方案集所提供的背景信息往往会不同程度地影响决策者对方案相似性测度和距离测度的判断。因此，传统的直觉模糊集的距离测度和相似性测度的计算方法可能会给出错误的决策结果。

直觉模糊集的心理距离测度利用不同方案在优势方向上和无差别方向上的欧氏距离的投影分量来定量反映方案集在不同属性上的竞争关系，引入的

参数 w_d 可确保优势方向上的距离测度投影分量比无差别方向的距离测度投影分量的权重更大，即还原优势方向上的距离测度缩放效应。在计算过程中，由于引入了平衡系数，因此虽然确保直觉模糊集的心理距离测度能够满足距离测度公理的条件，但并不意味着直觉模糊集的心理距离测度和已有的直觉模糊集的距离测度是等同的。

需要指出的是，在计算直觉模糊集的心理距离测度前，需要对不同方案之间的心理距离测度进行归一化处理。对于实际决策问题中可能出现的方案之间相似性偏高的情况，建议采用最大值和最小值原则的归一化处理方法，以便保证归一化结果的可区分性，具体可表示为 $(\max(d_{ij})-d_{ij})/(\max(d_{ij})-\min(d_{ij}))$ $(i \neq j)$。

另外，还需要注意在心理距离测度过程中各类参数的求解原则。例如，对于属性权重向量 $\boldsymbol{\omega}$，通常情况下，可以利用给定的约束条件，通过建立数学优化模型求解，或者根据专家提供的信息直接确定。对于优势效应放大矩阵 A_w 中的参数 w_d 而言，取值大并不能保证最后的计算结果是最优的，将 w_d 设置得过大也是不明智的，会导致计算量和计算时间的增加。

对于改进的相似性测度而言，主要的参数有尺度参数 (φ, λ) 和调整系数 (C_0)。为了简化计算，指定 $\varphi=1$ 和 $C_0=1$，此时，相似性测度只剩下唯一参数项 λ'。从实验结果中可以看出，λ' 可决定相似性测度曲线的敏感性。λ' 的取值越大，对应的相似性测度曲线对距离测度的变化越敏感。这一参数的确定依赖于方案集的特征，通常建议 λ' 取大于 1 的实数。

改进的相似性测度利用心理距离测度及非线性的高斯函数进行计算，因此在实际应用中，比传统的直觉模糊集的相似性测度具有更好的区分能力。基于直觉模糊集心理距离测度的多属性决策方法得到的决策结果也更准确、更可靠，与基于直觉模糊集的信息集成算子决策方法的对比实验结果也验证了这一结论。

参考文献

[1] BUSEMEYER J R, DIEDERICH A. Survey of decision field theory [J]. Mathematical Social Sciences, 2002, 43 (3): 345-370.

[2] BUSEMEYER J R, TOWNSEND J T. Decision field theory: a dynamic-cognitive approach to decision making in an uncertain environment [J]. Psychol Rev, 1993, 100 (3): 432-459.

[3] SCHEIBEHENNE B, RIESKAMP J, WAGENMAKERS E. Testing adaptive toolbox models: A Bayesian hierarchical approach. [J]. Psychological Review, 2013, 120 (1): 39-64.

[4] BERKOWITSCH N A J, SCHEIBEHENNE B, RIESKAMP J. Rigorously testing multialternative decision field theory against random utility models [J]. Journal of Experimental Psychology: General, 2013.

[5] SHEPARD R N. Toward a universal law of generalization for psychological science [J]. Science, 1987, 237 (4820): 1317-1323.

[6] 郝志男, 张韧, 洪梅, 等. 基于MDFT框架的海上能源通道航线动态决策建模与仿真 [J]. 指挥控制与仿真, 2014, 36 (05): 77-83.

[7] ATANASSOV K T. Intuitionistic Fuzzy Sets [M]. Berlin: Physica-Verlag HD, 1999.

[8] SZMIDT E, KACPRZYK J. Distances between intuitionistic fuzzy sets [J]. Fuzzy Sets and Systems, 2000, 114 (3): 505-518.

[9] XU Z S. Intuitionistic fuzzy aggregation operators [J]. IEEE Transactions on Fuzzy Systems, 2007, 15 (6): 1179-1187.

[10] XU Z S, CHEN J. An overview of distance and similarity measures of intuitionistic fuzzy sets [J]. International Journal of Uncertainty Fuzziness and Knowledge-Based Systems, 2008, 16 (4): 529-555.

[11] BACCOUR L, ALIMI A M, JOHN R I. Similarity measures for intuitionistic fuzzy sets: State of the art [J]. Journal of Intelligent & Fuzzy Systems, 2013, 24 (1): 37-49.

[12] HAO Z N, XU Z H, ZHAO H, et al. Novel intuitionistic fuzzy decision making models in the framework of decision field theory [J]. Information Fusion, 2017, 33.

[13] HUBER J, PAYNE J W, PUTO C. Adding asymmetrically dominated alternatives – Violations of regularity and the similarity hypothesis [J]. Journal of Consumer Research, 1982, 9 (1): 90-98.

[14] WEDELL D H. Distinguishing among models of contextually induced preference reversals [J]. Journal of Experimental Psychology: Learning, Memory and Cognition, 1991, 17 (4): 767.